# マスコンクリートの温度ひび割れ
# 制御設計・施工指針・同解説

Recommendations for Practice of Thermal Cracking

Control of Massive Concrete in Buildings

2008 制　定
2019 改　定

日本建築学会

本書のご利用にあたって

　本書は，作成時点での最新の学術的知見をもとに，技術者の判断に資する標準的な考え方や技術の可能性を示したものであり，法令等の根拠を示すものではありません．ご利用に際しては，本書が最新版であることをご確認ください．なお，本会は，本書に起因する損害に対しては一切の責任を負いません．

ご案内

　本書の著作権・出版権は(一社)日本建築学会にあります．本書より著書・論文等への引用・転載にあたっては必ず本会の許諾を得てください．

Ⓡ〈学術著作権協会委託出版物〉

　本書の無断複写は，著作権法上での例外を除き禁じられています．本書を複写される場合は，学術著作権協会（03-3475-5618）の許諾を受けてください．

一般社団法人　日本建築学会

# 改定の序

　断面寸法の大きいマスコンクリート部材では，セメントの水和熱に起因するコンクリートの温度上昇・降下によって，部材にひび割れが入ることがある．温度ひび割れは貫通ひび割れとなることもあり，耐久性の確保や漏水の防止の観点からその対策は重要である．しかし，適切な対策案を得るためには，複雑な FEM 解析を行う必要があった．そのような背景を受けて，本会では，2008年 2 月に「マスコンクリートの温度ひび割れ制御設計・施工指針（案）・同解説」を制定・刊行し，温度ひび割れに関する対策をまとめるとともに，容易に対策が立案できるよう各種のチャートを提示した．その後，本書の完売に伴い在庫のない状態が長らく続き，再販が求められてきた．そこで，2013年 4 月に，本会材料施工委員会・鉄筋コンクリート工事運営委員会に「マスコンクリート指針改定検討ワーキンググループ」を立ち上げ，さらに 2017年 4 月に「マスコンクリート指針改定小委員会」を設置して，指針の改定を検討してきた．今般，最新の知見を反映させて，本指針を改定・刊行する運びとなった．

　以下に，今回の主な改定点を示す．

（1）コンクリートの高強度化に伴い，自己収縮ひずみを全面的に取り込み，仕様設計・性能設計・チャートとも自己収縮ひずみを考慮した形での対策を提示した．

（2）フライアッシュセメント B 種について，その構成則を提示し，性能設計が行えるようにした．それに合わせて，仕様設計，チャートにも取り込んだ．

（3）旧版では，高炉セメント B 種は，仕様設計およびチャートにおいては普通ポルトランドセメントと同じとして扱ったが，クリープ係数や線膨張係数などを最新の知見から見直し，個別に提示することとした．

（4）構造体コンクリート強度の補正を， JASS 5-2009 の改定にあわせて構造体強度補正値 $_mSM_n$ で行うようにした．さらに，$_mSM_n$ の値を最新の知見に基づき見直し，JASS 5-2018 21 節「マスコンクリート」に示された値から，フライアッシュセメント B 種の暑中期間の補正値を 6 N/mm² から 3 N/mm² に低減した．

（5）本指針は，一般的な建築物のマスコンクリート部材を対象としているため，旧版では原子力発電所施設へは原則適用しないこととしていたが，本指針の想定している条件内であれば，原子力発電所施設への適用を可とした．

（6）チャートの結果を自動計算するプログラムを作成し，本会ホームページからダウンロードできるようにした．

　以上のように，本指針の改定では最新の知見を取り込んでおり，実務に即活用できるよう配慮している．本書がマスコンクリートの温度ひび割れの低減に少しでも寄与し，またマスコンクリート研究者・実務者の役に立てば幸いである．

2019 年 11 月

日本建築学会

# 制定の序

　断面寸法の大きいマスコンクリート部材では，セメントの水和熱に起因するコンクリートの温度上昇・降下によって，部材にひび割れが入ることがある．これを一般にマスコンクリートの温度ひび割れと呼んでいる．温度ひび割れは，貫通ひび割れとなることもあり，耐久性の確保や漏水の防止の観点からその対策は重要である．しかし，本会には，マスコンクリートの温度ひび割れの制御や対策に関する指針類は刊行されておらず，その作成が望まれていた．

　それを受けて，2002 年に鉄筋コンクリート工事運営委員会にマスコンクリート指針検討ワーキンググループを立ち上げ，指針作成の検討を行った．その後，マスコンクリート研究小委員会（2003 年 4 月～2006 年 3 月），マスコンクリート小委員会（2006 年 4 月～）と継続的に活動を続け，このたび本書を刊行するに至った．

　建築工事標準仕様書 JASS 5　鉄筋コンクリート工事にはマスコンクリートの章があるが，具体的にどのような対策をとればいいのか，必ずしもはっきりと示されているわけではない．これは，マスコンクリートの温度ひび割れの発生メカニズムが極めて複雑で，部材寸法や地盤条件，打込み区画などの違いで対策がまったく異なる場合があるなど，画一的な規定ができないことに起因している．

　したがって，適切な対策案を得るためには，有限要素法などを用いたコンピュータ解析が不可欠となってくる．しかし，マスコンクリートの温度応力解析プログラムは，必ずしも廉価でないことや，その使い方が複雑であることなどから，誰でも使用できる状況にはないのが現状である．そこで，本書では，三次元有限要素法によって，各種の条件を変えたパラメトリックスタディを行い，チャートを作成することにした．このチャートを用いれば，部材・材料に適用範囲はあるが，解析プログラムがなくとも一定の対策案が得られるので，ぜひ使っていただきたい．

　なお，本書は，2006 年 2 月に刊行された本会「鉄筋コンクリート造建築物の収縮ひび割れ制御設計・施工指針（案）・同解説」と構成を概ね合わせており，性能設計と仕様設計のいずれかを選び対策をとるようになっている．

　本書がマスコンクリートの温度ひび割れの低減に少しでも寄与することができれば幸いである．


　2008 年 2 月

日本建築学会

# 指針作成関係委員 (2019年11月)

── (五十音順・敬称略) ──

## 材料施工委員会本委員会

委員長　橘高義典

幹　事　黒岩秀介　輿石直幸　野口貴文　横山　裕

委　員　(省略)

## 鉄筋コンクリート工事運営委員会

主　査　野口貴文

幹　事　井上和政　兼松　学　杉山　央

委　員　荒井正直　今本啓一　岩清水　隆　内野井宗哉

梅本宗宏　大岡督尚　大久保孝昭　小野里憲一

鹿毛忠継　河辺伸二　橘高義典　黒岩秀介

黒田泰弘　神代泰道　小山智幸　桜本文敏

陣内　浩　鈴木澄江　高橋俊之　巽　誉樹

棚野博之　谷口　円　玉石竜介　檀　康弘

寺西浩司　冨岡裕史　中川昇一　中川　崇

永田　敦　中田善久　成川史春　西尾悠平

西脇智哉　橋田　浩　濱　幸雄　濱崎仁

原田修輔　丸山一平　湯浅　昇　依田和久

渡辺一弘　渡部　憲

## マスコンクリート指針改定検討ワーキンググループ (2013.4〜2015.3)

主　査　桜本文敏

幹　事　丸山一平

委　員　今本啓一　黒岩秀介　神代泰道　小島正朗

西田　朗　鳴瀬浩康　佐藤幸恵　稲葉洋平

## マスコンクリート指針検討ワーキンググループ (2015.4〜2017.3)

主　査　桜本文敏

幹　事　丸山一平　神代泰道　小島正朗

委　員　荒金直樹　稲葉洋平　今本啓一　菊地俊文

黒岩秀介　佐藤幸恵　栖原健太郎　中山英明

鳴瀬浩康　端　直人　三谷裕二

マスコンクリート指針改定小委員会（2017.4〜2021.3）

| 主　　査 | 桜　本　文　敏 | | |
|---|---|---|---|
| 幹　　事 | 神　代　泰　道 | 小　島　正　朗 | 丸　山　一　平 |
| 委　　員 | 荒　金　直　樹 | 稲　葉　洋　平 | 今　本　啓　一 | 菊　地　俊　文 |
| | 黒　岩　秀　介 | 佐　藤　幸　惠 | 栖　原　健太郎 | 中　山　英　明 |
| | 端　　　直　人 | 兵　頭　彦　次 | | |
| 協力委員 | 大　塚　勇　介 | 二　戸　信　和 | |

# 指針作成関係委員 （初版）

マスコンクリート小委員会（2006.4〜2008.3）

| 主　　査 | 桜　本　文　敏 | | | |
|---|---|---|---|---|
| 幹　　事 | 西　田　　　朗 | | | |
| 委　　員 | 荒　金　直　樹 | 今　本　啓　一 | 川　口　　　徹 | 黒　岩　秀　介 |
| | 神　代　泰　道 | 小　島　正　朗 | 寺　井　靖　人 | 栃　木　　　隆 |
| | 中　村　成　春 | 鳴　瀬　浩　康 | 野　口　貴　文 | 丸　山　一　平 |
| | 渡　部　　　聡 | | | |
| 前　委　員 | 御手洗　泰　文 | | | |

# 解説執筆委員

全体調整・編集
　　　　桜　本　文　敏　　丸　山　一　平　　神　代　泰　道　　小　島　正　朗
　　　　黒　岩　秀　介
1章　　総　　　則
　　　　桜　本　文　敏
2章　　温度ひび割れ制御の方針
　　　　桜　本　文　敏　　丸　山　一　平
3章　　共通仕様
　　　　神　代　泰　道　　稲　葉　洋　平　　佐　藤　幸　惠　　栖　原　健太郎
　　　　端　　　直　人
4章　　性能設計
　　　　丸　山　一　平　　荒　金　直　樹　　今　本　啓　一　　中　山　英　明
　　　　兵　頭　彦　次
5章　　チャートによる応力強度比の予測
　　　　小　島　正　朗　　荒　金　直　樹　　稲　葉　洋　平　　菊　地　俊　文
　　　　黒　岩　秀　介　　神　代　泰　道　　栖　原　健太郎　　中　山　英　明
　　　　端　　　直　人　　兵　頭　彦　次
6章　　仕様設計
　　　　神　代　泰　道　　佐　藤　幸　惠　　栖　原　健太郎　　端　　　直　人
7章　　施　　　工
　　　　黒　岩　秀　介　　菊　地　俊　文
8章　　品質管理・検査
　　　　黒　岩　秀　介　　今　本　啓　一　　菊　地　俊　文
付1.　　神　代　泰　道
付2.　　兵　頭　彦　次
付3.　　丸　山　一　平
付4.　　兵　頭　彦　次　　大　塚　勇　介　　二　戸　信　和
付5.　　栖　原　健太郎　　兵　頭　彦　次
付6.　　菊　地　俊　文
付7.　　佐　藤　幸　惠　　神　代　泰　道
付8.　　中　山　英　明
付9.　　中　山　英　明
付10.　荒　金　直　樹
付11.　今　本　啓　一
付12.　黒　岩　秀　介
付13.　黒　岩　秀　介　　神　代　泰　道
付14.　稲　葉　洋　平
付15.　小　島　正　朗　　荒　金　直　樹
付16.　小　島　正　朗
付17.　黒　岩　秀　介
付18.　荒　金　直　樹

# マスコンクリートの温度ひび割れ制御設計・施工指針・同解説

# 目　　　次

|  | 本　文<br>ページ | 解　説<br>ページ |
|---|---|---|
| **1章　総　　則** | | |
| 1.1　適用範囲 | 1 | 29 |
| 1.2　目　　的 | 1 | 30 |
| 1.3　適用上の注意事項 | 1 | 31 |
| 1.4　用　　語 | 1 | 32 |
| **2章　温度ひび割れ制御の方針** | | |
| 2.1　基本方針 | 2 | 35 |
| 2.2　温度ひび割れ制御のための許容値・設計値 | 3 | 37 |
| **3章　共通仕様** | | |
| 3.1　基本事項 | 3 | 39 |
| 3.2　材　　料 | 3 | 40 |
| 3.3　調　　合 | 3 | 42 |
| 3.4　打継ぎ・ひび割れ誘発目地等 | 4 | 48 |
| **4章　性能設計** | | |
| 4.1　基本事項 | 5 | 51 |
| 4.2　各種条件の設定 | 5 | 53 |
| 4.3　コンクリートの発熱予測 | 6 | 54 |
| 4.4　部材温度の履歴・分布の予測 | 7 | 56 |
| 4.5　ひずみの予測 | 7 | 62 |
| 4.6　部材応力の予測 | 8 | 68 |
| 4.7　応力強度比の予測 | 10 | 75 |
| 4.8　検　　証 | 11 | 77 |
| 4.9　仕様の確定 | 11 | 77 |
| **5章　チャートによる応力強度比の予測** | | |
| 5.1　基本事項 | 11 | 80 |
| 5.2　チャートの適用範囲 | 11 | 80 |
| 5.3　基本チャート | 12 | 89 |
| 5.4　各種条件に応じた応力強度比の補正 | 22 | 105 |

## 6章 仕様設計

6.1 基本事項 ··········································································· 24·····116

6.2 共通対策 ··········································································· 24·····118

6.3 部材条件に応じた対策 ························································ 25·····119

## 7章 施　工

7.1 基本事項 ··········································································· 26·····131

7.2 発注・運搬 ········································································· 27·····133

7.3 打込み・養生 ······································································ 27·····135

## 8章 品質管理・検査

8.1 基本事項 ··········································································· 27·····136

8.2 コンクリートの品質管理・検査 ············································ 27·····137

8.3 ひび割れの検査 ·································································· 29·····139

8.4 ひび割れの補修 ·································································· 29·····141

## 付　録

付 1. 温度ひび割れ発生のメカニズム ·········································· 145

付 2. エトリンガイトの遅延生成（Delayed Ettringite Formation）について ········· 149

付 3. 応力強度比とひび割れ幅の関係について ······························· 161

付 4. 低発熱型の高炉セメントB種について ··································· 169

付 5. マスコンクリート用の膨張材 ·············································· 185

付 6. 収縮低減剤を用いたコンクリートの性状 ······························· 205

付 7. マスコンクリートの構造体強度補正値 ··································· 211

付 8. 断熱温度上昇式の係数の設定根拠 ········································ 217

付 9. 断熱温度上昇特性の関係式の違いが温度応力解析結果に及ぼす影響について ········· 249

付 10. 力学的特性データベース ··················································· 262

付 11. 高炉セメントB種を用いたコンクリートのクリープ係数について ········· 276

付 12. 性能設計例 ································································· 280

付 13. 各種マスコンクリート温度応力解析プログラムの概要 ················ 285

付 14. 基本チャート用解析の概要 ··············································· 287

付 15. 補正チャート用解析の概要 ··············································· 296

付 16. チャートの導出方法 ······················································· 307

付 17. チャートの適用例 ·························································· 323

付 18. チャート自動計算プログラムについて ·································· 327

## 6章　仕　様　設　計

6.1　基　本　事　項 ……………………………………………… 24……116

6.2　共　通　対　策 ……………………………………………… 24……118

6.3　部材条件に応じた対策 ……………………………………… 25……119

## 7章　施　　　工

7.1　基　本　事　項 ……………………………………………… 26……131

7.2　発注・運搬 …………………………………………………… 27……133

7.3　打込み・養生 ………………………………………………… 27……135

## 8章　品質管理・検査

8.1　基　本　事　項 ……………………………………………… 27……136

8.2　コンクリートの品質管理・検査 …………………………… 27……137

8.3　ひび割れの検査 ……………………………………………… 29……139

8.4　ひび割れの補修 ……………………………………………… 29……141

## 付　　　録

付1.　温度ひび割れ発生のメカニズム ………………………………………… 145

付2.　エトリンガイトの遅延生成（Delayed Ettringite Formation）について ………… 149

付3.　応力強度比とひび割れ幅の関係について ………………………………… 161

付4.　低発熱型の高炉セメントB種について ………………………………… 169

付5.　マスコンクリート用の膨張材 …………………………………………… 185

付6.　収縮低減剤を用いたコンクリートの性状 ……………………………… 205

付7.　マスコンクリートの構造体強度補正値 ………………………………… 211

付8.　断熱温度上昇式の係数の設定根拠 ……………………………………… 217

付9.　断熱温度上昇特性の関係式の違いが温度応力解析結果に及ぼす影響について ……… 249

付10.　力学的特性データベース ………………………………………………… 262

付11.　高炉セメントB種を用いたコンクリートのクリープ係数について …… 276

付12.　性能設計例 ………………………………………………………………… 280

付13.　各種マスコンクリート温度応力解析プログラムの概要 ……………… 285

付14.　基本チャート用解析の概要 …………………………………………… 287

付15.　補正チャート用解析の概要 …………………………………………… 296

付16.　チャートの導出方法 …………………………………………………… 307

付17.　チャートの適用例 ……………………………………………………… 323

付18.　チャート自動計算プログラムについて ……………………………… 327

# マスコンクリートの温度ひび割れ
# 制御設計・施工指針

# マスコンクリートの温度ひび割れ制御設計・施工指針

# 1章　総　　則

## 1.1　適用範囲

a．本指針は，現場施工の鉄筋コンクリート造建築物および鉄筋コンクリート構造以外の構造方式による建築物のマスコンクリートに適用する．

b．本指針におけるマスコンクリートとは，部材断面の最小寸法が大きく，かつセメントの水和熱による温度上昇で有害なひび割れが入るおそれがある部分のコンクリートのことをいう．

c．本指針は，設計基準強度が $18 \sim 36 \, N/mm^2$ のコンクリートに適用することを原則とする．

d．本指針に示されていない事項は，本会「建築工事標準仕様書・同解説　JASS 5　鉄筋コンクリート工事（以下，JASS 5 という）によるほか，関連指針による．

## 1.2　目　　的

a．本指針は，マスコンクリートに生じる有害な温度ひび割れの発生を制御することを目的とする．

b．本指針は，マスコンクリートの温度ひび割れ制御の標準を示すものである．

## 1.3　適用上の注意事項

マスコンクリートのひび割れ対策は，計画・設計から材料・調合・施工の各分野にわたって総合的かつ効果的なものでなくてはならない．したがって，設計者，工事監理者ならびに施工者はあらかじめ十分に打合せを行って，本指針に示されている事項が確実に実施できるようにする．

## 1.4　用　　語

本指針に用いる用語は，次によるほか，JIS A 0203（コンクリート用語）および JASS 5 による．

マスコンクリート：部材断面の最小寸法が大きく，かつセメントの水和熱による温度上昇で有害なひび割れが入るおそれがある部分のコンクリート

温　度　応　力：コンクリート部材内部の温度分布が不均一な場合および温度の上昇・降下に伴って生じる体積変化が外的に拘束された場合にコンクリートに発生する応力

内　部　拘　束：コンクリート部材内部の温度分布が不均一な場合に，断面内の力の釣合いによって拘束されること

外　部　拘　束：コンクリート部材温度の上昇・降下に伴って生じる体積変化が，外部の拘束体によって拘束されること

温 度 ひ び 割 れ：セメントの水和熱に起因する温度応力によって発生するひび割れ

版 状 部 材：耐圧盤（マットスラブ）などのように，主に平面的な広がりを有した部材を総称して示したもの

壁 状 部 材：基礎梁や土圧壁などのように壁状の形状を有した部材のことを総称して示したもの

要 求 性 能：建築物の構造体および部材に求められるさまざまな性能

限 界 状 態：構造体および部材に対する要求性能の達成が損なわれるか否かの許容限界を表す状態

目 標 性 能：要求性能を確実に達成させるために，それに適切な余裕を見込んで設計の目標として定められた性能

設 計 値：構造体や部材に対する目標性能を達成させるために，制御設計という観点で構造体コンクリートに課せられたひび割れ幅あるいは応力強度比の目標とする値

許 容 ひ び 割 れ 幅：構造物の機能および耐久性上，有害とされない許容できるひび割れ幅

温度ひび割れ発生強度：温度ひび割れが発生するときに生じているコンクリートの引張応力

応 力 強 度 比：コンクリートの温度応力と温度ひび割れ発生強度の比


# 2章　温度ひび割れ制御の方針


## 2.1　基本方針

a．構造体コンクリートには，構造体および部材の所要の性能の達成を阻害する温度ひび割れが生じてはならない．

b．本指針で対象とする構造体および部材の性能は，漏水抵抗性および鉄筋腐食抵抗性とする．

c．設計者は，構造体および部材に対する建築主等の要求性能に応じて，構造体コンクリートの温度ひび割れ幅に関して適切な限界状態を定める．

d．漏水抵抗性は，構造体コンクリートの温度ひび割れの有無によって評価し，漏水抵抗性の限界状態は，漏水に繋がる温度ひび割れが構造体コンクリートに生じた状態を標準とする．

e．鉄筋腐食抵抗性は，構造体コンクリートの温度ひび割れ幅によって評価し，鉄筋腐食抵抗性の限界状態は，中性化の進行によって鉄筋の腐食が促進されるおそれのある温度ひび割れが構造体コンクリートに生じた状態を標準とする．

f．温度ひび割れの制御は，所定の期間内に構造体および部材が限界状態とならないように，設計者が性能設計または仕様設計のいずれかにより使用するコンクリートの材料・調合および施工法等の仕様を定め，施工者が仕様に基づき適切に工事を実施することにより行う．

### 2.2 温度ひび割れ制御のための許容値・設計値

a．設計者は，2.1 に基づき，実験または信頼できる資料によって，構造体コンクリートの温度ひび割れ制御のための許容値および設計値を定める．

b．漏水抵抗性を確保するためのひび割れの許容状態は，貫通ひび割れが生じないこととし，応力強度比で制御する場合は，その設計値を，0.8 以下とすることを標準とする．

c．一般環境下において，鉄筋腐食抵抗性を確保するための最大ひび割れ幅の許容値は 0.4 mm とし，応力強度比で制御する場合は，その設計値を 1.3 以下とすることを標準とする．


# 3章　共通仕様


## 3.1　基本事項

a．本章は，マスコンクリートの温度ひび割れ制御設計を行う際に守るべき基本事項を規定する．

b．本章に示されていない事項は，4 章「性能設計」，5 章「チャートによる応力強度比の予測」または 6 章「仕様設計」の規定に基づいて定める．


## 3.2　材　　料

a．セメントは，JIS R 5210（ポルトランドセメント）の規定に適合する普通，早強，中庸熱，低熱，耐硫酸塩ポルトランドセメント，または JIS R 5211（高炉セメント）および JIS R 5213（フライアッシュセメント）に規定する混合セメントを標準とする．

b．化学混和剤は，AE 剤，減水剤，AE 減水剤，高性能減水剤，高性能 AE 減水剤，流動化剤とし，JIS A 6204（コンクリート用化学混和剤）の規定に適合する遅延形または標準形であって，塩化物イオン（Cl⁻）量による区分 I 種のものを標準とする．

c．混和材は，その効果を十分に検討したうえで適切なものを用いる．フライアッシュについては，JIS A 6201（コンクリート用フライアッシュ）に規定するフライアッシュ II 種，高炉スラグ微粉末については，JIS A 6206（コンクリート用高炉スラグ微粉末）に規定する高炉スラグ微粉末 3000 または 4000 のうちから定める．なお，その使用量はセメントの内割りとして，高炉スラグ微粉末は 70 ％まで，フライアッシュは 30 ％までを標準とする．

d．膨張材は，JIS A 6202（コンクリート用膨張材）に規定するものを標準とし，その効果を十分に検討したうえで用いる．

e．骨材は，JASS 5 の 4 節による．


## 3.3　調　　合

a．調合は，コンクリートの所要の品質が得られる範囲内で，単位セメント量ができるだけ少なくなるように定める．

b．構造体コンクリート強度を保証する材齢 $n$ 日は 28 日以上 91 日以内とし，91 日を標準とする．

c．構造体コンクリート強度は，標準養生した供試体を基に合理的な方法で推定された圧縮強度で表す．

d．調合強度を定めるための基準とする材齢 $m$ 日は 28 日以上，かつ構造体コンクリート強度を保証する材齢 $n$ 日以内の材齢とする．

e．調合強度は，調合強度を定めるための基準とする材齢 $m$ 日における標準養生した供試体の圧縮強度で表す．

f．調合管理強度は（3.1）式によって算定される値とする．

$$FM_m = F_q + {}_mSM_n \quad (\mathrm{N/mm^2}) \tag{3.1}$$

ここに，　$FM_m$：マスコンクリートの調合管理強度（N/mm²）

$F_q$：マスコンクリートの品質基準強度（N/mm²）で，設計基準強度または耐久設計基準強度のうち，大きい方の値とする

${}_mSM_n$：マスコンクリートの構造体強度補正値（N/mm²）

g．調合強度は，（3.2）および（3.3）式を満足するように定める．

$$F \geqq FM_m + 1.73\,\sigma \tag{3.2}$$

$$F \geqq 0.85\,FM_m + 3\,\sigma \tag{3.3}$$

ここに，　$F$：マスコンクリートの調合強度（N/mm²）

$FM_m$：マスコンクリートの調合管理強度（N/mm²）

$\sigma$：使用するコンクリートの圧縮強度の標準偏差（N/mm²）

h．マスコンクリートの構造体強度補正値 ${}_mSM_n$ は，表 3.1 を標準とする．表 3.1 に示されていない場合の補正値は，試験または信頼できる資料を基に定め，工事監理者の承認を受ける．

表 3.1　予想平均養生温度によるマスコンクリートの構造体強度補正値 ${}_{28}SM_{91}$ の標準値

| セメントの種類 | コンクリートの打込みから材齢 28 日までの予想平均養生温度 $\theta$ の範囲（℃） | | | |
|---|---|---|---|---|
| 普通ポルトランドセメント | $0 \leqq \theta < 8$ | $8 \leqq \theta$ | — | 暑中期間 |
| 中庸熱ポルトランドセメント | — | $0 \leqq \theta$ | — | — |
| 低熱ポルトランドセメント | — | — | $0 \leqq \theta$ | — |
| 高炉セメント B 種 | — | $0 \leqq \theta$ | — | 暑中期間 |
| フライアッシュセメント B 種 | — | $0 \leqq \theta$ | — | — |
| マスコンクリートの構造体強度補正値 ${}_{28}SM_{91}$（N/mm²） | 6 | 3 | 0 | 6 |

［注］暑中期間は，JASS 5　13 節による．

## 3.4　打継ぎ・ひび割れ誘発目地等

a．打継ぎの形状および処理方法は，構造物の防水性能，耐久性能，構造性能等を満足するよう

に定める.

b．ひび割れ誘発目地の配置・形状は，構造物の防水性能，耐久性能，構造性能等を満足するように定める．

c．その他，部材および構造体性能確保のための必要な対策を定める．

# 4章　性能設計

## 4.1　基本事項

a．性能設計を行う場合，下記の（1），（2）に示す事項を考慮する．

（1）　設計の対象とする構造体および部材を取り巻く環境条件

（2）　設計の対象とする構造体および部材に要求される性能レベルとそれに対応する目標性能

b．性能設計を行う場合，設計対象の構造体および部材が目標性能を達成するように，構造体コンクリートの応力強度比は2.2に示した設計値を満足しなければならない．

c．4.2〜4.7節の手順に従い，下記の（1）〜（4）に示す項目を予測し，4.8節の検証に用いる．

（1）　温度履歴・分布

（2）　温度ひずみ・自己収縮ひずみ

（3）　温度応力

（4）　応力強度比

## 4.2　各種条件の設定

a．温度ひび割れ解析は，下記の事項を考慮して行う．

（1）　使用材料

（2）　調合

（3）　構造体・部材の形状，寸法

（4）　地盤条件

（5）　打込み計画

（6）　施工時期，周囲の温度条件

（7）　コンクリートの打込み温度

（8）　型枠

（9）　養生

b．温度ひび割れ解析は，2.1節に示した温度ひび割れ制御の基本方針を満足するように，上記（1）〜（9）の項目について，適切に条件を設定して行う．

c．設定する条件は，構造物に他の悪影響を及ぼさないように定める．

— 6 —　マスコンクリートの温度ひび割れ制御設計・施工指針

## 4.3　コンクリートの発熱予測

　コンクリートの発熱は，セメント種類，単位セメント量，打込み温度の影響を考慮し，(4.1) 式，(4.2) 式および (4.3) 式によって断熱温度上昇曲線に基づき予測するか，あるいは実験，信頼のおける資料に基づき予測する．

$$Q(t) = K(1 - e^{-\alpha t}) \tag{4.1}$$

$$Q(t) = K(1 - e^{-\alpha t^\beta}) \tag{4.2}$$

$$K = p(aC + b), \quad \alpha = q(gC + h), \quad \beta = r(mC + n) \tag{4.3}$$

ここに，

$t$：材齢（日）

$Q(t)$：材齢 $t$ 日までの断熱温度上昇量（℃）

$K$：最終断熱温度上昇量（℃）

$\alpha, \beta$：断熱温度上昇速度を表す係数

$C$：単位セメント量（kg/m³）

$a, b, g, h, m, n, p, q, r$：$K$，$\alpha$ および $\beta$ を求めるための係数で表4.1～4.3による．

表4.1　打込み温度 20 ℃における $K$, $\alpha$ および $\beta$（単位セメント量 400 kg/m³ 以下）

| セメント種類 | $K = aC + b$ | | $\alpha = gC + h$ | | $\beta = mC + n$ | |
|---|---|---|---|---|---|---|
| | $a$ | $b$ | $g$ | $h$ | $m$ | $n$ |
| 普通ポルトランドセメント | 0.113 | 13.9 | 0.0032 | 0.030 | — | — |
| 中庸熱ポルトランドセメント | 0.096 | 14.2 | 0.0022 | −0.050 | — | — |
| 低熱ポルトランドセメント | 0.072 | 19.9 | 0.0012 | 0.058 | 0.0013 | 0.316 |
| 早強ポルトランドセメント | 0.134 | 11.7 | 0.0028 | 0.549 | — | — |
| 高炉セメントB種 | 0.111 | 17.7 | 0.0021 | 0.089 | — | — |
| フライアッシュセメントB種 | 0.107 | 13.2 | 0.0022 | 0.105 | — | — |

表4.2　打込み温度 20 ℃における $K$, $\alpha$ および $\beta$（単位セメント量 400 kg/m³ を超え 550 kg/m³ 以下）

| セメント種類 | $K = aC + b$ | | $\alpha = gC + h$ | | $\beta = mC + n$ | |
|---|---|---|---|---|---|---|
| | $a$ | $b$ | $g$ | $h$ | $m$ | $n$ |
| 普通ポルトランドセメント | 0.072 | 30.3 | 0.0014 | 0.750 | — | — |
| 中庸熱ポルトランドセメント | 0.061 | 28.2 | 0.0019 | 0.070 | — | — |
| 低熱ポルトランドセメント | 0.038 | 33.5 | 0.0012 | 0.058 | 0.0013 | 0.316 |
| 早強ポルトランドセメント | 0.134 | 11.7 | 0.0028 | 0.549 | — | — |
| 高炉セメントB種 | 0.056 | 39.7 | 0.0019 | 0.169 | — | — |
| フライアッシュセメントB種 | 0.107 | 13.2 | 0.0022 | 0.105 | — | — |

（早強ポルトランドセメントおよびフライアッシュセメントB種は本式の適用範囲として，単位セメント量 $C$ の上限値を 450 kg/m³ とする．）

4 章　性能設計　— 7 —

**表 4.3**　打込み温度 20 ℃ の $K$, $\alpha$ および $\beta$ に対する補正係数一覧

| 打込み温度<br>セメント種類 | $p$ | | | $q$ | | | $r$ | | |
|---|---|---|---|---|---|---|---|---|---|
| | 10 ℃ | 20 ℃ | 30 ℃ | 10 ℃ | 20 ℃ | 30 ℃ | 10 ℃ | 20 ℃ | 30 ℃ |
| 普通ポルトランドセメント | 1.029 | 1.000 | 0.967 | 0.600 | 1.000 | 1.492 | — | — | — |
| 中庸熱ポルトランドセメント | 1.030 | 1.000 | 0.982 | 0.640 | 1.000 | 1.504 | — | — | — |
| 低熱ポルトランドセメント | 1.026 | 1.000 | 0.987 | 0.670 | 1.000 | 1.401 | 1.084 | 1.000 | 0.944 |
| 早強ポルトランドセメント | 1.040 | 1.000 | 0.965 | 0.627 | 1.000 | 1.590 | — | — | — |
| 高炉セメント B 種 | 1.028 | 1.000 | 0.975 | 0.577 | 1.000 | 1.552 | — | — | — |
| フライアッシュセメント B 種 | 1.045 | 1.000 | 0.976 | 0.579 | 1.000 | 1.620 | — | — | — |

## 4.4　部材温度の履歴・分布の予測

部材温度の履歴・分布は，下記の項目を適切に選択，モデル化し非定常熱伝導問題を解くことにより予測する．

a．解析手法

b．部材形状，寸法，離散化手法

c．温度条件

d．境界条件

e．解析期間

f．コンクリートの熱特性値

g．地盤の熱特性値

h．鋼材の熱特性値

## 4.5　ひずみの予測

a．部材の温度ひずみは，予測された温度の履歴と分布および線膨張係数を用いて（4.4）式により予測する．線膨張係数は，調合・セメント種類・骨材種類を考慮し，試験または信頼のできる資料に基づき設定する．

$$\varepsilon_{temp} = \alpha \cdot \Delta T \tag{4.4}$$

ここに，　$\varepsilon_{temp}$：温度ひずみ（$\times 10^{-6}$）

$\alpha$：線膨張係数（$\times 10^{-6}$/℃）

$\Delta T$：温度増分（℃）

b．自己収縮ひずみは，実験または信頼できる資料によるか，材齢，温度依存性，セメントの種類および水セメント比を考慮した（4.5）式により予測する．

$$\varepsilon_{as}(t_e) = \xi_c \cdot \varepsilon_{as} \cdot \gamma_{as}(t_e) \tag{4.5}$$

ここに，$\varepsilon_{as}(t_e)$：有効材齢 $t_e$ における自己収縮ひずみ（$\times 10^{-6}$）

$\xi_c$：セメントの種類が自己収縮ひずみの終局値に及ぼす影響を表す係数

$\varepsilon_{as}$：自己収縮ひずみの終局値（$\times 10^{-6}$）

$\gamma_{as}(t_e)$：自己収縮ひずみの進行特性を示す関数

c．膨張材を用いたコンクリートの膨張ひずみは，実験または信頼できる資料によるか，セメントの種類，膨張材の種類および単位量，温度依存性，養生方法等を考慮して予測する．

## 4.6 部材応力の予測

a．部材に生じる応力は，対象部材のひずみの予測結果に基づき，境界条件，変形の適合条件および力の釣合い条件を満足する手法により予測する．

b．コンクリートの力学的物性値

（1）材齢

応力予測では，コンクリートの強度発現に関して，温度の影響を等価な材齢に換算する（4.6）式により評価するか，あるいは試験または信頼のできる資料に基づき評価することとする．

$$t_e = \sum_{i=1}^{n} \Delta t_i \exp\left[13.65 - \frac{4000}{273 + T(\Delta t_i)/T_n}\right] \tag{4.6}$$

ここに，　　$t_e$：有効材齢（日）

$\Delta t_i$：材齢 $t_i$ における温度 $T$ が継続する期間（日）

$T(\Delta t_i)$：材齢 $t_i$ における区間 $\Delta t$ の間継続するコンクリート温度（℃）

$T_n$：温度を無次元化する値で1℃

（2）圧縮強度

圧縮強度の発現は，（4.7）式によって予測するか，あるいは試験または信頼のできる資料に基づき予測することとする．

$$f_c(t_e) = \exp\left\{s\left[1 - \left(\frac{28}{(t_e - s_f)/t_n}\right)^{1/2}\right]\right\} \cdot f_{c28} \tag{4.7}$$

ここに，　$f_c(t_e)$：コンクリートの圧縮強度（N/mm²）

$t_e$：コンクリートの有効材齢（日）

$t_n$：時間を無次元化する値で1日

$f_{c28}$：コンクリートの28日圧縮強度（N/mm²）

$s$：セメント種類に関わる定数

$s_f$：硬化原点のための補正項（日）

（3）ヤング係数

コンクリートのヤング係数は，（4.8）式によって予測するか，あるいは試験または信頼のできる資料に基づき予測することとする．

$$E(t_e) = 3.35 \times 10^4 \times k_1 \times k_2 \times \left(\frac{\gamma}{2.4}\right)^2 \times \left(\frac{f_c(t_e)}{60}\right)^{1/3} \tag{4.8}$$

ここに，　$E(t_e)$：コンクリートのヤング係数（N/mm²）

**表 4.4** $s$ と $s_f$ 値

| セメントの種類 | $s$ の値 | $s_f$ の値 |
|---|---|---|
| 普通ポルトランドセメント | 0.31 | 0.5 |
| 中庸熱ポルトランドセメント | 0.60 | 0 |
| 低熱ポルトランドセメント | 1.06 | 0 |
| 早強ポルトランドセメント | 0.21 | 0 |
| 高炉セメントB種 | 0.54 | 0 |
| フライアッシュセメントB種 | 0.40 | 0 |

$t_e$：コンクリートの有効材齢（日）

$\gamma$：コンクリートの気乾単位容積質量（t/m³）

$f_c(t)$：コンクリートの圧縮強度（N/mm²）

$k_1, k_2$：骨材，混和材による係数

$k_1=0.95$：石英片岩砕石，安山岩砕石，玉石砕石，玄武岩砕石，粘板岩砕石

$=1.2$：石灰岩砕石，か焼ボーキサイト

$=1.0$：その他の粗骨材

$k_2=0.95$：シリカフューム，フライアッシュ起源微粉末

$=1.1$：フライアッシュ

$=1.0$：混和材を使用しない場合

（4）　ポアソン比

　コンクリートのポアソン比は，0.2 を用いるか，あるいは試験または信頼のできる資料に基づき予測することとする.

（5）　クリープひずみ

　コンクリートのクリープひずみは（4.9）～（4.12）式によるクリープ係数を用いて予測するか，あるいは試験または信頼のできる資料に基づき予測することとする.

$$\phi(t_e, t_l)=\beta_{CR} \cdot \phi_0 \times \left[\frac{(t_e-t_l)/t_n}{\beta_h+(t_e-t_l)/t_n}\right]^{0.3} \tag{4.9}$$

$$\phi_0=1.05 \cdot (E_c(t_l)/E_{c28})^{-1.04} \tag{4.10}$$

$$\beta_h=c \cdot (E_c(t_l)/E_{c28})^4+7.6 \tag{4.11}$$

$$c=117-1.11f_{c28} \tag{4.12}$$

ここに，　$\phi(t_e, t_l)$：材齢28日のヤング係数を基準とした載荷時材齢を考慮したクリープ係数

$\phi_0$：クリープ係数の終局値

$\beta_{CR}$：混和材によるクリープ係数の終局値に及ぼす影響を表す係数

（高炉セメントB種　0.8，その他　1.0）

$\beta_h$：クリープの進行速度を表す係数

$t_l$：載荷時有効材齢（日）

$t_e$：有効材齢（日）

$t_n$：材齢を無次元化する値で1日

$f_{c28}$：有効材齢28日の圧縮強度（N/mm²）

$E_{c28}$：有効材齢28日のヤング率（N/mm²）

$E_c(t_l)$：載荷時材齢 $t_l$ 日におけるヤング率（N/mm²）

c．地盤の力学的特性値

地盤の力学的特性値は，表4.5に示す値によるか，実験または信頼のできる資料に基づき予測する．

**表4.5** 地盤の力学的特性値

| | | N値の目安 | 剛性<br>（N/mm²） | 線膨張係数<br>（×10⁻⁶/℃） | ポアソン比 |
|---|---|---|---|---|---|
| 地盤 | 軟弱<br>（粘性土，杭基礎） | 0〜20 | 50 | 10 | 0.35 |
| | 普通<br>（砂質土，礫地盤への直接基礎） | 50以上 | 500 | 10 | 0.30 |
| | 岩盤<br>（土丹，軟岩） | — | 5 000 | 10 | 0.25 |

## 4.7 応力強度比の予測

a．応力強度比 $\eta(t_e)$ は，(4.13) 式により予測する．

$$\eta(t_e)=\frac{\sigma_{st}(t_e)}{f_{cr}(t_e)} \tag{4.13}$$

ここに，　　　$t_e$：コンクリートの有効材齢

$\eta(t_e)$：有効材齢 $t_e$ における応力強度比

$\sigma_{st}(t_e)$：有効材齢 $t_e$ における温度応力の予測値（N/mm²）

$f_{cr}(t_e)$：有効材齢 $t_e$ における温度ひび割れ発生強度（N/mm²）

b．温度ひび割れ発生強度 $f_{cr}(t_e)$ は，ひび割れが発生する有効材齢 $t_e$ におけるコンクリートの割裂引張強度 $f_t(t_e)$ にひび割れ発生低減係数 $\kappa$ を乗じた値とし，(4.14) 式により予測する．ひび割れ発生低減係数 $\kappa$ は1.0を標準とし，その他信頼できる資料または実験に基づいた値を採用する．

$$f_{cr}(t_e)=f_t(t_e)\times\kappa \tag{4.14}$$

ここに，　$f_t(t_e)$：材齢 $t_e$ における割裂引張強度（N/mm²）

$\kappa$：ひび割れ発生低減係数．1.0を標準とする．

c．割裂引張強度 $f_t(t_e)$ は (4.15) 式，または信頼できる資料または実験により予測する．

$$f_t(t_e)=0.18\cdot f_c(t_e)^{0.75} \tag{4.15}$$

ここに，　　　$t_e$：有効材齢

$f_c(t_e)$：有効材齢 $t_e$ における圧縮強度（N/mm²）

## 4.8 検　　証

　応力強度比の予測値が2.2で定めた設計値以下であることを確認する．予測値が設計値を超える場合には，設計上の仕様，または使用するコンクリートの材料・調合および施工法等の仕様を変更して再度検証を行う．

## 4.9 仕様の確定

　検証の結果，設計値を満足することが確認された場合には，設計上の仕様および使用するコンクリートの材料・調合および施工法等の仕様を確定する．


# 5章　チャートによる応力強度比の予測


## 5.1 基 本 事 項

　a．本章は，チャートを用いてマスコンクリートの応力強度比を推定する場合に適用する．

　b．本章は，4章性能設計における4.4〜4.7を簡易に予測するために用い，本章にない事項は4章による．

　c．対象とする構造物・部材が，5.2「チャートの適用範囲」を外れる場合，マスコンクリートのひび割れ対策は，4章「性能設計」により行う．

　d．応力強度比は，5.3「基本チャート」による応力強度比の推定値と，5.4「各種条件に応じた応力強度比の補正」による補正値および補正係数を加味して推定する．


## 5.2 チャートの適用範囲

　a．対象部材は，耐圧盤などの版状部材および耐圧盤の上に打ち込まれる基礎梁などの壁状部材とする．

　b．予測する応力強度比は，最高温度に達した後に温度が降下する過程で，部材中心部付近に生じる最大値とする．

　c．セメントの種類は，普通ポルトランドセメント，中庸熱ポルトランドセメント，低熱ポルトランドセメント，高炉セメントB種およびフライアッシュセメントB種とする．

　d．単位セメント量は，250 kg/m³ 以上 450 kg/m³ 以下とする．

　e．版状部材は，部材厚3.5 m以下，部材長さ40 m以下とする．

　f．壁状部材は，厚さ1.0 m以下の耐圧盤の上に打ち込まれるもので，高さ4 m以下，幅3.5 m以下，長さ40 m以下とする．

　g．打込み温度は，10℃から35℃の範囲とする．

## 5.3 基本チャート

a．版状部材の最大応力強度比は，セメントの種類ごとに図5.1～5.5のチャートを用い，単位セメント量，部材形状，地盤およびコンクリートの剛性を仮定して求める．なお，打込み温度と外気温とが異なる場合や，外気温が変化する場合，コンクリートの線膨張係数が異なる場合には，5.4によって補正する．

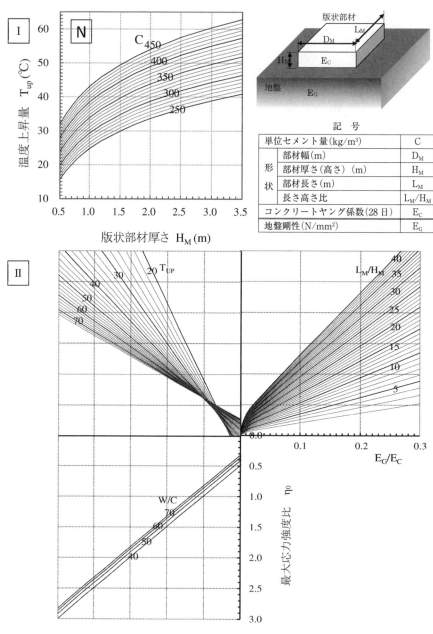

図5.1　版状部材の基本チャート（普通ポルトランドセメント）

5章　チャートによる応力強度比の予測　— 13 —

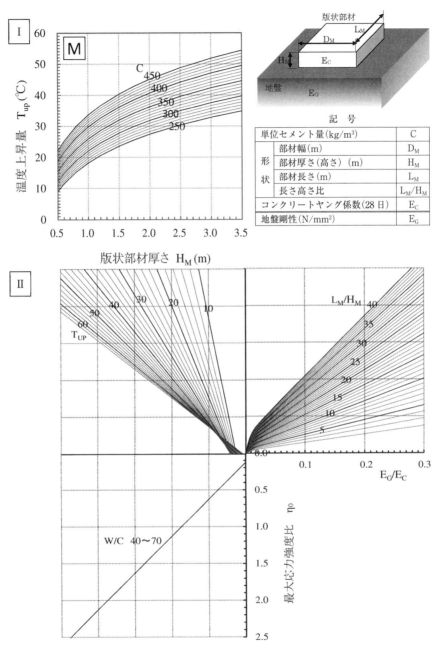

図 5.2　版状部材の基本チャート（中庸熱ポルトランドセメント）

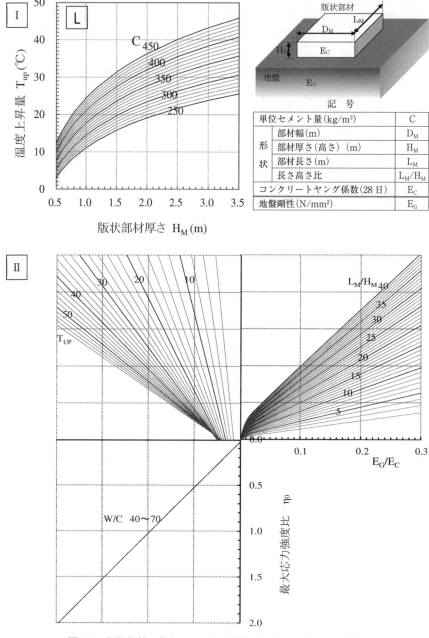

図5.3 版状部材の基本チャート(低熱ポルトランドセメント)

5章 チャートによる応力強度比の予測 — 15 —

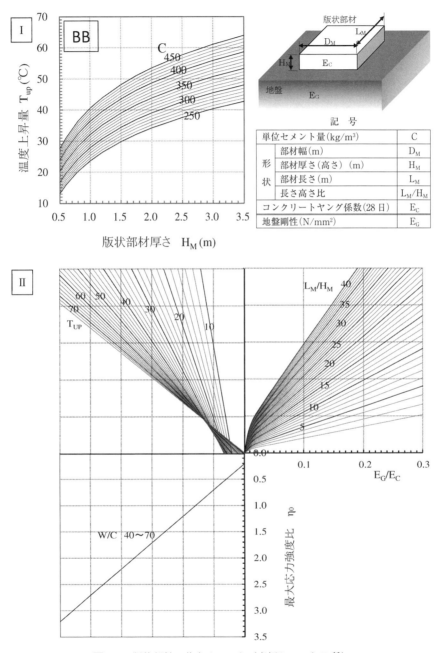

**図5.4** 版状部材の基本チャート（高炉セメントB種）

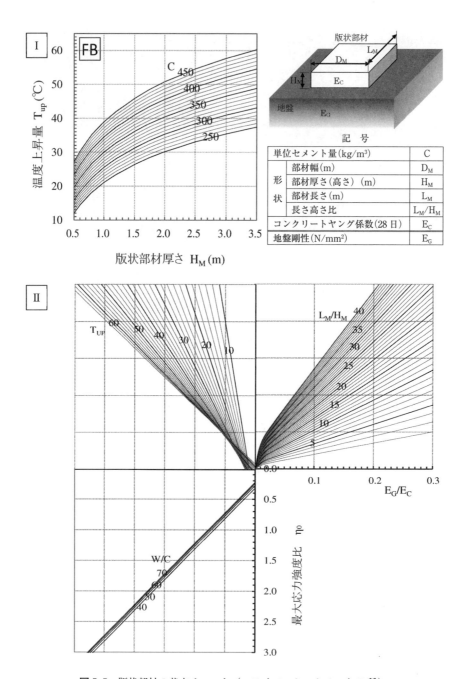

図 5.5　版状部材の基本チャート（フライアッシュセメント B 種）

b. 壁状部材の最大応力強度比は，セメントの種類ごとに図5.6〜5.10のチャートを用い，単位セメント量，部材形状，地盤およびコンクリートの剛性を仮定して求める．なお，打込み温度と外気温とが異なる場合や，外気温が変化する場合，コンクリートの線膨張係数が異なる場合には，5.4によって補正する．

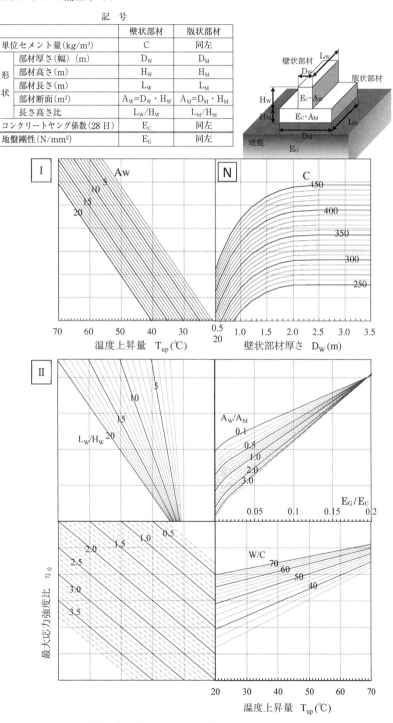

図5.6 壁状部材の基本チャート（普通ポルトランドセメント）

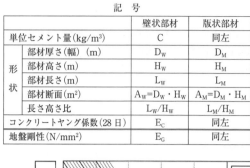
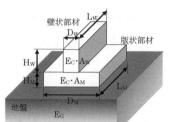
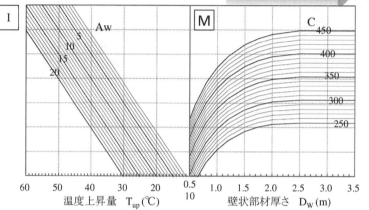
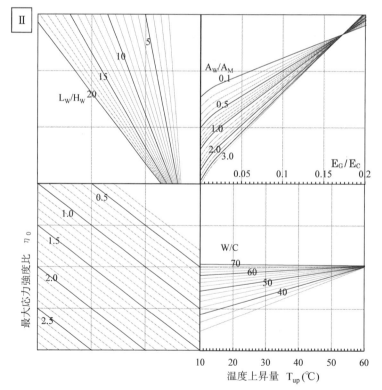

図 5.7 壁状部材の基本チャート（中庸熱ポルトランドセメント）

5章 チャートによる応力強度比の予測 — 19 —

| 記　号 | | 壁状部材 | 版状部材 |
|---|---|---|---|
| 単位セメント量(kg/m³) | | C | 同左 |
| 形状 | 部材厚さ(幅)(m) | $D_W$ | $D_M$ |
| | 部材高さ(m) | $H_W$ | $H_M$ |
| | 部材長さ(m) | $L_W$ | $L_M$ |
| | 部材断面(m²) | $A_W = D_W \cdot H_W$ | $A_M = D_M \cdot H_M$ |
| | 長さ高さ比 | $L_W/H_W$ | $L_M/H_M$ |
| コンクリートヤング係数(28日) | | $E_C$ | 同左 |
| 地盤剛性(N/mm²) | | $E_G$ | 同左 |

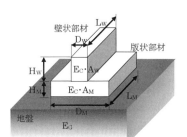

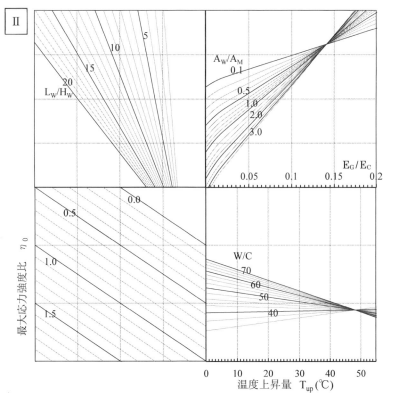

図5.8　壁状部材の基本チャート（低熱ポルトランドセメント）

— 20 —　マスコンクリートの温度ひび割れ制御設計・施工指針

記　号

|  | | 壁状部材 | 版状部材 |
|---|---|---|---|
| 単位セメント量(kg/m³) | | C | 同左 |
| 形状 | 部材厚さ（幅）(m) | $D_W$ | $D_M$ |
| | 部材高さ(m) | $H_W$ | $H_M$ |
| | 部材長さ(m) | $L_W$ | $L_M$ |
| | 部材断面(m²) | $A_W = D_W \cdot H_W$ | $A_M = D_M \cdot H_M$ |
| | 長さ高さ比 | $L_W/H_W$ | $L_M/H_M$ |
| コンクリートヤング係数(28日) | | $E_C$ | 同左 |
| 地盤剛性(N/mm²) | | $E_G$ | 同左 |

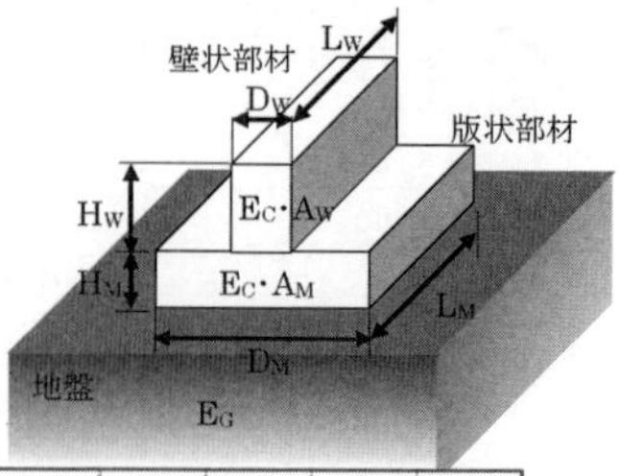

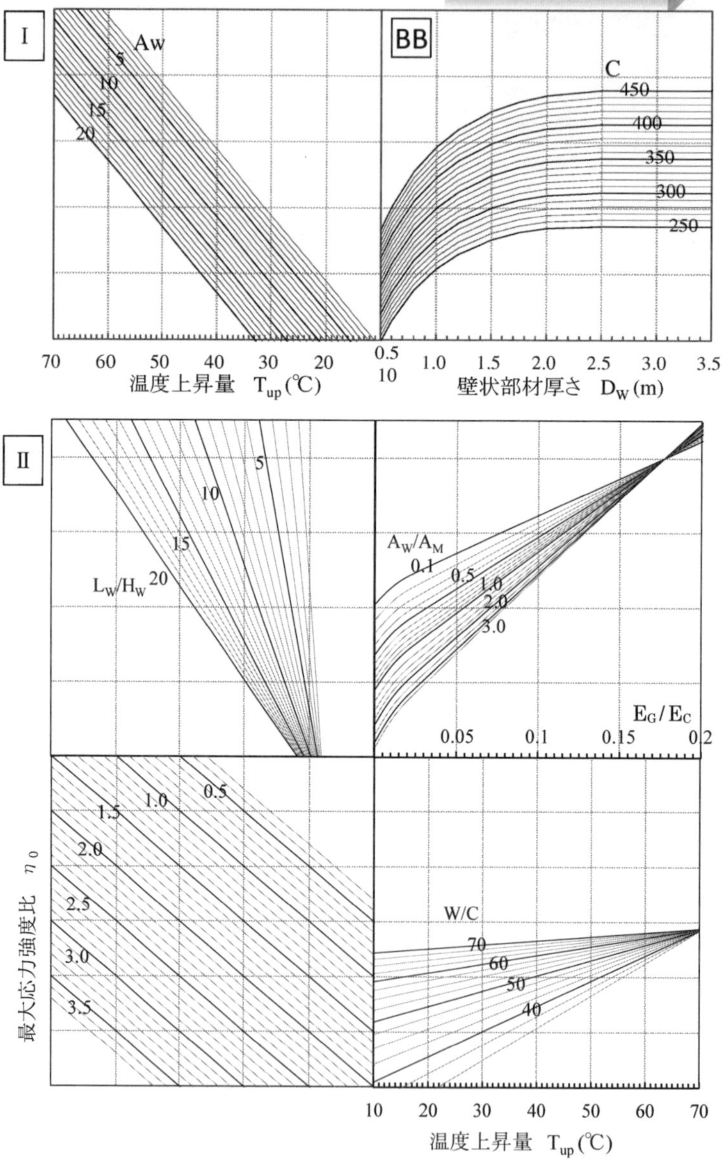

図 5.9　壁状部材の基本チャート（高炉セメント B 種）

5章 チャートによる応力強度比の予測 — 21 —

| 記　号 | | 壁状部材 | 版状部材 |
|---|---|---|---|
| 単位セメント量(kg/m³) | | C | 同左 |
| 形状 | 部材厚さ(幅)(m) | $D_W$ | $D_M$ |
| | 部材高さ(m) | $H_W$ | $H_M$ |
| | 部材長さ(m) | $L_W$ | $L_M$ |
| | 部材断面(m²) | $A_W = D_W \cdot H_W$ | $A_M = D_M \cdot H_M$ |
| | 長さ高さ比 | $L_W/H_W$ | $L_M/H_M$ |
| コンクリートヤング係数(28日) | | $E_C$ | 同左 |
| 地盤剛性(N/mm²) | | $E_G$ | 同左 |

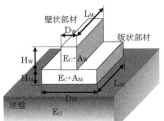

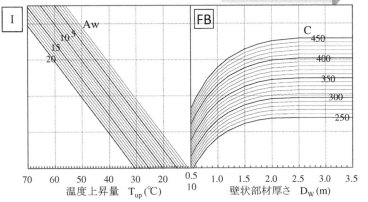

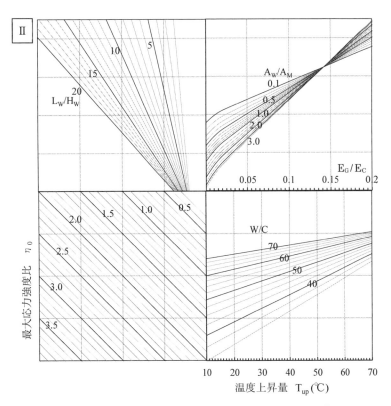

図 5.10 壁状部材の基本チャート（フライアッシュセメント B 種）

## 5.4 各種条件に応じた応力強度比の補正

a．基本チャートから求めた最大応力強度比は，打込み温度と外気温の温度差による応力強度比の補正，外気温の変化による応力強度比の補正，およびコンクリートの線膨張係数による補正を行う．

b．打込み時のコンクリート温度 $T_0$ と外気温 $T_e$ に温度差 $\Delta T_0$（$=T_0-T_e$）がある場合の応力強度比の補正値 $\Delta\eta_1$ は，部材の種類，セメントの種類にかかわらず図5.11のチャートを用い，$\Delta T_0$，部材形状，地盤およびコンクリートの剛性，および水セメント比に応じて求める．ただし，温度差 $\Delta T_0=+10$℃では応力強度比の補正値 $\eta_1$ として $+0.31$，$\Delta T_0=+5$℃では $+0.16$，$\Delta T_0=-5$℃では $-0.15$ を用い，その間は補完して用いてよい．

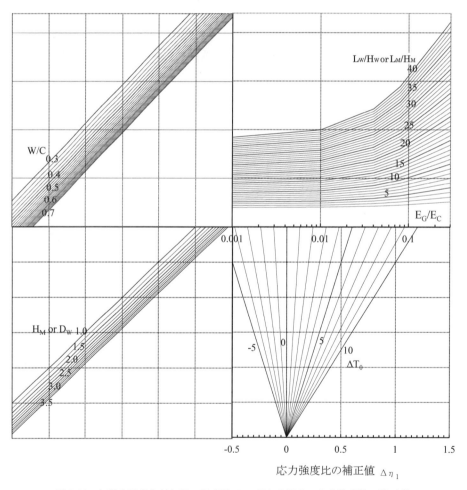

図5.11 打込み温度と外気温の温度差 $\Delta T_0$ がある場合の応力強度比の補正値

c．コンクリートの打込み後に外気温が変化する場合の応力強度比の補正値 $\Delta\eta_2$ は，部材の種類，セメントの種類にかかわらず図5.12のチャートを用い，コンクリートの打込み日の外気温 $T_{e0}$ から28日後の外気温 $T_{e28}$ までの温度変化量 $\Delta T_e$（$=T_{e28}-T_{e0}$），基本チャートにおけ

る最大温度上昇量 $T_{up}$, 部材形状, 地盤剛性に応じて求める. ただし, コンクリートの打込み後の外気温の温度変化量 $\Delta T_e$ が $-8$℃では応力強度比の補正値 $\eta_2$ として $+0.07$, $\Delta T_e = -4$℃では $+0.03$, $\Delta T_e = +4$℃では $-0.04$ を用い, その間は補完して用いてよい.

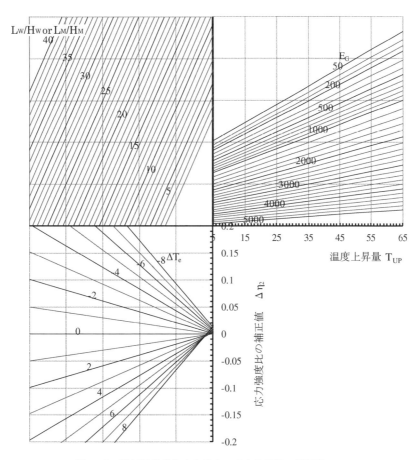

図5.12 外気温が変化する場合の応力強度比の補正値

d. コンクリートの線膨張係数が標準値と異なる場合の応力強度比の補正係数 $\phi$ は, コンクリートの線膨張係数の標準値との差 $\Delta\alpha$ を用い, (5.1) 式によって求める. ただし, 高炉セメントB種を用いたコンクリートの線膨張係数の標準値は $12\times10^{-6}$/℃とし, それ以外のセメントを用いたコンクリートの線膨張係数の標準値は $10\times10^{-6}$/℃とする.

$$\phi = 0.0856 \cdot \Delta\alpha + 1 \tag{5.1}$$

ここに, $\phi$：コンクリートの線膨張係数による補正係数

$\Delta\alpha$：コンクリートの線膨張係数の標準値との差（$\times10^{-6}$/℃）

e. 最大応力強度比は, (5.2) 式により求める.

$$\eta = (\eta_0 + \Delta\eta_1 + \Delta\eta_2) \cdot \phi \tag{5.2}$$

ここに, $\eta$：補正後の最大応力強度比

$\eta_0$：基本チャートから求めた最大応力強度比

$\Delta\eta_1$：打込み時のコンクリートと外気温の温度差 $\Delta T_0$ による補正値

$\Delta\eta_2$：打込み後の外気温度の温度変化量 $\Delta T_e$ による補正値

$\phi$：コンクリートの線膨張係数の標準値との差 $\Delta\alpha$ による補正係数

# 6章　仕様設計

## 6.1　基本事項

a．本章は，底面を拘束された版状部材および壁状部材を対象とし，漏水抵抗性および鉄筋腐食抵抗性を確保するための対策を示す．

b．適用する版状部材の寸法は，厚さ 3.5 m 以下，長さ 40 m 以下とする．

c．適用する壁状部材の寸法は，厚さ 1 m 以下の版状部材の上に打ち込まれるものであって，高さ 4 m 以下，厚さ 3.5 m 以下，長さ 40 m 以下とする．

d．使用するセメントの種類は，普通ポルトランドセメント，中庸熱ポルトランドセメント，低熱ポルトランドセメント，高炉セメントB種またはフライアッシュセメントB種とする．

e．本章のマスコンクリート対策は，「共通対策」と「部材条件に応じた対策」を組み合わせて構成する．

f．本章の規定では部材の目標性能が得られない場合あるいは本章の規定を適用できない場合は，4章「性能設計」あるいは5章「チャートによる応力強度比の予測」に基づいて対策を検討する．

g．設計者は，コンクリートの材料・調合計画および施工計画に関する仕様を，本章に基づいて具体的に策定し，設計図書に明記する．

## 6.2　共通対策

a．化学混和剤は，AE 減水剤，高性能 AE 減水剤，流動化剤とする．

b．コンクリートのスランプは 15 cm を上限とする．ただし，高性能 AE 減水剤または流動化剤を用いる場合は，21 cm を上限とする．

c．構造体コンクリート強度を保証する材齢は 91 日とする．

d．荷卸し時のコンクリートの温度は，35℃以下とする．

e．コンクリート打込み後，部材表面は急激な温度低下や初期乾燥が生じないようにするとともに，部材内外温度差および部材温度低下速度が大きくならないように養生する．湿潤養生期間は JASS 5　8.2 による．

## 6.3 部材条件に応じた対策

a．版状部材は，その部材が打ち込まれる地盤条件，コンクリートに使用するセメントの種類および単位セメント量に応じて，一度に打ち込む部材の長さ高さ比を，表6.1に示す値以下とする．

**表6.1** 版状部材のマスコンクリート対策

| 地盤条件 | 使用するセメントの種類 | 部材の目標性能に応じた長さ高さ比（L/H）の限度値 | | | |
| | | 漏水抵抗性 | | 鉄筋腐食抵抗性 | |
| | | 単位セメント量 350 kg/m³以下 | 単位セメント量 450 kg/m³以下 | 単位セメント量 350 kg/m³以下 | 単位セメント量 450 kg/m³以下 |
|---|---|---|---|---|---|
| 軟弱 (粘性土) | 普通ポルトランドセメント | 40 | 40 | 40 | 40 |
| | 中庸熱ポルトランドセメント | 40 | 40 | 40 | 40 |
| | 低熱ポルトランドセメント | 40 | 40 | 40 | 40 |
| | 高炉セメントB種 | 40 | 40 | 40 | 40 |
| | フライアッシュセメントB種 | 40 | 40 | 40 | 40 |
| 普通 (砂質土) | 普通ポルトランドセメント | 28 | 26 | 40 | 40 |
| | 中庸熱ポルトランドセメント | 40 | 40 | 40 | 40 |
| | 低熱ポルトランドセメント | 40 | 40 | 40 | 40 |
| | 高炉セメントB種 | 27 | 26 | 40 | 40 |
| | フライアッシュセメントB種 | 38 | 30 | 40 | 40 |
| 岩盤 | 普通ポルトランドセメント | — | — | 9 | 9 |
| | 中庸熱ポルトランドセメント | 7 | 6 | 19 | 17 |
| | 低熱ポルトランドセメント | 9 | 9 | 40 | 40 |
| | 高炉セメントB種 | — | — | 8 | 8 |
| | フライアッシュセメントB種 | — | — | 10 | 9 |

［注］「—」は対応不可を表す．

― 26 ― マスコンクリートの温度ひび割れ制御設計・施工指針

b．壁状部材は，その部材が打ち込まれる地盤条件，コンクリートに使用するセメントの種類および単位セメント量に応じて，一度に打ち込む部材の長さ高さ比を，表6.2に示す値以下とする．

表6.2 壁状部材のマスコンクリート対策

| 地盤条件 | 使用するセメントの種類 | 部材の目標性能に応じた長さ高さ比（L/H）の限度値 | | | |
| | | 漏水抵抗性 | | 鉄筋腐食抵抗性 | |
| | | 単位セメント量 350 kg/m³以下 | 単位セメント量 450 kg/m³以下 | 単位セメント量 350 kg/m³以下 | 単位セメント量 450 kg/m³以下 |
| 軟弱 (粘性土) | 普通ポルトランドセメント | ― | ― | ― | ― |
| | 中庸熱ポルトランドセメント | ― | ― | 10 | 10 |
| | 低熱ポルトランドセメント | 10 | 2 | 10 | 10 |
| | 高炉セメントB種 | ― | ― | ― | ― |
| | フライアッシュセメントB種 | ― | ― | 6 | ― |
| 普通 (砂質土) | 普通ポルトランドセメント | ― | ― | ― | ― |
| | 中庸熱ポルトランドセメント | ― | ― | 10 | 7 |
| | 低熱ポルトランドセメント | 5 | 2 | 10 | 10 |
| | 高炉セメントB種 | ― | ― | ― | ― |
| | フライアッシュセメントB種 | ― | ― | 5 | ― |
| 岩盤 | 普通ポルトランドセメント | ― | ― | ― | ― |
| | 中庸熱ポルトランドセメント | ― | ― | 6 | 4 |
| | 低熱ポルトランドセメント | 2 | ― | 10 | 8 |
| | 高炉セメントB種 | ― | ― | ― | ― |
| | フライアッシュセメントB種 | ― | ― | 2 | ― |

［注］ 「―」は対応不可を表す．

# 7章 施 工

## 7.1 基 本 事 項

a．本章は，マスコンクリートの施工に適用する．

b．施工者は，設計図書に記載されたマスコンクリートの温度ひび割れ抑制対策に基づき，施工時期，周辺環境，工期，工程などの施工上の諸条件を十分に考慮して，目標性能を達成するような施工計画書を作成し，工事監理者の承認を受ける．

c．施工者は，施工計画書に基づいて工事を施工する．

## 7.2 発注・運搬

a．呼び強度を保証する材齢は，調合強度を定めるための基準とする材齢とする．

b．レディーミクストコンクリートの呼び強度の強度値は，（3.1）式で定める調合管理強度以上
とする．

c．荷卸し時のコンクリート温度の上限値は 35℃とし，できるだけ温度ひび割れ制御設計時の
温度以下となるように計画する．

d．運搬によるコンクリート温度の上昇ができるだけ小さくなるように計画する．

e．工場の選定にあたっては，原則として同一打込み工区に複数の工場からのコンクリートが打
ち込まれないように配慮する．

## 7.3 打込み・養生

打込みおよび養生は，あらかじめ定めた施工計画に従って行う．

# 8章 品質管理・検査

## 8.1 基本事項

a．品質管理および検査は，マスコンクリートの所定の品質が確保されるように行う．

b．品質管理および検査は，品質管理責任者を定めて，品質管理計画を作成して行う．

c．品質管理および検査の結果は，記録に残すとともに適時利用できるように保管しておく．

## 8.2 コンクリートの品質管理・検査

a．使用するコンクリートの品質管理・検査およびレディーミクストコンクリートの受入れ時の
検査は，JASS 5 11.4 および 11.5 による．ただし，圧縮強度の検査の試験材齢は $m$ 日とする．
なお，外気温を確認する．

b．構造体コンクリートの圧縮強度の検査は，JASS 5 11.11 による．ただし，判定基準は表
8.1 とする．

表8.1 マスコンクリートにおける構造体コンクリートの圧縮強度の判定基準

| 供試体の養生方法 | 試験材齢 | 判定基準 |
|---|---|---|
| 標準養生 | 28 日以上 91 日以内の $m$ 日 | $X_m \geqq FM_m$ |
| 構造体温度養生 | 28 日以上 91 日以内の $n$ 日 | $X_n \geqq F_q + 3$ |
| コア | 28 日以上 91 日以内の $n$ 日 | $X_n \geqq F_q$ |

ただし，$m$, $n$：3.3 で定めた $m$, $n$ と同じものとする．
　$X_m$：材齢 $m$ 日おける 1 回の試験における 3 個の供試体の圧縮強度の平均値(N/mm²)
　$X_n$：材齢 $n$ 日おける 1 回の試験における 3 個の供試体の圧縮強度の平均値(N/mm²)
$FM_m$：マスコンクリートの調合管理強度(N/mm²)
　$F_q$：マスコンクリートの品質基準強度(N/mm²)

c．型枠取外し時期決定のための圧縮強度試験用供試体の養生方法は，対象部位の温度履歴を考慮したものとし，工事監理者の承認を受ける．

## 8.3　ひび割れの検査

a．温度ひび割れの調査は，対象部材の温度が平準になった時点で行う．

b．ひび割れの検査は，温度ひび割れの調査結果が表8.2の判定基準を満足すれば合格とする．判定基準を満たさない場合には，補修の要否の検討を行う．

**表8.2　ひび割れ検査の判定基準**

| 性　能 | 判定基準 | 検査方法 |
|---|---|---|
| 漏水抵抗性 | 貫通ひび割れを生じないこと | クラックスケール，ルーペ等 |
| 鉄筋腐食抵抗性 | ひび割れ幅の最大値が0.4 mmを超えないこと | |

## 8.4　ひび割れの補修

a．補修が必要と判断されたひび割れについては，補修方法を工事監理者の承認を受けて定め，補修を行う．

b．補修後の検査方法は，構造物や部材に要求される性能を考慮して定め，工事監理者の承認を受ける．

# マスコンクリートの温度ひび割れ

## 制御設計・施工指針

## 解　　説

# マスコンクリートの温度ひび割れ制御設計・施工指針　解説

## 1章　総　　　則

### 1.1　適　用　範　囲

---

a．本指針は，現場施工の鉄筋コンクリート造建築物および鉄筋コンクリート構造以外の構造方式による建築物のマスコンクリートに適用する．

b．本指針におけるマスコンクリートとは，部材断面の最小寸法が大きく，かつセメントの水和熱による温度上昇で有害なひび割れが入るおそれがある部分のコンクリートのことをいう．

c．本指針は，設計基準強度が $18\sim36\,\mathrm{N/mm^2}$ のコンクリートに適用することを原則とする．

d．本指針に示されていない事項は，本会「建築工事標準仕様書・同解説　JASS 5　鉄筋コンクリート工事（以下，JASS 5 という）によるほか，関連指針による．

---

　a．本指針は，現場施工の鉄筋コンクリート造建築物のマスコンクリートに適用することとしている．その際，鉄筋コンクリート構造以外の構造方式による建築物であってもマスコンクリート部分は鉄筋コンクリート造であることが多く，その部分に本指針を適用してもよい．

　本指針で対象としている部材は，b 項でも述べるとおり，一般的な建築工事における耐圧盤（マットスラブ）や基礎梁，土圧壁であり，多くの規定はそれを前提として定めている．しかし，原子力発電所のような大規模構造物におけるマスコンクリート部材は，例えば耐圧盤であれば厚さ 6 ～ 8 m というような大型部材が存在し，本指針で想定している部材の範囲を超えることがある．そのような大規模構造物に本指針を適用する際，4 章に示す性能設計を行う場合は，そもそもそのような大規模構造物を前提とした解析を行うため，本指針を適用することに特段の問題はない．また，6 章に示す仕様設計を行う場合は，本指針を準用することも可能であるが，その場合は，部材厚さなどの条件が仕様設計の適用範囲に入っているかを確認しておく必要がある．

　b．本指針で対象とするマスコンクリートとは，「部材断面の最小寸法が大きく，かつセメントの水和熱による温度上昇で有害なひび割れが入るおそれがある部分のコンクリート」としたが，これは JASS 5 における用語と同様の定義である．

　有害なひび割れが発生する目安となる部材寸法は，耐圧盤，壁，基礎梁，柱などの部材種類によって異なる．例えば，壁や基礎梁などの壁状部材は厚さ 80 cm 程度，耐圧盤は厚さ 100 cm 程度が目安と考えられるが，コンクリートが富調合である場合や，外部からの拘束が極めて大きい場合などでは，それ以下でも注意が必要である．柱状部材では，外部拘束が小さいため貫通ひび割れは生じにくく，通常の場合温度ひび割れの対策は考慮しなくてもよい．最近では，梁も大型化しており，コンクリートが富調合である場合は材軸方向に直交してひび割れが発生することもあり，注意が必要である．

ここで，本指針でいう有害なひび割れとは，鉄筋腐食上および漏水上不都合が生じる場合を想定しており，構造的に有害なものは対象としていない．2章で示すように，鉄筋腐食の観点からは，環境条件により異なるが，ひび割れ幅が0.4mmを超えるもの，漏水上は，地下外壁など静水圧を受ける部位で貫通ひび割れが生じることを有害なひび割れと考えている．

ｃ．本指針は，設計基準強度が18〜36N/mm²のコンクリートに適用することを原則としている．建築工事におけるマスコンクリート部材は，多くが地下のマット部分や基礎梁部分である．そのような場合，設計基準強度が上述の範囲を超えることは少なく，実用上大きな問題はないものと思われる．これは，JASS 5 21節「マスコンクリート」で想定している強度範囲とも整合している．

2008年版の本指針においては，4章「性能設計」では自己収縮を必要に応じて考慮することになっていたが，設計基準強度が36N/mm²以下ということもあり，6章「仕様設計」では自己収縮を考慮していなかった．しかし，近年の自己収縮に対する研究の進捗に鑑み，今回の改定では全面的に自己収縮の影響を考慮することとした．

近年，コンクリートが高強度化しており，4章「性能設計」を，設計基準強度36N/mm²を超える範囲で適用してもよいが，その場合は，断熱温度上昇式や強度発現モデルなどの精度が若干悪くなることに注意が必要である．

ｄ．本指針に示されていない事項については，一般的な鉄筋コンクリート工事の標準仕様を示したJASS 5による必要がある．また，それ以外にも関連する指針類に準拠する必要があるが，本指針と整合しない部分は，本指針を優先する．

## 1.2 目 的

ａ．本指針は，マスコンクリートに生じる有害な温度ひび割れの発生を制御することを目的とする．
ｂ．本指針は，マスコンクリートの温度ひび割れ制御の標準を示すものである．

ａ．寸法の大きい部材に打ち込まれたコンクリートは，セメントの水和熱によって温度上昇する．その際，コンクリート部材の中心部分と表層部分の温度差（内外温度差）や，部材全体の温度が降下する際の収縮が周辺の拘束部材（岩盤や既設のコンクリート部材）により拘束され，ひび割れが発生することがある．これを温度応力によるひび割れという．ここで主に内外温度差によるひび割れを内部拘束によるひび割れ，主に周辺部材からの拘束によるひび割れを外部拘束によるひび割れと称している〔温度ひび割れ発生のメカニズムの詳細については，付1を参照されたい．〕．

内部拘束によるひび割れは，部材表面に引張応力が生じているとき，部材中心部には圧縮応力が生じているため，表面部分のひび割れに留まることが多く，漏水や鉄筋腐食などの問題は生じにくく，検討の対象としなくてもよいことが多い．一方，外部拘束によるひび割れは貫通ひび割れとなることが多く，温度ひび割れの対策上，十分な配慮が必要となる．したがって，本指針では，主に外部拘束によるひび割れの発生を制御することを目的として，各種の対策について述べている．

ｂ．マスコンクリートの温度ひび割れ制御設計の流れを解説図1.1に示す．2章では，建築主の

当該建物への要求条件に応じて，設計者がどのような目標性能を設定する必要があるかを示している．3章では，マスコンクリート工事を行ううえで守らなければならない共通仕様について示している．その後，マスコンクリートの温度ひび割れを制御するための設計として，4章「性能設計」，もしくは6章「仕様設計」のいずれかを選ぶ．4章「性能設計」では，主に有限要素法による解析を標準としており，解析プログラムが必要となるため，必ずしも誰でも適用が可能というわけではない．そこで，標準的な条件を前提としたチャートを5章として用意した．このチャートを用いることによって，簡便に性能設計が可能となるよう配慮している．4章，6章のいずれかによって温度ひび割れ制御のための仕様が決まれば，次いで7章によって施工を行うことになる．8章には，品質管理・検査について示している．以上が本指針における温度ひび割れ制御の流れである．

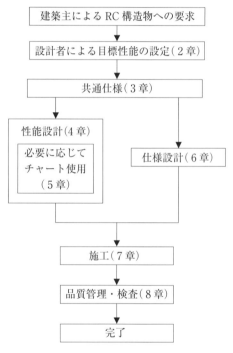

[注] 4章または6章のいずれかを選択する

**解説図1.1 マスコンクリートの温度ひび割れ制御の流れ**

## 1.3 適用上の注意事項

> マスコンクリートのひび割れ対策は，計画・設計から材料・調合・施工の各分野にわたって総合的かつ効果的なものでなくてはならない．したがって，設計者，工事監理者ならびに施工者はあらかじめ十分に打合せを行って，本指針に示されている事項が確実に実施できるようにする．

マスコンクリートの温度ひび割れの直接的な原因は，セメントの水和発熱によるコンクリートの温度上昇であるが，実際にひび割れが発生するかどうかは，周辺拘束の大きさ，部材寸法，打込み

— 32 — マスコンクリートの温度ひび割れ制御設計・施工指針　解説

区画の大きさ，セメントの種類，単位セメント量，打込み温度，型枠脱型時期，養生方法など多くの条件によって左右される．これらの条件は，施工者のみで決められるものではなく，設計者によるところも大きく，おのおのの対策が連携して初めて有効な対策となりうるものである．設計者は，設計段階において，材料の選定や施工方法について適切に定めておく必要がある．また，施工段階においては，設計者，工事監理者，施工者はあらかじめ十分に打合せを行って，適切な温度ひび割れ対策をとる必要がある．

## 1.4　用　　語

本指針に用いる用語は，次によるほか，JIS A 0203（コンクリート用語）および JASS 5 による．

本節は，本指針に用いるマスコンクリートの温度ひび割れ制御設計・施工関連の用語および用語の意味を規定している．コンクリートに関する用語については，JIS A 0203（コンクリート用語）に定められたもの，また鉄筋コンクリート工事に関連する用語については，JASS 5 に定められたものによることとした．

| | |
|---|---|
| マスコンクリート | 部材断面の最小寸法が大きく，かつセメントの水和熱による温度上昇で有害なひび割れが入るおそれがある部分のコンクリート |
| 温　度　応　力 | コンクリート部材内部の温度分布が不均一な場合および温度の上昇・降下に伴って生じる体積変化が外的に拘束された場合にコンクリートに発生する応力 |
| 内　部　拘　束 | コンクリート部材内部の温度分布が不均一な場合に，断面内の力の釣合いによって拘束されること |
| 外　部　拘　束 | コンクリート部材温度の上昇・降下に伴って生じる体積変化が，外部の拘束体によって拘束されること |
| 温度ひび割れ | セメントの水和熱に起因する温度応力によって発生するひび割れ |
| 版　状　部　材 | 耐圧盤（マットスラブ）などのように，主に平面的な広がりを有した部材を総称して示したもの |
| 壁　状　部　材 | 基礎梁や土圧壁などのように壁状の形状を有した部材のことを総称して示したもの |

**マスコンクリート**：マスコンクリートとは，断面寸法の大きな部材をつくる際に一度に多量に打ち込まれるコンクリートのことをいい，セメントの水和熱による部材の温度上昇・降下によってひび割れが発生するおそれがあるため，設計・施工上の配慮が必要である．建築工事においてマスコンクリートとなるのは，大型構造物の地下部分における基礎梁，土圧壁や耐圧盤が大半である．ここで，目安となる最小部材寸法は，基礎梁や土圧壁などの壁状部材では 80 cm，耐圧盤などの版状部材では 100 cm 程度となる．しかし，コンクリートが富調合である場合や，外部からの拘束が極めて大きい場合などでは，それ以下でも注意が必要である．なお，柱状部材では，外部拘束が小さいため貫通ひび割れは生じにくく，通常の場合温度ひび割れの対策は考慮しなくてもよい．

**温度応力**：寸法の大きい部材に打ち込まれたコンクリートは，セメントの水和熱によって温度上昇する．その際，コンクリート部材の中心部分と表層部分に温度差（内外温度差）が生じたり，部

材全体の温度が降下する際の収縮が周辺の拘束部材（岩盤や既設のコンクリート部材）により拘束されると，部材に応力が発生する．これを温度応力という．

**内部拘束**：コンクリート部材内部の温度分布が不均一な場合に，断面内の力の釣合いによって拘束されること．内部拘束によるひび割れは，表面部分のひび割れに留まることが多く，漏水や鉄筋腐食などの問題は生じにくいため，検討の対象としなくてもよいことが多い．

**外部拘束**：コンクリート部材温度の上昇・降下に伴って生じる体積変化が，外部の拘束体によって拘束されること．外部拘束応力によるひび割れは貫通ひび割れとなることが多く，温度ひび割れの対策上，十分な配慮が必要となる．したがって，本指針では，主に外部拘束によるひび割れの発生を制御することを目的として，各種の対策について述べている．

**温度ひび割れ**：温度応力によって生じるひび割れのことを温度ひび割れという．上述のとおり，温度ひび割れは，表面ひび割れに留まりやすいものと，貫通ひび割れになりやすいものがあり，発生メカニズムにより，対策が異なってくる．

**版状部材**：耐圧盤（マットスラブ）などのように，主に平面的な広がりを有し，底面から拘束を受ける部材を本指針では版状部材と総称することにした〔解説図1.2参照〕．

**壁状部材**：基礎梁や土圧壁などのように壁状の形状を有し，底面から拘束を受ける部材を本指針では壁状部材と総称することにした〔解説図1.3参照〕．

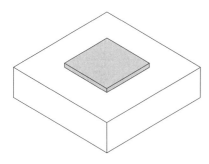
解説図1.2　版状部材

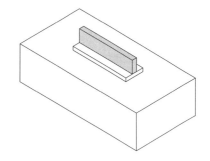
解説図1.3　壁状部材

| | |
|---|---|
| 要　求　性　能 | 建築物の構造体および部材に求められるさまざまな性能 |
| 限　界　状　態 | 構造体および部材に対する要求性能の達成が損なわれるか否かの許容限界を表す状態 |
| 目　標　性　能 | 要求性能を確実に達成させるために，それに適切な余裕を見込んで設計の目標として定められた性能 |
| 設　計　値 | 構造体や部材に対する目標性能を達成させるために，制御設計という観点で構造体コンクリートに課せられたひび割れ幅あるいは応力強度比の目標とする値 |
| 許容ひび割れ幅 | 構造物の機能および耐久性上，有害とされない許容できるひび割れ幅 |
| 温度ひび割れ発生強度 | 温度ひび割れが発生するときに生じているコンクリートの引張応力 |
| 応　力　強　度　比 | コンクリートの温度応力と温度ひび割れ発生強度の比 |

**要求性能**：建築物が有すべき性能としてはさまざまなものがあるが，鉄筋コンクリート造建築物の構造体および部材に関連する性能としては，①構造安全性，②火災安全性（耐火性），③使用性（防振性，断熱性，遮音性，防水性，気密性など），④耐久性，⑤美観性，⑥経済性などがあげられる．それらの性能項目のうち，本指針では，使用性としての防水性（以下，漏水抵抗性という）と耐久性としての鉄筋腐食抵抗性を制御の対象としている．

**限界状態**：ISO2394：1998（General principles on reliability for structures）では，限界状態を「それを超えると，構造物がもはや要求性能を満足しなくなる状態（注：望ましい状態と望ましくない状態を区別するもの）」と定義している．この定義に則って，本指針の内容に合わせた形で定義している．

**目標性能**：要求された性能項目およびおのおのの項目に対する性能レベルを確実に達成するための目標とする性能のこと．不確定要素や未知要因等を考慮して適切な余裕を見込んで設計の目標を定めることが望ましい．

**設計値**：目標性能を達成するためには，おのおのの性能項目に対してそれらを規定する要因を明確化して評価指標を定め，目標性能に見合ったおのおのの指標に対する設計値を定める必要がある．本指針では，ひび割れ幅または応力強度比の設計値が必要となる．

**許容ひび割れ幅**：構造物の機能および耐久性上，有害とされない許容できるひび割れ幅のことであり，本指針では，漏水抵抗性および鉄筋腐食抵抗性の観点から許容ひび割れ幅の標準値を示している．漏水抵抗性の観点からは貫通ひび割れが発生しないこと，鉄筋腐食抵抗性の観点からは0.4mmを許容ひび割れ幅の標準値としている．

**温度ひび割れ発生強度**：部材に温度応力が作用し，ある値以上になるとひび割れが発生するが，そのときに生じているコンクリートの引張応力を温度ひび割れ発生強度としている．温度ひび割れ発生強度は，部材における引張強度ともいうべきものであるが，本指針では JIS A 1113（コンクリートの割裂引張強度試験方法）によるコンクリート供試体の割裂引張強度と同等とみなしている．

**応力強度比**：コンクリートに生じている温度応力と，その材齢における温度ひび割れ発生強度の比（温度応力／温度ひび割れ発生強度）であり，ひび割れが発生するか否かの判断の指標となるものである．これは，（公社）日本コンクリート工学会が定める「温度ひび割れ指数」の逆数となっているが，本会「鉄筋コンクリート造建築物の収縮ひび割れ制御設計・施工指針（案）・同解説」（以下，収縮ひび割れ指針（案）という）で用いられている用語と整合させたものであり，応力強度比が大きいほどひび割れが発生しやすく，小さいほどひび割れが発生しにくいことを示している．

# 2章　温度ひび割れ制御の方針

## 2.1　基本方針

---

a．構造体コンクリートには，構造体および部材の所要の性能の達成を阻害する温度ひび割れが生じてはならない．

b．本指針で対象とする構造体および部材の性能は，漏水抵抗性および鉄筋腐食抵抗性とする．

c．設計者は，構造体および部材に対する建築主等の要求性能に応じて，構造体コンクリートの温度ひび割れ幅に関して適切な限界状態を定める．

d．漏水抵抗性は，構造体コンクリートの温度ひび割れの有無によって評価し，漏水抵抗性の限界状態は，漏水に繋がる温度ひび割れが構造体コンクリートに生じた状態を標準とする．

e．鉄筋腐食抵抗性は，構造体コンクリートの温度ひび割れ幅によって評価し，鉄筋腐食抵抗性の限界状態は，中性化の進行によって鉄筋の腐食が促進されるおそれのある温度ひび割れが構造体コンクリートに生じた状態を標準とする．

f．温度ひび割れの制御は，所定の期間内に構造体および部材が限界状態とならないように，設計者が性能設計または仕様設計のいずれかにより使用するコンクリートの材料・調合および施工法等の仕様を定め，施工者が仕様に基づき適切に工事を実施することにより行う．

---

　a．b．建築物が有すべき性能としてはさまざまなものがあるが，鉄筋コンクリート造建築物の構造体および部材に関連する性能としては，①構造安全性，②火災安全性（耐火性），③使用性（防振性，断熱性，遮音性，防水性，気密性など），④耐久性，⑤美観性，⑥経済性などがあげられる．このうち，構造体コンクリートに生じる温度ひび割れと密接に関連し，温度ひび割れの制御が構造体および部材の性能確保につながるものが，本指針で制御対象となる性能である．部材がマスコンクリートであることを考えると，制御の対象となる性能としては，使用性としての防水性（以下，漏水抵抗性という）と耐久性としての鉄筋腐食抵抗性が挙げられる．

　本指針では，これら構造体および部材に対する所要の性能が，構造体コンクリートに生じる温度ひび割れによって阻害されないようにするための，コンクリートの材料・調合，コンクリートの打込み方法・養生方法などの標準仕様およびそれらを決定するための推奨方法を示している．

　最近，マスコンクリートにおけるエトリンガイトの遅延生成：DEF（Delayed Ettringite Formation）が国内外で議論されている．DEF とは，コンクリートが硬化初期に高温履歴を受けるとコンクリート内部に生成したエトリンガイトが分解され，硬化後，水が供給されることによってエトリンガイトが再生成する現象である．この再生成による膨張圧によってコンクリートが膨張（DEF 膨張）し，著しい場合はひび割れ（DEF ひび割れ）を生じさせるものである〔DEF の詳細については，付2を参照されたい．〕．

　本指針では，以下に示す理由から，DEF 膨張，DEF ひび割れについては，通常の条件であれば特段の配慮を必要としないと考えてよいこととした．

まず，既往の実験結果をまとめた報告[1]では，次のことが示されている．

・アルカリ量（$R_2O$ 量），$SO_3$ 量が通常の調合範囲（$R_2O$ 量 3 kg/m³ 以下かつ $SO_3$ 量 9 kg/m³ 以下）であれば，最高温度が 90 ℃でも早強ポルトランドセメントを除き DEF 膨張（膨張量 0.1 ％以上）は生じていないこと

・DEF 膨張が生じたものは，ほとんどが白色セメント・早強ポルトランドセメントであること

・国内の普通ポルトランドセメントで DEF 膨張したものは 3 点のみで，それは最高温度 90 ℃で $R_2O$ が 3.5 kg/m³，3.6 kg/m³，6.1 kg/m³ と大きいこと

・中庸熱ポルトランドセメント，低熱ポルトランドセメント，高炉セメント B 種，フライアッシュセメント B 種では DEF 膨張は生じていないこと

　また，日本においては，DEF ひび割れはマスコンクリート構造物では報告されていないこと，国内産のセメントは，$R_2O$ 量、$SO_3$ 量とも欧米のセメントより低い傾向にあること，建築工事におけるマスコンクリートに早強ポルトランドセメントや白色セメントを用いることは極めてまれであること等から，日本の建築工事では DEF ひび割れの可能性は低いと考えられる．

　ｃ．温度ひび割れ制御設計を実施する際には，設計者は，建築物に対する建築主等の要求性能を構造体および部材に対する目標性能に変換したうえで，構造体および部材の性能を満足させるように温度ひび割れ制御設計を実施するのが一般的である．したがって，設計者は，構造体および部材に対する目標性能を基に，構造体コンクリートの温度ひび割れの限界状態を定め，その限界状態に達しないように，コンクリートの材料・調合，コンクリートの打込み方法・養生方法などの仕様を定める必要がある．

　ｄ．漏水抵抗性に関しては，解説表 2.1 に示すように，これまでに多くの実験および調査が実施され，さまざまな許容ひび割れ幅が提案されている．漏水抵抗性がひび割れ幅によって異なるのは明らかであるが，ここでは，漏水につながる温度ひび割れが構造体コンクリートに生じるときを漏水抵抗性の限界状態の標準とした．漏水につながる温度ひび割れとは，通常は貫通ひび割れであり，内部拘束による温度ひび割れは表層に留まることが多いので，ここでは考慮しなくてもよい．

　ｅ．鉄筋腐食抵抗性に関しても，これまでに多くの実験および調査が実施され，さまざまな許容ひび割れ幅が提案されている．ここでは，中性化の進行によって鉄筋の腐食が促進されるおそれのある温度ひび割れが構造体コンクリートに生じるときを鉄筋腐食抵抗性の限界状態の標準とした．塩分環境下や酸性土壌下など，特殊な劣化外力が作用する場合は，別途検討する必要がある．

　ｆ．本指針では，建築主等からの要求性能に基づいて構造体および部材の限界状態を設定し，温度ひび割れの発生によって構造体および部材が限界状態に至らないように，適切な材料・調合および施工法の仕様を定めることとしている．しかし，限界状態の設定ならびに材料・調合および施工法等の仕様の決定に関しては，設計者が任意に設定・決定することも可能であるし，本指針に標準として示されている限界状態ならびに材料・調合および施工法を採用することも可能である．このように，本指針では，これまで一律に標準仕様が定められており目標とする性能が明確に認識されないままその標準仕様を選択することの多かった建築物の技術的側面に関する設計体系に，性能設計の概念を導入したものとなっている．

**解説表 2.1** 漏水抵抗性に関する許容ひび割れ幅[2]

| 研究者 | 許容ひび割れ幅 | 備 考 |
|---|---|---|
| 狩野春一ほか | 0.06 mm | 厚さ 12 cm のコンクリートスラブ |
| 仕入豊和 | 0.05 mm | 厚さ 10 cm のコンクリート試験体 |
| 浜田稔 | 0.03 mm | 実構造物 |
| 向井毅 | 0.06 mm | 厚さ 5 cm のモルタル試験体 |
| 神山幸弘ほか | (0.06 mm 以下) | 飽水状態のコンクリート壁体, 無風・微風時 |
| 重倉祐光 | (0.12 mm 以下) | 厚さ 4 cm のモルタル試験体 |
| 松下清夫ほか | (0.08 mm 以下) | 厚さ 15 cm のモルタル試験体 |
| 石川広三 | (0.15 mm 以下) | 厚さ 8 cm の気乾状態のコンクリート試験体 |
| 坂本昭夫ほか | 0.09 mm | 厚さ 18 cm のモルタル試験体 |
| 坂本, 嵩ほか | 0.1〜0.2 mm | 壁厚で異なる |

［注］（ ）内の数字は参考値

## 2.2 温度ひび割れ制御のための許容値・設計値

> a．設計者は, 2.1 に基づき, 実験または信頼できる資料によって, 構造体コンクリートの温度ひび割れ制御のための許容値および設計値を定める.
>
> b．漏水抵抗性を確保するためのひび割れの許容状態は, 貫通ひび割れが生じないこととし, 応力強度比で制御する場合は, その設計値を, 0.8 以下とすることを標準とする.
>
> c．一般環境下において, 鉄筋腐食抵抗性を確保するための最大ひび割れ幅の許容値は 0.4 mm とし, 応力強度比で制御する場合は, その設計値を 1.3 以下とすることを標準とする.

　a．本節では, 漏水抵抗性および鉄筋腐食抵抗性のうち, 温度ひび割れ制御のための許容値および設計値として推奨できるものについて提示した. ここで許容値とは, 構造物の機能および耐久性上有害とされない許容できる値のことであり, ばらつきを含めた最大値として考えられるものである. 一方, 設計値とは, その許容値を満足させるために, ばらつきに応じた安全率を考慮した設計概念上の値を示している.

　b．マスコンクリート部材の場合, 漏水は主に地下外壁から生じる. その場合, 地上の外壁と異なり, 外部に常に水が存在している状況が想定される. したがって, 静水圧が作用することになるため, 部材が厚いとはいえ漏水に対しては非常に厳しい状況となる. そこで, 地下外壁などで静水圧を受ける場合, 漏水を起こさないためには, 貫通ひび割れが発生しないことを条件とした.

　地上部材などで静水圧を受けない場合は, 漏水抵抗性を確保する条件は上記よりゆるくなり, 許容値を大きくしてよい. 収縮ひび割れ指針（案）では, 漏水抵抗性の確保の観点から, 許容ひび割れ幅を 0.15 mm としている.

　なお, 地下外壁であっても, 二重壁とするなど漏水があっても実用上支障がない場合は, 本項を適用する必要はない.

貫通ひび割れが発生しない条件として，応力強度比を0.8以下と設定した．応力強度比が1の場合，理論的にはひび割れ発生確率は50％となるが，それでは「貫通ひび割れが発生しない」という条件を満たさないため，1より小さい値としている．ここで，応力強度比が0.8以下であればひび割れは発生しないのかというと，それを保証することは難しい．マスコンクリートのひび割れ発生に関する実験は極めて少なく，マスコンクリート部材において，応力強度比がいくつであれば温度ひび割れが発生しないのかの定量的データはほとんどないのが現状である．今後，実験データを蓄積し，見直ししていくことも必要であろう．

ｃ．鉄筋腐食抵抗性を確保するための温度ひび割れ幅は，周辺の環境条件により異なるが，一般的な環境条件であれば，屋外で0.3mm，屋内で0.4mm程度である[3]．マスコンクリート部材の場合，かぶり厚さは一般の部材より若干大きくなることが想定されるので，ここでは，許容最大ひび割れ幅を0.4mmとした．

マスコンクリート部材の温度ひび割れ幅を適切に評価する方法としていくつかの提案はあるが，設計に用いるほどの精度で確立されている状況とはいえないため，ここでは漏水抵抗性と同様，応力強度比を用いることによって制御することとした．

応力強度比とひび割れ幅の関係については，付3にその試算結果を示している．そこでは，厚さ500mmの耐圧版上に幅1000mm，高さ2500mmの基礎梁が打ち込まれる場合を想定し，山崎の方法[4]により，そのひび割れ幅を試算している．その結果，鉄筋近傍部分の表面ひび割れ幅は，応力強度比が1.3～1.4で0.4mmとなることが示されている．この結果を基に本指針では，応力強度比を1.3以下と定めている．

ただし，この値が満足されれば最大ひび割れ幅を満足すると保証されるわけではないことは，漏水抵抗性の場合と同様である．

---

**参 考 文 献**

1) 日本コンクリート工学会：マスコンクリートのひび割れ制御指針2016，参考資料4　DEF ひび割れ照査のためのコンクリート温度の限界値について，2016
2) 日本建築学会：鉄筋コンクリート造建築物の収縮ひび割れ制御設計・施工指針（案）・同解説，p. 37，2006
3) 日本建築学会：鉄筋コンクリート造建築物の収縮ひび割れ制御設計・施工指針（案）・同解説，p. 43，2006
4) 山崎敏敏：壁状マスコンクリートのひび割れ幅算定，日本建築学会構造系論文集，No. 508，pp. 17-18，1986.6

# 3章 共通仕様

## 3.1 基本事項

a. 本章は，マスコンクリートの温度ひび割れ制御設計を行う際に守るべき基本事項を規定する．
b. 本章に示されていない事項は，4章「性能設計」，5章「チャートによる応力強度比の予測」または6章「仕様設計」の規定に基づいて定める．

　a. 本指針は，マスコンクリートの設計を行うための方法として，4章「性能設計」，5章「チャートによる応力強度比の予測」および6章「仕様設計」の3つの選択肢を提示しており，設計条件や設計環境に応じて，いずれの方法を用いてもよいこととしている．しかし，これらのいずれの方法を用いる場合であっても，使用する材料，調合の定め方および打継ぎ・ひび割れ誘発目地等は，本章の規定によるものとする．

　b. マスコンクリートにおいて，工区割り，リフト分け，打継ぎ間隔等の打込み計画および養生方法・期間等の養生計画は，温度ひび割れ発生の有無や発生したひび割れの程度に大きく影響する．したがって，それらは4章，5章および6章に基づいて計画することとし，本章では規定しない．4章「性能設計」による場合は，設計対象の構造体および部材が目標性能を達成するように，打込み計画および養生計画を定める．5章「チャートによる応力強度比の予測」による場合は，チャート作成時の解析条件に準じて，打込み計画および養生計画を定める．6章「仕様設計」による場合は，その規定に基づいて打込み計画および養生計画を定める．

　なお，施工時の条件が計画策定時と大きく異なり，応力強度比がある程度大きくなると予想される場合は，計画を再度見直す．ただし，応力強度比が十分小さく，温度ひび割れ制御のための許容値・設計値を確保することが明らかである場合には，この限りではない．見直す条件としては次の（1）～（5）を目安にするとよい．

（1） 使用するセメントの種類を発熱の高いものに変更した場合．具体的には，中庸熱ポルトランドセメントから普通ポルトランドセメント，高炉セメントB種へ変更した場合などである．

（2） 温度応力が大きくなると予想される使用材料に変更した場合．具体的には，骨材の種類を線膨張係数が大きいものに変更した場合などである．

（3） 打込み時期を大きく変更した場合．具体的には，打込み時期を向暖期（しだいに暖かくなる時期）から向寒期（しだいに寒くなる時期）に変更した場合であり，例えば5月から9月に変更した場合などである．

（4） 壁状部材において打込み長さを長くした場合．

（5） 単位セメント量が50 kg/m³ 以上増加した場合．

## 3.2 材　　　料

> a．セメントは，JIS R 5210（ポルトランドセメント）の規定に適合する普通，早強，中庸熱，低熱，耐硫酸塩ポルトランドセメント，または JIS R 5211（高炉セメント）および JIS R 5213（フライアッシュセメント）に規定する混合セメントを標準とする．
> b．化学混和剤は，AE 剤，減水剤，AE 減水剤，高性能減水剤，高性能 AE 減水剤，流動化剤とし，JIS A 6204（コンクリート用化学混和剤）の規定に適合する遅延形または標準形であって，塩化物イオン（Cl⁻）量による区分 I 種のものを標準とする．
> c．混和材は，その効果を十分に検討したうえで適切なものを用いる．フライアッシュについては，JIS A 6201（コンクリート用フライアッシュ）に規定するフライアッシュ II 種，高炉スラグ微粉末については，JIS A 6206（コンクリート用高炉スラグ微粉末）に規定する高炉スラグ微粉末 3000 または 4000 のうちから定める．なお，その使用量はセメントの内割りとして，高炉スラグ微粉末は 70 ％まで，フライアッシュは 30 ％までを標準とする．
> d．膨張材は，JIS A 6202（コンクリート用膨張材）に規定するものを標準とし，その効果を十分に検討したうえで用いる．
> e．骨材は，JASS 5 の 4 節による．

　**a．**マスコンクリートに使用するセメントは，設計要求品質に見合う性能を有し，かつ低発熱特性のものが望ましい．セメントには多くの種類があるが，ここでは発熱特性および流通を考慮して，標準を定めている．JIS R 5210（ポルトランドセメント）に規定されるセメントのうち，超早強ポルトランドセメントは水和熱および発熱速度が著しく大きいため，マスコンクリートに適さないうえに現在ほとんど流通もしていないことから除外した．また，混合セメントのうち，JIS R 5212 に規定するシリカセメントも流通していないので除外した．なお，標準として定めたセメントであっても，地域によっては使用が難しかったり，特注品としての扱いになったりすることもあるので，事前に供給について問題がないかどうかの確認が必要である．

　早強ポルトランドセメントを用いる場合や，コンクリート中のアルカリ量や $SO_3$ 量が高い場合は，DEF ひび割れの危険性について検討することが望ましい．その場合は，（公社）日本コンクリート工学会「マスコンクリートのひび割れ制御指針 2016」（以下，JCI マスコン指針という）を参考にするとよい．なお，DEF ひび割れについては，付 2 を参照されたい．

　高炉セメントは，普通ポルトランドセメントと並んで汎用のセメントとして使用されているが，一般に流通しているのは B 種である．高炉セメント B 種については，普通ポルトランドセメントを用いた同一の単位セメント量のコンクリートの断熱温度上昇量と概ね同等であること，マスコンクリートのように高温履歴を経た場合に自己収縮が顕著になる場合があることや，線膨張係数がポルトランドセメントよりも大きい傾向があることなどから，適用にあたっては十分に注意する必要がある．混合材分量が多い C 種は，発熱特性の面で有利ではあるが，コンクリートの凝結が遅延する，初期強度の発現が遅い，また中性化が速い等の性質があり，調合，施工，硬化後の耐久性等の面で十分な注意が必要である．なお，水和熱による温度上昇の抑制を目的として高炉セメントを使用する場合は，JIS R 5211（高炉セメント）の品質規定に水和熱が規定されていないので，断熱温度上昇試験や技術資料等でその品質をあらかじめ確認しておくことが望ましい．

混合する高炉スラグ微粉末の比表面積を小さくしたり，混合材分量を大きくしたりして，一般の高炉セメントB種に比べて発熱を抑えたマスコンクリート用のセメントが，高炉セメントB種の適合品として実用化され，一部の地域で供給されている．これらを適切に利用することにより温度ひび割れ抑制効果が期待できるが，凝結や強度発現等の性状が一般の高炉セメントB種と異なり，セメント製造会社間の差も大きい．使用にあたってはこれらの点に留意し，試験またはセメント製造会社の技術資料等により，性状をよく確認する必要がある．詳細については，付4を参考にするとよい．

フライアッシュセメントは，高炉セメントのように一般に流通しておらず，その供給について事前に確認する必要がある．混合材分量の多いC種は，高炉セメントの場合と同様の使用上の注意が必要である．

JISに規定されていないその他のセメントは，それらを用いたコンクリートが建築基準法第37条の規定により国土交通大臣の認定が必要となるため，標準から除外した．ただし，標準以外のセメントであっても，使用を禁ずるものではない．特に，JISに規定されないセメントの中には，マスコンクリートに適する低発熱形のセメントがあり，これを使用することにより，良い結果を得られることもある．標準以外のセメントを使用する場合は，あらかじめ性能設計により問題のないことを確認し，かつ法規に適合する範囲で使用することができる．なお，建物の建設地によっては使用が難しいセメントもあるので，事前に流通上の問題等がないことを確認する必要がある．また，製造会社によって特色があるので，使用の際には特性の確認を必要とする．

b．高性能AE減水剤やAE減水剤等の化学混和剤は単位水量を減少させ，単位セメント量を低減するため，温度上昇量を小さくできる．ただし，単位水量を著しく減少させると，圧送性の確保が困難となる等の施工性が低下する場合があるので，化学混和剤は適切に用いる必要がある．なお，化学混和剤のうち，コンクリートの発熱速度を大きくする可能性がある促進形および硬化促進剤を除いた．また，遅延形は水和反応を抑制し，夏期においては，ワーカビリティーの確保やコールドジョイントの低減の点で有効である．しかし，水和発熱と強度発現の起点を遅らせる効果があるのみで温度ひび割れの抑制効果は認められない．したがって，冬期における使用は，著しい凝結遅延を引き起こす可能性があるため，避けるのがよい．

c．一般に，混和材はコンクリートの温度上昇を抑制する働きがある．ただし，粉末度の高い高炉スラグ微粉末は，高温になると水和反応が加速され，その品質や使用量によっては断熱温度上昇量が無混入の場合よりも大きくなることがあるため，大断面部材に用いる際には留意する必要がある．したがって，コンクリート用高炉スラグ微粉末には，比表面積の違いにより3000，4000，6000，8000の4種類があるが，3000と4000に限定した．

JISで規定されているコンクリート用フライアッシュにはI種からIV種までの4種類があるが，I種は流動性や強度発現性の面でII種よりも有利なものの水和発熱速度がII種よりも大きくなること，III種およびIV種はコンクリートに用いた場合の流動性や強度発現性等の面で留意すべき点が多くあり，また技術資料の蓄積も十分ではないことから，ここではII種に限定した．

混和材の使用量については，高炉スラグ微粉末は70％まで，フライアッシュは30％までを標準

— 42 — マスコンクリートの温度ひび割れ制御設計・施工指針　解説

とした．これは，それぞれ高炉セメントC種およびフライアッシュセメントC種における混合材分量の上限と整合させたものである．これらの混和材を使用する場合においても，混合セメントの場合と同様に，混和材の置換率が多くなると調合面，施工面，硬化後の耐久性等への影響が大きくなるので，十分な注意が必要である．

　d．膨張材を適切に使用することは，温度ひび割れの低減に有効と考えられる．主な膨張材の種類としてエトリンガイト系，石灰系およびエトリンガイト・石灰複合系の3種類があり，それぞれにマスコンクリート用として添加剤を加えるなどして水和の反応速度を抑制した水和抑制型がある．マスコンクリート用の膨張材は，添加剤の影響によりJIS A 6202の規定値を満足しないことがあるが，コンクリートの品質に悪影響を与える成分が含まれていないことから，信頼できる技術資料によって品質を確認できれば使用してもよい．ただし，膨張材そのものの反応性はかなり速く，温度上昇に影響することもあるため，使用にあたっては性状を十分把握した上で選定する必要がある．詳細については，付5および本会「膨張材・収縮低減剤を使用するコンクリートの調合設計・製造・施工指針（案）・同解説」（2017年）を参考にするとよい．

　また，コンクリートの収縮を低減する目的で収縮低減剤を用いることが考えられる．収縮低減剤を用いたコンクリートの性状については，付6を参考にするとよい．

　e．マスコンクリートに用いる骨材の種類および品質は，一般の建築用コンクリートの骨材と同様であり，JISの規定およびJASS 5　4節の骨材の節によることを標準とするが，本指針の解説表4.5に示されるように，コンクリートの線膨張係数は，骨材種類の影響を多分に受ける．温度ひずみを抑え，温度応力の発生を低減するためには，線膨張係数の小さい骨材を使用し，コンクリートの線膨張係数を小さくするのがよい．

　マスコンクリートの発熱温度を抑制するためには，コンクリートの強度発現に悪影響を及ぼさない範囲で，できる限りコンクリートの練上がり温度を低減させることが有効である．材料温度を低減する方法として，次の①〜④がある．

　①　骨材のストックヤードに直射日光が当たらないようにする．粗骨材には適宜散水を行う．
　②　セメントの計画購入によって，セメントサイロに高温のセメントを投入することを避け，保管中には直射日光を避ける．
　③　練混ぜ水には地下水や冷却した水など，できる限り低温のものを用いる．
　④　練混ぜ水の一部にフレーク状の氷を用いる．

　JASS 5では，コンクリートの練上がり温度は，気象条件や運搬条件を考慮して定めるものとしており，原則として荷卸し時のコンクリート温度を35℃以下としている．また，JASS 5　13節の暑中コンクリート工事には，コンクリートの練上がり温度および荷卸し時の温度を，各材料の温度，比熱，配合量から算定する方法が示されている．

## 3.3　調　　合

　a．調合は，コンクリートの所要の品質が得られる範囲内で，単位セメント量ができるだけ少なくなるよう

に定める.

b．構造体コンクリート強度を保証する材齢 $n$ 日は 28 日以上 91 日以内とし，91 日を標準とする．

c．構造体コンクリート強度は，標準養生した供試体を基に合理的な方法で推定された圧縮強度で表す．

d．調合強度を定めるための基準とする材齢 $m$ 日は 28 日以上，かつ構造体コンクリート強度を保証する材齢 $n$ 日以内の材齢とする．

e．調合強度は，調合強度を定めるための基準とする材齢 $m$ 日における標準養生した供試体の圧縮強度で表す．

f．調合管理強度は（3.1）式によって算定される値とする．

$$FM_m＝F_q＋{}_mSM_n \quad （N/mm^2）\tag{3.1}$$

ここに，　$FM_m$：マスコンクリートの調合管理強度（N/mm²）

　　　　　$F_q$：マスコンクリートの品質基準強度（N/mm²）で，設計基準強度または耐久設計基準強度のうち，大きい方の値とする

　　　　　${}_mSM_n$：マスコンクリートの構造体強度補正値（N/mm²）

g．調合強度は，（3.2）および（3.3）式を満足するように定める．

$$F≧FM_m＋1.73\,\sigma\tag{3.2}$$
$$F≧0.85\,FM_m＋3\,\sigma\tag{3.3}$$

ここに，　　　$F$：マスコンクリートの調合強度（N/mm²）

　　　　　$FM_m$：マスコンクリートの調合管理強度（N/mm²）

　　　　　$\sigma$：使用するコンクリートの圧縮強度の標準偏差（N/mm²）

h．マスコンクリートの構造体強度補正値 ${}_mSM_n$ は，表 3.1 を標準とする．表 3.1 に示されていない場合の補正値は，試験または信頼できる資料を基に定め，工事監理者の承認を受ける．

表3.1　予想平均養生温度によるマスコンクリートの構造体強度補正値 ${}_{28}SM_{91}$ の標準値

| セメントの種類 | コンクリートの打込みから材齢28日までの予想平均養生温度 $\theta$ の範囲（℃） | | | |
|---|---|---|---|---|
| 普通ポルトランドセメント | $0≦\theta<8$ | $8≦\theta$ | — | 暑中期間 |
| 中庸熱ポルトランドセメント | — | $0≦\theta$ | — | — |
| 低熱ポルトランドセメント | — | — | $0≦\theta$ | — |
| 高炉セメントB種 | — | $0≦\theta$ | — | 暑中期間 |
| フライアッシュセメントB種 | — | $0≦\theta$ | — | — |
| マスコンクリートの構造体強度補正値 ${}_{28}SM_{91}$（N/mm²） | 6 | 3 | 0 | 6 |

［注］暑中期間は，JASS 5　13節による．

a．マスコンクリートの温度ひび割れを抑制するうえで最も基本的な対策は，コンクリートの温度上昇量を低減することであり，調合計画上の対策としては，単位セメント量の低減が有効である．したがって，マスコンクリートの調合においては，強度，施工性，耐久性等の通常のコンクリートとしての所要の品質を満足したうえで，単位セメント量ができるだけ少なくなる計画とする．具体的には，次の①〜④のような対策がある．

①　コンクリートの製造，運搬，打込みおよび締固め等，施工上支障のない範囲で低スランプとし，単位水量を低減する．

②　高性能 AE 減水剤，流動化剤等の減水率の高い化学混和剤を使用し，所要のスランプが得ら

れる単位水量を低減する.

③ 粗骨材寸法を大きくし,所要のワーカビリティーが得られる単位水量を低減する.

④ できるだけ単位水量が小さくて所要のワーカビリティーが得られるような,良質な骨材を選定する.

なお,単位セメント量ができるだけ少なくなるように計画するため,JASS 5 5節で示している単位セメント量の最小値の規定は適用しなくてよい.

また,平成17年(2005年)9月14日国土交通省告示第1347号(評価方法基準)では,「住宅の品質確保の促進に関する法律」(以下,住宅品確法という)に基づく「日本住宅性能表示基準」の評価方法が定められている.そこには,鉄筋コンクリート造の住宅の構造躯体等の劣化等級に応じて,使用するセメントの種類,コンクリートの水セメント比,最小かぶり厚さ等が規定されている.したがって,住宅品確法を適用する建物においてマスコンクリート対策を行う場合は,マスコンクリート対策についてだけではなく,住宅品確法の規定も考慮しながら計画する必要があることに注意されたい.

b.単位セメント量の低減を達成するための一つの手段として,構造体コンクリート強度の保証材齢 $n$ 日を構造上および施工上支障のない範囲でできるだけ長期に設定し,所要の強度が得られる水セメント比を大きくする方法があるが,マスコンクリートが適用される箇所のほとんどは,支保工の存置期間などが関係しない基礎スラブや壁状の構造物である.このため,構造体コンクリート強度を保証する材齢を91日とすることを標準としており,したがって,すでに保証材齢の長期化による調合計画上の対策は取り込まれている.

なお,コンクリートの長期材齢における強度発現性状を十分に把握するとともに,型枠の存置期間,湿潤養生の期間と方法,養生期間中に作用する外力の大きさと作用する材齢等を総合的に考慮し,強度不足が生じたり打ち込んだコンクリートが損傷を受けたりすることのないような計画とする必要がある.

c.構造体コンクリートの強度は,本来は保証材齢時に構造体より採取したコア強度で表されるものであるが,実際の構造体からコアを定期的に採取するのは現実的ではない.マスコンクリートの場合,セメントの水和熱により初期材齢時の部材温度は現場水中養生温度,現場封かん養生温度よりも高くなり,しかも,部材中央部と端部ではかなりの温度差が生ずることになる.一方で,マスコンクリートの構造体コンクリート強度管理のための供試体の養生温度を実際の部材温度と同程度に管理するのは困難であることから,マスコンクリートの構造体強度管理のための供試体の養生方法は標準養生とし,いわゆるポテンシャル管理と呼ばれる方法を適用することとした.なお,このような管理方法では,構造体強度管理用供試体強度と実際の構造体強度との間には養生温度差に起因する強度差が生じることになるが,h項に示すように,調合強度算定時にあらかじめその差を $_mSM_n$ として上乗せすることにより,標準養生供試体強度が目標強度を満足すれば,実際の構造体強度も設計基準強度および耐久設計基準強度を満足するような仕組みとしている.

d.e.調合強度を定めるための基準とする材齢 $m$ 日は,JASS 5における一般仕様のコンクリートでは,普通ポルトランドセメントセメントの使用を想定して,28日を標準としている.しか

し，マスコンクリートにおいては水和熱を抑制するため，材齢28日以降の強度発現に優れる低発熱系のセメントが用いられることが想定される．このため，調合強度を定めるための基準とする材齢は，28日から構造体コンクリート強度の保証材齢以内の間で定められることとした．28日を超えて調合強度を定める場合には，事前にその材齢における圧縮強度と水セメント比の関係を求めておく必要がある．なお，供試体の養生方法は，管理材齢にかかわらず標準養生とする．

　f．g．マスコンクリートの調合強度の定め方は，通常のコンクリートの場合と本質的には同じであるが，構造体強度補正値は，予想平均気温を基に定めるのではなく，実際の構造体の予想平均養生温度を基に定める．マスコンクリートは，強度発現が外気温の影響を受けるという点では通常のコンクリートと同様であるが，セメントの水和熱により構造体温度は気温よりも高くなり，また単位セメント量をできるだけ低減するためにも，水和発熱の影響を調合強度算定式に取り込むことが有効であることより，このように定めた．

　調合強度の算定にあたっては，構造体コンクリートの平均養生温度を予測する必要がある．その予測にあたっては，コンクリートの打込み時期，部材断面寸法，養生方法等の施工条件を反映させた温度解析結果を基に算定するのが望ましいが，個々の部材について，それらを全て個別に算定するのは現実的ではない．そこで実用的には，構造体のうちの代表的な部材について温度解析を行って平均養生温度を算定し，安全側の値となるように設定するとよい．また，温度解析を行わない場合は，予想平均養生温度に代えて予想平均外気温としてもよい．

　h．本指針2008年版では，JASS 5（2003年版）にならい予想平均養生温度によるコンクリート強度の補正値として $_mTM_n$ による補正を示していた． $_mTM_n$ の設定にあたっては，セメント種類によってJASS 5（2003年版）およびJASS 5N（2001年版）に示されたマスコンクリート用の強度補正値を引用した．その後，JASS 5では2009年の改定において，構造体強度補正値 $_mS_n$ を用いて強度補正を行うことになった．そこで，本指針の改定においても，それにならい，マスコンクリートの構造体強度補正値 $_mSM_n$ を用いて補正を行うこととした．JASS 5（2015年版）では，既往の研究事例における部材厚800 mm以上の構造体コンクリート強度のデータを基に検討されたマスコンクリートの構造体強度補正値 $_mSM_n$ が示されている．本指針では，その結果に最近の実験結果を追加して検討を行っており，その結果を解説図3.1に示す〔詳細は付7を参照〕．解説図3.1から，本指針ではJASS 5に示された値を基本的に用いることとした．ただし，フライアッシュセメントB種については，解説図3.2に示すように暑中期間において強度補正値を3 N/mm² と設定しても不良率は十分に小さい[1]ことから，中庸熱ポルトランドセメントと同様に一律3 N/mm² とすることとした．

— 46 — マスコンクリートの温度ひび割れ制御設計・施工指針　解説

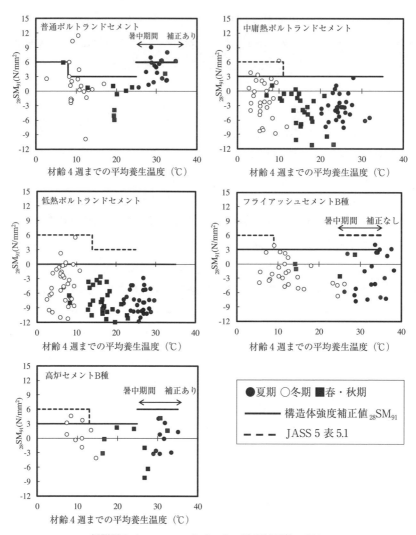

**解説図 3.1　マスコンクリートの強度補正値 $_{28}SM_{91}$**

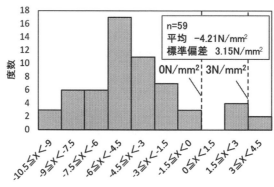

**解説図 3.2　暑中期間におけるフライアッシュセメント B 種の強度補正値 $_{28}SM_{91}$（文献 1）に加筆）**

以上の結果をまとめたものが表3.1である．これらの値は，本会JASS 5　5節　表5.1に示す一般仕様のコンクリートにおける$_{28}S_{91}$より小さな値となっているが，これは，寒冷期においては初期の高温履歴によりすみやかに強度が発現することや，部材が厚いことにより乾燥が緩慢に進むことなどに起因している．したがって，マスコンクリートに該当しない部材に対して安易に適用することは避けなければならない．本節で示した$_{28}SM_{91}$の値は，厚さ800 mm以上の部材のデータから求められたものであることから，厚さ800 mm以上の部材を目安に適用するのがよい．

　なお，解説図3.1に示すとおり，ほとんどのデータは設定した$_{28}SM_{91}$値より小さな値となっている．したがって，事前に実験等により確認するか，信頼できる資料があれば，$_{28}SM_{91}$値を低減することも可能である．

　マスコンクリートでは，調合管理強度を定める材齢$m$日は，28日以降から91日以内の材齢を基準とすることができる．特に中庸熱および低熱ポルトランドセメントを用いた場合は，強度発現が緩やかであるため，解説図3.1に示したように実際の$_{28}SM_{91}$値はマイナス側となる場合が多く，調合管理強度を定める材齢は28日以降とした方が合理的といえる．そこで，JASS 5では，中庸熱および低熱ポルトランドセメントを用いた場合の強度補正値$_{56}SM_{91}$，$_{91}SM_{91}$を検討した結果を示している〔解説図3.3，3.4〕．各セメントともおおむね$_{56}SM_{91}$は$0 \sim 12$ N/mm$^2$，$_{91}SM_{91}$は$0 \sim 18$ N/mm$^2$の範囲であり，冬期のように低温期に打ち込まれた場合には構造体強度補正値が大きくなる傾向があるが，全体的にばらついており，水セメント比などの調合条件に大きく影響していると考えられ，一般的な標準値を示せない．したがって，調合管理強度を定める材齢を28日を超えて$_mSM_n$を定める場合には，試験または信頼できる資料を基に定めることとした．

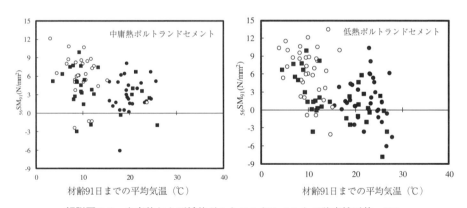

**解説図3.3**　中庸熱および低熱ポルトランドセメントの強度補正値$_{56}SM_{91}$

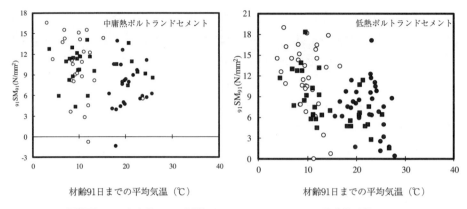

解説図 3.4 中庸熱および低熱ポルトランドセメントの強度補正値 $_{91}SM_{91}$

## 3.4 打継ぎ・ひび割れ誘発目地等

> a．打継ぎの形状および処理方法は，構造物の防水性能，耐久性能，構造性能等を満足するように定める．
> b．ひび割れ誘発目地の配置・形状は，構造物の防水性能，耐久性能，構造性能等を満足するように定める．
> c．その他，部材および構造体性能確保のための必要な対策を定める．

a．マスコンクリートでは，温度応力等によるひずみが打継ぎ部分に集中し，隙間が生じる等の不具合が生じやすくなる．防水性能，耐久性能，構造性能，美観等の弱点となるため，部材の要求性能に応じて，本会 JASS 5 によるほか，必要な対策を定めておく必要がある．例えば，防水性能の確保が重要な場合には，止水板や防水層の設置，シール施工等の対策が考えられる．耐久性能の確保が重要な場合は，打継ぎ部に生じた空隙への樹脂の注入，シール施工，表面保護層設置等の対策が考えられる．構造性能の確保が重要な場合は，コッターの設置や鉄筋補強等の対策が考えられる．設計者はこれらの対策を計画し，設計図書に明記しておくのが望ましい．

打継ぎ方法の例として，解説図3.5に鉛直打継ぎ方法の例を，解説図3.6に水平打継ぎ方法の例を示す．解説図3.5の（a）は版状部材（耐圧版）の例であるが，打継ぎ面に凹凸を設け，水膨張性シール材と非加硫ブチルゴム止水板を設置して，せん断耐力および防水性能確保に配慮している．(b) は壁状部材の例であるが，打継ぎ用エキスパンドメタルを用いて打継ぎ面のせん断耐力確保に配慮し，内外面に化粧目地を設けている．防水性能が必要な場合は，目地部にシールおよび部材中央部に水膨張性シール材を施工する．解説図3.6の（a）は，外部側からのシール施工が可能な場合の例である．止水板の使用は，階高が高い場合や配筋量が多い場合に，コンクリートの充填を阻害することもあるので，十分な配慮が必要である．(b) は山留め壁が接するために外部側からのシール施工が不可能な場合の例である．

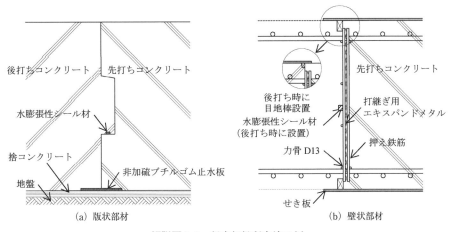

**解説図 3.5** 鉛直打継ぎ方法の例

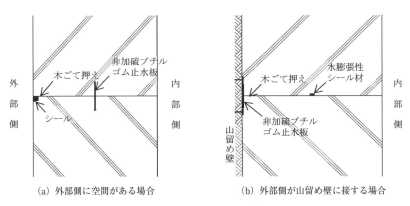

**解説図 3.6** 水平打継ぎ方法の例

　b．適切な断面欠損率を確保したひび割れ誘発目地は，外部拘束が卓越するマスコンクリート部材に発生する温度ひび割れを効果的に集中・制御することが可能であり，打継ぎ目地と同様な効果が期待できる．部材断面が大きなマスコンクリートでは，一般的な壁のようにかぶり部分に誘発目地材を設置しただけではひび割れを誘発することは難しく，ひび割れを確実に集中させるためには，比較的大きな断面欠損が必要である．断面欠損率の目安としては，土木学会コンクリート標準示方書では50％程度，JCIマスコン指針では40％程度以上としており，設置間隔はそれぞれ打込み高さの1～2倍を目安としている．解説図3.7に，ひび割れ誘発目地設置方法の例を示す．これは防水性能を重視した市販品の例で，非加硫ブチルゴムを被覆した2種類の亜鉛メッキ鋼板を組み合わせて用いることにより，高い断面欠損率と防水性能を同時に確保している．表面には意匠上や防水処理のために目地の設置や目地底に誘発されたひび割れに対して必要に応じてシール施工を行うが，最近は，シール処理不要となる化粧目地材も実用化されている．また，誘発したひび割れに対して後から樹脂の注入処理を行えるように工夫された製品もあり，要求性能に応じて使用すればよい．ただし，ひびわれ誘発目地は比較的大きな断面欠損材を設置するほか，ひび割れが集中し，打継ぎ

部と同様に弱点となるので，適用する建物や構造物の特性を十分に考慮したうえで計画する必要がある．例えば，面外応力が卓越する擁壁などでは特段の配慮は必要ないが，面内せん断力が卓越する耐力壁などでは，構造性能が確保されることの確認が必要である．

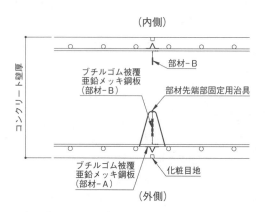

**解説図 3.7　ひび割れ誘発目地の設置方法の例**

ｃ．マスコンクリートでは，まず，材料・調合および一度に打ち込む部材寸法の検討（例えば工区割り，リフト分け）により温度ひび割れの制御を行う計画とするが，それでも要求性能を満足する計画とならないことがある．このような場合は，ひび割れが発生しても防水性能，耐久性能等，部材および構造体の要求性能を満足するように，二重壁の設置，部材表面の保護仕上げ等の適切な対策を定めておく必要がある．また，要求性能を満足したうえでさらに高い性能確保を求める場合にも，同様な対策を検討する．

---

**参 考 文 献**

1) 船本憲治，鄒林琳：フライアッシュセメントＢ種・Ｃ種相当を使用したコンクリートの構造体強度補正値（S 値，SM 値）に関する検討，日本建築学会九州支部研究報告集，pp. 5-8, 2019.2

# 4章　性能設計

## 4.1　基本事項

> a．性能設計を行う場合，下記の（1），（2）に示す事項を考慮する．
> （1）　設計の対象とする構造体および部材を取り巻く環境条件
> （2）　設計の対象とする構造体および部材に要求される性能レベルとそれに対応する目標性能
> b．性能設計を行う場合，設計対象の構造体および部材が目標性能を達成するように，構造体コンクリートの応力強度比は2.2に示した設計値を満足しなければならない．
> c．4.2〜4.7節の手順に従い，下記の（1）〜（4）に示す項目を予測し，4.8節の検証に用いる．
> （1）　温度履歴・分布
> （2）　温度ひずみ・自己収縮ひずみ
> （3）　温度応力
> （4）　応力強度比

　　a．b．本指針で制御の対象とする有害な温度ひび割れとは，鉄筋腐食上および漏水上不都合が生じる場合を想定している．建築主が設計の対象となる建築物に求める要求性能を確実に達成させるために，設計者は，この要求性能に適切な余裕を見込んで目標性能を定める必要がある．性能設計は，この目標性能を達成するように行われなければならない．

　　一般に，鉄筋コンクリート造建築物のマスコンクリート温度ひび割れ対策の方法としては，①設計による対策（ひび割れ誘発目地等），②材料・調合による対策（使用材料，調合の設定等）そして③施工による対策（打込みのリフト割り計画等）があり，これらを適切に組み合わせることによって有害なひび割れを制御することができる．例えば，マスコンクリートの対象となる壁の具体的なひび割れ対策として，ひび割れ誘発目地の位置や部材せい（H）に対する部材長さ（L）の比（L/H），それらに加えてセメントなどの使用材料や調合を検討することによって，さらには，これもL/Hに一部関連するが，打込み方法や養生方法・時期などの施工による対策を適切に行うことによって，目標とする性能を達成することができる．したがって，性能設計を行うにあたっては，2章「温度ひび割れ制御の方針」に示した設計の条件に基づき，3章を参考に使用材料や調合条件を設定し，4.2〜4.7節の手順に従い予測値を算出して，応力強度比が設計値以下であることを検証しなければならない．

　　発生したひび割れが建築物の性能維持に対して有害なものとなるかどうかは，その評価の対象となる構造体および部材を取り巻く環境条件によって異なる．例えば，常時水圧が作用する箇所では，漏水抵抗性を保持するうえで貫通ひび割れの発生は許容されない．一方，上記に該当しない一般的な部材では，ひび割れ部分を介する有害な物質の移動はかなり限定的となる．それを受けて2.2節では，漏水抵抗性と鉄筋腐食抵抗性を確保するための制御ひび割れ幅の設計値をおのおの0mm

（貫通ひび割れを発生させない）と 0.4 mm とし，これに相当する応力強度比としてそれぞれ 0.8 および 1.3 以下としている．

本指針における性能設計の手法の適用範囲において制限はなく，不足する材料物性値や特性値を実験により取得して用いることで，どのような鉄筋コンクリート部材にも適用が可能である．本章に示される式等は，設計基準強度 60 N/mm² 程度までのコンクリートを用いた鉄筋コンクリート部材を対象とする．

マスコンクリートの性能設計は，施工時期の周囲環境の温度履歴やコンクリートの打込み温度の予測を含めて行うものであり，設計者・施工者の管理が及ばない領域も存在する．事前，事後において設計値を評価する際には，解析条件，解析結果と実際の施工現場の状況との比較に際し，総合的な視野をもって評価を行う必要がある．

ｃ．2.2 節で述べたように，性能設計ではコンクリートの基本物性，部材の拘束状態，設計条件および施工方法を考慮して，構造体または部材の応力強度比が設計値以下であるという条件を満足していることを検証しなければならない．4.2 節以降では，その予測方法について述べている．なお，コンクリート部材に生じる温度ひび割れの発生メカニズムは付 1 に詳述しているので，そちらを参考にされたい．

本章の性能設計で第一に予測すべき物性は，断熱温度上昇曲線に代表されるコンクリートの発熱性状である．この発熱性状に基づき，初期条件・境界条件を考慮して部材内部の温度分布を予測する．

第二に，予測された温度にコンクリートの線膨張係数を乗じ，温度ひずみを予測する．

第三に，予測された温度履歴を用いて自己収縮ひずみを予測する．

第四に，予測された温度ひずみと自己収縮ひずみを加算し，コンクリートのクリープ，ヤング係数の時間変化を考慮したうえで，部材の境界条件，変形の適合条件および力の釣合い条件を満足する形で部材内部の応力を予測する．

最後に，部材内部の応力に対するコンクリートの温度ひび割れ発生強度の比（応力強度比）を求め，この値が設計値以下であることを確認する．

解析対象部材の設定範囲や若材齢時のコンクリートの力学的性質など，この一連の予測には多くの仮定が介在するが，個々の物性値と部材の拘束条件を忠実に計算に取り込むことにより，理論上，精度の高い予測が可能となる．一方で，温度ひび割れの研究分野では検証対象となる部材レベルの実験データが極めて少なく，精度検証について十分でない可能性がある．本性能設計では，考慮することのできる要因は極力解析に反映させることを是としている．また，本性能設計を全ての構造物に対して一律に実施することは必ずしも容易でないことも予想される．このため，適用条件を限定したうえで，本章で取り扱う要因を考慮して作成した性能設計の簡易版としてのチャートを 5 章「チャートによる応力強度比の予測」に示した．

## 4.2 各種条件の設定

a．温度ひび割れ解析は，下記の事項を考慮して行う．
（1）使用材料
（2）調合
（3）構造体・部材の形状，寸法
（4）地盤条件
（5）打込み計画
（6）施工時期，周囲の温度条件
（7）コンクリートの打込み温度
（8）型枠
（9）養生
b．温度ひび割れ解析は，2.1節に示した温度ひび割れ制御の基本方針を満足するように，上記（1）～
（9）の項目について，適切に条件を設定して行う．
c．設定する条件は，構造物に他の悪影響を及ぼさないように定める．

　a．マスコンクリートの有害な温度ひび割れを制御するためには，マスコンクリート中の温度予測と応力予測を行う必要がある．

　温度予測は，コンクリート中のセメントの水和発熱過程を考慮し，部材，対象部位に接する部材，環境との熱の収支を検討する必要がある．この際，コンクリートの発熱および温度上昇の予測には，使用材料の熱的性質，調合，部材の形状，施工時期・周囲の温度条件が必要となる．また，周囲の温度条件，型枠の熱的性質，養生条件に関して，いずれも実際の施工条件に基づき，適切なモデル化を行って解析に反映させる必要がある．

　温度予測の結果は，1章に示したように温度応力の主要因である温度ひずみ算定の元となるとともに，部材内の各部位におけるコンクリートの強度発現の評価にも用いる．そのため，ひずみ，剛性の両因子に影響を及ぼす重要な過程であることに留意する必要がある．

　応力予測は，対象部材内外および隣接する部材や地盤，その他の環境を含めた系内における力の釣合いにより部材に発生する応力を予測するものである．ここでは，構造体・部材の形状や寸法，離散化が重要な役割を果たす．厳密な部材のモデル化が重要ではあるが，場合によっては計算時間や部材モデルの作成に多大な時間を労する場合があるため，過去の経験や事前検討を基に簡略化を行うことも適宜行ってよい．例えば，ハンチなど複雑な形状を安全側の解析となるよう留意する条件のもとで部材モデルの簡略化を行うことや，解析部材の対称性に着目し，解析部材を1/2や1/4モデルとして解析することなどが挙げられる．

　ただし，部材形状や施工条件を十分に考慮し，簡略化の物理的条件を厳密に満たすかどうかの検討や，対象部材の離散化が解析結果に及ぼす影響についての検討が必要である．設計者は，施工者と情報を交換し，実状に即した解析および対象物のモデル化を行う必要がある．

　b．設計は，部材に対する要求性能を満足するように行わなくてはならない．a項の（1）～（9）のうち，地盤条件は変更ができない．しかし，セメント種類の変更や調合の変更，リフト割りの計画による形状変化や，施工時期の変更，練上がり時のコンクリート温度をプレクーリングな

どで変更することで解析上考慮すべき事項を変更することが可能となる．これは，対策を設計行為に反映させる行為であるが，設計者は必要に応じて，このようなマスコンクリートのひび割れ制御のための対策行為を解析を通して扱う必要がある．

　c．解析で用いる設定条件は，a項でも示したように実際とかけ離れた条件にならないことを前提としなくてはならない．3章および7章の施工事項を参照し，特別な配慮が必要な場合には，施工者に確認をとり，性能設計における取扱いとともに，設計どおりに施工が可能であることに関して合意を得る必要がある．

## 4.3　コンクリートの発熱予測

　コンクリートの発熱は，セメント種類，単位セメント量，打込み温度の影響を考慮し，(4.1) 式，(4.2) 式および (4.3) 式によって断熱温度上昇曲線に基づき予測するか，あるいは実験，信頼のおける資料に基づき予測する．

$$Q(t) = K(1 - e^{-\alpha t}) \tag{4.1}$$

$$Q(t) = K(1 - e^{-\alpha t^{\beta}}) \tag{4.2}$$

$$K = p(aC + b), \ \alpha = q(gC + h), \ \beta = r(mC + n) \tag{4.3}$$

ここに，
$t$：材齢（日）

$Q(t)$：材齢 $t$ 日までの断熱温度上昇量（℃）

$K$：最終断熱温度上昇量（℃）

$\alpha, \beta$：断熱温度上昇速度を表す係数

$C$：単位セメント量（kg/m³）

$a, b, g, h, m, n, p, q, r$：$K$，$\alpha$ および $\beta$ を求めるための係数で表4.1〜4.3による．

**表4.1**　打込み温度 20 ℃における $K$，$\alpha$ および $\beta$（単位セメント量 400 kg/m³ 以下）

| セメント種類 | $K = aC + b$ | | $\alpha = gC + h$ | | $\beta = mC + n$ | |
|---|---|---|---|---|---|---|
| | $a$ | $b$ | $g$ | $h$ | $m$ | $n$ |
| 普通ポルトランドセメント | 0.113 | 13.9 | 0.0032 | 0.030 | — | — |
| 中庸熱ポルトランドセメント | 0.096 | 14.2 | 0.0022 | −0.050 | — | — |
| 低熱ポルトランドセメント | 0.072 | 19.9 | 0.0012 | 0.058 | 0.0013 | 0.316 |
| 早強ポルトランドセメント | 0.134 | 11.7 | 0.0028 | 0.549 | — | — |
| 高炉セメントB種 | 0.111 | 17.7 | 0.0021 | 0.089 | — | — |
| フライアッシュセメントB種 | 0.107 | 13.2 | 0.0022 | 0.105 | — | — |

**表 4.2** 打込み温度 20 ℃における $K$, $\alpha$ および $\beta$（単位セメント量 400 kg/m³ を超え 550 kg/m³ 以下）

| セメント種類 | $K=aC+b$ | | $\alpha=gC+h$ | | $\beta=mC+n$ | |
|---|---|---|---|---|---|---|
| | $a$ | $b$ | $g$ | $h$ | $m$ | $n$ |
| 普通ポルトランドセメント | 0.072 | 30.3 | 0.0014 | 0.750 | — | — |
| 中庸熱ポルトランドセメント | 0.061 | 28.2 | 0.0019 | 0.070 | — | — |
| 低熱ポルトランドセメント | 0.038 | 33.5 | 0.0012 | 0.058 | 0.0013 | 0.316 |
| 早強ポルトランドセメント | 0.134 | 11.7 | 0.0028 | 0.549 | — | — |
| 高炉セメント B 種 | 0.056 | 39.7 | 0.0019 | 0.169 | — | — |
| フライアッシュセメント B 種 | 0.107 | 13.2 | 0.0022 | 0.105 | — | — |

（早強ポルトランドセメントおよびフライアッシュセメント B 種は本式の適用範囲として，単位セメント量 $C$ の上限値を 450 kg/m³ とする.）

**表 4.3** 打込み温度 20 ℃の $K$, $\alpha$ および $\beta$ に対する補正係数一覧

| 打込み温度 セメント種類 | $p$ | | | $q$ | | | $r$ | | |
|---|---|---|---|---|---|---|---|---|---|
| | 10 ℃ | 20 ℃ | 30 ℃ | 10 ℃ | 20 ℃ | 30 ℃ | 10 ℃ | 20 ℃ | 30 ℃ |
| 普通ポルトランドセメント | 1.029 | 1.000 | 0.967 | 0.600 | 1.000 | 1.492 | — | — | — |
| 中庸熱ポルトランドセメント | 1.030 | 1.000 | 0.982 | 0.640 | 1.000 | 1.504 | — | — | — |
| 低熱ポルトランドセメント | 1.026 | 1.000 | 0.987 | 0.670 | 1.000 | 1.401 | 1.084 | 1.000 | 0.944 |
| 早強ポルトランドセメント | 1.040 | 1.000 | 0.965 | 0.627 | 1.000 | 1.590 | — | — | — |
| 高炉セメント B 種 | 1.028 | 1.000 | 0.975 | 0.577 | 1.000 | 1.552 | — | — | — |
| フライアッシュセメント B 種 | 1.045 | 1.000 | 0.976 | 0.579 | 1.000 | 1.620 | — | — | — |

コンクリートの水和に伴う発熱性状は，セメント種類，単位セメント量，水セメント比，練上がり温度等を考慮する必要がある．セメントの水和反応が化学反応であることから，本来の発熱性状は温度依存性を持つ．しかし，熱伝導率・比熱を一定とし，コンクリートを均質体と仮定した熱伝導解析において，最小断面寸法 50 cm 以上の対象物に関しては，すべてのコンクリートが均質に断熱的に発熱するものと仮定することで温度履歴が予測できることが経験的に知られている．このことから，熱伝導解析におけるコンクリートの発熱項に断熱温度上昇試験による結果を用いるのが一般的となっている．この発熱項には，断熱温度上昇試験結果が調合，練上がり温度，試験機のキャリブレーション，供試体の大きさに影響を受けることに配慮した信頼のおける実験結果，あるいは適用範囲と予測精度が明らかな断熱温度上昇推定式を用いることを原則する．

（4.1）式，（4.2）式および（4.3）式は，近年の実験結果を回帰した断熱温度上昇式であり，適用範囲は，単位セメント量 250～550 kg/m³ の範囲である.

低熱ポルトランドセメントについては，既往実験データの回帰式として一般に適用されている（4.2）式を採用している．なお，この式の導出背景に関しては付 8 に記載している．また，フライアッシュセメント B 種と早強ポルトランドセメントについては，単位セメント量が 450 kg/m³ を超える既往実験データがないことから，本式の適用範囲として，単位セメント量の上限値を本指針

2008 年版のとおり 450 kg/m³ とした.

　ここで，単位セメント量 550 kg/m³ に相当するコンクリートの強度の目安について整理する.
単位セメント量が 550 kg/m³ で，単位水量を 170 kg/m³ とすると，水セメント比は約 31 ％となる.
普通ポルトランドセメントを用いた場合，水セメント比 31 ％に相当する 28 日標準養生強度は，骨
材事情等により異なるが，概ね 80 N/mm² 程度である[1]. 調合強度が調合管理強度の 1.2 倍程度と
考えると，調合管理強度は 66 N/mm² となる. JASS 5　17.5　表 17.1「高強度コンクリートの構
造体強度補正値の標準値」より，$_{28}S_{91}$ を 12 N/mm² とすると，設計基準強度は 54 N/mm² となる.
すなわち本指針では，普通ポルトランドセメントを使用した場合，概ね設計基準強度 54 N/mm² の
高強度コンクリートまで対応できると考えられる. なお，中庸熱ポルトランドセメントや低熱ポル
トランドセメントを用いた場合は，$_{28}S_{91}$ の値が小さくなることから，概ね設計基準強度が 60
N/mm² 程度まで対応可能と考えられる.

　断熱温度上昇式の形は（4.1）式，（4.2）式以外にも諸式提案されており[2]，実験値を基にそれら
を適合させた形の式を利用したり，実験値そのものを解析に用いたりしてもよい.

　近年，セメントの水和反応過程を忠実にモデル化した水和反応モデルが提案されており[3]~[6]，そ
れらを断熱温度上昇式の予測や熱伝導解析の発熱項に用いてもよい. しかし，モデルの適用範囲，
設定した熱伝導率，比熱の物性値に整合性があることに配慮する必要があり，例えば発熱項にのみ
水和反応モデルを用いた解析では，温度予測精度が向上しない事例も指摘されている[7].

## 4.4　部材温度の履歴・分布の予測

> 　部材温度の履歴・分布は，下記の項目を適切に選択，モデル化し非定常熱伝導問題を解くことにより予測
> する.
> 　a．解析手法
> 　b．部材形状，寸法，離散化手法
> 　c．温度条件
> 　d．境界条件
> 　e．解析期間
> 　f．コンクリートの熱特性値
> 　g．地盤の熱特性値
> 　h．鋼材の熱特性値

　a．温度予測は，応力解析に資するコンクリートの体積変化を算出するための基礎データとなる.
温度予測に際しては，エネルギー移動の非定常問題を考慮できる差分法および有限要素法が代表的
であるが，その他の信頼のできる資料，実績のある手法に基づいてもよい.

　熱伝導問題は，フーリエの法則に基づく熱伝導方程式を解く問題である. この熱伝導方程式は，
（解 4.1）式で表現される.

$$\rho c \frac{\partial T}{\partial t} = \nabla (\lambda \nabla T) + \dot{Q}$$

（解 4.1）

ここに， $\rho$：密度

$c$：比熱

$T$：温度

$\lambda$：熱伝導率

$\dot{Q}$：単位時間あたりの発熱量（(4.1) 式の 1 階微分）

$\nabla$：空間における微分

現在広く使われている有限要素法は，偏微分方程式を近似的に解く手法の代表的なものであり，対象部材を離散化することで，複雑な形状をもつ対象に対しても近似解を得ることができる．

熱伝導問題を解く有限要素法では，対象構造物を各要素に分割し，要素内のポテンシャル（熱伝導解析ではエネルギーまたは温度がポテンシャル）分布を各要素の端点を変数とする内挿関数により，（解 4.2）式によって表現する手法がとられる．

$$T(x, y, z, t) = [N(x, y, z)]\{\phi(t)\} \tag{解 4.2}$$

ここに，$T(x, y, z, t)$：系内の温度分布

$[N(x, y, z)]$：内挿関数（マトリクス）

$\phi(t)$：時刻 $(t)$ における要素の接点温度ベクトル

内挿関数の導入により，ポテンシャル分布の微積分が端点の数値だけで可能となる．

満たすべき熱伝導方程式を解くには，変分法やガラーキン法などさまざまな手法がある．熱伝導問題の解法によく採用されるガラーキン法を例にとれば，要素ごとに熱伝導方程式との誤差の内挿関数を重み関数として（解 4.3）式により評価し，それらを全要素に対して重ね合わせて系全体の誤差評価式を作る．

$$\int_{V_e} [N]^t \{\lambda \nabla^2 T + \dot{Q} - \rho c \dot{T}\} dV = 0 \tag{解 4.3}$$

ここに，$V_e$：各要素における体積

結果として，分割したメッシュの端点数だけ連立一次方程式を作成することができる．この方程式を解けば，対象物内のポテンシャル分布を得ることができる．

時間依存性に関しては，通常は差分法を用い，差分式を有限要素方程式内に導入することで時間変化する非定常熱伝導問題を解くことができる．一般に空間の離散化手法と同様に時間の離散化手法においても，解析精度の影響があることが知られている．解説図 4.1 は断熱温度上昇カーブを所与として，増分時間を 2 時間，6 時間，12 時間として梁部材中央部分 3 点の熱伝導解析結果を示している．増分時間 2 時間および 6 時間は同様な温度履歴を示したが，12 時間は大きく異なる結果となっている．

このことから，一般性を導くことは難しいが，断熱温度上昇曲線を用いて発熱項とする解析では，解析時間間隔は 6 時間以下が望ましく，熱伝達境界における精度向上を考えれば，発熱勾配が大きい領域では，2 時間以下の時間間隔で解析するとよい．

また，発熱項の温度依存性の問題を考慮するときは，時間間隔を非常に小さくして誤差を小さくするか，Newton- Raphson 法などの収束法を用いて計算を行う．

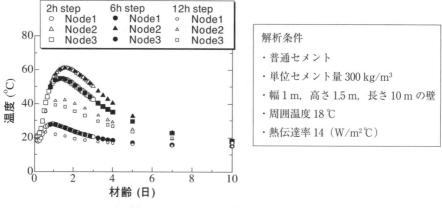

**解説図 4.1** 時間間隔が温度解析に及ぼす影響

b．構造物の温度予測を行う場合には，形状，寸法を適切に考慮した離散化手法が必要となる．有限要素法においては，その手法が近似法であり，得られた解に対象モデルの離散化手法の依存性があることに留意する必要がある．解の一意性を追求するためには，離散化を小さくすることが重要であるが，それに反して計算量が増え，計算時間とメモリを要するようになる．このバランスは，経験的な知見であるために定量的に表現することが難しいが，定性的に表現すれば，温度勾配が大きく生じる部分において密な離散化が重要であり，時間分割に関しても同様である．また，計算時間とメモリを節約するため，対象部材が対称面を持つ場合には，対称面を断熱境界として設定して解析を行ってもよい．

解説図 4.2 は，高さ 80 cm，幅 6.2 m の版状部材内の部材幅横断方向における温度分布のメッシュ依存性を示したものである．版状部材では，一般的に内外温度差による内部拘束によって表面ひび割れの危険性が高いことが知られているが，図に示されるように，メッシュ分割の手法により表面部の温度勾配は大きく異なる．有限要素法によって表面ひび割れの危険性を評価する場合には，表面から 80 cm 程度の間を 2，3 点の温度データを得られるようにメッシュ分割を行うとともに，温度勾配の影響を断面方向に数点取り出して傾向を把握したうえで判断することが望ましい．

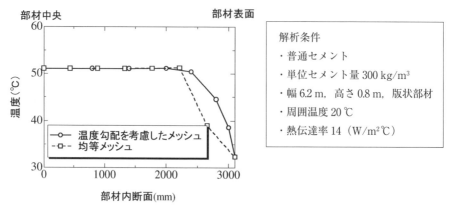

**解説図 4.2** メッシュに依存した断面内温度分布（部材内最大温度時）

c．温度予測では，対象構造物を拘束する構造物の温度状態，周囲の温度条件，コンクリート打込み温度は大きな影響を及ぼすため，信頼のできる資料に基づき設定する必要がある．解説図4.3は打込み時期の異なる温度解析結果の一例である．ここでは，対象構造物の建設地を東京に想定し，気象庁データにより日平均気温の過去5年間の平均値を用い，外部環境として日変動を考慮している．また，打込み日の平均気温に応じて打込み温度を平均気温＋5℃とすることで発熱項における断熱温度上昇曲線の温度依存性を考慮している．同図より打込み時期の違いについて，適切な温度条件を設定することにより，対象部材の温度履歴が異なることが明瞭に示されており，温度履歴，打込み温度等の設定の重要性がわかる．

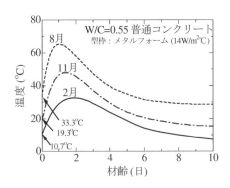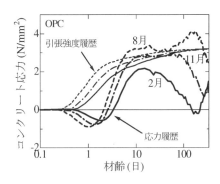

**解説図4.3** 打込み時期を考慮した温度履歴の解析結果例
（幅1m，高さ4m，長さ20mのカルバートの解析[8]）

d．温度解析における境界条件は，熱伝達境界，断熱境界，固定温度境界の3種類となる．熱の出入りがある境界面の解析は，本来は，外部環境中の空気の対流を考慮して熱の移動を解析すべきものであるが，通常は簡便な熱伝達境界を仮定し，外部環境と対象部材を切り離して解析を行うのが一般的である．マスコンクリートの温度解析においては，地盤表面，コンクリートの上面，型枠面などに設定することが多い．

熱伝達境界における熱伝達率に関しては，解説表4.1に示す代表値を用いるか，あるいは信頼できる資料，実験値に基づき設定する必要がある．

**解説表4.1** 熱伝達境界における熱伝達率[9]

|  | 熱伝達率（W/m²℃） |
| --- | --- |
| メタルフォーム | 11～14 |
| 散水養生 | 13～15 |
| 湛水養生 | 11～14 |
| 合板 | 6～8 |
| シート | 4～6 |
| 養生マット | 5 |
| 発泡スチロール | 2 |
| 地盤の表層 | 10～14 |

断熱境界は，熱の出入りが一切ないものとして設定する面のことである．計算時間とメモリを節約するために対象部材の対称面に設定し，対象範囲を対称面に対して片側のみとする場合などに用いる．解説図4.4に解析対象と断熱境界の取合いの一例を示す．

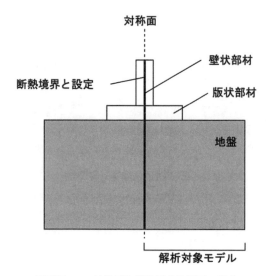

**解説図4.4　対称面と断熱温度境界面の設定**

固定温度境界は，熱の移動のあるなしにかかわらず，境界面に一定温度を設定するものである．解析上，切り出した地盤の下面を固定温度境界として，年平均温度を設定する手法を選択されること等が想定される．文献10)によれば，年平均気温を$T_a$(℃)とした時に，地中の固定温度層の温度$T_e$(℃)は，$T_e=0.83T_a+3.7$として表すことができる．

　e．外気温度の影響は，温度履歴および応力解析に大きな影響を及ぼす．対象部材が薄く，温度の影響を大きく受けるもので，かつ外部拘束の影響が大きい部材に関しては，コンクリートがもっとも収縮する冬季の拘束条件が厳しくなる．そのため，そのような部材の検証を目的とする時には，周囲環境の年の温度変化を考慮して解析期間を決定する必要があり，ひび割れに対して十分に配慮が必要な場合には越冬まで解析することが望ましい．ただし，地下構造物など大きな温度差が生じにくい解析対象物に関しては，この限りではない．

　また，内外温度差に起因する表面に生じるひび割れの影響を詳細に解析する場合に関しては，日射および時間変動を考慮した境界条件・解析期間・解析時間間隔が必要と考えられるが，事前検討として，外部気温の予測精度に留意する．

　f．コンクリートの比熱は水セメント比，骨材種類に大きく影響を受けるが，一般的なコンクリートの比熱は1.00～1.25（J/g℃）程度の値となり，付10や実験または信頼のできる資料により設定する必要がある．（解4.1）式からもわかるように，熱伝導解析においては，密度と比熱の積が熱伝導に大きな影響を及ぼすため，解析においては両者を適切に設定する必要がある．

　コンクリートの比熱は，水セメント比，骨材の影響を考慮する場合には（解4.4）式および（解

4.5）式によって算出してもよい[4]（（解4.4）式は文献[11]による）．

$$C_{con} = \frac{4.19(W - C \cdot \omega \cdot 0.25) + 0.78C(1-\omega) + 1.5C \cdot \omega + G \cdot C_{ag}}{W + C + G} \qquad (\text{解} 4.4)$$

$$\omega = \frac{1.031 \cdot W/C}{0.194 + W/C} \qquad (\text{解} 4.5)$$

ここに，　　$W/C$：水セメント比

$\omega$：セメントの最終水和率

$C_{con}$：コンクリートの比熱（J/g℃）

$W, C, G$：コンクリート中の水, セメント, 骨材（細骨材 ＋ 粗骨材）の単位質量（kg/m³）

$C_{ag}$：骨材の比熱で0.78～0.90（J/g℃）

コンクリートの熱伝導率は，水セメント比，骨材種類，骨材量および乾燥状態に大きく影響を受け，1.5～3.6（W/m℃）の値をとる．熱伝導率は解説表4.2に示される粗骨材，細骨材の品種をそろえた実験結果に基づく代表値を用いるか，付10や信頼できる資料，実験に基づき設定する必要がある．

解説表4.2　各種骨材を用いたコンクリートの熱伝導率[12]

|  | 岩石種 | 熱伝導率（W/m℃） |
|---|---|---|
| 普通コンクリート | けい岩 | 3.5～3.6 |
|  | 石灰岩 | 3.1～3.3 |
|  | 白雲岩 | 3.2～3.3 |
|  | 花崗岩 | 2.6 |
|  | 波紋岩 | 2.1 |
|  | 玄武岩 | 2.1 |
|  | 川砂利 | 1.5 |
| 軽量コンクリート |  | 0.5～0.8 |

g．一般に地盤・岩盤の比熱は0.70～2.60（J/g℃）であり，地盤・岩盤の熱伝導率は1.0～5.2（W/m℃）である．これらの値は含水量，間隙量に大きく依存するため，熱の影響する範囲の地盤の種類・状態等を勘案し，解説表4.3の値を用いるか，付10，試験または信頼できる資料により設定する．

解説表4.3　地盤の熱物性値

| | | N値の目安 | 密度（kg/m³） | 比熱（J/g℃） | 熱伝導率（W/m℃） |
|---|---|---|---|---|---|
| 地盤 | 軟弱（粘性土，杭基礎） | 0～20 | 1 800 | 2.60 | 1.0 |
| | 普通（砂質土，礫地盤への直接基礎） | 50以上 | 2 100 | 1.40 | 1.7 |
| | 岩盤（土丹，軟岩） | — | 2 600 | 0.80 | 3.4 |

— 62 — マスコンクリートの温度ひび割れ制御設計・施工指針　解説

h．一般的な鋼材の比熱は0.43〜0.49（J/g℃），鋼材の熱伝導率は50.0〜85.0（W/m℃）である．鉄筋とコンクリートの線膨張係数が同程度であることと，コンクリート中に用いられる量が小さいことから，マスコンクリートの温度応力解析に鉄筋を考慮しなくても大きな問題とならなかった．しかし，ⅰ）鉄筋によるひび割れ幅制御を目的とした場合，ⅱ）自己収縮が卓越し，鉄筋によるコンクリートの拘束がひび割れ発生に顕著に影響する場合，ⅲ）コンクリートの線膨張係数を小さくする目的で特定の骨材を用い，鉄筋との線膨張係数の違いが無視できない場合には，解析上，鉄筋を明示的に考慮する必要がある．

## 4.5　ひずみの予測

---

a．部材の温度ひずみは，予測された温度の履歴と分布および線膨張係数を用いて（4.4）式により予測する．線膨張係数は，調合・セメント種類・骨材種類を考慮し，試験または信頼のできる資料に基づき設定する．

$$\varepsilon_{temp} = \alpha \cdot \Delta T \tag{4.4}$$

ここに，　　$\varepsilon_{temp}$：温度ひずみ（$\times 10^{-6}$）

　　　　　　$\alpha$：線膨張係数（$\times 10^{-6}$/℃）

　　　　　　$\Delta T$：温度増分（℃）

b．自己収縮ひずみは，実験または信頼できる資料によるか，材齢，温度依存性，セメントの種類および水セメント比を考慮した（4.5）式により予測する．

$$\varepsilon_{as}(t_e) = \xi_c \cdot \varepsilon_{as} \cdot \gamma_{as}(t_e) \tag{4.5}$$

ここに，　　$\varepsilon_{as}(t_e)$：有効材齢 $t_e$ における自己収縮ひずみ（$\times 10^{-6}$）

　　　　　　$\xi_c$：セメントの種類が自己収縮ひずみの終局値に及ぼす影響を表す係数

　　　　　　$\varepsilon_{as}$：自己収縮ひずみの終局値（$\times 10^{-6}$）

　　　　　　$\gamma_{as}(t_e)$：自己収縮ひずみの進行特性を示す関数

c．膨張材を用いたコンクリートの膨張ひずみは，実験または信頼できる資料によるか，セメントの種類，膨張材の種類および単位量，温度依存性，養生方法等を考慮して予測する．

---

a．コンクリートの体積変化のうち，温度によって生じる若材齢時の体積変化は，マスコンクリートのひび割れの主要因である．この体積変化は，一軸の線膨張係数と温度履歴による増分温度によってひずみとして予測することとした．

コンクリートの線膨張係数は，使用するセメントや骨材の影響を受ける．解説表4.4は，各種セメントを用いた場合の線膨張係数を示したものである[13]．これによれば，高炉セメントB種を使用した場合の線膨張係数は，普通ポルトランドセメントを用いた場合のおよそ1.2倍の値を示すことがわかる．一方，その他のセメント間には明確な大小関係は認められない．このことから，コンクリートの線膨張係数は，ポルトランドセメントおよびフライアッシュセメントB種を用いる場合には10（$\times 10^{-6}$/℃），高炉セメントB種を用いる場合には12（$\times 10^{-6}$/℃）を標準的な値として用いてよい．

解説表4.5に，骨材および養生条件の異なるコンクリートの線膨張係数の一例を示す．コンクリートの線膨張係数は，使用する骨材の岩種によって異なる．ただし，同じ岩種であっても骨材の品質，産地および使用量によってコンクリートの線膨張係数は異なってくる．一般に，骨材の線膨張

4 章 性 能 設 計 — 63 —

**解説表 4.4** 各種セメントを用いたコンクリートの線膨張係数の測定例[13]

| 水結合材比等（％） | 養生期間 | 線膨張係数 （×10⁻⁶/℃） | | | | | | 普通と高炉 B との線膨張係数比 |
|---|---|---|---|---|---|---|---|---|
| | | N | BB | M | L | H | FB | |
| 55 | 20℃封かん 3 か月以上 | 9.8 | 11.8 | 7.8 | 9.6 | 8.8 | 8.5 | 1.20 |
| 45 | | 10.1 | 13.6 | 8.1 | 9.4 | 9.5 | 9.0 | 1.35 |
| 30 | | 10.9 | 13.8 | 10.3 | 9.1 | 11.9 | 9.5 | 1.27 |
| 55 | 20℃封かん 3 か月以上 | 8.8 | 10.3-12.2 | — | — | — | — | 1.17-1.39 |
| 45 | | 9.2 | 10.7-13.0 | — | — | — | — | 1.16-1.41 |
| 30 | | 10.8 | 11.0-12.0 | — | — | — | — | 1.02-1.11 |
| 55 | 20℃封かん 4 か月以上 | 8.4 | 8.4 | 8.3 | 8.5 | — | — | 1.00 |
| 55 | 20℃封かん 3 か月以上 | 8.9 | 12.8 | — | — | — | — | 1.44 |
| 55 | 温度履歴封かん 0.5, 1, 3, 7 日 | 9 | 12 | 9 | 9 | — | — | 1.3 |
| | 温度履歴封かん 14 日 | 9 | 12 | 8.5 | 8 | — | — | 1.3 |
| | 20℃封かん養生 14 日 | 9.5 | 11 | 8.5 | 8 | — | — | 1.2 |
| 25*¹ | 20℃封かん終結＋1 時間～24 時間 | 23-28 | 25-43*² | — | — | — | — | 1.1-1.5 |
| 35*¹ | | 25-30 | 25-34*² | — | — | — | — | 1.0-1.1 |
| 34.5*¹ | | 24-30 | 24-32*² | — | — | — | — | 1.0-1.1 |
| 30*¹ | 20℃封かん 7 日 | 14.8 | 19.4*³ | — | — | — | — | 1.31 |
| 50*¹ | | 14.3 | 19.9*³ | — | — | — | — | 1.39 |
| 25*¹ | 始発 | 25-30 | — | — | 25-30 | 25-30 | — | — |
| | 終結 | 14-17 | — | — | 14-17 | 14-17 | — | — |
| | 材齢 28 日 | 9-10 | — | — | 9-10 | 9-10 | — | — |

［注］ ＊1 セメントペーストを対象に測定
　　　＊2 粉末度 6 000 cm²/g の高炉スラグ微粉末を 60 ％混合
　　　＊3 粉末度 4 000 cm²/g の高炉スラグ微粉末を 40 ％混合

**解説表 4.5** 各種骨材を用いたコンクリートの線膨張係数[14]

| 岩石の種類 | 線膨張係数 （×10⁻⁶/℃） | | |
|---|---|---|---|
| | 水中養生したコンクリート | 封かん養生したコンクリート | 気中養生したコンクリート |
| 砂利 | 13.1 | 12.2 | 11.7 |
| 花崗岩 | 9.5 | 8.6 | 7.7 |
| 珪岩 | 12.8 | 12.2 | 11.7 |
| 粗粒玄武岩 | 9.5 | 8.5 | 7.9 |
| 砂岩 | 11.7 | 10.1 | 8.6 |
| 石灰岩 | 7.4 | 6.1 | 5.9 |

係数は，骨材中のシリカ量が増加するほど大きくなる[14]とされている．また，骨材の線膨張係数は
セメントペーストのそれよりも小さいため，コンクリートの線膨張係数は，単位骨材量の増加にと

もなって小さくなる傾向を示す．なお，マスコンクリートの線膨張係数は，封かん養生した供試体と同等と考えてよい．

また，解説図4.5に異なる線膨張係数を用いた場合のマスコンクリート中の応力算定結果を示す．温度応力を考えた場合，線膨張係数は小さい方がよいが，一方で骨材とセメントペーストマトリクスのひずみの差異が大きいことを意味するため，強度特性および耐久性等の面からはマイナス要因として働くことがあるので注意が必要である[14]．線膨張係数は，セメントの水和反応に従って変化することが知られている．線膨張係数は流動性の高い状態では水の線膨張係数に近い値をとり，そこから凝結するにつれて極小値を取る．この時の値は骨材にもよるが8〜12（$\times 10^{-6}$/℃）程度となる．その後，硬化に従ってゆっくりと上昇する傾向を持つ．線膨張係数を材齢によって変化させた解析の場合には，温度上昇時の部材内部の大きな線膨張係数が表層部の引張応力を増大させる傾向があるために，線膨張係数を一定値として評価した場合には，部材表面部の引張応力が過小評価される場合があることが報告されている[15]．しかしこの点については，硬化時のクリープ，凝結前後の挙動のモデル化，コンクリートのヤング係数の増大など相互に依存する問題であることから，今後の継続的な検討が必要である．

また，近年では線膨張係数の経時変化で，温度増加時と降下時の線膨張係数の違いによって収縮ひずみが生じる傾向についても報告されている．しかしながらこの影響は，線膨張係数一定の解析において，最高温度によって変化する自己収縮を導入することで大きな影響はないと指摘されている[16]．

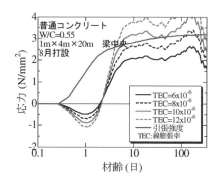

**解説図4.5** 線膨張係数の違いによる温度応力の差異[5]

b．マスコンクリートのひび割れに大きな影響を及ぼすコンクリートの体積変化は温度変化に基づくものが支配的だが，水セメント比を小さくした場合や混和材を用いた場合などに関しては，自己収縮ひずみの影響が無視できない場合がある．解説図4.6，4.7は，高炉セメントB種を用いたコンクリートが高温履歴を経た場合に自己収縮ひずみが顕著に大きくなる場合があることを示す一例である．高炉スラグ微粉末などの混和材は，粉末度や組成によって異なる性質を示すため，一律にこの傾向を示すものといえない．しかし，継続して進行する自己収縮ひずみが無視できないため，解析には自己収縮ひずみを考慮するものと定めた．

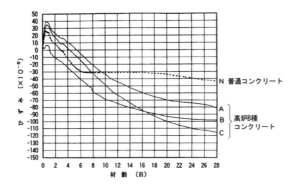

**解説図 4.6** 高温履歴を経たコンクリートの自己収縮（W/B＝56％）[17]

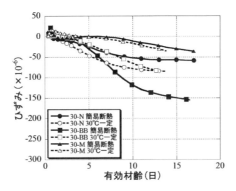

**解説図 4.7** 呼び強度 30 N/mm² のコンクリートの自己収縮ひずみの挙動[18]

　自己収縮ひずみを（4.5）式によって予測する場合，（解 4.6）式～（解 4.8）式および解説表 4.6 から求めてよい．また，自己収縮ひずみの進行特性を表す関数である（解 4.8）式は，セメントの種類に応じて（解 4.9）式～（解 4.11）式および解説表 4.7 により求めてよい．これらの推定式は，宮澤により提案され，（公社）日本コンクリート工学会において採用されているものであり，各種ポルトランドセメント（普通，中庸熱，低熱，早強）および混合セメント（高炉セメントＢ種，フライアッシュセメントＢ種）を用いた水セメント比が 30～50 ％のコンクリートの試験結果に基づき定式化されたものである[13),19)]．試験に用いたコンクリートの単位水量やスランプは，建築

**解説表 4.6** セメントの種類が自己収縮ひずみの終局値に及ぼす影響を表す係数 $\xi_c$[13]

| セメントの種類 | $\xi_c$ |
|---|---|
| 普通ポルトランドセメント | 1.00 |
| 中庸熱ポルトランドセメント | 0.50 |
| 低熱ポルトランドセメント | 0.40 |
| 早強ポルトランドセメント | 1.20 |
| 高炉セメントＢ種 | 1.00 |
| フライアッシュセメントＢ種 | 1.00 |

— 66 — マスコンクリートの温度ひび割れ制御設計・施工指針　解説

工事で一般的に用いられる調合とはやや異なるものの，解説図 4.8 に示すように，同一水セメント比であれば，単位水量の違いが自己収縮ひずみに及ぼす影響はそれほど大きくない．このことから，本指針においても同推定式を適用してよいこととした．なお，解説表 4.6 に示されていないセメントや混和材を使用する場合，収縮低減剤等の化学混和剤を使用する場合は，実験または信頼できる資料により自己収縮ひずみを求めるのがよい．

（ⅰ）自己収縮ひずみの終局値

［普通ポルトランドセメント，中庸熱ポルトランドセメント，低熱ポルトランドセメント，早強ポルトランドセメント，フライアッシュセメントB種］

$$\varepsilon_{as,\infty}=3070\times\exp\{-7.2(W/C)\}+50\times[1-\exp\{-1.2\times10^{-6}\times(T_{max}-20)^{4}\}]$$
$$(20℃\leqq T_{max}\leqq70℃)\tag{解 4.6}$$

［高炉セメントB種］

$$\varepsilon_{as,\infty}=2350\times\exp\{-5.8(W/C)\}+80\times[1-\exp\{-1.2\times10^{-6}\times(T_{max}-20)^{4}\}]$$
$$(20℃\leqq T_{max}\leqq70℃)\tag{解 4.7}$$

（ⅱ）自己収縮ひずみの進行特性を表す係数

$$\gamma_{as}(t_{e})=1-\exp\{-a_{as}(t_{e}-t_{e,set})^{b_{as}}\}\tag{解 4.8}$$

［普通ポルトランドセメント，中庸熱ポルトランドセメント，早強ポルトランドセメント，フライアッシュセメントB種］

$$a_{as}=3.7\times\exp\{-6.8\times(W/C)\}\qquad b_{as}=0.25\times\exp\{2.5\times(W/C)\}\tag{解 4.9}$$

［低熱ポルトランドセメント］

$$a_{as}=2.4\times\exp\{-6.5\times(W/C)\}\qquad b_{as}=0.12\times\exp\{2.7\times(W/C)\}\tag{解 4.10}$$

［高炉セメントB種］

$$a_{as}=3.7\times\exp\{-6.8\times(W/C)\}\times(0.06T_{max}-0.20)\tag{解 4.11}$$
$$b_{as}=0.25\times\exp\{2.5\times(W/C)\}\times(-0.0075T_{max}+1.15)$$

ここに，$W/C$：水セメント比

$T_{max}$：コンクリートの最高温度（℃）

$t_{e,set}$：解説表 4.7 に示される凝結の始発（有効材齢（日））

**解説表 4.7**　凝結の始発[13]

| セメントの種類 | 凝結の始発（有効材齢（日））$t_{e,set}$ |
|---|---|
| 普通ポルトランドセメント | 0.30 |
| 中庸熱ポルトランドセメント | 0.30 |
| 低熱ポルトランドセメント | 0.35 |
| 早強ポルトランドセメント | 0.20 |
| 高炉セメントB種 | 0.30 |
| フライアッシュセメントB種 | 0.30 |

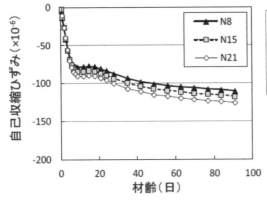

**解説図 4.8** 単位水量が自己収縮ひずみに及ぼす影響[20]

通常，コンクリートと鉄筋の線膨張係数は近い値を示すので，温度応力解析上鉄筋の影響は無視しうるほど小さいとされる．しかしながら，自己収縮が大きい場合，乾燥収縮が生じる表面部分に関する解析に関しては鉄筋の拘束を無視できなくなることに留意する必要がある．また，コンクリートの線膨張係数の制御を目的として特定の骨材を用いた場合にも，線膨張係数の違いがひび割れ発生に影響を及ぼす場合があるので，注意が必要である．

c．膨張材を用いたコンクリートの膨張ひずみは，実験等によらない場合，解（4.12）式および解説表 4.8 を用いて予測してよい．解（4.12）式は，（公社）日本コンクリート工学会より，JIS A 6202 に規定されている 20 型の膨張材を標準的な使用量で混和した膨張コンクリートの膨張ひずみの予測式として提案されたものである[13]．解説表 4.8 に示された係数は，JIS A 6202「コンクリート用膨張材」，附属書 B（膨張コンクリートの拘束膨張及び収縮試験方法）により測定した一軸拘束膨張試験に基づき，材齢 7 日の膨張ひずみに対する 95 ％信頼限界（正規分布）の下限値を $\varepsilon_{ex,\infty}$ として最小二乗法により求めたものである．厳密なモデルに基づく解析を行う場合は精度が低下する可能性があるが，一般的なマスコンクリート構造物の鉄筋量，地盤・部材からの拘束の範囲においては，工学的に妥当な結果が得られることが確認されている．なお，これらは水中養生した試験体のデータに基づいて導かれているため，計算される膨張ひずみは，自己収縮ひずみと重ね合わせて用いることが前提となる．

膨張材の種類，膨張材の単位量が異なる場合には，JIS A 6202 附属書 B 等の実験により，膨張材の単位量と膨張ひずみの関係を整理したうえで，膨張ひずみの終局値，膨張ひずみの進行特性に及ぼす影響を表す係数などを適宜補正するとよい．また，膨張材を解説表 4.8 に示されていないセメントと組み合わせる場合は，実験または信頼できる資料によって定めるのがよい．なお，フライアッシュを用いた膨張コンクリートの膨張ひずみは，フライアッシュを用いない場合よりも大きくなる傾向[21]が報告されている．

$$\varepsilon_{ex}(t_e) = \varepsilon_{ex,\infty}\left[1 - \exp\left\{-\alpha_{ex}(t_e - t_{ex,0})^{\beta_{ex}}\right\}\right] \tag{解 4.12}$$

ここに，$\varepsilon_{ex}(t_e)$：有効材齢 $t_e$ における膨張ひずみ（×10⁻⁶）

$\varepsilon_{ex,\infty}$：膨張ひずみの終局値（×10⁻⁶）

$\alpha_{ex}, \beta_{ex}$：セメントの種類が膨張ひずみの進行特性に及ぼす影響を表す係数

$t_{ex,0}$：膨張の発現が開始した時点の有効材齢（日）

**解説表 4.8　膨張ひずみの近似式の各係数**[13]

| セメントの種類 | $\varepsilon_{ex,\infty}$ | $\alpha_{ex}$ | $\beta_{ex}$ | $t_{ex,0}$ |
|---|---|---|---|---|
| 普通ポルトランドセメント | 150 | 0.69 | 1.11 | 0.30 |
| 中庸熱ポルトランドセメント | 175 | 0.64 | 1.13 | 0.30 |
| 低熱ポルトランドセメント | 190 | 0.30 | 2.36 | 0.35 |
| 早強ポルトランドセメント | 160 | 0.62 | 1.79 | 0.20 |
| 高炉セメントB種 | 145 | 0.27 | 1.53 | 0.30 |

## 4.6　部材応力の予測

a．部材に生じる応力は，対象部材のひずみの予測結果に基づき，境界条件，変形の適合条件および力の釣合い条件を満足する手法により予測する．

b．コンクリートの力学的物性値

（1）材齢

応力予測では，コンクリートの強度発現に関して，温度の影響を等価な材齢に換算する（4.6）式により評価するか，あるいは試験または信頼のできる資料に基づき評価することとする．

$$t_e = \sum_{i=1}^{n} \Delta t_i \exp\left[13.65 - \frac{4000}{273 + T(\Delta t_i)/T_n}\right] \tag{4.6}$$

ここに，　　$t_e$：有効材齢（日）

　　　　　$\Delta t_i$：材齢 $t_i$ における温度 $T$ が継続する期間（日）

　　　$T(\Delta t_i)$：材齢 $t_i$ における区間 $\Delta t$ の間継続するコンクリート温度（℃）

　　　　　$T_n$：温度を無次元化する値で1℃

（2）圧縮強度

圧縮強度の発現は，（4.7）式によって予測するか，あるいは試験または信頼のできる資料に基づき予測することとする．

$$f_c(t_e) = \exp\left\{s\left[1 - \left(\frac{28}{(t_e - s_f)/t_n}\right)^{1/2}\right]\right\} \cdot f_{c28} \tag{4.7}$$

ここに，　$f_c(t_e)$：コンクリートの圧縮強度（N/mm²）

　　　　　$t_e$：コンクリートの有効材齢（日）

　　　　　$t_n$：時間を無次元化する値で1日

　　　　　$f_{c28}$：コンクリートの28日圧縮強度（N/mm²）

　　　　　$s$：セメント種類に関わる定数

　　　　　$s_f$：硬化原点のための補正項（日）

（3）ヤング係数

コンクリートのヤング係数は，（4.8）式によって予測するか，あるいは試験または信頼のできる資料に基づき予測することとする．

$$E(t_e) = 3.35 \times 10^4 \times k_1 \times k_2 \times \left(\frac{\gamma}{2.4}\right)^2 \times \left(\frac{f_c(t_e)}{60}\right)^{1/3} \tag{4.8}$$

ここに，　$E(t_e)$：コンクリートのヤング係数（N/mm²）

**表 4.4** $s$ と $s_f$ 値

| セメントの種類 | $s$ の値 | $s_f$ の値 |
|---|---|---|
| 普通ポルトランドセメント | 0.31 | 0.5 |
| 中庸熱ポルトランドセメント | 0.60 | 0 |
| 低熱ポルトランドセメント | 1.06 | 0 |
| 早強ポルトランドセメント | 0.21 | 0 |
| 高炉セメント B 種 | 0.54 | 0 |
| フライアッシュセメント B 種 | 0.40 | 0 |

$t_e$：コンクリートの有効材齢（日）

$\gamma$：コンクリートの気乾単位容積質量（t/m³）

$f_c(t)$：コンクリートの圧縮強度（N/mm²）

$k_1, k_2$：骨材，混和材による係数

$k_1=0.95$：石英片岩砕石，安山岩砕石，玉石砕石，玄武岩砕石，粘板岩砕石

$=1.2$：石灰岩砕石，か焼ボーキサイト

$=1.0$：その他の粗骨材

$k_2=0.95$：シリカフューム，フライアッシュ起源微粉末

$=1.1$：フライアッシュ

$=1.0$：混和材を使用しない場合

（4）ポアソン比

コンクリートのポアソン比は，0.2 を用いるか，あるいは試験または信頼のできる資料に基づき予測することとする.

（5）クリープひずみ

コンクリートのクリープひずみは（4.9）～（4.12）式によるクリープ係数を用いて予測するか，あるいは試験または信頼のできる資料に基づき予測することとする.

$$\phi(t_e, t_l) = \beta_{CR} \cdot \phi_0 \times \left[ \frac{(t_e - t_l)/t_n}{\beta_h + (t_e - t_l)/t_n} \right]^{0.3} \tag{4.9}$$

$$\phi_0 = 1.05 \cdot (E_c(t_l)/E_{c28})^{-1.04} \tag{4.10}$$

$$\beta_h = c \cdot (E_c(t_l)/E_{c28})^4 + 7.6 \tag{4.11}$$

$$c = 117 - 1.11 f_{c28} \tag{4.12}$$

ここに，　$\phi(t_e, t_l)$：材齢 28 日のヤング係数を基準とした載荷時材齢を考慮したクリープ係数

$\phi_0$：クリープ係数の終局値

$\beta_{CR}$：混和材によるクリープ係数の終局値に及ぼす影響を表す係数

（高炉セメント B 種　0.8，その他　1.0）

$\beta_h$：クリープの進行速度を表す係数

$t_l$：載荷時有効材齢（日）

$t_e$：有効材齢（日）

$t_n$：材齢を無次元化する値で 1 日

$f_{c28}$：有効材齢 28 日の圧縮強度（N/mm²）

$E_{c28}$：有効材齢 28 日のヤング率（N/mm²）

$E_c(t_l)$：載荷時材齢 $t_l$ 日におけるヤング率（N/mm²）

c．地盤の力学的特性値

　地盤の力学的特性値は，表4.5に示す値によるか，実験または信頼のできる資料に基づき予測する．

**表4.5　地盤の力学的特性値**

| | | N値の目安 | 剛性 (N/mm²) | 線膨張係数 (×10⁻⁶/℃) | ポアソン比 |
|---|---|---|---|---|---|
| 地盤 | 軟弱 (粘性土，杭基礎) | 0～20 | 50 | 10 | 0.35 |
| | 普通 (砂質土，礫地盤への直接基礎) | 50以上 | 500 | 10 | 0.30 |
| | 岩盤 (土丹，軟岩) | — | 5 000 | 10 | 0.25 |

　a．応力予測では，変位の適合条件と力の釣合い条件を満たさなくてはならず，これらを同時に満足する解を得るために有限要素法を用いるのが一般的であるが，その他の実績や信頼のある手法を用いてもよい．その際，目標とする精度や予測対象となるひび割れ発生のメカニズムなどを考慮する必要がある．

　有限要素法を用いる場合には，対象モデルの離散化の程度，解析領域，選択した材料の物性値によって解が異なることがあるので，過去の適用事例を参考とするなどの事前検討を行う必要がある．また，形状が矩形な場合や対称部材においては，境界条件を考慮し，変位が0となる対称面を拘束面として設定し，対象部位を簡略化したモデルにより解析をしてもよい．複雑な形状の場合は，実構造物に近いモデルにより解析するのがよい．

　解析上の境界条件および拘束体の考慮すべき範囲が適切でない場合には，対象部材中の応力精度が著しく損なわれる場合があるため，拘束体となる地盤に関しては，解析期間中，拘束体内に生じる応力発生が無視しうる範囲とし，解析後に確認する必要がある．ただし，日変動などの温度変化を考慮した場合には，少なからず地盤の中にも応力が発生するので，解析状況に配慮した判断が必要となることに留意する．

　地盤の大きさは，解析対象となる部材の剛性と体積，地盤の剛性と体積によって相対的に決定されるものであるから，定量的指標を示すことはできないが，経験的に解析対象構造物の3倍程度の寸法があれば十分であるといわれている．この大きさの地盤であれば，温度解析による温度分布に関しても影響が小さいと考えてよい．

　b．（1）　マスコンクリートの温度応力解析においては，硬化過程におけるコンクリートを対象とする．そのため，圧縮強度，引張強度，ヤング係数は時々刻々と変化しているものとして評価する必要がある．さらに，セメントの化学反応速度は温度依存性を持つため，発熱性状によってコンクリートの強度発現は，部材の中でもまちまちとなる．これらを評価するためには，温度の影響を材齢に換算する有効材齢，マチュリティ，積算材齢などの考え方があるが，本指針では，有効材齢によって評価することとした．

　（2）　圧縮強度の発現は，「収縮ひび割れ指針（案）」にも示されるCEB-FIP1990式を基に，初

期の強度発現の適合性を高めた（4.7）式によるとよい．参考までに，各種のセメントについて国内の実験データとの適合性を検証した結果を解説図4.9（a）および同図4.9（c）～（f）に示す．本式の適用範囲は，おおよそ水セメント比0.4～0.6である．フライアッシュセメントB種を除くセメントの式中の係数sは「収縮ひび割れ指針（案）」におけるものと同一である．フライアッシュセメントB種については，既往の実験データ[22)～25)]を基に，新たに係数sを追加した．普通ポルトランドセメントを用いた場合のみ，初期の強度発現の適合性を高めるために，便宜的に$s_f=0.5$としている〔表4.4参照〕．$s_f=0$とした場合の強度発現を解説図4.9（b）に示すが，$s_f$の値は主に材齢7日までの発現にのみ影響するものであり，それ以降の材齢には大きな影響は及ぼさない．ここに示されていない材料を用いたコンクリートの場合は，実験により強度と温度の影響を等価な

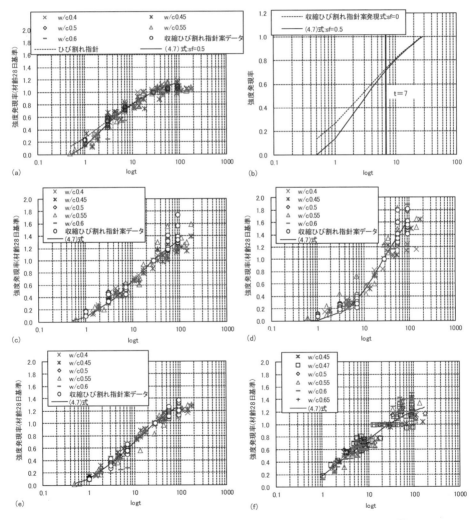

(a) 普通ポルトランドセメント，(b) 普通ポルトランドセメントにおける$s_f$の影響
(c) 中庸熱ポルトランドセメント，(d) 低熱ポルトランドセメント，(e) 高炉セメントB種
(f) フライアッシュセメントB種

**解説図 4.9** コンクリートの圧縮強度の発現

材齢で評価した関係式に基づき評価する必要がある．$f_{c28}$は，実験により求めるか，もしくは使用するレディーミクストコンクリート工場の過去の実績から定めるとよい．

（3） コンクリートのヤング係数は，あらかじめ材齢および温度の影響を考慮した式を用いる必要がある．一般的には，コンクリートのヤング係数が圧縮強度と高い相関を持つことを利用し，温度および材齢の影響を考慮して圧縮強度を評価し，その圧縮強度から圧縮強度―ヤング係数関係式によってヤング係数を評価することが一般的である．解説図4.10は，材齢1日未満の実験結果も含む圧縮強度・ヤング係数関係であり，図中には（4.8）式と従来用いられてきた本会「鉄筋コンクリート構造計算規準・同解説（1991）」（以下，RC規準1991という）による（解4.13）式を記載している．いずれも，材齢によらず圧縮強度とヤング係数の関係を良好に評価可能であるが，特に若材齢を評価する場合には，（4.8）式の方が良好である．

なお（4.8）式において高炉セメントB種を用いた場合，本指針の強度の範囲では，コンクリートのヤング係数は普通ポルトランドセメントを用いた場合とほとんど変わらないので，$k_2=1.0$とした．

$$E(t)=2.1\times10^4\times\left(\frac{\gamma}{2.3}\right)^{1.5}\times\left(\frac{f_c(t)}{20}\right)^{0.5} \qquad (\text{解}4.13)$$

ここに，$E(t)$：コンクリートのヤング係数（N/mm²）

　　　　　$t$：コンクリートの材齢（日）

　　　　　$\gamma$：コンクリートの気乾単位容積質量（t/m³）

　　　　$f_c(t)$：コンクリートの圧縮強度（N/mm²）

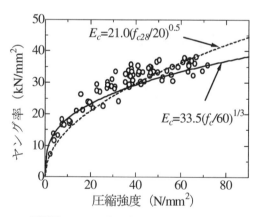

**解説図4.10** 圧縮強度とヤング係数の関係

（4） コンクリートのポアソン比は一般に0.18～0.21の値であり，0.2を代表値として用いてよい．

（5） コンクリートは，持続載荷によってひずみが経時的に増大するクリープ現象，あるいは強制変位中に応力が緩和するリラクセーション現象を生じる．特に硬化が十分でない若材齢時のクリープひずみは大きく，十分硬化したコンクリートのクリープ係数が1.0～2.0程度であるのに対して，材齢1日未満では10以上にもなることがある[26]．クリープひずみは，応力解析において大き

な影響を持ち，解析精度の向上において重要な要因である．

解析にあたり，載荷時材齢の影響を考慮したクリープ係数は，材齢28日のヤング係数に対する載荷時のヤング係数の比（ヤング係数比）によって，最終クリープ係数とクリープの進行速度について整理した（4.9）〜（4.12）式により評価するとよい．解説図4.11に，コンクリートの実験値から整理した最終クリープ係数とヤング係数比，およびクリープ進行速度の係数とヤング係数比の結果と（4.9）〜（4.12）式による計算値と比較して示す．これらの値は，過去に行われた水結合材比23〜55％のデータに基づいており，材齢に関しては有効材齢で評価することが経験的に認められている．しかし，新しい混和材を用いたコンクリートで結合材の水和反応速度が大きく変化する場合には，クリープの進行速度や最終クリープ係数が変化すると考えられるので，実験により確認することが望ましい．

（4.9）〜（4.12）式は普通ポルトランドセメントを用いたコンクリートを対象としたものであるが，高炉セメントを用いた場合のコンクリートのクリープ係数は小さくなる傾向にある[27]．解説図4.12に示すように，高炉セメントを用いた場合のコンクリートのクリープ係数は普通ポルトランドセメントを用いたコンクリートの0.6〜0.9倍程度となっており，平均的には0.8倍程度と評価される．関連した情報を付11に示す．このことから高炉セメントを用いた場合は，（4.9）〜（4.12）式によって算定された値に0.8を乗じたものをクリープ係数として用いることとした．

なお，「収縮ひび割れ指針（案）」に示されているクリープ式は，部材全体の挙動を推定する目的で部材単位に適用することを目的としたものであるため，使用目的，背景となるデータが異なる点に注意が必要である．（4.9）〜（4.12）式は，有限要素法解析上の1要素の大きさに対応した，比較的小さい部材単位で，内部に応力分布がない場合に用いることを目的としている．

クリープポアソン比に関しては，データも少ないうえに値を変化させた解析を行っても解析に大きな影響を与えないことから，常に一定としてもよい．

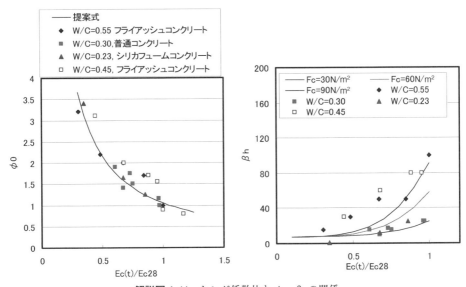

**解説図 4.11** ヤング係数比と $\phi_0$，$\beta_h$ の関係
（実験データは，文献[28]〜[30]のものを用いた．）

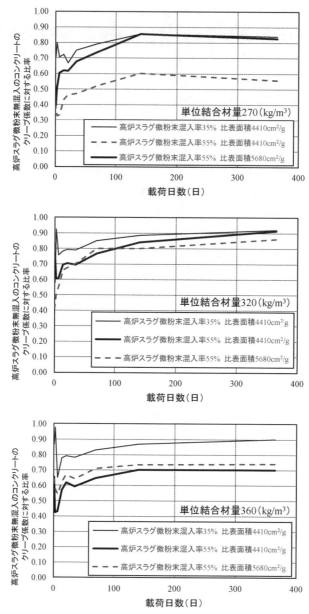

**解説図 4.12** 高炉セメントを用いたコンクリートのクリープ[30]を基に作成

c. 一般的な構造物の直接基礎は，通常，敷砂利（または割りぐり）・捨てコンクリートの上に構築される．したがって，地盤と基礎の間に敷砂利の層が介在する．加えて，掘削時に地盤をある程度乱すため，その表面は掘削前の状態よりゆるんだ状態となる．そのために，敷砂利・捨てコンクリートの地業が仮にない場合でも，地盤が基礎あるいは上部構造を拘束する度合いは，岩着に比べればはるかに小さい．

また，杭基礎は上部構造の荷重を杭が下方にある支持地盤に伝える形式の基礎であり，地盤が基礎あるいは上部構造を拘束する度合いは，岩着に比べると極めて小さい．以上のことを踏まえ，軟

弱地盤および杭基礎に関しては、ヤング係数 50 N/mm² を代表値に定めた.

普通地盤は直接基礎を想定しており、また、岩盤は岩着までは想定しておらず、掘削時に地盤がある程度乱れて、その表面が掘削前の状態よりゆるんだ状態を想定している. 応力強度比を予測する場合には、地盤剛性を設定する必要がある. 事前の地盤調査によって地盤剛性が把握できている場合はその値を使用すればよいが、一般的には地盤剛性まで調査することは極めて少ない. したがって、事前の地盤調査で一般的に実施する貫入抵抗試験のＮ値から地盤剛性（ヤング係数）を推定する方法が一つの手段となる. Ｎ値から地盤剛性を推定する式として、本会「建築基礎構造設計指針」に地盤の剛性（ヤング係数）$E_s=2.8 \times N$ 値（N/mm²）が示されている. ただし、通常Ｎ値は 50 までであるので、それ以上の場合は推測するしかない. 直接基礎などでＮ値が 50 以上の場合でヤング係数を推測できない場合は、500 N/mm² に設定してよいものとする. 解説図 4.13 は、背景となったＮ値とヤング係数の関係である.

また、人工地盤や地盤改良は、地盤剛性が通常の地盤に比べて大きくなるので、応力強度比に及ぼす影響が大きい. そのため、人工地盤や地盤改良の剛性は正確に把握して評価する必要がある.

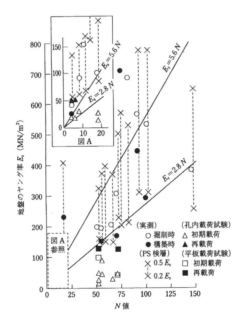

**解説図 4.13** 地盤の剛性（ヤング率）とＮ値の関係[31]

## 4.7 応力強度比の予測

a. 応力強度比 $\eta(t_e)$ は、(4.13) 式により予測する.

$$\eta(t_e) = \frac{\sigma_{st}(t_e)}{f_{cr}(t_e)} \tag{4.13}$$

ここに、　　$t_e$：コンクリートの有効材齢

$\eta(t_e)$：有効材齢 $t_e$ における応力強度比

$\sigma_{st}(t_e)$：有効材齢 $t_e$ における温度応力の予測値（N/mm²）

$f_{cr}(t_e)$：有効材齢 $t_e$ における温度ひび割れ発生強度（N/mm²）

b．温度ひび割れ発生強度 $f_{cr}(t_e)$ は，ひび割れが発生する有効材齢 $t_e$ におけるコンクリートの割裂引張強度 $f_t(t_e)$ にひび割れ発生低減係数 $\kappa$ を乗じた値とし，(4.14) 式により予測する．ひび割れ発生低減係数 $\kappa$ は 1.0 を標準とし，その他信頼できる資料または実験に基づいた値を採用する．

$$f_{cr}(t_e)＝f_t(t_e)\times\kappa \tag{4.14}$$

ここに，　$f_t(t_e)$：材齢 $t_e$ における割裂引張強度（N/mm²）

　　　　　　$\kappa$：ひび割れ発生低減係数．1.0 を標準とする．

c．割裂引張強度 $f_t(t_e)$ は (4.15) 式，または信頼できる資料または実験により予測する．

$$f_t(t_e)＝0.18\cdot f_c(t_e)^{0.75} \tag{4.15}$$

ここに，　　$t_e$：有効材齢

　　　　　　$f_c(t_e)$：有効材齢 $t_e$ における圧縮強度（N/mm²）

　a．本指針では，セメントの水和に伴う体積変化が拘束されることより生じる引張応力が，温度ひび割れ発生強度に達した時点でひび割れが発生するとし，両者の比である応力強度比をマスコンクリート部材にひび割れが発生するか否かの判断指標として採用した．「収縮ひび割れ指針（案）」でも，基本的に同じ考え方が採用されている[32]．

　b．温度ひび割れ発生強度 $f_{cr}(t_e)$ は，拘束応力が割裂引張強度 $f_t(t_e)$ に対してある一定割合に達した時，ひび割れが発生するものと仮定し，その割合をひび割れ発生低減係数 $\kappa$ として定義している．

　マスコンクリート部材が本来保有する引張強度は，乾燥の影響がほとんどない封かん状態下で，水和熱による熱変動を養生温度とし，時々刻々変化する．しかし，このマスコンクリート部材の引張強度発現を，部材のコア抜取り検査などで管理していくことは現実的でなく，別途の強度管理用供試体による強度試験で検査・管理していくことになる．

　ひび割れ発生低減係数 $\kappa$ は，本指針 2008 年版では $\kappa＝0.85$ としていた．その根拠としては，マスコンクリートのように大きな部材の場合供試体よりも強度の小さい領域が含まれる確率が高くなる，いわゆる寸法効果の影響をあげている．すなわち，破壊箇所が特定されない場合は，その最弱部で破壊が決まるので，強度が低くなるというものである．破壊箇所が中央部に限定されない 3 等分 2 点載荷の曲げ強度試験結果が，破壊箇所が中央部に限定される 2 等分 1 点（中央）載荷の曲げ試験結果より低くなるのは，主にこの理由によっている．しかし，マスコンクリート部材の場合，本指針で対象としている外部拘束条件下でのひび割れ箇所はスパンのほぼ中央付近に限定されるため，この影響は小さいものと思われる．したがって，今回の改定で $\kappa$ を 1.0 とすることとした．なお，今回の改定で自己収縮を全面的に取り込んでいることから，$\kappa$ を 1.0 としても，応力強度比の値は本指針 2008 年版の値と大きく異なることはない．

　c．割裂引張強度 $f_t(t_e)$ は，JIS A 1113 : 1999 により実験から求めることができる．そのほか，統計処理した経験則から推定する方法もある．経験則は，統計処理に適用される原データの状況で結果が左右され，適用範囲に不明確な場合が多い．また，マスコンクリートを対象とする場合，養生温度と強度発現の関係が重要である．現状の評価方法は，二通りに区別される．

一方は，養生温度と圧縮強度発現の関係を求め，別途，圧縮強度と引張強度の関係を得ておき，養生温度と引張強度発現を間接規定する方法である．この場合，強度発現の温度依存性は，圧縮と引張で同じ条件との仮定がある．CEB-FIP1990 モデルコードや土木学会「2002 年制定コンクリート標準示方書［施工編］」や「収縮ひび割れ指針（案）」では，引張強度発現を圧縮強度発現からの換算で規定しており，圧縮と引張で温度依存性が同じ場合，各機関で規定している関係式が適用でき，工学的意義を有する．他方は，養生温度と引張強度発現を直接規定する方法である．仮定条件が少なくなる分，部材の引張強度に近づくことになり，より合理的といえるが，その体系的な検討事例はほとんどない．そのため，ここでは，圧縮強度 $f_c(t_e)$ に基づく（4.15）式を推奨する[33),34)]．解説図 4.14 に，（4.15）式の予測状況を示す．

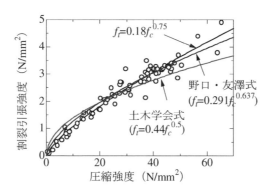

**解説図 4.14** 圧縮強度と割裂引張強度の関係[33)]

## 4.8 検　証

> 応力強度比の予測値が 2.2 で定めた設計値以下であることを確認する．予測値が設計値を超える場合には，設計上の仕様，または使用するコンクリートの材料・調合および施工法等の仕様を変更して再度検証を行う．

　本指針におけるマスコンクリートに対する性能設計の具体的な流れは，例えば，解説図 1.1 に示されている．すなわち，性能設計では，最終目的である「鉄筋コンクリート造建築物に求められる要求性能を満足すること」を達成するため，2.2 節で定めたマスコンクリートのひび割れの設計値と，試験結果または信頼できる資料および手法によって得られる予測値との比較を行い，もし，それが満足しない場合には，調合，部材の大きさ，打込み温度，施工方法等を再度検討する必要がある．性能設計の事例は限定的ではあるが，付 12 に示す．

## 4.9 仕様の確定

> 検証の結果，設計値を満足することが確認された場合には，設計上の仕様および使用するコンクリートの材料・調合および施工法等の仕様を確定する．

検証に先立って仮に設定した構造設計上の仕様や使用するコンクリートの材料・調合および施工法等の仕様が，構造体コンクリートに課せられた設計値，すなわち構造体および部材の目標性能を満足することが検証できれば，この「検証過程で仮に設定された仕様」を受入可能なものとして確定し，性能設計を完了する．

## 参考文献

1) 一瀬賢一：各種セメントを使用した高強度コンクリートの構造体コンクリート強度に関する研究，コンクリート工学年次論文集，Vol. 27, No. 1, pp. 1063-1068, 2005

2) 例えば，塚山隆一，宮地日出男：各種セメントを用いたコンクリートの温度上昇，セメント技術年報，Vol. 25, pp. 220-224, 1971

3) 岸利治，前川宏一：ポルトランドセメントの複合水和発熱モデル，土木学会論文集，No. 526/V-29, pp. 97-109, 1995.11

4) D. P. Bentz, V. Waller and F. de Larrard ： Prediction of Adiabatic Temperature Rise in Conventional and High-Performance Concrete Using a 3-D Microstructural Model, Cement and Concrete Research, Vol. 28, No. 2, pp. 285-297, 1998

5) 杉山央，荒金直樹：セメントの水和反応・組織形成モデルを用いたコンクリートの発熱シミュレーション，日本建築学会構造系論文集，No. 565, pp. 9-16, 2003.3

6) 丸山一平，野口貴文，松下哲郎：水和反応モデル（CCBM）によるポルトランドセメントを用いたコンクリートの断熱温度上昇予測，日本建築学会構造系論文集，No. 600, pp. 1-8, 2006.2

7) 丸山一平，野口貴文，佐藤良一：水熱連成解析にもとづく高強度マスコンクリート中の温度及び湿度分布の予測，日本建築学会構造系論文集，No. 609, pp. 1-8, 2006.11

8) 丸山一平，佐藤良一：マスコンクリートの温度応力解析における各種要因・物性モデルの比較検討，セメント技術大会講演要旨，Vol. 60, pp. 230-231, 2006.5

9) 土木学会：コンクリート標準示方書 施工編―2002年制定，2002

10) 下水ハンドブック編集委員会：地下水ハンドブック，建設産業調査会，1979

11) K. O. Kjellsen and R. J. Detwiler and O. E. Gjørv: Development of Microstructure in Plain Cement Pastes Hydrated at Different Temperature, Cement and Concrete Research, Vol. 21, No. 1, pp. 179-189, 1991

12) 川口徹，桝田佳寛：コンクリートの熱伝導率，熱拡散率，比熱の測定方法とその応用，マスコンクリートの温度応力発生メカニズムに関するコロキウム論文集，pp. 11-14, 1982

13) 日本コンクリート工学会：マスコンクリートのひび割れ制御指針2016, 2016

14) 川口徹：コンクリートの熱膨張係数に関する既往の研究成果について，マスコンクリートの温度応力発生メカニズムに関するコロキウム論文集，pp. 15-18, 1982

15) 小澤満津雄：コンクリートの初期応力推定に関する研究，岐阜大学学位論文，2003

16) I. Maruyama, A. Teramoto: Impact of time-dependant thermal expansion coefficient on the early-age volume change in cement pastes, Cement and Concrete Research, Vol. 41, pp. 380-391, 2011

17) 久保征則，青木茂，新村亮，原田暁：高炉セメントを用いたコンクリートの自己収縮に関する実験的検討，コンクリート工学年次論文報告集，Vol. 19, No. 1, pp. 763-768, 1997

18) 菊地俊文，小澤貴文，橋田浩：マスコンクリートの外部拘束型ひび割れ危険度の簡易評価，コンクリート工学年次論文集，Vol. 29, No. 2, pp. 205-210, 2007

19) 宮澤伸吾，佐藤良一，杉山淳司：高温履歴を受ける高炉セメントコンクリートの自己収縮予測式，コンクリート工学年次論文集，Vol. 30, No. 1, pp. 465-470, 2008

20) 大野拓也，三谷裕二，丸山一平：同一水セメント比で単位水量が異なるコンクリートの自己収縮特性，2018年度日本建築学会東海支部研究報告集，pp. 5-8, 2019.2

21) 竹下永造，長塩靖祐：フライアッシュと膨張材を併用したコンクリートの拘束膨張特性，第70回土木学

会年次学術講演会，V-492，pp. 983-984，2015
22) 国立研究開発法人 建築研究所：建築研究資料，型わくの取り外しに関する管理基準の検討，pp. 54-58，2016
23) 日本コンクリート工学会：マスコンクリートのひび割れ制御指針改訂調査委員会報告書，pp. 253-255，2014
24) 太平洋セメント株式会社：技術資料 フライアッシュを用いたコンクリート，2019
25) 宇部三菱セメント株式会社：技術資料 第6版，2012
26) 日本コンクリート工学協会：自己収縮研究委員会報告書，p. 209，1996
27) 米倉亜州夫，田中敏嗣：高炉スラグ微粉末の使用がコンクリートの乾燥収縮およびクリープに及ぼす影響，土木学会高炉スラグ微粉末のコンクリートの適用に関するシンポジウム，1987．3
28) 川口徹：マスコンクリートの若材令クリープ性状，日本建築学会大会学術講演梗概集 構造，pp. 479-480，1984.9
29) 吉岡保彦：マスコンクリート構造物における水和熱によるひび割れ防止方法に関する基礎的研究，京都大学学位論文，1985
30) H. Ito, I. Maruyama, M. Tanimura, R. Sato : Early Age Deformation and Resultant Induced Stress in Expansive High Strength Concrete, Journal of Advanced Concrete Technology, Vol. 2, No. 2, pp. 155-174, 2004
31) 日本建築学会：建築基礎構造設計指針，2001
32) 日本建築学会：鉄筋コンクリート造建築物の収縮ひび割れ制御設計・施工指針（案）・同解説，pp. 72-78，2006
33) 川口徹，神代泰道，都築正則，堀長生：マスコンクリート部材の温度応力に及ぼす影響要因に関する解析的検討その1解析的検討の概要，日本建築学会大会学術講演梗概集 材料施工，pp. 113-114，2006.9
34) 丸山一平，佐藤良一：スラブ状マスコンクリート構造物を対象とした簡易応力強度比予測式の提案，日本建築学会大会学術講演梗概集 材料施工，pp. 117-118，2006.9

# 5章　チャートによる応力強度比の予測

## 5.1　基本事項

---

　a．本章は，チャートを用いてマスコンクリートの応力強度比を推定する場合に適用する．
　b．本章は，4章性能設計における4.4～4.7を簡易に予測するために用い，本章にない事項は4章による．
　c．対象とする構造物・部材が，5.2「チャートの適用範囲」を外れる場合，マスコンクリートのひび割れ
　　対策は，4章「性能設計」により行う．
　d．応力強度比は，5.3「基本チャート」による応力強度比の推定値と，5.4「各種条件に応じた応力強度比
　　の補正」による補正値および補正係数を加味して推定する．

---

　　a．b．c．本章は，4章「性能設計」の解析に代わってチャートを用いて簡易に応力強度比を推定する方法について規定している．　一般にマスコンクリートのひび割れは，部材の形状・寸法，コンクリートの仕様，打込み計画や打込み時期など多くの条件が関わる複雑な現象であることから，精度の高い予測を行うためには，コンピュータによる解析が不可欠とされている．　しかし，解析には高価なプログラムや十分な経験を有する専門家による対応が必要になるので，諸条件が流動的な段階においては，より簡易な方法による検討が実用的である．　そこで，本章では限られた条件ではあるが，4章「性能設計」で推奨する方法で三次元有限要素法解析を行い，温度履歴および温度応力を予測した結果を基に，簡易に安全側の応力強度比が予測できるチャートを作成している．　なお，本章に記述のない条件は4章に示すものとし，5.2「チャートの適用範囲」を外れるものは4章によりマスコンクリートのひび割れ対策を行うこととする．　なお，本章のチャートは作成時に安全を見込んでいるため，必要に応じて4章による精緻な解析により再検討を行ってもよい．

　　d．応力強度比は，基本チャートから打込み温度と外気温が等しいときの応力強度比の推定値を読み取り，打込み温度と外気温の温度差に起因する応力強度比の補正値および，外気温の変化による応力強度比の補正値を温度補正チャートから読み取って，これらを加え合わせて推定する．　線膨張係数が一般的な値と異なる場合は，さらにこの推定値に線膨張係数の補正係数を乗じて推定値とする．

## 5.2　チャートの適用範囲

---

　a．対象部材は，耐圧盤などの版状部材および耐圧盤の上に打ち込まれる基礎梁などの壁状部材とする．
　b．予測する応力強度比は，最高温度に達した後に温度が降下する過程で，部材中心部付近に生じる最大値
　　とする．
　c．セメントの種類は，普通ポルトランドセメント，中庸熱ポルトランドセメント，低熱ポルトランドセメ
　　ント，高炉セメントB種およびフライアッシュセメントB種とする．
　d．単位セメント量は，$250\,kg/m^3$以上$450\,kg/m^3$以下とする．

---

e．版状部材は，部材厚 3.5 m 以下，部材長さ 40 m 以下とする．

f．壁状部材は，厚さ 1.0 m 以下の耐圧盤の上に打ち込まれるもので，高さ 4 m 以下，幅 3.5 m 以下，長さ 40 m 以下とする．

g．打込み温度は，10℃から 35℃の範囲とする．

a．対象とする部材は，大断面で温度上昇が大きくマスコンクリートの温度応力ひび割れが懸念される耐圧盤などの版状部材と，版状部材の上部に打ち込まれる基礎梁等の壁状部材の 2 種類とした．

b．マスコンクリートに生じる温度応力は，コンクリートの温度上昇中には表面部に引張応力，中心部は圧縮応力となるが，コンクリート温度が最高温度に達した後に降下する過程では表面部は圧縮応力が，中心部には大きな引張応力が生じてくる．昇温時の表面ひび割れが懸念されることもあるが，内部が圧縮状態であるため貫通ひび割れが生じることはないと考えられる．一方，降温時に部材の変形が外部から拘束されて生じる引張応力は，貫通ひび割れにつながる危険性が高い．本指針では，部材の漏水抵抗性や鉄筋腐食抵抗性に影響の大きい，貫通ひび割れの発生を抑制することに主眼を置いている．したがって，本チャートでは，最高温度に到達した後に温度が降下する過程で，部材中心部付近で最大となる応力強度比を推定の対象とした．

c～g．チャート作成のために行ったパラメトリックスタディーの概要を解説表 5.1 に示す．解析に使用した諸条件を解説表 5.2，5.3 に示す．

セメントの種類は，本指針 2008 年版においては普通ポルトランドセメント，中庸熱ポルトランドセメント，低熱ポルトランドセメントの 3 種類で，高炉セメント B 種を使用する場合は，温度上昇特性が類似の普通ポルトランドセメントと同じとして扱うこととしていた．今回の改定では，高炉セメント B 種およびフライアッシュセメント B 種を新たに加えて 5 種類とした．本改定の性能設計では自己収縮の影響を考慮することにしており，チャートの検討でもセメントの種類に応じた自己収縮の影響を考慮することとした．

単位セメント量に対する材齢 28 日圧縮強度は，コンクリートの単位水量を 175 kg/m³ と仮定し，国内主要メーカーの技術資料の圧縮強度データから平均的なセメント水比と圧縮強度の関係式を求め設定した．

解析期間は，対象部材の温度変化がほぼなくなるまでとし，版状部材では最長 6 か月，壁状部材では最長 3 か月とした．

**解説表5.1 解析パターン**

| 要因 | 水準 | |
|---|---|---|
| | 版状部材 | 壁状部材* |
| セメントの種類 | 普通ポルトランドセメント<br>中庸熱ポルトランドセメント<br>低熱ポルトランドセメント<br>高炉セメントB種<br>フライアッシュセメントB種 | 同左 |
| 単位セメント量（kg/m³） | 250, 350, 450 | 同左 |
| 部材断面（m） | 部材厚　1.0, 2.0, 3.5 | 部材厚　　1.0, 2.0, 3.5<br>部材高さ　2.5, 4.0<br>版状部材　0.5, 1.0 |
| 部材長さ（m） | 10, 25, 40 | 同左 |
| 地盤剛性（N/mm²） | 50, 500, 5 000 | 同左 |
| 打込み温度（℃） | ― | 10, 20, 30 |
| 打込み温度と外気温の温度差（℃） | ― | −5, 0, +5, +10 |
| 外気温変化（℃） | ― | 1月後 −8, −4, 0, +8 |
| 圧縮強度変化（N/mm²） | ― | −10, 0, +10 |
| 線膨張係数（×10⁻⁶/℃） | ― | 6, 10, 15（高炉セメントB種は 8, 12, 17） |

［注］ ＊ 8mスパンで壁状部材が配置されていると仮定して耐圧盤を含めてモデル化する

**解説表5.2 単位セメント量と想定水セメント比および材齢28日圧縮強度**

| 単位セメント量（kg/m³） | | 250 | 350 | 450 |
|---|---|---|---|---|
| 水セメント比（％） | | 70 | 50 | 39 |
| セメント水比 | | 1.43 | 2.00 | 2.56 |
| 圧縮強度<br>（N/mm²） | 普通ポルトランドセメント | 26 | 42 | 57 |
| | 中庸熱ポルトランドセメント | 21 | 37 | 53 |
| | 低熱ポルトランドセメント | 19 | 33 | 46 |
| | 高炉セメントB種 | 26 | 38 | 51 |
| | フライアッシュセメントB種 | 19 | 34 | 48 |

5章　チャートによる応力強度比の予測　— 83 —

**解説表5.3**　解析に使用した諸条件，諸式

| 項　目 | | 採用係数および採用式 | | | | | 備　考 |
|---|---|---|---|---|---|---|---|
| | 種　類 | 剛性<br>(N/mm²) | 密度<br>(kg/m³) | 比熱<br>(J/g℃) | 熱伝導率<br>(J/ms℃) | ポアソン比 | *1　N値の目安<br>粘性土4〜8程度<br>砂質土10〜20程度<br>*2　N値50以上 |
| 物性定数 | コンクリート | 下表 | 2 300 | 1.10 | 2.7 | 0.20 | |
| | 地盤　軟弱*1 | 50 | 1 800 | 2.60 | 1.0 | 0.35 | |
| | 普通*2 | 500 | 2 100 | 1.40 | 1.7 | 0.30 | |
| | 岩盤 | 5 000 | 2 600 | 0.80 | 3.4 | 0.25 | |
| 温度解析 | 断熱温度上昇 | $Q(t)=K(1-e^{\alpha t})$，低熱セメントは $Q(t)=K(1-e^{\alpha t^\beta})$ | | | | | (4.1) 式，(4.2) 式 |
| | 表面熱伝達境界 | 合板型枠面：7 W/m²℃（材齢7日で脱型）<br>コンクリート露出面：14 W/m²℃ | | | | | 解説表4.1 |
| | 固定温度境界熱定数 | 地中12 mの地点で15℃ | | | | | |
| 応力解析 | コンクリート　有効材齢（日） | $t_e=\sum_{i=1}^{n}\Delta t_i \exp\left[13.65-\dfrac{4\,000}{273+T(\Delta t_i)/T_n}\right]$ | | | | | (4.6) 式 |
| | 圧縮強度（N/mm²） | $f_c(t_e)=\exp\left\{s\left[1-\left(\dfrac{28}{(t_e-s_f)/t_n}\right)^{1/2}\right]\right\}\cdot f_{c28}$ | | | | | (4.7) 式 |
| | 引張強度（N/mm²） | $f_t(t_e)=0.18\cdot f_c(t_e)^{0.75}$ | | | | | (4.15) 式 |
| | ヤング係数（N/mm²） | $E(t_e)=3.35\times10^4\times k_1\times k_2\times\left(\dfrac{\gamma}{2.4}\right)^2\times\left(\dfrac{f_c(t_e)}{60}\right)^{1/3}$ | | | | | (4.8) 式<br>$k_1=k_2=1$*<br>$\gamma=2.3$ |
| | クリープ係数 | $\phi(t_e,\ t_l)=\beta_{CR}\cdot\phi_0\times\left[\dfrac{(t_e-t_l)/t_n}{\beta_H+(t_e-t_l)/t_n}\right]^{0.3}$<br>$\phi_0=1.05\cdot(E_c(t_l)/E_{c28})^{-1.04}$<br>$\beta_H=c\cdot(E_c(t_l)/E_{c28})^4+7.6$<br>$c=117-1.11f_{c28}$ | | | | | (4.9) 式〜(4.12) 式<br>高炉セメントB種<br>は0.8倍 |
| | 自己収縮（$\times10^{-6}$） | $\varepsilon_{as}(t_e)=\xi_c\cdot\varepsilon_{as}\cdot\gamma_{as}(t_e)$ | | | | | (4.5) 式 |

［注］＊　フライアッシュセメントB種は$k_2=1.1$

　マスコンクリートの温度応力に影響するパラメータは非常に多岐にわたり，すべての要因を変動させて解析を行うことは困難である．したがって，事前にFEM解析により次の①〜⑨に示す要因が応力強度比に及ぼす影響を検討し，比較的影響が少ない要因や，安全側の評価が得られる要因は，条件を固定することにした．なお，⑦，⑧，⑨以外の結果は本指針2008年版の解析方法によるものであるが，それぞれの要因が応力強度比に及ぼす影響の傾向は今回の改定でも変わらないため，そのまま載せている．

①　打込み日間隔：解説図5.1に，版状部材の打込み後から壁状部材の打込みまでの間隔を変化させたときの壁状部材中央部付近の最大応力強度比について比較して示す．両図から，打込み日間隔が短いほど応力強度比が小さい値となるが，間隔が長くなるにつれて徐々に値が大きくなることがわかる．解説図5.1 (a) によると，打込み日間隔28日の場合，打込み日間隔14

日の場合に対して応力強度比は5％大きい程度である．打込み日間隔が28日より長くなっても，応力強度比に大きな違いはなくなってくると推察されるため，本チャートの検討では，打込み日間隔は28日一定とした．

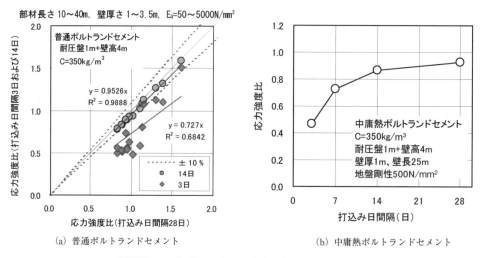

**解説図 5.1** 打込み日間隔が応力強度比に及ぼす影響

② 養生条件：解説図 5.2 に，版状部材の上部に打ち込まれる壁状部材について，側面型枠の種類および脱型時期が応力強度比に及ぼす影響を検討した結果を示す．なお，上面は，版状部材，壁状部材ともにコンクリート露出の条件としている．壁状部材の型枠の種類，脱型時期は，一般的な条件の範囲で，応力強度比に大きく影響をしていないことがわかる．したがって，本チャートの検討では合板型枠を使用し，養生期間は7日間一定とした．

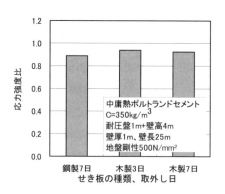

**解説図 5.2** 脱型時期が応力強度比に及ぼす影響

③ 壁状部材を拘束する耐圧盤の部材厚（高さ）および壁状部材高さ：解説図 5.3 (a) に，壁状部材を拘束する耐圧盤の部材厚が1mの場合と部材厚0.5，1.5mの場合について，最大応力強度比を比較して示す．拘束体である耐圧盤の部材厚が0.5mの場合は，やや応力強度比

が小さくなり，耐圧盤厚さ1.5 mでは，1 mの場合と同等の応力強度比となっている．

解説図5.3（b）に，部材厚1 mの耐圧盤上に高さ4 mの壁状部材が打ち込まれる場合と，同じ厚さ1 mの耐圧盤上に高さ2.5 mの壁状部材が打ち込まれた場合および部材厚0.5 mの耐圧盤上に高さ4 mの壁状部材が打ち込まれた場合の応力強度比を比較して示す．1 mの耐圧盤上に高さ4 mの壁状部材を打ち込む場合に対し，耐圧盤の部材厚0.5 mの場合は応力強度比がやや小さい傾向で，壁状部材の高さが2.5 mの場合は応力強度比が10〜20 ％程度大きくなっている．

このように，部材断面は応力強度比の値に影響するため，壁状部材のチャートの作成においては無視できない要因となっていることから，壁状部材のチャートでは，耐圧盤の部材厚を0.5 mおよび1.0 m，壁状部材の高さを2.5 mおよび4 mの形状に対してパラメトリックスタディーを行い，チャートを作成した．

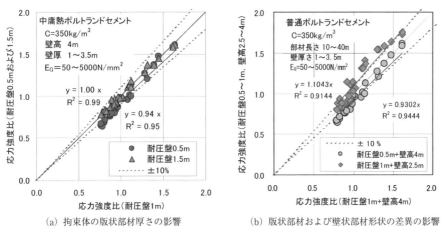

**解説図5.3** 部材形状が応力強度比に及ぼす影響

④ コンクリート強度：解説図5.4に，同一セメント量で圧縮強度が異なる場合について，最大の応力強度比を比較した結果を示す．基準とした強度42 N/mm$^2$に対して±10 N/mm$^2$（±24 ％）圧縮強度が変化したときに，応力強度比は±10 ％程度の違いとなった．仮に，単位セメント量450 kg/m$^3$に対し，チャート用解析で仮定した単位水量175 kg/m$^3$でセメント水比は2.57（水セメント比39%），応力強度比の大きくなる方向に単位水量が185 kg/m$^3$まで変化したとすると，セメント水比は2.43（水セメント比41 ％）であり，両者の圧縮強度差は5 N/mm$^2$程度以下と推測される．骨材種類等の違いによる強度差を考慮しても，今回想定した±10 N/mm$^2$の範囲内に収まるものと考えられ，圧縮強度の変動が応力強度比に及ぼす影響は比較的小さいといえる．したがって，チャート作成のための解析においては，単位セメント量に対し，圧縮強度を解説表5.2に示す一定値として検討した．

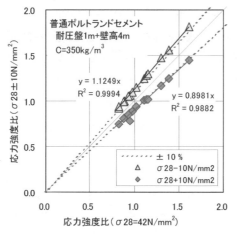

**解説図 5.4** セメント量に対応する圧縮強度の違いが応力強度比に及ぼす影響

⑤ 外気温とコンクリート打込み温度の差：外気温が同じ場合でも，コンクリートの打込み温度が異なると応力強度比は異なる．解説図5.5には，外気温が20℃一定で，打込み温度が10℃，20℃，35℃の場合における応力強度比を比較している．外気温と打込み温度が等しい20℃の場合に対し，外気温よりコンクリートの打込み温度が高いと，温度降下量が大きくなるので応力強度比も大きくなり，逆に，コンクリート打込み温度が低いと，温度降下量が小さくなるので応力強度比も小さくなる．外気温とコンクリートの打込み温度の差は，応力強度比の値に極めて大きな影響を及ぼすため，温度条件の違いを適切に評価できるようにする必要がある．しかし，打込み温度と外気温の差異をパラメータとして解析を行うと，膨大な解析数が必要となる．したがって，打込み温度と外気温が同じ条件で基本的なケーススタディーを行い，打込み温度と外気温の温度差や，外気温の温度変化の影響に関しては，別途ケーススタディーを行い，補正チャートを作成することで考慮した．

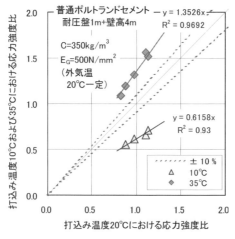

**解説図 5.5** 打込み温度が異なる場合（外気温 20℃一定）の応力強度比の比較

⑥ 打込み温度の違い：コンクリートの打込み温度が10℃，20℃，30℃の場合（外気温は打込み温度と同じ）について，最大応力強度比を比較した結果を解説図5.6に示す．単位セメント量，地盤剛性，形状を変化させたいずれのケースにおいても，10℃，30℃の場合より20℃のほうが，応力強度比が大きくなっている．20℃の検討結果を全温度域に適用すれば，安全側の評価が可能と考えられるため，チャートの作成は，打込み温度20℃の解析結果から作成することとした．

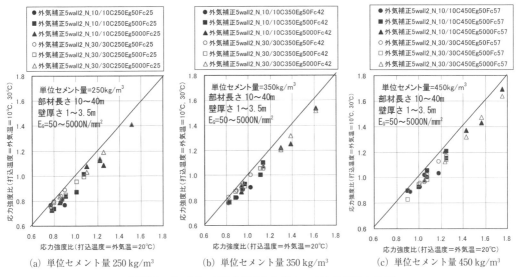

**解説図 5.6** 打込み温度が異なる場合の応力強度比の比較

⑦ 自己収縮の有無の違い：自己収縮を考慮した場合と考慮しない場合について，セメント種類ごとに応力強度比を比較した結果を解説図5.7に示す．条件によっても異なるが，普通ポルトランドセメント，高炉セメントB種，フライアッシュセメントB種は，応力強度比が3割程度大きくなっており，その影響は大きい．

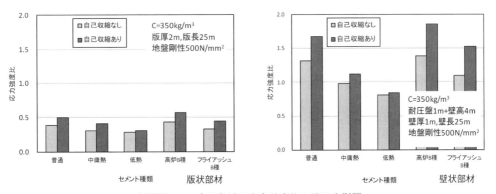

**解説図 5.7** 自己収縮が応力強度比に及ぼす影響

⑧ 線膨張係数の違い：コンクリートの線膨張係数は，粗骨材の種類や量の違いなどにより異なる．温度応力の要因である温度ひずみは温度に線膨張係数を乗じて得られることから，線膨張係数が応力強度比に与える影響は大きい．コンクリートの線膨張係数が 6，10，15（×10⁻⁶/℃）の場合について，最大応力強度比を比較した結果を解説図 5.8 に示す．線膨張係数が大きいほど応力強度比も大きくなる傾向にあり，その比率も概ね一定である．そのため，線膨張係数が 10（×10⁻⁶/℃）の場合を基準として応力強度比を求め，最後に線膨張係数に応じた補正係数を乗じることで補正することとした．

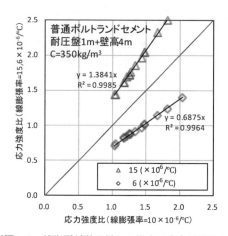

解説図 5.8　線膨張係数が異なる場合の応力強度比の比較

⑨ クリープ係数の違い：高炉セメント B 種は，他のセメントに比べてクリープ係数が小さい可能性が報告されている[2]．クリープ係数を 0.8 倍にした場合について，最大応力強度比を比較した結果を解説図 5.9 に示す．影響はそれほど大きくないが，クリープ係数が小さくなると応力強度比は大きくなる傾向にある．

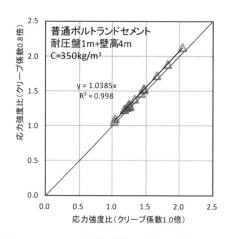

解説図 5.9　クリープ係数が異なる場合の応力強度比の比較

## 5.3 基本チャート

a．版状部材の最大応力強度比は，セメントの種類ごとに図5.1～5.5のチャートを用い，単位セメント量，部材形状，地盤およびコンクリートの剛性を仮定して求める．なお，打込み温度と外気温とが異なる場合や，外気温が変化する場合，コンクリートの線膨張係数が異なる場合には，5.4によって補正する．

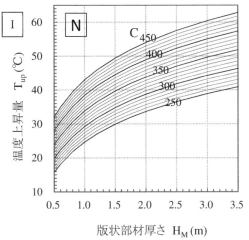

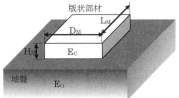

| 記 号 | |
|---|---|
| 単位セメント量(kg/m³) | $C$ |
| 形状 部材幅(m) | $D_M$ |
| 形状 部材厚さ(高さ)(m) | $H_M$ |
| 形状 部材長さ(m) | $L_M$ |
| 形状 長さ高さ比 | $L_M/H_M$ |
| コンクリートヤング係数(28日) | $E_C$ |
| 地盤剛性(N/mm²) | $E_G$ |

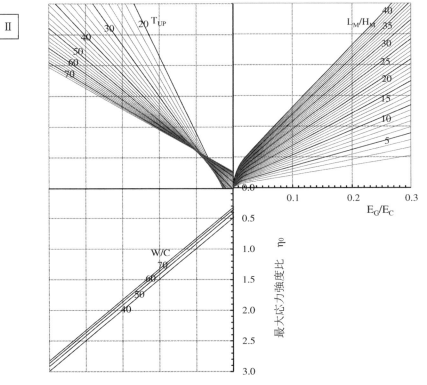

**図5.1** 版状部材の基本チャート（普通ポルトランドセメント）

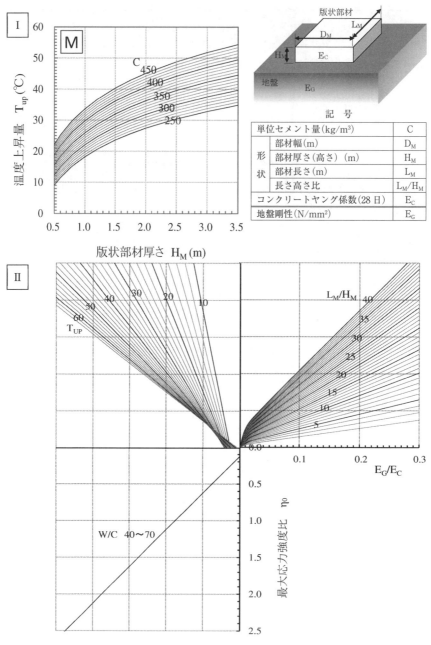

図 5.2 版状部材の基本チャート（中庸熱ポルトランドセメント）

5章 チャートによる応力強度比の予測 — 91 —

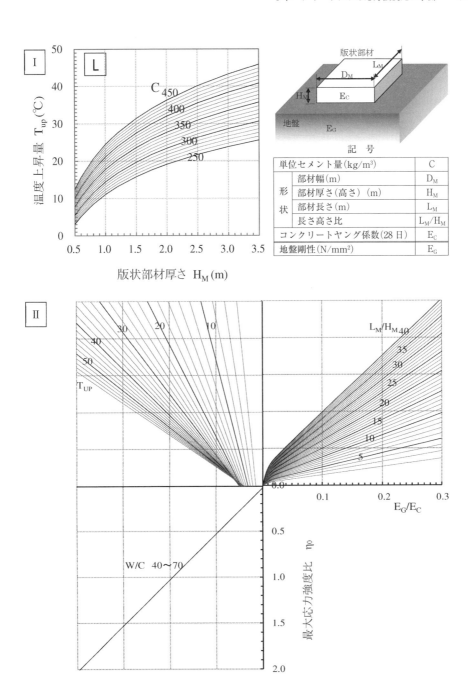

図 5.3 版状部材の基本チャート（低熱ポルトランドセメント）

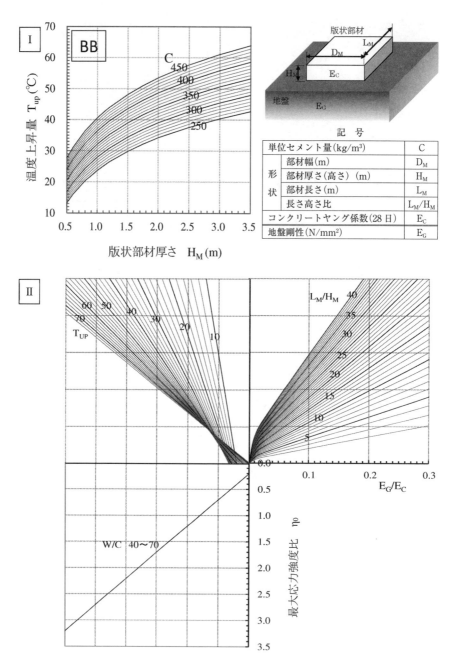

**図5.4 版状部材の基本チャート（高炉セメントB種）**

5章 チャートによる応力強度比の予測 — 93 —

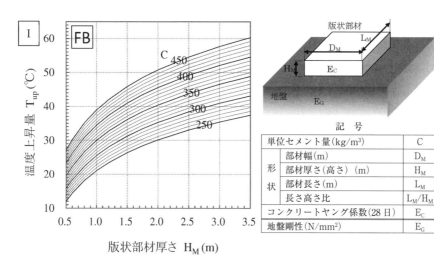

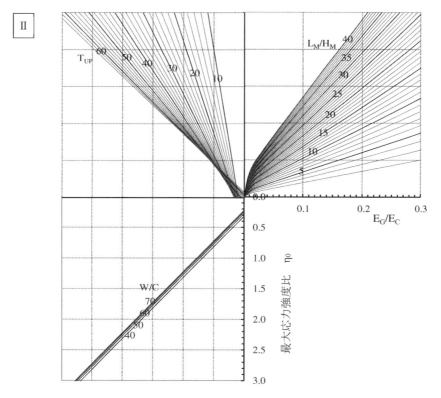

図 5.5 版状部材の基本チャート（フライアッシュセメント B 種）

a．チャートは，前述5.2の方法・条件で行った三次元FEM解析から得られた版状部材405ケース（81ケース×セメント5種類）の解析結果を基に作成している．チャートでは，解説図5.10に示す条件に応じて，まず，解析による部材中央部付近の最大の温度上昇量を重回帰式で推定し，この推定した温度上昇量と拘束体と被拘束体の形状，力学特性を基に，部材中央部付近の最大応力強度比を重回帰式で推定している．チャートの読取り値は，重回帰式での推定値に安全側の評価が得られるよう調整値を加えた値になっている．解説図5.11に最大温度上昇量について，解析値とチャート読取り値を比較して示す．最大温度上昇量が精度良く推定できていることがわかる．解説図5.12に，最大応力強度比の解析値とチャートの読取り値を比較して示す．同図から，いずれのセメント種類においても，安全側の推定が可能となっていることがわかる．チャート作成のための解析結果およびチャートの導出方法の詳細については，付14，付16を参照されたい．

なお，セメントの種類のうち，中庸熱ポルトランドセメント，低熱ポルトランドセメントおよび高炉セメントB種については，水セメント比$W/C$の項の偏回帰係数が小さく，水セメント比の影響が小さい結果となっている．チャートで狭い範囲に複数ラインを引いても判別が難しいことから，全ての水セメント比で共通のラインとしている．

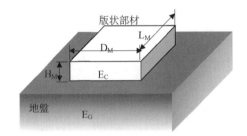

**解説図5.10** チャートにおける版状部材の変数（記号）

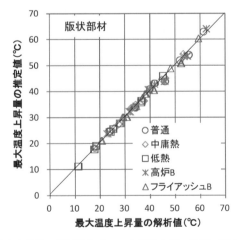

**解説図5.11** 最大温度上昇量の解析値とチャート読取り値の比較（版状部材　中央部付近）

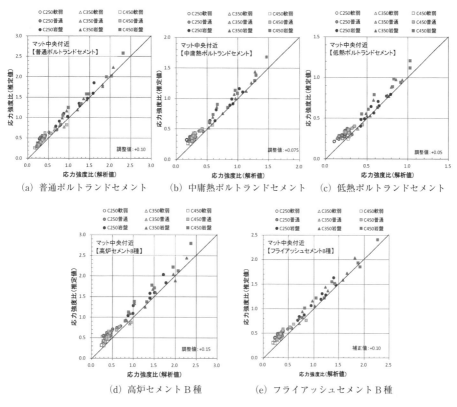

**解説図 5.12** 最大応力強度比の解析値とチャート読取り値の比較（版状部材 中心付近）

　版状部材用のチャートは，温度上昇量を求める I 図と，最大応力強度比を求める II 図で構成されており，まず，I 図から部材厚さ（高さ）$H_M$ と単位セメント量 $C$ から，温度上昇量 $T_{up}$ を推定する．次いで II 図から，地盤剛性 $E_G$ と打込みコンクリートの材齢 28 日におけるヤング係数 $E_C$ の比率 $E_G/E_C$，版状部材の部材長さ $L_M$ と厚さ（高さ）$H_M$ の比 $L_M/H_M$，I 図より求めた最大温度上昇量 $T_{up}$，自己収縮率に影響する水セメント比 $W/C$ を用いて，最大応力強度比 $\eta_0$ を推定する．一般に，版状部材の高さ方向の寸法は，「部材厚」と表現されるが，ここでは，壁状部材での表現に整合させるため「部材厚さ（高さ）」と表現している．本チャートで推定する最大応力強度比は，打込み温度と外気温が等しいときの推定値であり，打込み温度と外気温が同じであれば，打込み温度が違っていても同じ図を使用することができる〔解説図 5.19 参照〕．打込み温度と外気温の温度差や，外気温の季節変動，コンクリートの線膨張係数の影響については，5.4 により補正する．

　版状部材用チャートの使用方法の手順の一例を次に示す〔解説図 5.13 参照〕．

手順①　コンクリートの材料条件

　指定強度を 30 N/mm² とし，普通ポルトランドセメントを使用したレディーミクストコンクリートの調合表（30−20−15−N）を参照すると，水セメント比 48 ％，単位セメント量 $C=340$ kg/m³（$\gamma=2.3$ t/m³）であったと仮定する．

手順②　耐圧盤の部材高さ $H_M$ の設定

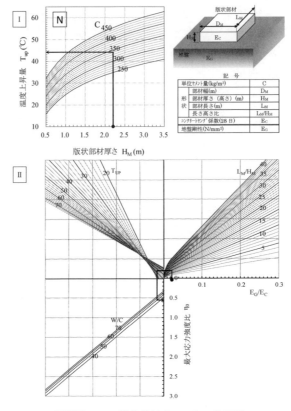

**解説図 5.13** 版状部材チャートの使用例

部材厚さ（高さ）$H_M=2.2$ m とする．

**手順③** 最大温度上昇量 $T_{up}$ の読取り

Ⅰ図において，横軸の部材厚さ（高さ）$H_M=2.2$ m から出発し，単位セメント量 340 kg/m$^3$ のラインとぶつかる点を縦軸で読み取ると，最大温度上昇量 $T_{up}=44$ ℃となる．

**手順④** 地盤剛性 $E_G$ とコンクリート材齢 28 日ヤング係数 $E_C$ の比の算出

地盤剛性 $E_G=500$ N/mm$^2$（砂礫層程度），コンクリートのヤング係数 $E_C$ は（4.8）式より 24400 N/mm$^2$．したがって，剛性比 $E_G/E_C=0.021$．なお，調合強度を定めるための基準とする材齢が 28 日を超える場合は，材齢 28 日における圧縮強度を推定し，対応するヤング係数を求めて使用する．

**手順⑤** 耐圧盤の打込み長さの設定

施工計画上から，1 工区の最大の打込み部材長さは $L_M=20$ m とする．

したがって，打込み部材の長さ $L_M$ と部材厚さ（高さ）$H_M$ の比 $L_M/H_M=9.1$．

**手順⑥** 最大応力強度比の読取り

Ⅱ図の第 1 象限の横軸 $E_G/E_C=0.021$ から出発し，$L_M/H_M=9.1$ との交点の縦軸で第 2 象限に延ばし，Ⅰ図から読み取った最大温度上昇量 $T_{up}=44$ ℃との交点図の横軸を第 3 象限に延ばし，水セメント比 48 ％との交点の縦軸を読み取る．この読み取った値 0.56 が，打込み温度と外気温が等しい場合における耐圧盤の中央付近の最大応力強度比である．

b. 壁状部材の最大応力強度比は，セメントの種類ごとに図5.6～5.10のチャートを用い，単位セメント量，部材形状，地盤およびコンクリートの剛性を仮定して求める．なお，打込み温度と外気温とが異なる場合や，外気温が変化する場合，コンクリートの線膨張係数が異なる場合には，5.4によって補正する．

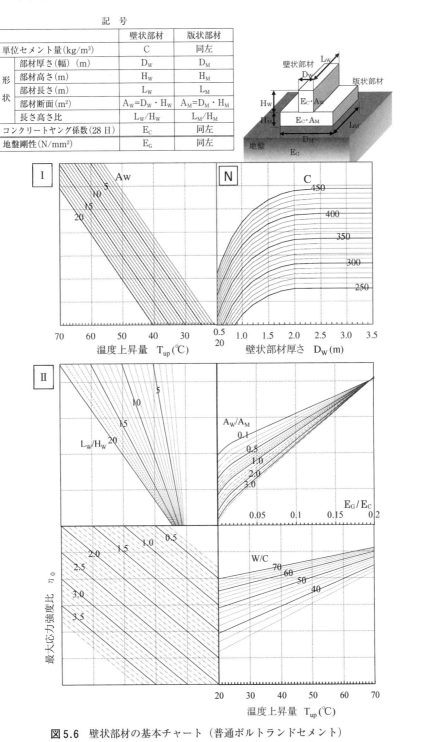

**図 5.6** 壁状部材の基本チャート（普通ポルトランドセメント）

— 98 — マスコンクリートの温度ひび割れ制御設計・施工指針 解説

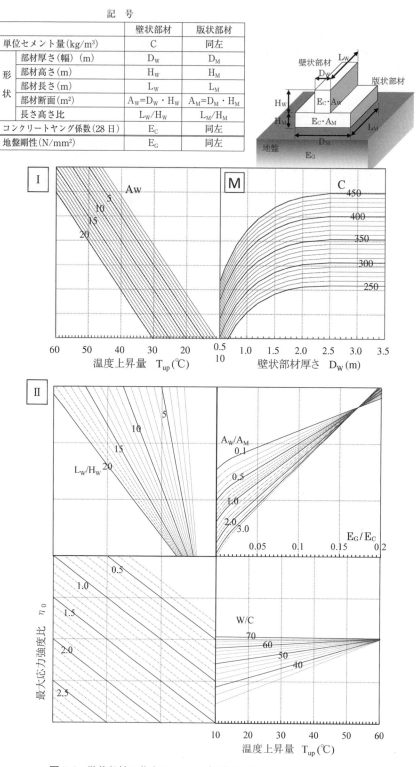

図 5.7 壁状部材の基本チャート（中庸熱ポルトランドセメント）

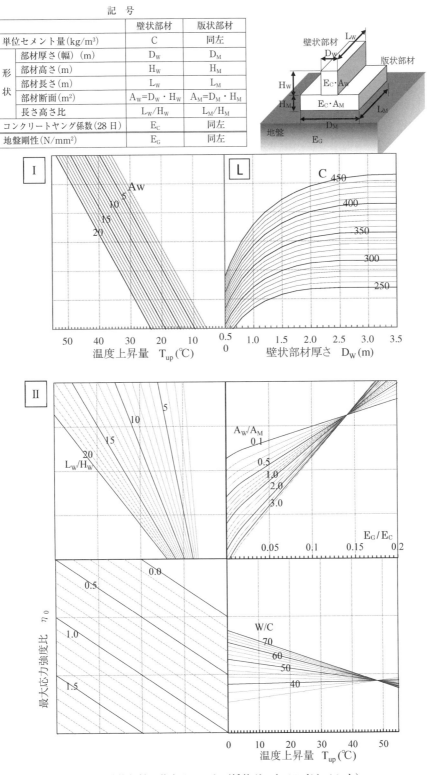

図5.8 壁状部材の基本チャート（低熱ポルトランドセメント）

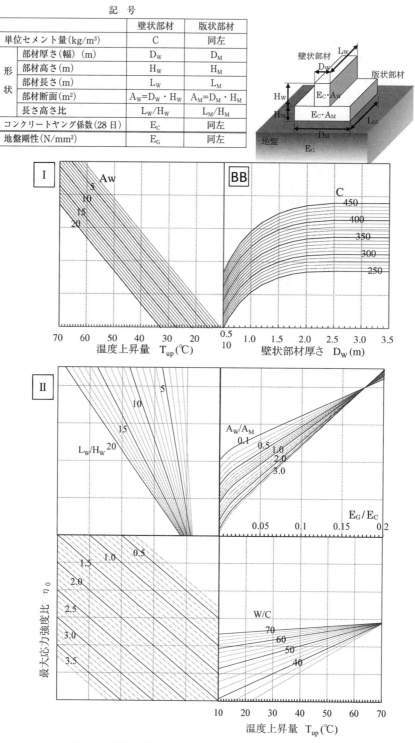

図 5.9 壁状部材の基本チャート（高炉セメント B 種）

### 記号

| | | 壁状部材 | 版状部材 |
|---|---|---|---|
| 単位セメント量(kg/m³) | | $C$ | 同左 |
| 形状 | 部材厚さ(幅)(m) | $D_W$ | $D_M$ |
| | 部材高さ(m) | $H_W$ | $H_M$ |
| | 部材長さ(m) | $L_W$ | $L_M$ |
| | 部材断面(m²) | $A_W=D_W \cdot H_W$ | $A_M=D_M \cdot H_M$ |
| | 長さ高さ比 | $L_W/H_W$ | $L_M/H_M$ |
| コンクリートヤング係数(28日) | | $E_C$ | 同左 |
| 地盤剛性(N/mm²) | | $E_G$ | 同左 |

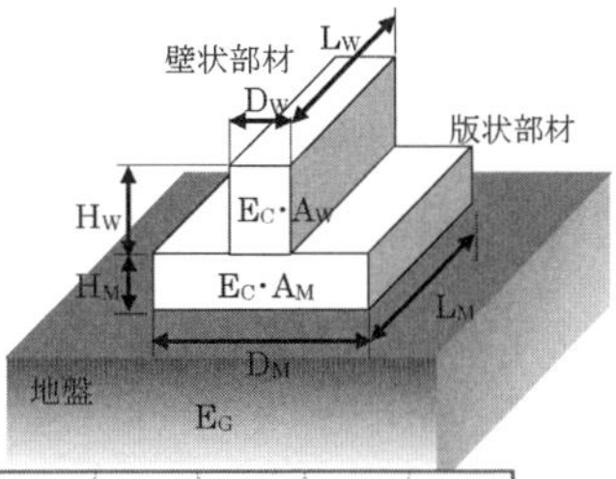

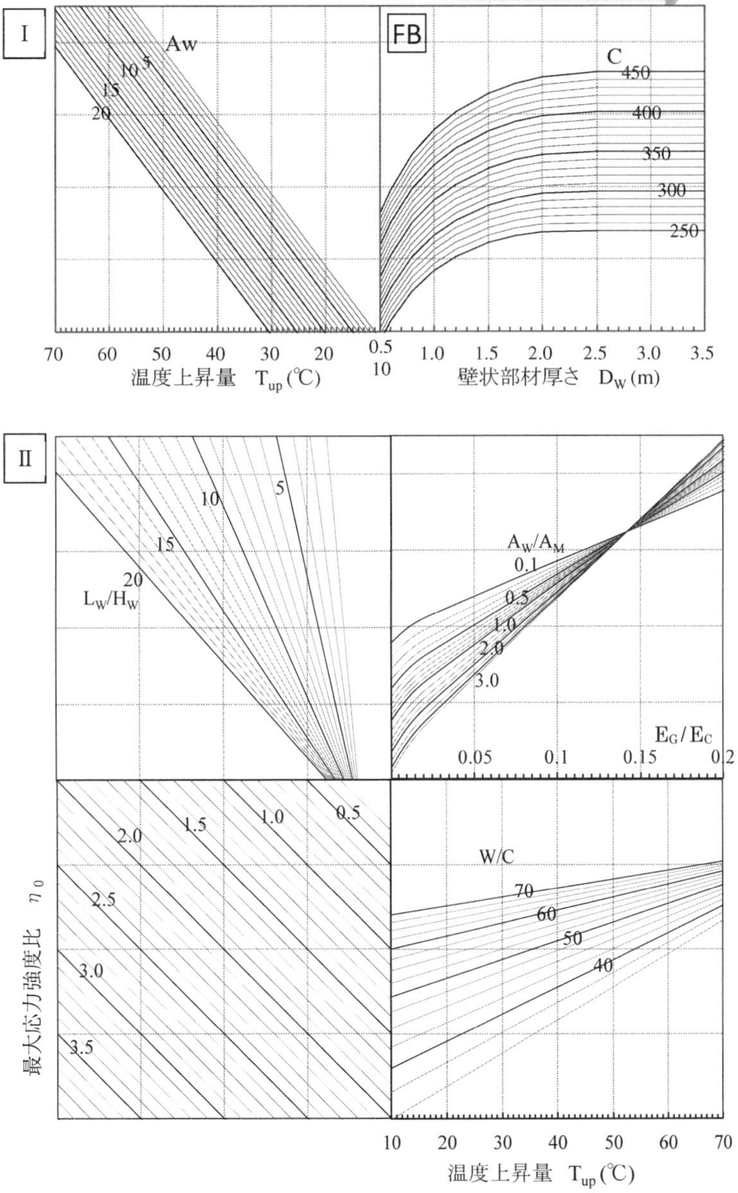

**図5.10** 壁状部材の基本チャート（フライアッシュセメントB種）

b. 壁状部材のチャートは，前述 5.2 の方法・条件で行った三次元 FEM 解析から得られた壁状部材 855 ケース（171 ケース×セメント 5 種類）の解析結果を基に作成している．チャートでは，解説図 5.14 に示す条件に応じて，版状部材と同様に，まず，解析による部材中央部付近の最大の温度上昇量を重回帰式で推定し，この推定した温度上昇量と拘束体と被拘束体の形状，力学特性を基に，部材中央部付近の最大応力強度比を重回帰式で推定している．チャートの読取り値は，重回帰式での推定値に，安全側の評価が得られるよう調整値を加えた値になっている．解説図 5.15 に最大温度上昇量について，解析値とチャートの読取り値を比較して示す．最大温度上昇量は，精度良く推定できていることがわかる．解説図 5.16 に，最大応力強度比の解析値とチャート読取り値を比較して示す．同図から，いずれのセメント種類においても，安全側の推定が可能となっていることがわかる．チャート作成のための解析結果およびチャートの導出方法の詳細については，付 14，付 16 を参照されたい．

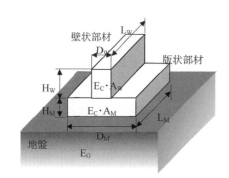

| 記号 | | 壁状部材 | 版状部材 |
|---|---|---|---|
| 単位セメント量(kg/m³) | | C | 同左 |
| 形状 | 部材厚さ(幅)（m） | $D_W$ | $D_M$ |
| | 部材高さ(m) | $H_W$ | $H_M$ |
| | 部材長さ(m) | $L_W$ | $L_M$ |
| | 部材断面(m²) | $A_W = D_W \cdot H_W$ | $A_M = D_M \cdot H_M$ |
| | 長さ高さ比 | $L_W/H_W$ | $L_M/H_M$ |
| コンクリートヤング係数(28 日) | | $E_C$ | 同左 |
| 地盤剛性(N/mm²) | | $E_G$ | 同左 |

**解説図 5.14** チャートにおける壁状部材の変数（記号）

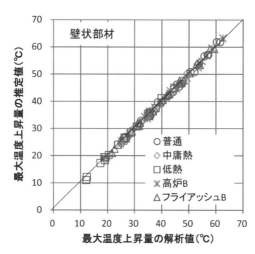

**解説図 5.15** 最大温度上昇量の解析値とチャート読取り値の比較（壁状部材　中央部付近）

# 5章 チャートによる応力強度比の予測

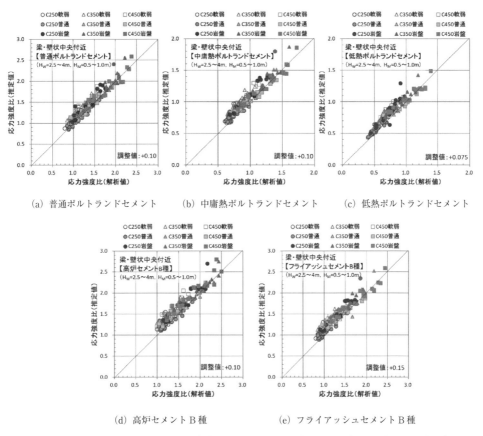

解説図 5.16 最大応力強度比の解析値とチャート読取り値の比較（壁状部材　中心付近）

　壁状部材用のチャートも，版状部材と同様に，最大の温度上昇量を求めるⅠ図と，最大応力強度比を求めるⅡ図で構成している．壁状部材の温度上昇量の推定においては，版状部材と同様に部材厚さが主要因であるが，部材高さも影響するため，本改定では部材断面 $A_W$ も説明変数に加え，推定精度を高めている．最大応力強度比を求めるⅡ図は，対象である被拘束コンクリートに加え，拘束体となる版状コンクリートがあるため，構成が版状部材の場合とは若干異なっている．地盤剛性 $E_G$ と打込みコンクリートの材齢 28 日におけるヤング係数 $E_C$ の比率 $E_G/E_C$，被拘束体コンクリートの断面積 $A_W$ と拘束体コンクリートの断面積 $A_M$ の比 $A_W/A_M$，被拘束体コンクリートの長さ $L_W$ と高さ $H_W$ の比 $L_W/H_W$，部材厚 $D_W$ およびⅠ図より求めた最大温度上昇量 $T_{up}$，および自己収縮に関係する水セメント比 $W/C$ から，最大応力強度比 $\eta_0$ を推定する．本改定から自己収縮も取り込んで評価しているため，自己収縮と関係が大きい水セメント比の項を新たに設けている．

　なお，基本チャートで推定する最大応力強度比は，打込み温度と外気温が等しいときの推定値であり，版状部材と同様に，打込み温度と外気温が同じであれば，打込み温度が違っていても同じ図を使用することができる〔解説図 5.19 参照〕．打込み温度と外気温の温度差の影響は，版状部材のときと同様に，5.4「温度補正チャート」を用いて補正する．

壁状部材用チャートの使用方法の手順について，基礎梁での検討例を次に示す〔解説図5.17参照〕.

手順①　コンクリートの材料条件

指定強度を33 N/mm²とし，レディーミクストコンクリートの配合が33-20-15-Nで，普通ポルトランドセメント，単位セメント量$C$が360 kg/m³（$\gamma$=2.3 t/m³），水セメント比45 %であったと仮定する.

手順②　基礎梁の部材厚$D_W$，部材高さ$H_W$の設定

部材厚$D_W$=1.8 m，部材高さ$H_W$=2.8 mとする.

基礎梁の断面積$A_W$=1.8×2.8=5.04 m²

手順③　最大温度上昇量$T_{up}$の読取り

Ⅰ図において，右図の横軸の部材厚$D_W$=1.8 mから出発し，単位セメント量360 kg/m³のラインとぶつかる点の縦軸の値を左図に伸ばし，$A_W$=5.04 m²のラインとぶつかる点の横軸を読み取ると，最大温度上昇量$T_{up}$=44.0℃となる.

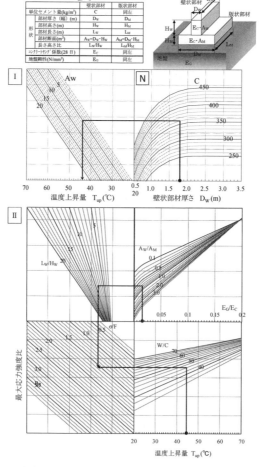

**解説図5.17**　壁状部材チャートの使用例

5章　チャートによる応力強度比の予測　—105—

手順④　地盤剛性 $E_G$ とコンクリート材齢 28 日ヤング係数 $E_c$ の比算出

　地盤剛性 $E_G=400\,\mathrm{N/mm^2}$（砂礫層程度），コンクリートのヤング係数 $E_c$ は（4.8）式より 25200 $\mathrm{N/mm^2}$．したがって，剛性比 $E_G/E_c=0.016$．

手順⑤　基礎梁および耐圧盤の断面設定

　耐圧盤の断面積 $A_M$ は，基礎梁が 1 スパン 8.0 m ピッチと仮定して部材幅 $D_M$ を 8.0 m と仮定，部材厚 0.8 m とすると，$A_M=6.4\,\mathrm{m^2}$．

　基礎梁の断面積 $A_W=5.04\,\mathrm{m^2}$ なので，基礎梁と耐圧盤の断面積比 $A_W/A_M=0.79$．

手順⑥　打込み部材長さの設定

　施工計画上から，1 工区の最大の打込み部材長さは $L_W=24\,\mathrm{m}$ とする．

したがって，打込み部材の長さ $L_W$ と部材高さ $H_W$ の比 $L_W/H_W=8.6$．

手順⑦　最大応力強度比の読取り

　第 1 象限の横軸 $E_G/E_c=0.016$ から出発し，$A_W/A_M=0.79$ との交点の縦軸を第 2 象限に移る．$L_W/H_W=8.6$ との交点から第 3 象限に伸ばす．次に，第 4 象限の横軸において I 図から読み取った温度上昇量 $T_{up}=44.0\,℃$ から出発し，水セメント比 45 ％のラインとの交点を第 3 象限の方向に伸ばす．第 3 象限に伸ばした 2 本のラインの交点を読み取った値 1.58 が，打込み温度と外気温が等しい場合の基礎梁の中央付近の最大応力強度比である．

　チャートは，水セメント比と単位セメント量と圧縮強度の関係をセメントの種類ごとに設定して行ったパラメトリックスタディーで得られている結果であるため，チャートを使用する際には，水セメント比，単位セメント量，圧縮強度の関係が大きく異ならないこと，異なる場合にはどの程度の影響があるのか，本章で紹介している感度解析の結果等で確認しておく必要がある．

　また，本チャートは，各種の影響要因を総合的に評価した重回帰式を基に作成したものであり，必ずしも個々の変動要因が応力強度比に及ぼす影響を説明できているわけではない．例えば，最大温度上昇量と水セメント比の影響を評価している第四象限では，最大温度上昇量が大きくなると応力強度比は小さくなるように読み取れる．ある要因を取り出して評価することは適当ではないため，注意が必要である．また，チャートによる推定には，ある程度の誤差がある．例えば，同じ水セメント比で単位水量を減じて最大温度上昇量を低減するような対策の効果までは評価することはできないので注意が必要である．

## 5.4　各種条件に応じた応力強度比の補正

a．基本チャートから求めた最大応力強度比は，打込み温度と外気温の温度差による応力強度比の補正，外気温の変化による応力強度比の補正，およびコンクリートの線膨張係数による補正を行う．

b．打込み時のコンクリート温度 $T_0$ と外気温 $T_e$ に温度差 $\Delta T_0$（$=T_0-T_e$）がある場合の応力強度比の補正値 $\Delta\eta_1$ は，部材の種類，セメントの種類にかかわらず図 5.11 のチャートを用い，$\Delta T_0$，部材形状，地盤およびコンクリートの剛性，および水セメント比に応じて求める．ただし，温度差 $\Delta T_0=+10\,℃$ では応力強度比の補正値 $\eta_1$ として $+0.31$，$\Delta T_0=+5\,℃$ では $+0.16$，$\Delta T_0=-5\,℃$ では $-0.15$ を用い，その間は補完して用いてよい．

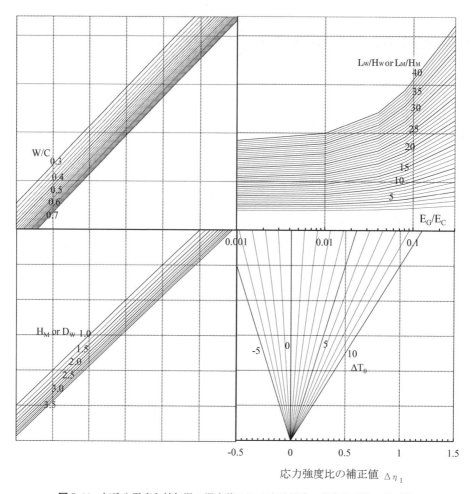

**図 5.11** 打込み温度と外気温の温度差 $\Delta T_0$ がある場合の応力強度比の補正値

c．コンクリートの打込み後に外気温が変化する場合の応力強度比の補正値 $\Delta\eta_2$ は，部材の種類，セメントの種類にかかわらず図 5.12 のチャートを用い，コンクリートの打込み日の外気温 $T_{e0}$ から 28 日後の外気温 $T_{e28}$ までの温度変化量 $\Delta T_e$（$=T_{e28}-T_{e0}$），基本チャートにおける最大温度上昇量 $T_{up}$，部材形状，地盤剛性に応じて求める．ただし，コンクリートの打込み後の外気温の温度変化量 $\Delta T_e$ が $-8$ ℃では応力強度比の補正値 $\eta_2$ として $+0.07$，$\Delta T_e=-4$ ℃では $+0.03$，$\Delta T_e=+4$ ℃では $-0.04$ を用い，その間は補完して用いてよい．

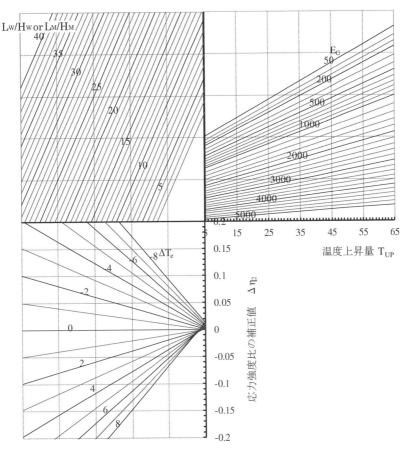

**図 5.12 外気温が変化する場合の応力強度比の補正値**

d. コンクリートの線膨張係数が標準値と異なる場合の応力強度比の補正係数 $\phi$ は，コンクリートの線膨張係数の標準値との差 $\Delta\alpha$ を用い，(5.1) 式によって求める．ただし，高炉セメント B 種を用いたコンクリートの線膨張係数の標準値は $12\times10^{-6}/℃$ とし，それ以外のセメントを用いたコンクリートの線膨張係数の標準値は $10\times10^{-6}/℃$ とする．

$$\phi = 0.0856 \cdot \Delta\alpha + 1 \tag{5.1}$$

ここに，$\phi$：コンクリートの線膨張係数による補正係数
$\Delta\alpha$：コンクリートの線膨張係数の標準値との差（$\times10^{-6}/℃$）

e. 最大応力強度比は，(5.2) 式により求める．

$$\eta = (\eta_0 + \Delta\eta_1 + \Delta\eta_2) \cdot \phi \tag{5.2}$$

ここに，$\eta$：補正後の最大応力強度比
$\eta_0$：基本チャートから求めた最大応力強度比
$\Delta\eta_1$：打込み時のコンクリートと外気温の温度差 $\Delta T_0$ による補正値
$\Delta\eta_2$：打込み後の外気温度の温度変化量 $\Delta T_e$ による補正値
$\phi$：コンクリートの線膨張係数の標準値との差 $\Delta\alpha$ による補正係数

a．5.3「基本チャート」から得られる最大応力強度比は，打込み時のコンクリート温度と外気温が 20℃ で，その後の外気温も 20℃ 一定とした条件のものである．実際には，打込み時のコンク

リート温度と外気温には差があり，外気温も季節とともに変化する．また，基本チャートは，コンクリートの線膨張係数として標準的な値を用いているが，例えば，石灰岩などの骨材を使用した場合は線膨張係数が小さくなることが多く，これは応力強度比に大きく影響する．本節では，基本チャートで得られた最大応力強度比に，打込み温度と外気温の温度差による応力強度比の補正，外気温の変化による応力強度比の補正，およびコンクリートの線膨張係数による補正を行うものである．5.3「基本チャート」の読取り値に，本節の補正値を加味して，マスコンクリートの応力強度比を推定する．

　b．打込み温度と外気温の温度差による応力強度比の補正チャートの作成は，外気との熱伝達面が広く外気温の影響を受けやすいと考えられる壁状部材を主対象とし，打込み温度，打込み温度と外気温の差をパラメータとして，代表的な数種類の部材形状，地盤剛性，セメント種類，単位セメント量を変化させ，260ケースの三次元FEM解析を実施した結果を基に行っている〔付15参照〕．打込み温度と外気温が同じ場合の応力強度比の解析値と，各種温度条件が異なる場合の応力強度比の解析値との差を推定する重回帰式を求め，その結果をチャートに表している．重回帰式は，セメントの種類ごとに偏回帰係数を設定すると煩雑となることから，全てのセメント種類で共通となるよう重回帰式を求めた．その結果，打込み時のコンクリート温度 $T_0$ と外気温 $T_e$ に温度差 $\Delta T_0$（$=T_0-T_e$）がある場合の応力強度比の補正値 $\Delta \eta_1$ は，温度差 $\Delta T_0$，部材形状（$L/H$，部材厚 $D_W$ または $H_M$），地盤とコンクリートの剛性比（$E_G/E_c$），水セメント比（$W/C$）で表される結果となった．補正チャート作成のための解析結果およびチャートの導出方法の詳細については，付15，付16を参照されたい．

　なお，付15に示すように，版状部材は，壁状部材に比べると外気と接する面が少なく，外気温の違いの影響を受けにくい．したがって，壁状部材の補正チャートを使用すれば版状部材でも安全側の評価が可能となるため，同じチャートを使用することにした．

　解説図5.18に，打込み時のコンクリート温度と外気温に温度差がある場合の基本条件に対する応力強度比の変化量について，解析値とチャート読取り値で比較して示す．いずれのセメント種類においても，チャートにより高い精度で推定できていることがわかる．

　解説図5.19に，打込み温度が20℃の場合と，打込み温度が10℃および30℃の場合の，コンクリート温度と外気温の温度差 $\Delta T_0$（$=+10$℃，$+5$℃，$\pm 0$℃，$-5$℃）による応力強度比の変化量（解析値）を比較して示す．応力強度比の変化量がプラス側になっているのが，コンクリート温度が外気温より $+5$℃および $+10$℃の場合であり，応力強度比の変化量がマイナスになっているのが，コンクリート温度が外気温より $-5$℃の場合である．打込み温度が10℃，30℃であっても，外気温と打込み温度の差による応力強度比の変化量は，打込み温度20℃の場合と大きな違いはみられないことがわかる．したがって，打込み温度20℃に対して導出した温度補正チャートを，打込み温度10℃，30℃に対しても適用することにした．

　コンクリートの打込み温度と外気温の温度差に関しては，外気温とコンクリート温度の関係の測定例を解説図5.20に示すので，参考にするとよい[1]．冬期は外気温ほどコンクリート温度が下がらず，逆に，夏期は外気温とコンクリート温度の差は小さい傾向がうかがわれる．逆打ち工法のよう

5章 チャートによる応力強度比の予測 —109—

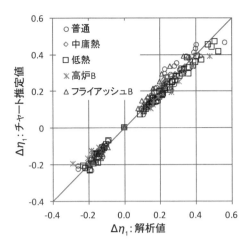

解説図5.18 打込み温度と外気温に温度差がある場合の基本条件に対する応力強度比の変化量の解析値と補正チャートの読取り値の比較

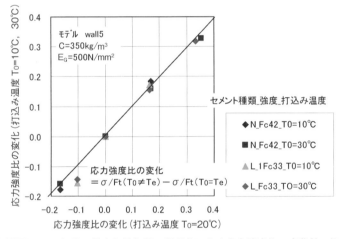

解説図5.19 打込み温度と外気温の温度差による応力強度比の変化量の比較

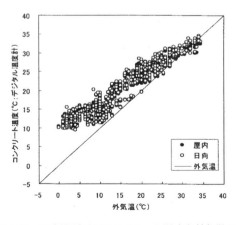

解説図5.20 測定場所別のコンクリート温度と外気温の関係[1]

に地下部分に打ち込む場合など，設定すべき温度が必ずしも屋外の気温と同じではない．実際の状況を勘案して，コンクリート温度と外気温の差や，後述する季節変動による外気温の変化量を設定することが望ましい．

打込み温度と外気温の温度差による補正チャートを，全ての場合に用いるのはやや煩雑である．そこで，打込み温度と外気温の温度差による補正を簡略化するため，付 15 に示すパラメトリックスタディーの全データの平均的な値を用い，打込み温度 $T_0$ と外気温 $T_e$ の温度差 $\Delta T_0$ ($=T_0-T_e$) が +10，+5，−5 ℃の場合について，それぞれ +0.31，+0.16，−0.15 を補正値としてよいこと，この間は補完してもよいことにしている〔解説図 5.21〕．

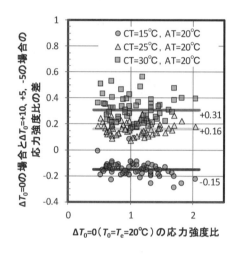

**解説図 5.21** 打込み時のコンクリート温度と外気温に温度差がある場合の応力強度比の比較

c．外気温が打込み後に上昇していく場合は，最大応力強度比が小さくなり，逆に温度が降下していく場合は，最大応力強度比が大きくなる傾向となる．付 15 に示す外気温変化の影響を検討した解析から，打込みから 28 日までの温度変化まで考慮すればよいことがわかったため，打込みから 28 日後までの外気温の温度変化量をパラメータとして，代表的な数種類の部材形状，地盤剛性，セメント種類，単位セメント量を変化させ，260 ケースの三次元 FEM 解析を実施した〔付 15 参照〕．この解析結果と基本チャート用解析の応力強度比との差を推定する重回帰式を求め，その結果をチャートに表している．補正が煩雑にならないようにセメントの種類にかかわらず適用できる重回帰式を求めた結果，外気温の温度変化量による応力強度比の補正値 $\Delta\eta_2$ は，コンクリートの打込み日の外気温 $T_{e0}$ から 28 日後の外気温 $T_{e28}$ までの温度変化量 $\Delta T_e$ ($=T_{e28}-T_{e0}$)，基本チャートにおける最大温度上昇量 $T_{up}$，部材形状（$L/H$），地盤剛性（$E_G$）で表される結果となった．補正チャート作成のための解析結果およびチャートの導出方法の詳細については，付 15，付 16 を参照されたい．

解説図 5.22 に，外気温が変化する場合の基本条件に対する応力強度比の変化量を，解析値とチャート読取り値で比較して示す．いずれのセメント種類においても，チャートにより高い精度で推

定できることがわかる．

参考として，気象庁の月別平年平滑温度データから各地の1か月後の温度変化量を算出した結果を解説表5.4に示しているので，温度変化量の設定の参考にするとよい．なお，逆打ち躯体の地下やピットなど，コンクリートの発熱がこもり雰囲気温度が外気温と異なる場合がある．このような場合は，実態に応じて外気温を想定するとよい．

以上の季節変動による外気温の温度変化量による補正チャートを，全ての場合に用いるのはやや煩雑である．そこで，外気温の温度変化量による補正を簡略化するため，付15に示すパラメトリックスタディーの全データの平均的な値を用い，コンクリートの打込み後の温度変化量 $\Delta T_e$ が $-8$℃では応力強度比の補正値 $\Delta \eta_2$ として $+0.07$，$\Delta T_e = -4$℃では $+0.03$，$\Delta T_e = +4$℃では $-0.04$ を補正値としてよいこと，この間は補完してもよいことにしている〔解説図5.23〕．

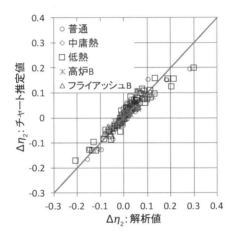

**解説図5.22** 外気温が変化する場合の応力強度比の変化量の解析値と補正チャートの読取り値の比較

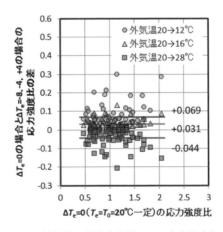

**解説図5.23** 外気温の温度変化量による応力強度比の比較

**解説表 5.4　各地域での 1 か月後の温度変化量（気象庁の 2018 年まで 30 年間の月平均気温を基に作成）**

| | 1月 | 2月 | 3月 | 4月 | 5月 | 6月 | 7月 | 8月 | 9月 | 10月 | 11月 | 12月 |
|---|---|---|---|---|---|---|---|---|---|---|---|---|
| 札幌 | 0.6 | 3.8 | 6.2 | 5.5 | 4.2 | 4.0 | 1.4 | -3.8 | -6.5 | -6.9 | -6.0 | -2.5 |
| 函館 | 0.7 | 3.5 | 5.6 | 4.8 | 4.0 | 4.0 | 1.9 | -3.3 | -6.3 | -6.4 | -5.9 | -2.5 |
| 小樽 | 0.5 | 3.4 | 5.7 | 5.4 | 4.1 | 4.1 | 1.6 | -3.7 | -6.4 | -6.8 | -5.8 | -2.3 |
| 旭川 | 0.9 | 4.7 | 7.0 | 6.7 | 4.7 | 3.8 | 0.5 | -4.9 | -7.0 | -6.9 | -6.4 | -3.1 |
| 室蘭 | 0.2 | 2.9 | 4.7 | 4.5 | 3.8 | 4.0 | 2.2 | -2.3 | -5.6 | -6.4 | -5.7 | -2.5 |
| 釧路 | 0.4 | 4.0 | 4.5 | 4.3 | 3.7 | 3.9 | 2.2 | -2.0 | -5.3 | -6.2 | -6.3 | -3.2 |
| 帯広 | 1.4 | 5.3 | 6.4 | 5.5 | 3.7 | 3.6 | 1.4 | -3.5 | -6.5 | -6.8 | -7.1 | -3.4 |
| 岩見沢 | 0.7 | 4.2 | 6.5 | 5.8 | 4.3 | 3.9 | 1.3 | -4.1 | -6.6 | -6.8 | -6.3 | -2.8 |
| 網走 | -0.2 | 4.1 | 5.9 | 5.1 | 3.7 | 4.1 | 2.1 | -2.9 | -5.9 | -6.9 | -6.2 | -3.0 |
| 留萌 | 0.4 | 3.7 | 5.6 | 5.4 | 4.4 | 4.2 | 1.4 | -3.9 | -6.1 | -6.6 | -5.8 | -2.7 |
| 苫小牧 | 0.5 | 3.6 | 4.8 | 4.6 | 4.1 | 4.1 | 2.4 | -2.7 | -6.3 | -6.5 | -5.9 | -2.6 |
| 稚内 | 0.2 | 3.6 | 5.1 | 4.5 | 3.9 | 4.3 | 2.5 | -2.5 | -5.8 | -7.5 | -5.7 | -2.5 |
| 紋別 | 0.0 | 4.0 | 5.9 | 4.8 | 3.4 | 4.2 | 2.3 | -2.9 | -6.0 | -6.9 | -6.0 | -2.8 |
| 根室 | -0.4 | 3.0 | 4.4 | 4.0 | 3.3 | 3.8 | 2.7 | -1.3 | -4.5 | -6.0 | -6.0 | -3.1 |
| 江差 | 0.4 | 3.0 | 4.8 | 4.4 | 4.3 | 4.1 | 2.2 | -3.2 | -5.9 | -6.1 | -5.6 | -2.4 |
| 寿都 | 0.4 | 3.1 | 5.3 | 4.8 | 3.9 | 4.1 | 1.8 | -3.1 | -5.9 | -6.5 | -5.7 | -2.2 |
| 倶知安 | 0.6 | 3.8 | 6.0 | 6.1 | 4.6 | 4.0 | 1.1 | -4.3 | -6.8 | -6.6 | -5.9 | -2.5 |
| 羽幌 | 0.4 | 3.8 | 5.7 | 5.4 | 4.5 | 4.2 | 1.4 | -3.7 | -6.1 | -6.7 | -6.0 | -2.9 |
| 北見枝幸 | 0.1 | 4.0 | 5.8 | 4.6 | 3.3 | 4.2 | 2.6 | -2.8 | -6.1 | -7.3 | -5.9 | -2.7 |
| 雄武 | 0.0 | 4.3 | 5.9 | 4.6 | 3.3 | 4.3 | 2.4 | -3.0 | -6.0 | -7.0 | -6.0 | -2.9 |
| 浦河 | 0.3 | 3.0 | 4.4 | 4.5 | 3.8 | 4.1 | 2.4 | -2.3 | -5.5 | -6.0 | -5.9 | -2.7 |
| 広尾 | 0.4 | 3.9 | 5.2 | 4.5 | 2.9 | 4.0 | 2.0 | -2.1 | -5.3 | -6.1 | -6.2 | -3.2 |
| 青森 | 0.5 | 3.2 | 5.8 | 5.1 | 3.9 | 4.1 | 1.8 | -3.6 | -6.3 | -6.2 | -5.7 | -2.5 |
| 八戸 | 0.5 | 3.3 | 5.6 | 4.8 | 3.2 | 4.0 | 1.9 | -3.2 | -6.0 | -6.1 | -5.4 | -2.6 |
| むつ | 0.3 | 3.2 | 5.4 | 4.7 | 3.6 | 3.9 | 1.8 | -3.2 | -6.0 | -5.8 | -5.5 | -2.5 |
| 深浦 | 0.4 | 3.0 | 5.3 | 4.9 | 4.1 | 4.1 | 1.6 | -3.8 | -5.8 | -5.7 | -5.4 | -2.6 |
| 盛岡 | 0.7 | 3.5 | 6.2 | 5.7 | 4.4 | 3.5 | 1.1 | -4.3 | -6.6 | -6.3 | -5.2 | -2.7 |
| 宮古 | 0.3 | 3.1 | 5.1 | 4.4 | 3.1 | 3.8 | 1.9 | -3.1 | -5.5 | -5.5 | -4.9 | -2.7 |
| 大船渡 | 0.4 | 2.9 | 5.1 | 4.7 | 3.8 | 3.7 | 1.6 | -3.2 | -5.7 | -5.6 | -5.0 | -2.6 |
| 仙台 | 0.4 | 3.0 | 5.3 | 4.8 | 3.6 | 3.7 | 1.6 | -3.2 | -5.5 | -5.9 | -5.1 | -2.7 |
| 石巻 | 0.6 | 3.0 | 5.1 | 4.7 | 3.9 | 3.6 | 1.7 | -3.1 | -5.6 | -6.0 | -5.3 | -2.6 |
| 秋田 | 0.4 | 3.2 | 5.7 | 5.4 | 4.5 | 3.8 | 1.7 | -4.2 | -6.4 | -6.1 | -5.3 | -2.5 |
| 山形 | 0.5 | 3.5 | 6.4 | 5.8 | 4.2 | 3.6 | 1.1 | -4.4 | -6.6 | -6.3 | -5.1 | -2.7 |
| 酒田 | 0.2 | 2.9 | 5.3 | 5.4 | 4.4 | 3.8 | 1.7 | -3.9 | -6.0 | -5.9 | -5.0 | -2.7 |
| 新庄 | 0.4 | 2.9 | 6.2 | 6.0 | 4.5 | 3.7 | 1.2 | -4.3 | -6.8 | -6.3 | -5.1 | -2.5 |
| 福島 | 0.6 | 3.3 | 6.0 | 5.3 | 3.6 | 3.6 | 1.2 | -4.0 | -5.9 | -6.1 | -5.0 | -2.6 |
| 若松 | 0.4 | 3.6 | 6.5 | 5.9 | 4.4 | 3.5 | 1.1 | -4.4 | -6.7 | -6.7 | -5.1 | -2.6 |
| 小名浜 | 0.3 | 2.7 | 4.6 | 4.0 | 3.4 | 3.5 | 1.9 | -2.5 | -5.1 | -5.3 | -4.9 | -2.5 |
| 白河 | 0.5 | 3.3 | 5.9 | 5.1 | 3.7 | 3.6 | 1.0 | -3.9 | -5.8 | -5.9 | -5.0 | -2.6 |
| 水戸 | 0.7 | 3.3 | 5.1 | 4.5 | 3.3 | 3.9 | 1.4 | -3.4 | -5.6 | -5.7 | -5.1 | -2.3 |
| つくば | 1.0 | 3.5 | 5.3 | 4.4 | 3.4 | 3.9 | 1.3 | -3.6 | -5.9 | -6.0 | -5.2 | -2.1 |
| 宇都宮 | 0.9 | 3.7 | 5.4 | 4.8 | 3.5 | 3.6 | 1.1 | -3.6 | -5.7 | -6.1 | -5.3 | -2.3 |
| 奥日光 | 0.3 | 3.2 | 5.5 | 5.0 | 3.8 | 4.1 | 0.7 | -3.8 | -5.6 | -5.2 | -5.3 | -2.9 |
| 前橋 | 0.6 | 3.4 | 5.7 | 4.9 | 3.6 | 3.7 | 0.9 | -3.9 | -5.8 | -5.8 | -5.0 | -2.4 |
| 熊谷 | 0.8 | 3.5 | 5.4 | 4.8 | 3.5 | 3.7 | 1.1 | -3.8 | -5.8 | -5.9 | -5.0 | -2.2 |
| 秩父 | 1.0 | 3.7 | 5.7 | 4.9 | 3.6 | 3.8 | 0.9 | -4.1 | -6.1 | -6.3 | -5.0 | -2.1 |
| 千葉 | 0.4 | 3.1 | 4.9 | 4.2 | 3.1 | 3.8 | 1.4 | -3.3 | -5.3 | -5.1 | -4.8 | -2.5 |
| 銚子 | 0.2 | 2.8 | 4.2 | 3.5 | 2.8 | 3.3 | 2.0 | -2.2 | -4.2 | -4.7 | -5.0 | -2.6 |
| 館山 | 0.5 | 3.0 | 4.5 | 3.9 | 3.0 | 3.7 | 1.5 | -3.0 | -5.2 | -4.9 | -4.7 | -2.4 |
| 勝浦 | 0.3 | 2.9 | 4.3 | 3.6 | 2.8 | 3.1 | 1.9 | -2.4 | -4.7 | -4.6 | -4.8 | -2.5 |
| 東京 | 0.5 | 3.1 | 5.2 | 4.3 | 3.2 | 3.9 | 1.2 | -3.4 | -5.4 | -5.3 | -4.8 | -2.5 |
| 大島 | 0.1 | 2.6 | 4.1 | 3.6 | 2.9 | 3.6 | 1.4 | -2.6 | -4.5 | -4.4 | -4.4 | -2.5 |
| 三宅島 | 0.0 | 2.3 | 3.6 | 3.3 | 2.6 | 3.5 | 1.3 | -2.1 | -3.8 | -3.9 | -4.4 | -2.4 |
| 八丈島 | 0.1 | 2.1 | 3.5 | 3.1 | 2.6 | 3.5 | 1.2 | -1.8 | -3.6 | -4.1 | -4.4 | -2.3 |
| 父島 | -0.4 | 1.2 | 1.8 | 2.3 | 2.7 | 1.6 | 0.3 | -0.3 | -1.2 | -2.6 | -3.3 | -1.9 |
| 南鳥島 | -0.7 | 0.7 | 1.8 | 1.8 | 1.8 | 0.6 | -0.2 | 0.0 | -0.6 | -1.4 | -1.9 | -2.1 |
| 横浜 | 0.4 | 3.0 | 4.9 | 4.1 | 3.1 | 3.8 | 1.4 | -3.3 | -5.3 | -5.1 | -4.7 | -2.5 |
| 新潟 | 0.2 | 3.0 | 5.5 | 5.2 | 4.2 | 4.0 | 1.7 | -3.9 | -6.0 | -6.0 | -5.1 | -2.7 |
| 高田 | 0.2 | 3.1 | 6.0 | 5.1 | 4.1 | 4.1 | 1.3 | -4.1 | -6.0 | -5.9 | -5.1 | -2.8 |
| 相川 | -0.1 | 2.5 | 4.8 | 4.6 | 4.0 | 4.2 | 1.9 | -3.6 | -5.3 | -5.2 | -4.9 | -2.9 |
| 富山 | 0.4 | 3.4 | 5.6 | 5.0 | 3.9 | 4.2 | 1.3 | -4.1 | -5.8 | -5.8 | -5.3 | -2.8 |
| 伏木 | 0.4 | 3.3 | 5.3 | 4.9 | 4.1 | 4.3 | 1.6 | -4.0 | -5.8 | -5.8 | -5.3 | -2.9 |
| 金沢 | 0.2 | 3.1 | 5.4 | 4.9 | 4.0 | 4.2 | 1.4 | -4.2 | -5.7 | -5.6 | -5.1 | -2.8 |
| 輪島 | 0.0 | 2.6 | 5.1 | 4.9 | 3.9 | 4.5 | 1.4 | -4.0 | -5.7 | -5.4 | -4.8 | -2.6 |
| 福井 | 0.4 | 3.4 | 5.8 | 5.1 | 4.0 | 4.1 | 1.2 | -4.3 | -6.0 | -5.8 | -5.3 | -2.6 |
| 敦賀 | 0.3 | 3.1 | 5.3 | 4.7 | 3.9 | 4.3 | 1.4 | -4.0 | -5.6 | -5.4 | -5.2 | -2.7 |
| 甲府 | 1.6 | 3.9 | 5.6 | 4.6 | 3.6 | 3.8 | 1.0 | -3.8 | -6.2 | -6.4 | -5.4 | -2.1 |
| 河口湖 | 0.9 | 3.5 | 5.5 | 4.7 | 3.6 | 4.1 | 0.6 | -3.7 | -5.8 | -5.5 | -5.2 | -2.5 |
| 長野 | 0.8 | 3.9 | 6.4 | 5.5 | 4.1 | 3.9 | 1.1 | -4.4 | -6.6 | -6.5 | -5.6 | -2.6 |
| 松本 | 0.8 | 3.8 | 6.4 | 5.4 | 3.9 | 4.0 | 0.8 | -4.6 | -6.7 | -6.0 | -5.3 | -2.6 |
| 飯田 | 1.1 | 3.8 | 5.8 | 4.9 | 3.9 | 3.8 | 0.8 | -3.9 | -6.4 | -6.4 | -5.2 | -2.2 |
| 諏訪 | 0.8 | 4.2 | 6.1 | 5.3 | 4.0 | 3.9 | 0.9 | -4.3 | -6.5 | -6.1 | -5.4 | -2.8 |
| 軽井沢 | 0.6 | 3.7 | 6.1 | 5.1 | 3.8 | 4.0 | 0.7 | -4.1 | -6.2 | -5.7 | -5.3 | -2.7 |
| 岐阜 | 0.8 | 3.5 | 5.6 | 4.7 | 3.8 | 3.9 | 1.2 | -3.8 | -5.8 | -6.2 | -5.4 | -2.3 |
| 高山 | 0.7 | 3.8 | 6.4 | 5.7 | 4.3 | 3.8 | 0.8 | -4.4 | -6.6 | -6.4 | -5.4 | -2.7 |
| 静岡 | 0.7 | 3.0 | 4.5 | 3.9 | 3.2 | 3.7 | 1.2 | -2.9 | -5.0 | -5.2 | -5.0 | -2.2 |
| 浜松 | 0.7 | 3.2 | 4.8 | 4.1 | 3.3 | 3.8 | 1.3 | -2.9 | -5.2 | -5.4 | -5.3 | -2.3 |
| 網代 | 0.2 | 2.7 | 4.5 | 3.9 | 2.9 | 3.7 | 1.3 | -3.1 | -4.7 | -4.7 | -4.3 | -2.5 |
| 三島 | 0.7 | 3.2 | 4.8 | 4.1 | 3.4 | 3.8 | 1.2 | -3.3 | -5.5 | -5.3 | -5.0 | -2.2 |

| | 1月 | 2月 | 3月 | 4月 | 5月 | 6月 | 7月 | 8月 | 9月 | 10月 | 11月 | 12月 |
|---|---|---|---|---|---|---|---|---|---|---|---|---|
| 富士山 | 0.8 | 3.3 | 5.3 | 5.6 | 4.6 | 3.9 | 1.0 | -2.9 | -5.6 | -6.7 | -6.3 | -3.0 |
| 御前崎 | 0.5 | 2.9 | 4.4 | 3.7 | 3.0 | 3.5 | 1.7 | -2.3 | -4.5 | -5.2 | -5.3 | -2.4 |
| 石廊崎 | 0.1 | 2.5 | 4.0 | 3.4 | 2.7 | 3.5 | 1.6 | -2.3 | -4.2 | -4.3 | -4.5 | -2.5 |
| 名古屋 | 0.8 | 3.6 | 5.5 | 4.6 | 3.7 | 4.0 | 1.2 | -3.7 | -5.9 | -6.1 | -5.4 | -2.3 |
| 伊良湖 | 0.3 | 3.0 | 5.0 | 4.3 | 3.5 | 3.9 | 1.3 | -3.0 | -5.3 | -5.5 | -5.0 | -2.5 |
| 津 | 0.3 | 3.0 | 5.3 | 4.7 | 3.8 | 4.1 | 1.0 | -3.5 | -5.6 | -5.7 | -5.0 | -2.4 |
| 四日市 | 0.5 | 3.2 | 5.2 | 4.5 | 3.7 | 4.0 | 1.1 | -3.6 | -5.7 | -5.7 | -5.1 | -2.3 |
| 尾鷲 | 0.6 | 3.0 | 4.7 | 3.7 | 3.3 | 3.9 | 0.9 | -3.0 | -5.0 | -5.1 | -4.9 | -2.1 |
| 上野 | 0.5 | 3.2 | 5.6 | 5.0 | 4.0 | 4.1 | 0.8 | -3.9 | -6.2 | -6.0 | -5.0 | -2.1 |
| 彦根 | 0.3 | 3.0 | 5.2 | 5.0 | 4.3 | 4.3 | 1.3 | -3.9 | -5.9 | -5.9 | -5.2 | -2.5 |
| 京都 | 0.5 | 3.3 | 5.7 | 4.9 | 3.9 | 4.1 | 1.1 | -4.1 | -6.0 | -5.9 | -5.3 | -2.2 |
| 舞鶴 | 0.4 | 3.2 | 5.5 | 4.8 | 4.0 | 4.3 | 1.1 | -4.2 | -5.9 | -5.6 | -5.1 | -2.5 |
| 大阪 | 0.4 | 3.2 | 5.5 | 4.7 | 3.7 | 4.1 | 1.2 | -3.8 | -5.8 | -5.6 | -5.1 | -2.4 |
| 神戸 | 0.4 | 3.1 | 5.4 | 4.6 | 3.6 | 3.9 | 1.4 | -3.4 | -5.6 | -5.6 | -5.2 | -2.6 |
| 姫路 | 0.6 | 3.2 | 5.5 | 4.7 | 4.0 | 4.0 | 1.3 | -3.9 | -6.0 | -5.9 | -5.2 | -2.2 |
| 洲本 | 0.2 | 2.9 | 5.1 | 4.4 | 3.5 | 4.0 | 1.2 | -3.4 | -5.1 | -5.1 | -5.1 | -2.7 |
| 豊岡 | 0.4 | 3.4 | 5.7 | 5.0 | 4.1 | 4.2 | 0.9 | -4.4 | -6.0 | -5.5 | -5.1 | -2.6 |
| 奈良 | 0.4 | 3.3 | 5.6 | 4.8 | 3.8 | 4.0 | 1.0 | -4.1 | -6.0 | -5.8 | -4.9 | -2.2 |
| 和歌山 | 0.4 | 3.1 | 5.3 | 4.5 | 3.6 | 4.1 | 1.1 | -3.5 | -5.7 | -5.4 | -5.1 | -2.3 |
| 潮岬 | 0.6 | 2.8 | 4.2 | 3.5 | 2.8 | 3.6 | 1.1 | -2.3 | -4.4 | -4.7 | -4.9 | -2.3 |
| 鳥取 | 0.4 | 3.1 | 5.4 | 4.8 | 4.0 | 4.2 | 1.0 | -4.4 | -5.7 | -5.2 | -5.0 | -2.6 |
| 米子 | 0.4 | 3.0 | 5.2 | 4.8 | 3.7 | 4.4 | 1.0 | -4.3 | -5.5 | -5.2 | -5.0 | -2.5 |
| 境 | 0.4 | 2.9 | 5.1 | 4.7 | 3.7 | 4.2 | 1.2 | -4.0 | -5.4 | -5.4 | -5.0 | -2.5 |
| 松江 | 0.4 | 2.9 | 5.2 | 4.7 | 3.7 | 4.1 | 1.2 | -4.2 | -5.5 | -5.3 | -4.9 | -2.4 |
| 浜田 | 0.3 | 2.4 | 4.7 | 4.2 | 3.6 | 4.3 | 1.1 | -4.0 | -5.1 | -4.6 | -4.5 | -2.4 |
| 西郷 | 0.1 | 2.6 | 4.9 | 4.5 | 3.8 | 4.3 | 1.5 | -3.9 | -5.3 | -4.9 | -4.8 | -2.7 |
| 岡山 | 0.7 | 3.3 | 5.6 | 4.9 | 3.8 | 4.1 | 1.0 | -4.0 | -6.0 | -5.9 | -5.2 | -2.2 |
| 津山 | 0.9 | 3.4 | 5.7 | 4.9 | 4.1 | 3.9 | 0.8 | -4.0 | -6.3 | -6.3 | -5.2 | -1.9 |
| 広島 | 0.8 | 3.2 | 5.3 | 4.7 | 3.7 | 4.1 | 1.1 | -3.8 | -5.8 | -5.9 | -5.3 | -2.1 |
| 呉 | 0.4 | 2.9 | 5.0 | 4.4 | 3.6 | 4.2 | 1.2 | -3.3 | -5.3 | -5.6 | -5.1 | -2.4 |
| 福山 | 0.6 | 3.2 | 5.3 | 4.8 | 4.0 | 4.1 | 1.2 | -3.9 | -6.0 | -5.9 | -5.2 | -2.2 |
| 下関 | 0.4 | 2.6 | 4.6 | 4.2 | 3.5 | 4.1 | 1.3 | -3.3 | -4.9 | -5.2 | -4.9 | -2.4 |
| 山口 | 1.0 | 3.2 | 5.3 | 4.7 | 3.7 | 4.0 | 0.9 | -3.9 | -5.8 | -5.9 | -5.3 | -2.0 |
| 萩 | 0.6 | 2.6 | 4.7 | 4.4 | 3.6 | 4.3 | 0.9 | -4.0 | -5.3 | -4.9 | -4.8 | -2.2 |
| 徳島 | 0.4 | 3.1 | 5.2 | 4.5 | 3.5 | 4.0 | 1.2 | -3.4 | -5.4 | -5.5 | -5.1 | -2.3 |
| 高松 | 0.4 | 3.1 | 5.4 | 4.8 | 3.7 | 4.2 | 1.0 | -3.8 | -5.7 | -5.7 | -5.2 | -2.2 |
| 多度津 | 0.3 | 2.8 | 5.1 | 4.7 | 3.7 | 4.3 | 1.3 | -3.7 | -5.6 | -5.5 | -5.0 | -2.3 |
| 松山 | 0.6 | 3.0 | 5.1 | 4.4 | 3.6 | 4.4 | 0.8 | -3.5 | -5.5 | -5.5 | -5.1 | -2.2 |
| 宇和島 | 0.7 | 2.9 | 4.7 | 4.1 | 3.3 | 4.1 | 0.7 | -3.2 | -5.1 | -5.1 | -5.0 | -2.1 |
| 高知 | 1.1 | 3.3 | 4.7 | 4.1 | 3.2 | 3.9 | 0.8 | -2.9 | -5.2 | -5.7 | -5.4 | -2.0 |
| 室戸岬 | 0.5 | 2.7 | 4.3 | 3.6 | 2.7 | 3.6 | 1.2 | -2.3 | -4.3 | -4.7 | -4.9 | -2.4 |
| 宿毛 | 0.8 | 2.9 | 4.4 | 3.9 | 3.1 | 3.9 | 0.8 | -2.8 | -4.9 | -5.2 | -5.0 | -2.0 |
| 清水 | 0.9 | 2.8 | 4.2 | 3.5 | 2.7 | 3.6 | 1.1 | -2.2 | -4.2 | -4.8 | -5.2 | -2.3 |
| 福岡 | 0.8 | 3.0 | 4.7 | 4.4 | 3.4 | 4.3 | 0.8 | -3.7 | -5.1 | -5.4 | -5.1 | -2.1 |
| 飯塚 | 0.9 | 3.1 | 5.1 | 4.6 | 3.5 | 4.2 | 0.6 | -3.9 | -5.6 | -5.4 | -5.0 | -2.0 |
| 佐賀 | 1.2 | 3.2 | 5.0 | 4.7 | 3.5 | 3.9 | 0.7 | -3.6 | -5.4 | -5.8 | -5.4 | -2.0 |
| 長崎 | 0.9 | 2.9 | 4.5 | 4.0 | 3.3 | 4.1 | 1.1 | -3.2 | -4.9 | -5.5 | -5.1 | -2.1 |
| 佐世保 | 0.9 | 2.9 | 4.6 | 4.2 | 3.5 | 4.1 | 1.1 | -3.3 | -4.9 | -5.6 | -5.2 | -2.1 |
| 平戸 | 0.6 | 2.6 | 4.0 | 3.7 | 3.1 | 4.1 | 1.3 | -2.9 | -4.4 | -5.0 | -4.9 | -2.3 |
| 厳原 | 1.0 | 3.0 | 4.3 | 3.9 | 3.2 | 4.2 | 1.2 | -3.3 | -4.6 | -5.5 | -5.2 | -2.2 |
| 福江 | 0.7 | 2.5 | 4.1 | 3.9 | 3.3 | 4.3 | 0.9 | -3.2 | -4.6 | -5.0 | -4.8 | -2.0 |
| 雲仙岳 | 1.1 | 3.1 | 4.8 | 4.3 | 3.3 | 3.5 | 0.6 | -3.0 | -5.0 | -5.3 | -5.4 | -2.1 |
| 熊本 | 1.4 | 3.4 | 5.1 | 4.6 | 3.3 | 3.9 | 0.8 | -3.3 | -5.6 | -6.0 | -5.6 | -1.9 |
| 人吉 | 1.6 | 3.4 | 4.9 | 4.4 | 3.4 | 3.8 | 0.4 | -3.0 | -5.7 | -6.1 | -5.5 | -1.5 |
| 牛深 | 0.8 | 2.7 | 4.2 | 3.7 | 3.1 | 3.9 | 1.2 | -2.7 | -4.5 | -5.1 | -5.1 | -2.2 |
| 阿蘇山 | 1.4 | 3.3 | 5.3 | 4.7 | 3.2 | 3.4 | 0.4 | -2.9 | -5.3 | -5.6 | -5.8 | -2.3 |
| 大分 | 0.7 | 2.8 | 4.8 | 4.4 | 3.4 | 4.3 | 0.8 | -3.5 | -5.1 | -5.3 | -5.0 | -2.2 |
| 日田 | 1.4 | 3.5 | 5.4 | 4.8 | 3.7 | 4.0 | 0.4 | -3.8 | -6.0 | -6.1 | -5.3 | -1.9 |
| 宮崎 | 1.2 | 3.0 | 4.4 | 3.9 | 2.9 | 4.2 | 0.3 | -3.0 | -4.8 | -5.3 | -5.1 | -1.7 |
| 都城 | 1.5 | 3.2 | 4.7 | 4.1 | 3.0 | 4.1 | 0.2 | -2.9 | -5.0 | -5.7 | -5.5 | -1.8 |
| 延岡 | 1.0 | 3.1 | 4.5 | 3.9 | 3.0 | 3.9 | 0.6 | -3.0 | -4.9 | -5.3 | -5.2 | -1.8 |
| 油津 | 1.1 | 2.7 | 4.1 | 3.6 | 2.9 | 4.0 | 0.5 | -2.6 | -4.4 | -5.1 | -5.0 | -1.9 |
| 鹿児島 | 1.2 | 2.9 | 4.3 | 3.9 | 3.1 | 4.1 | 0.6 | -2.6 | -4.7 | -5.5 | -5.3 | -2.0 |
| 枕崎 | 1.0 | 2.6 | 4.0 | 3.6 | 3.1 | 3.9 | 0.7 | -2.5 | -4.5 | -5.0 | -5.0 | -1.8 |
| 阿久根 | 0.8 | 2.8 | 4.2 | 3.7 | 3.2 | 4.0 | 0.8 | -2.8 | -4.6 | -5.0 | -5.0 | -2.1 |
| 種子島 | 0.5 | 2.2 | 3.4 | 3.1 | 2.8 | 3.6 | 0.5 | -2.0 | -3.6 | -4.2 | -4.4 | -2.0 |
| 名瀬 | 0.3 | 1.8 | 2.7 | 2.9 | 3.4 | 2.7 | -0.3 | -1.6 | -3.0 | -3.6 | -3.8 | -1.6 |
| 屋久島 | 0.5 | 2.2 | 3.2 | 3.2 | 2.8 | 3.4 | 0.4 | -1.8 | -3.4 | -4.1 | -4.3 | -2.0 |
| 沖永良部 | 0.1 | 1.5 | 2.4 | 2.6 | 2.9 | 2.6 | 0.1 | -1.0 | -2.5 | -3.2 | -3.6 | -1.8 |
| 那覇 | 0.2 | 1.7 | 2.4 | 2.7 | 2.9 | 2.0 | -0.2 | -1.0 | -2.4 | -3.1 | -3.5 | -1.7 |
| 石垣島 | 0.4 | 1.6 | 2.4 | 2.6 | 2.4 | 1.3 | -0.3 | -1.2 | -2.1 | -2.5 | -3.2 | -1.5 |
| 名護 | 0.3 | 1.7 | 2.5 | 2.8 | 3.1 | 2.1 | -0.2 | -1.2 | -2.6 | -3.3 | -3.6 | -1.7 |
| 宮古島 | 0.3 | 1.5 | 2.4 | 2.6 | 2.6 | 1.3 | -0.3 | -1.1 | -2.0 | -2.6 | -3.1 | -1.6 |
| 南大東島 | 0.0 | 1.4 | 2.1 | 2.5 | 2.8 | 1.8 | -0.2 | -0.7 | -2.0 | -2.8 | -3.4 | -1.5 |
| 久米島 | 0.3 | 1.6 | 2.6 | 2.6 | 3.0 | 1.9 | -0.2 | -1.2 | -2.3 | -3.0 | -3.5 | -1.8 |
| 西表島 | 0.2 | 1.6 | 2.5 | 2.5 | 2.4 | 1.0 | -0.3 | -1.1 | -1.9 | -2.5 | -3.0 | -1.4 |
| 与那国島 | 0.4 | 1.5 | 2.5 | 2.5 | 2.4 | 1.1 | -0.3 | -1.2 | -2.0 | -2.4 | -3.0 | -1.5 |

1 か月後の温度変化 $\Delta te$（℃）の塗り分け区分　-8　-5　-2　2　5　8℃

d．線膨張係数が大きいコンクリートを使用すると，最大応力強度比が大きくなり，逆に線膨張係数が小さい場合は，最大応力強度比が小さくなる傾向となる．解説図5.24に示すように，コンクリートの線膨張係数の標準値を用いた基本チャート用の解析における応力強度比と，線膨張係数が標準値に対して $-4\times 10^{-6}$/℃，$+5\times 10^{-6}$/℃の場合の応力強度比は，おおよそ一定の割合になることがわかる．解説図5.25は，線膨張係数の標準値との差 $\Delta\alpha$ と，線膨張係数が標準値ではない場合の応力強度比の基本チャート用解析の応力強度比に対する比の関係を示している．同図より，線膨張係数が標準値と異なる場合は，コンクリートの線膨張係数の標準値との差 $\Delta\alpha$ を用いて(5.1)式により，応力強度比の補正係数を求めることにしている．ただし，セメントの種類が高炉セメントB種の場合は線膨張係数の標準値は $12\times 10^{-6}$/℃とし，それ以外は線膨張係数の標準値は $10\times 10^{-6}$/℃とする．

解説図5.26に，(5.1)式のコンクリートの線膨張係数による補正係数を用いて算出した応力強度比と，解析により得られた応力強度比の比較を示す．セメントの種類によらず，(5.1)式で精度良く，線膨張係数の違いの影響を評価できていることがわかる．

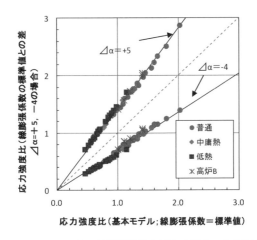

**解説図5.24** コンクリートの線膨張係数が異なる場合の応力強度比の関係

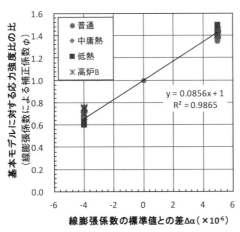

**解説図5.25** 線膨張係数の標準値との差 $\Delta\alpha$ が応力強度比に及ぼす影響

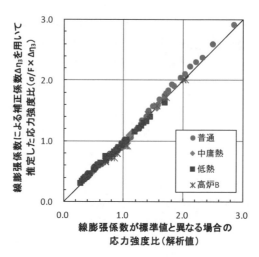

解説図 5.26 線膨張係数が標準値と異なる場合の解析値と補正係数を用いた推定値の比較

　e．応力強度比は，(5.2) 式により，5.3節の基本チャートで読み取った最大応力強度比 $\eta_0$ に，b項の打込み時のコンクリート温度と外気温に温度差がある場合の補正値 $\Delta\eta_1$，およびc項のコンクリートの打込み後に外気温が変化する場合の補正値 $\Delta\eta_2$ を加え，この合計値にd項に示すコンクリートの線膨張係数が標準値と異なる場合の補正係数 $\phi$ を乗じて求める．

　以下に，補正チャートの使用方法の例を示す．

　手順①　コンクリート打込み温度と外気温の差 $\Delta T_0$ の設定

　　コンクリート温度の方が外気温より5℃（$\Delta T_0 = +5$℃）高いとする．

　手順②　季節変動による温度変化量 $\Delta T_e$ の設定

　　外気温が1か月後に4℃低下（$\Delta T_e = -4$℃）するとする．

　手順③　コンクリートの線膨張係数の設定

　　石灰岩を用いたコンクリートで線膨張係数は $7\times10^{-6}$/℃ とする．

　手順④　その他の条件

　　壁状部材の基本チャート使用例と同じとする．

　　最大応力強度比の読取り値は1.58で，以下の条件である．

　　セメント種類＝普通，$W/C = 45$％，部材厚 $D_W = 1.8$ m，基本チャートの最大温度上昇量 $T_{up} = 44.0$℃

$E_G = 400$ N/mm², $E_G/E_C = 0.016$, $A_W/A_M = 0.79$, $L/H = 8.6$

　手順⑤　打込み時のコンクリート温度と外気温の温度差 $\Delta T_0$ による補正チャート読取り

　　解説図 5.27（a）より，応力強度比の補正値 $\Delta\eta_1$ は $+0.15$

　手順⑥　外気温の温度変化量 $\Delta T_e$ による補正チャート読取り

　　解説図 5.27（b）より，応力強度比の補正値 $\Delta\eta_2$ は $+0.03$

　手順⑦　線膨張係数の補正式計算値

　　　　$\Delta\alpha = 7 - 10 = -3\times10^{-6}$/℃

5章 チャートによる応力強度比の予測 —115—

$\phi=0.0856 \cdot \Delta\alpha+1=0.7432$

手順⑧ 最大応力強度比の算出

（基本チャート：1.58＋温度条件からの補正値：＋0.15＋0.03）×線膨張係数条件からの補正値：0.7432＝1.308

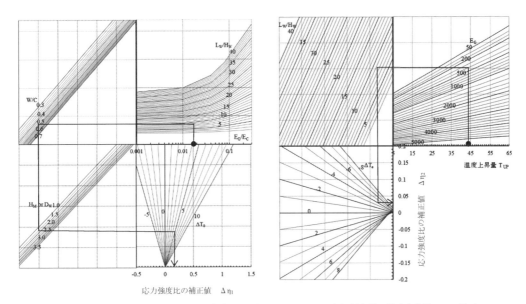

(a) 打込み時のコンクリート温度と外気温の温度差による補正　　　(b) 外気温の温度変化量による補正

解説図 5.27　補正チャートの使用方法の例

---

**参 考 文 献**

1) 棚野博之，鈴木澄江，中田善久，井上和政，米道　修：フレッシュコンクリートの温度測定の現状とその影響に関する検討，日本建築学会構造系論文集，No. 602，pp. 35-42，2006.4
2) 百瀬晴基，閑田徹志，今本啓一，清原千鶴，石関浩輔：高炉セメントB種コンクリートの収縮ひび割れ抵抗性の定量評価に関する研究，日本建築学会構造系論文集，No. 706，pp. 1717-1727，2014.12

# 6章　仕様設計

## 6.1　基本事項

---

a．本章は，底面を拘束された版状部材および壁状部材を対象とし，漏水抵抗性および鉄筋腐食抵抗性を確保するための対策を示す．

b．適用する版状部材の寸法は，厚さ3.5m以下，長さ40m以下とする．

c．適用する壁状部材の寸法は，厚さ1m以下の版状部材の上に打ち込まれるものであって，高さ4m以下，厚さ3.5m以下，長さ40m以下とする．

d．使用するセメントの種類は，普通ポルトランドセメント，中庸熱ポルトランドセメント，低熱ポルトランドセメント，高炉セメントB種またはフライアッシュセメントB種とする．

e．本章のマスコンクリート対策は，「共通対策」と「部材条件に応じた対策」を組み合わせて構成する．

f．本章の規定では部材の目標性能が得られない場合あるいは本章の規定を適用できない場合は，4章「性能設計」あるいは5章「チャートによる応力強度比の予測」に基づいて対策を検討する．

g．設計者は，コンクリートの材料・調合計画および施工計画に関する仕様を，本章に基づいて具体的に策定し，設計図書に明記する．

---

　**a**．本章では，5章「チャートによる応力強度比の予測」において基本チャート（5.3a～5.3b）作成に用いた数値解析の結果を基に，ひび割れ抑制目標が漏水抵抗性および鉄筋腐食抵抗性の場合に，目標性能がほぼ確保できると考えられるマスコンクリートの設計・施工の基本的な対策を示す．対象部材は，耐圧版のような底面を拘束された版状部材および基礎梁のような版状部材上に打ち込まれた壁状部材とする．解説表6.1に，本章で用いた数値解析条件の概要を示す．

　**b．～d**．本章で示す対策は，数値解析の結果を基に定めたものであり，その適用範囲は5章の適用範囲と同様である．適用範囲から外れる部材の場合は，4章「性能設計」により，部材の条件に応じた対策を個別に検討するものとする．なお，部材の長さが40mを超える場合は，工区分け等によって長さを適用範囲内に分割して施工することにより，本章の規定を適用することも可能である．

　**e**．マスコンクリートに発生する温度応力やひび割れは，部材の条件によって大きく異なるため，一律の対策を提示するのは困難であり，部材の条件に応じた対策が必要となる．このため，本章では，全てのマスコンクリート部材に必ず適用する「共通対策」と，検討対象部材の種類，打ち込まれる地盤の種類，コンクリートに使用するセメントの種類および量に応じて選択的に適用する「部材条件に応じた対策」を定めている．両者を適切に適用することにより，目標性能が得られる構成としている．

**解説表6.1** 本章で用いた数値解析条件の概要

（1） 版状部材

| 項　目 | 条　件 |
|---|---|
| 部材長さL | 10 m，25 m，40 m |
| 部材厚さH | 1 m，2 m，3.5 m |
| セメントの種類 | 普通，中庸熱，低熱，BB，FB |
| 単位セメント量 | 350 kg/m$^3$，450 kg/m$^3$ |
| 地盤剛性 | 50 N/mm$^2$，500 N/mm$^2$，5 000 N/mm$^2$ |
| 地盤寸法 | 長さ・幅：L+30 m，厚さ：15 m |

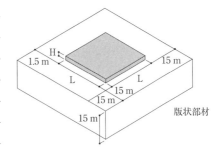

版状部材

（2） 壁状部材

| 項　目 | 条　件 |
|---|---|
| 部材長さL | 10 m，25 m，40 m |
| 部材厚さB | 1 m，2 m，3.5 m |
| 版状部材寸法 | 厚さ1 m，幅8 m，長さL m |
| セメントの種類 | 普通，中庸熱，低熱，BB，FB |
| 単位セメント量 | 350 kg/m$^3$，450 kg/m$^3$ |
| 地盤剛性 | 50 N/mm$^2$，500 N/mm$^2$，5 000 N/mm$^2$ |
| 地盤寸法 | 長さ：L+30 m，幅：28 m，厚さ：15 m |

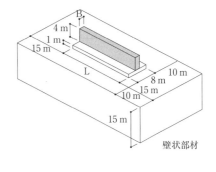

壁状部材

　**f**．前述のように，本章では部材の条件に応じたマスコンクリート対策を示すが，適用範囲内であっても，部材の形状・寸法，コンクリートの調合，地盤の種類，打継ぎ間隔，打込み・養生温度等の条件および水準の組合せは無限にあり，それらを全て仕様設計で網羅するのは不可能である．本章で採用している条件は，それらのごく一部でしかなく，しかも，その水準の区分は極めて限定的なものとならざるを得ない．また，部材の条件（使用するセメントの種類，単位セメント量）や地盤の条件によっては，目標性能を満足する対策が規定されていない場合がある．さらには，対策が規定されていても実際には適用が困難な場合もある．一方，4章「性能設計」または5章「チャートによる応力強度比の予測」では，本章の規定では対応できないような細かな条件や水準にも対応することが可能であり，本章の規定では部材の目標性能が得られない場合であっても，これらを適切に用いることにより，満足な結果が得られる場合がある．したがって，本章の規定で目標性能が得られない場合あるいは本章の規定を適用できない場合は，4章または5章に基づいて対策を検討することとする．

　**g**．本章は，版状部材および壁状部材の漏水抵抗性および鉄筋腐食抵抗性を確保するための基本的な仕様を提示するものである．設計者は，本章の記述に基づいて，計画建物の規模，構造，施工工期，建設場所，対象部材のコンクリート打込み時期等，対象とする建物および部材固有の多くの条件を考慮したうえで，具体的な使用材料，調合，施工方法を策定し，設計図書に明示しなければならない．なお，3章「共通仕様」で述べたように施工時の条件が設計時と大きく異なる場合には，再度計画を見直さなければならない．

## 6.2 共通対策

> a．化学混和剤は，AE 減水剤，高性能 AE 減水剤，流動化剤とする．
> b．コンクリートのスランプは 15 cm を上限とする．ただし，高性能 AE 減水剤または流動化剤を用いる場合は，21 cm を上限とする．
> c．構造体コンクリート強度を保証する材齢は 91 日とする．
> d．荷卸し時のコンクリートの温度は，35℃以下とする．
> e．コンクリート打込み後，部材表面は急激な温度低下や初期乾燥が生じないようにするとともに，部材内外温度差および部材温度低下速度が大きくならないように養生する．湿潤養生期間は JASS 5 8.2 による．

**a．b．** マスコンクリート部材に生ずる温度ひび割れを抑制するうえで，最も有効かつ基本的な対策は，部材の温度上昇量を低減することである．そのための手段として，単位セメント量の低減が有効である．3 章「共通仕様」では，本指針で扱うマスコンクリート全般に対する調合規定を定めているが，単位セメント量を低減するような具体的な規定は定めていない．その理由は，4 章「性能設計」で規定する性能設計を行うことにより，マスコンクリート部材の個々の条件や単位セメント量の影響を適切に評価することが可能であるため，目標性能を満足する範囲内で，設計者が単位セメント量を自由に設定できるように配慮したためである．しかし，本章の目的は，精密な検討を行わずとも目標性能がほぼ確保できると考えられる仕様を示すことにあり，その規定はやや安全なものとせざるを得ない．構造部材性能確保の面からは，ひび割れのおそれをなるべく低減するような規定とすることが望ましく，必要最低限の部材性能を満足するだけでなく，できる限り高い性能を目指すという姿勢も重要である．以上の考え方に基づき，本節の規定を定めている．適用にあたっては，次節の「部材条件に応じた対策」と本節を同時に満足するものとする．

単位セメント量を低減するための具体的な水準として，減水率の大きな AE 減水剤，高性能 AE 減水剤，または流動化剤を使用することとした．スランプの上限値については 15 cm とした．ただし，高性能 AE 減水剤または流動化剤を用いて単位水量の増加を抑制する場合に限り，21 cm を上限とすることを認めている．

**c．** 構造体コンクリート強度を保証するための材齢は 91 日とした．調合強度を定めるための基準とする材齢は，3 章に基づいて定めるが，一般的には 28 日とし，3 章「共通仕様」に示される $_{28}SM_{91}$ 値の標準値を適用すればよい．

**d．** コンクリート打込み後の部材温度上昇量および降下量は，打込み時のコンクリート温度が高いほど大きくなるため，荷卸し時のコンクリート温度が低いほうが望ましいのは言うまでもないが，これまでのマスコンクリート施工の実績や実情を考慮して，上限を 35℃とした．この値は，5 章で規定している打込み温度の上限 35℃と整合している．なお，練上がり温度を低減する方法の例を 3.2 節の解説に記しているので，参考にするとよい．

**e．** 部材の温度低下を抑制する方法として保温養生があり，打込み直後の保温養生は，一般に部材内部と表面の温度差による内部拘束応力が卓越する部材の場合には表層ひび割れ抑制の効果がある．しかし，周囲に岩盤，強固なコンクリート部材などが接しているような外部拘束応力が卓越す

6 章 仕 様 設 計 —119—

る部材の場合には部材内部の最高温度が高くなり，かえって温度ひび割れを助長することになるので，十分な検討が必要である．部材最高温度到達後の温度降下時の保温養生は，部材内に生じる温度勾配を緩やかにして応力発生時期を遅らせ，その間に生ずるコンクリートのクリープや強度増進によって応力の緩和とひび割れの低減が期待できる．また，打込み後の養生期間を通して，初期乾燥を抑える湿潤養生は，一般仕様のコンクリートと同様に初期ひび割れ防止に有効である．したがって，養生の方法は，内部温度が上昇している期間は表面部の急激な温度低下や初期乾燥が進まないように，最高温度に達した後は保温して内部と表面部の温度差および内部の温度降下速度が大きくならないように，かつコンクリート表面が急激に乾燥しないような方法とするのがよい．ここでは具体的な養生方法として，一般仕様のコンクリートと同様に材齢初期の湿潤養生の実施を定めた．なお，養生の方法としては，水平面ではシートや養生マットの敷設，垂直面ではせき板の存置やシートによる被覆などを選択することが望ましい．

## 6.3 部材条件に応じた対策

a．版状部材は，その部材が打ち込まれる地盤条件，コンクリートに使用するセメントの種類および単位セメント量に応じて，一度に打ち込む部材の長さ高さ比を，表6.1に示す値以下とする．

**表6.1 版状部材のマスコンクリート対策**

| 地盤条件 | 使用するセメントの種類 | 部材の目標性能に応じた長さ高さ比（L/H）の限度値 | | | |
|---|---|---|---|---|---|
| | | 漏水抵抗性 | | 鉄筋腐食抵抗性 | |
| | | 単位セメント量 350 kg/m³以下 | 単位セメント量 450 kg/m³以下 | 単位セメント量 350 kg/m³以下 | 単位セメント量 450 kg/m³以下 |
| 軟弱（粘性土） | 普通ポルトランドセメント | 40 | 40 | 40 | 40 |
| | 中庸熱ポルトランドセメント | 40 | 40 | 40 | 40 |
| | 低熱ポルトランドセメント | 40 | 40 | 40 | 40 |
| | 高炉セメントB種 | 40 | 40 | 40 | 40 |
| | フライアッシュセメントB種 | 40 | 40 | 40 | 40 |
| 普通（砂質土） | 普通ポルトランドセメント | 28 | 26 | 40 | 40 |
| | 中庸熱ポルトランドセメント | 40 | 40 | 40 | 40 |
| | 低熱ポルトランドセメント | 40 | 40 | 40 | 40 |
| | 高炉セメントB種 | 27 | 26 | 40 | 40 |
| | フライアッシュセメントB種 | 38 | 30 | 40 | 40 |
| 岩盤 | 普通ポルトランドセメント | — | — | 9 | 9 |
| | 中庸熱ポルトランドセメント | 7 | 6 | 19 | 17 |
| | 低熱ポルトランドセメント | 9 | 9 | 40 | 40 |
| | 高炉セメントB種 | — | — | 8 | 8 |
| | フライアッシュセメントB種 | — | — | 10 | 9 |

［注］「—」は対応不可を表す．

b．壁状部材は，その部材が打ち込まれる地盤条件，コンクリートに使用するセメントの種類および単位セメント量に応じて，一度に打ち込む部材の長さ高さ比を，表6.2に示す値以下とする．

**表6.2　壁状部材のマスコンクリート対策**

| 地盤条件 | 使用するセメントの種類 | 部材の目標性能に応じた長さ高さ比（L/H）の限度値 | | | |
| --- | --- | --- | --- | --- | --- |
| | | 漏水抵抗性 | | 鉄筋腐食抵抗性 | |
| | | 単位セメント量 350 kg/m³以下 | 単位セメント量 450 kg/m³以下 | 単位セメント量 350 kg/m³以下 | 単位セメント量 450 kg/m³以下 |
| 軟弱（粘性土） | 普通ポルトランドセメント | — | — | — | — |
| | 中庸熱ポルトランドセメント | — | — | 10 | 10 |
| | 低熱ポルトランドセメント | 10 | 2 | 10 | 10 |
| | 高炉セメントB種 | — | — | — | — |
| | フライアッシュセメントB種 | — | — | 6 | — |
| 普通（砂質土） | 普通ポルトランドセメント | — | — | — | — |
| | 中庸熱ポルトランドセメント | — | — | 10 | 7 |
| | 低熱ポルトランドセメント | 5 | 2 | 10 | 10 |
| | 高炉セメントB種 | — | — | — | — |
| | フライアッシュセメントB種 | — | — | 5 | — |
| 岩盤 | 普通ポルトランドセメント | — | — | — | — |
| | 中庸熱ポルトランドセメント | — | — | 6 | 4 |
| | 低熱ポルトランドセメント | 2 | — | 10 | 8 |
| | 高炉セメントB種 | — | — | — | — |
| | フライアッシュセメントB種 | — | — | 2 | — |

［注］「—」は対応不可を表す．

　a．解説図6.1～6.3は，5章「チャートによる応力強度比の予測」を作成するために実施した数値解析の結果のうち，単位セメント量350 kg/m³ および450 kg/m³ の版状部材の解析結果について，長さ高さ比（L/H）と応力強度比の関係を，地盤条件とセメントの種類別に整理したものである．図中の破線は，2章で定めた設計値（漏水抵抗性を確保するための応力強度比の設計値0.8，鉄筋腐食抵抗性を確保するための応力強度比の設計値1.3）から，打込み温度や外気温の変動等に対する余裕度分としてそれぞれ0.1だけ低減した応力強度比0.7および1.2を示している．

　これらの図より，次のようなことがわかる．

① 　長さ高さ比（L/H）と応力強度比の関係は，地盤の条件によって大きく異なる．特に，軟弱地盤の場合は，いずれのセメント種類，部材厚さ，単位セメント量であっても，長さ高さ比（L/H）が40までの範囲では応力強度比が0.4程度以下に留まり，ひび割れが発生するおそれは少ない．一方，普通地盤，岩盤においては，セメントの種類，部材厚さ，長さ高さ比（L/H）によっては応力強度比が0.7または1.2を超える部分があり，ひび割れ発生のおそれがある．

6章　仕様設計　－121－

② 他の条件が同じであれば，単位セメント量 450 kg/m³ の方が，単位セメント量 350 kg/m³ よりも応力強度比が大きくなり，ひび割れ発生の可能性が高くなる．

③ 長さ高さ比（L/H）と応力強度比との間には，長さ高さ比（L/H）が大きくなるほど応力強度比も大きくなるという傾向があり，部材厚さが異なっても大きくばらつくことなく，ほぼ連続的に推移する．

以上の結果を基に，漏水抵抗性を確保するための応力強度比の設計値 0.8，鉄筋腐食抵抗性を確保するための応力強度比の設計値 1.3 に対し，それぞれ 0.1 だけ低減した応力強度比 0.7 および 1.2 に対応する高さ長さ比（L/H）を条件別に求め，地盤の条件，使用するセメントの種類および単位セメント量ごとに整理して，表 6.1 に示した．これらの値は，3 種類の部材厚さに対して求まる算定値のうちの最小値を整数に丸めた値であり，目標性能に対して安全な値を与えるものと考えられる．

表 6.1 の適用方法は，次の①〜④のようになる．

① 部材の目標性能を確認する．

② 部材が打ち込まれる地盤を選定する．

③ コンクリートに使用するセメントの種類と単位セメント量を仮定し，表中より長さ高さ比（L/H）の限度値を求める．

④ 以上の結果および基本対策の内容を基に，コンクリートの材料・調合計画および施工計画に関する仕様を具体的に策定し，設計図書に明記する．

ただし，上記③の過程において，表中の表記が「－」の場合，あるいは表中から得られる長さ高さ比（L/H）の限度値を実現することが困難な場合は，使用するセメントの種類または単位セメント量を変更，場合によってはさらには部材の目標性能を変更して再度同様の検討を行うか，4 章「性能設計」あるいは 5 章「チャートによる応力強度比の予測」に基づいて対策を検討する．

地盤条件については 4.6 c に詳述されているとおり，粘性土地盤への直接基礎や杭基礎の場合は「軟弱（粘性土）」，砂質土や礫地盤への直接基礎の場合は「普通（砂質土）」，土丹や軟岩のような極めて固い地盤への直接基礎の場合は「岩盤」を選定すればよい．単位セメント量については，設計基準強度と強度補正値から調合管理強度を設定し，建設地域のレディーミクストコンクリート工場の実情を調査したうえで仮定するのが望ましい．併せて，希望するセメントの種類の使用可否についても調査しておく．

ここで，表 6.1，6.2 で示している単位セメント量 350 kg/m³ 以下，450 kg/m³ 以下に対応する設計基準強度について解説する．解説表 5.3 には，単位セメント量と材齢 28 日の圧縮強度の想定値を記載している．これは単位水量を 175 kg/m³ と仮定して算出したものであるが，この圧縮強度から，強度のばらつきに対する割増し分，強度補正値分を割り引いて設計基準強度を算出すると，おおよそ単位セメント量 350 kg/m³ 以下は設計基準強度 21〜30 N/mm²，単位セメント量 450 kg/m³ 以下は設計基準強度 30〜36 N/mm² のコンクリートに対応するので参考にするとよい．

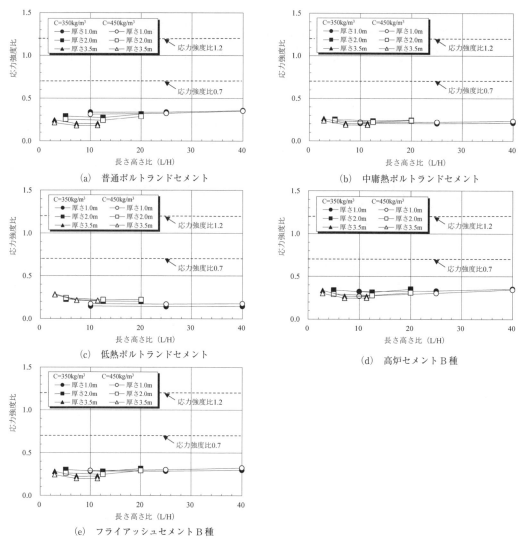

**解説図6.1** 版状部材における長さ高さ比（L/H）と応力強度比の関係（軟弱地盤）

6章 仕様設計 —123—

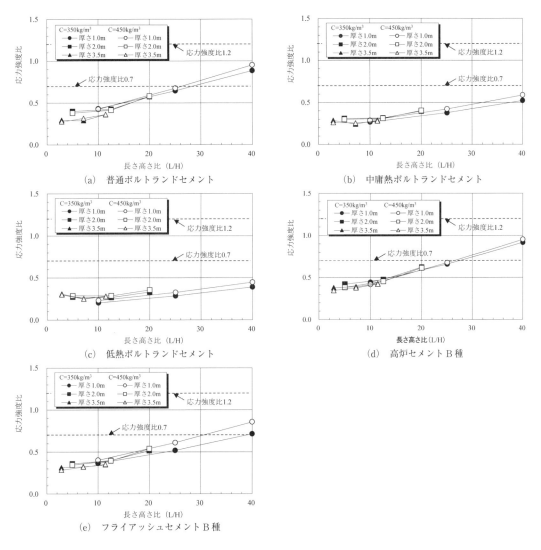

**解説図 6.2** 版状部材における長さ高さ比（L/H）と応力強度比の関係（普通地盤）

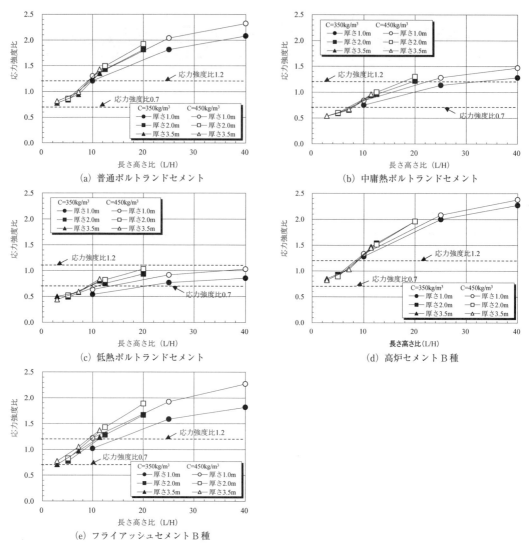

解説図 6.3 版状部材における長さ高さ比（L/H）と応力強度比の関係（岩盤）

ｂ．解説図6.4～6.6は，解説図6.1～6.3と同様に，5章において実施した数値解析の結果のうち，単位セメント量350 kg/m³ および 450 kg/m³ の壁状部材の解析結果について，長さ高さ比（L/H）と応力強度比の関係を，地盤条件とセメントの種類別に整理したものである．これらの図より，次のようなことがわかる．

① 長さ高さ比（L/H）と応力強度比の関係は，版状部材の場合と同様に，地盤の条件によって大きく異なる．いずれの地盤においても，セメントの種類，部材厚さ，長さ高さ比（L/H）によっては応力強度比が0.7あるいは1.2を超える部分があり，ひび割れを発生させないためには何らかの対策が必要となる．

② 他の条件が同じであれば，単位セメント量 450 kg/m³ の方が，単位セメント量 350 kg/m³ よりも応力強度比が大きくなり，ひび割れ発生の可能性が高くなる．

③ 長さ高さ比（L/H）と応力強度比との間には，長さ高さ比（L/H）が大きくなるほど応力強度比も大きくなるという傾向がある．

以上の結果を基に，表6.1と同様な方法により，表6.2を作成した．この表を適用することにより，目標性能に対して安全な値を与えるものと考えられる．なお，地盤条件の選定方法，単位セメント量の扱い，表中の表記が「—」の場合の対応方法は，表6.1の場合と同様である．

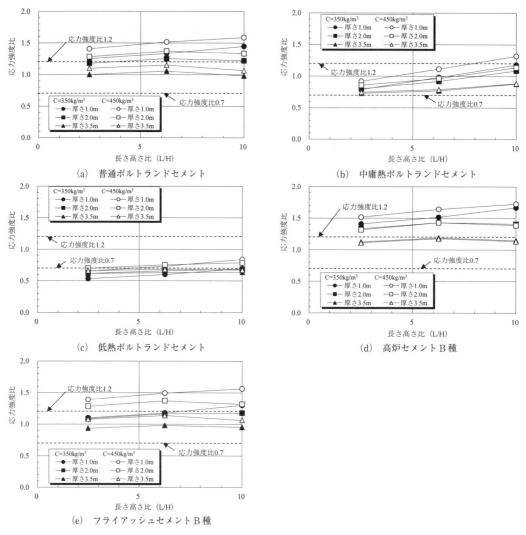

**解説図 6.4** 壁状部材における長さ高さ比（L/H）と応力強度比の関係（軟弱地盤）

6章 仕様設計 —127—

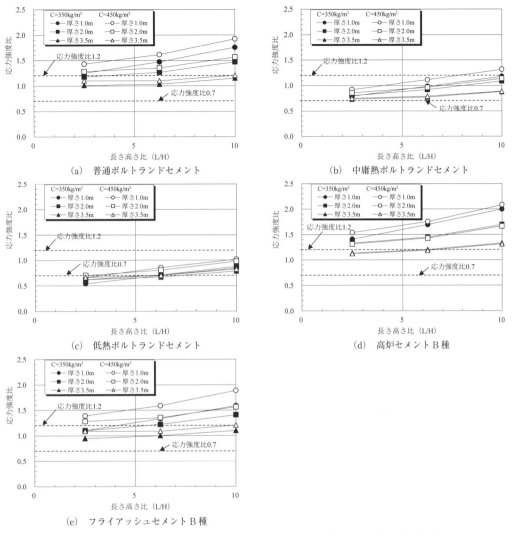

**解説図 6.5** 壁状部材における長さ高さ比（L/H）と応力強度比の関係（普通地盤）

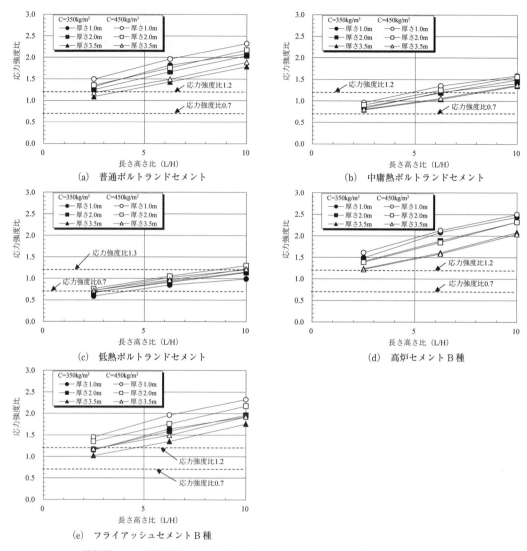

解説図 6.6　壁状部材における長さ高さ比（L/H）と応力強度比の関係（岩盤）

6章 仕様設計 —129—

　表6.2において，壁状部材については普通ポルトランドセメント，高炉セメントB種を使用する場合，目標性能を満足するL/Hの限界値を示すことができなかった．これは標準的な条件下の解析結果を基に安全を見て設定しているためである．そこで参考として，石灰石骨材を用いるなどコンクリートの線膨張係数を小さくした場合の限界値を解説表6.2に示す．これは，表6.2の根拠となった数値解析結果に対して5章　5.4によるコンクリートの線膨張係数の補正係数 $\phi$ を用いて応力強度比を補正し，再度整理したものである．この場合においても，普通ポルトランドセメント，高炉セメントB種を使用する条件では依然として漏水抵抗性を確保するための仕様は示せないが，鉄筋腐食抵抗性を確保するための仕様は示されている．

**解説表6.2** 壁状部材のマスコンクリート対策（線膨張係数が小さい場合）

| 地盤条件 | 使用するセメントの種類 | 部材の目標性能に応じた長さ高さ比（L/H）の限度値 | | | |
| --- | --- | --- | --- | --- | --- |
| | | 漏水抵抗性 | | 鉄筋腐食抵抗性 | |
| | | 単位セメント量 350 kg/m³以下 | 単立セメント量 450 kg/m³以下 | 単位セメント量 350 kg/m³以下 | 単位セメント量 450 kg/m³以下 |
| 軟弱 (粘性土) | 普通ポルトランドセメント | — | — | 10 | 10 |
| | 中庸熱ポルトランドセメント | 10 | 9 | 10 | 10 |
| | 低熱ポルトランドセメント | 10 | 10 | 10 | 10 |
| | 高炉セメントB種 | — | — | 10 | 10 |
| | フライアッシュセメントB種 | — | — | 10 | 10 |
| 普通 (砂質土) | 普通ポルトランドセメント | — | — | 10 | 8 |
| | 中庸熱ポルトランドセメント | 7 | 5 | 10 | 10 |
| | 低熱ポルトランドセメント | 10 | 10 | 10 | 10 |
| | 高炉セメントB種 | — | — | 7 | 7 |
| | フライアッシュセメントB種 | — | — | 10 | 9 |
| 岩盤 | 普通ポルトランドセメント | — | — | 6 | 5 |
| | 中庸熱ポルトランドセメント | 4 | 3 | 10 | 10 |
| | 低熱ポルトランドセメント | 8 | 6 | 10 | 10 |
| | 高炉セメントB種 | — | — | 4 | 4 |
| | フライアッシュセメントB種 | — | — | 8 | 5 |

［注］「—」は対応不可を表す
＊　線膨張係数は高炉セメントB種使用で $8 \times 10^{-6}/℃$ で，その他のセメント使用で $6 \times 10^{-6}/℃$ と仮定

　部材を多層に分割して1回あたりのコンクリート打込み高さを1m程度以下に抑え，部材温度上昇と温度ひび割れを抑制する方法がマスコンクリート対策工法の一つとして用いられることがあるが，本章ではその効果が明確ではないと判断して採用を見送った．以下に，多層分割の効果を確認するために実施した壁状部材の応力強度比の解析結果を紹介する．

―130― マスコンクリートの温度ひび割れ制御設計・施工指針　解説

（1）　解析条件

解説表6.3に解析条件を，解説図6.7に検討モデルを示す．セメントの断熱温度上昇特性は表4.1および表4.2のとおりとし，コンクリートおよび地盤の物性，応力解析条件は解説表5.2のとおりとした．検討モデルは，z軸対象の1/4モデルとした．

**解説表6.3**　解析条件

| | |
|---|---|
| 部材寸法 | 板状部材：厚さ1.0 m，幅8.0 m，長さ40 m<br>壁状部材：幅3.5 m，高さ4.0 m，長さ40 m |
| セメント | 普通ポルトランドセメント（450 kg/m³）<br>低熱ポルトランドセメント（450 kg/m³） |
| 地　盤 | 軟弱地盤（剛性50 N/mm²），岩盤（剛性5000 N/mm²）<br>温度：底面15℃，表面20℃，<br>中間：底面15℃，表面20℃とし，直線補間により設定 |
| リフト分け | 1（4.0 m），<br>2（2.0 m+2.0 m），<br>3（1.5 m+1.5 m+1.0 m），<br>4（1.0 m+1.0 m+1.0 m+1.0 m）の4種類 |
| 打込み間隔 | 全て7日間隔 |
| 温度条件 | 打込み温度：20℃，外気温：20℃一定 |

**解説図6.7**　検討モデル

（2）　解析結果

解説表6.4に解析結果を示す．部材内最高温度は，分割数の増加に伴って低下する．特に分割数を4とした場合は，分割しないものと比較して約18℃もの大きな温度低下となった．これに対して，応力強度比は部材の分割による増減の傾向が一定ではなく，低下するものがある一方で，増加するものもある．本解析はごく限られた条件に対するものであるが，部材の形状・寸法，分割方法，打込み時間間隔，コンクリートの発熱特性・物性，打込み温度，養生温度，地盤条件，モデルの形状等の多くの要因が変化することによっても，結果が大きく異なることが予想される．このように，多層分割の効果を一律に判断することはできず，仕様設計の規定として記述することは困難である．

**解説表6.4**　解析結果（部材中央付近の応力強度比の最大値）

| セメントの種類 | 地盤条件 | 分割数：1 | 分割数：2 | 分割数：3 | 分割数：4 |
|---|---|---|---|---|---|
| 普通ポルトランドセメント | 軟弱地盤 | 0.86（81.4℃） | 1.06（76.5℃） | 1.22（71.9℃） | 1.49（63.7℃） |
| | 岩盤 | 1.82（81.4℃） | 2.00（76.5℃） | 2.00（71.9℃） | 2.04（63.7℃） |
| 低熱ポルトランドセメント | 軟弱地盤 | 0.56（64.6℃） | 0.54（58.7℃） | 0.50（54.3℃） | 0.54（47.0℃） |
| | 岩盤 | 1.18（64.6℃） | 1.15（58.7℃） | 1.03（54.3℃） | 1.06（47.0℃） |

［注］（　）内は部材内最高温度を示す．最高温度発生位置は，応力強度比最大値発生位置と必ずしも一致しない．

# 7章 施 工

## 7.1 基本事項

---

a. 本章は，マスコンクリートの施工に適用する．
b. 施工者は，設計図書に記載されたマスコンクリートの温度ひび割れ抑制対策に基づき，施工時期，周辺
  環境，工期，工程などの施工上の諸条件を十分に考慮して，目標性能を達成するような施工計画書を作成
  し，工事監理者の承認を受ける．
c. 施工者は，施工計画書に基づいて工事を施工する．

---

a. コンクリートは，レディーミクストコンクリート工場で練り混ぜられ，まだ固まらないうち
に所定の工事現場，部材位置まで運搬の後に打ち込まれ，締固め・仕上げ・養生等を経て硬化コン
クリートとなり，所定の性能を発揮する．このようなコンクリートの製造方法や特質は，鋼材や木
材等の他の建設材料とはまったく異なり，施工の方法や施工の品質が打ち込まれたコンクリートの
品質を左右すると言われる由縁となっている．

「コンクリートの施工」という言葉を広義に捉えると，材料の選定・管理，調合設計，練混ぜ等
の主にレディーミクストコンクリート工場で実施する部分と，運搬，打込み，締固め，養生等の主
に工事現場で実施する部分（狭義の意味での施工）が含まれ，その全てが最終的に得られる硬化コ
ンクリートの品質を左右する．この点では，一般仕様のコンクリートもマスコンクリートも同様
であるが，通常のコンクリートの場合は，レディーミクストコンクリート工場で練り混ぜられたフレ
ッシュ状態のコンクリートが保有するポテンシャルをその後の現場施工で最大限に発揮するように，
言い換えるならば，保有するポテンシャルを損なわないように現場施工することを主眼として計画
する．一方，マスコンクリートの場合は，計画したとおりの熱特性を有するコンクリートを製造し，
その熱特性を前提とした施工計画書に基づいて適切に施工することにより，初めて目標性能を有す
る部材が得られる点が異なる．すなわち，マスコンクリートのひび割れ対策は，コンクリートの調
合・製造と施工とが一体で計画され，適切に実行されることが必須であり，この点を十分に認識し
て計画・実行することが重要である．

b. c. 本指針では，設計者がコンクリートの材料・調合および施工方法等の具体的な仕様を定
め，施工者がその仕様に基づいて実際の工事現場に適用する詳細な施工計画書を作成し，施工計画
書に従って現場施工を行うことによりマスコンクリートの温度ひび割れを制御することとしている．
これは，設計段階でマスコンクリートのひび割れ対策についてほとんど考慮されることがなく，施
工段階で初めて対策が検討されるという従来のやり方では，実効があるひび割れ制御を行うのは困
難であるとの反省に基づいて定めたものである．しかし，実際に使用するコンクリートの調合や，
工区割り，運搬方法，打込み方法，打継ぎ方法，養生方法等の詳細な施工計画は，コンクリート工

事計画に関連する他の工事や個々の施工条件等をも併せて考慮して定める必要があるため，設計段階で全てそのまま施工できるような水準まで細かく定めることは不可能であり，おのずと施工者が行わざるを得ない．例えば，工区割りを決定するためには，レディーミクストコンクリートの供給・運搬能力，作業人員，打継ぎ処理方法，他の部材との取合い，近隣条件，作業可能時間，工事工程等の関連する多くの施工条件を考慮したうえで，設計図書に記載された仕様を満足するように定める必要がある．また，施工時期や周辺環境条件，コンクリートの調合や工区割りなどが，設計図書に記載されたマスコンクリートのひび割れ対策の前提条件や当初の施工計画と大きく異なる場合は，実情を十分に考慮した条件でひび割れ対策の再検討を行い，施工計画書に反映させる必要がある．このように，施工者は，工事に関連する諸条件と設計図書の記載とを十分に考慮し，目標性能を達成するような施工計画書を作成し，工事監理者の承認を受けたうえで実施することになる．

　一般に，コンクリート工事の施工計画書は，次の（1）〜(12)に示すような内容で構成される．この中で，マスコンクリートの場合で特に重要と考えられるのは，（5）打込み部位，（7）コンクリートの調合，(10) コンクリートの養生方法，(11) 品質管理・検査の4項目である．実施工の前には必ず施工計画書を作成し，設計者と施工者がその内容を合意し，工事監理者の承認を受けたうえで，計画どおりに施工することが肝要である．なお，承認後に施工計画書を変更する場合は，工事監理者と協議し，再度承認を受けたうえで施工する．

（1）　一般事項

　適用範囲，適用図書，疑義・変更，関係者への周知

（2）　工事概要

　建物概要，コンクリート工事概要（設計仕様，設計要求性能，部位ごとの数量と仕様），施工期間

（3）　工事工程

　全体工程，コンクリート工事工程

（4）　施工体制

　施工会社（レディーミクストコンクリート代理店，レディーミクストコンクリート工場，圧送会社，打込み会社，仕上げ会社，試験代行会社），職員・作業員の配置，役割分担，連絡先，連絡方法

（5）　打込み部位

　工区割り，リフト分け，打込み順序，打込み予定日，打継ぎ方法

（6）　レディーミクストコンクリート工場

　工場概要（位置，設備，体制，JIS 認証書），現場までの運搬経路・時間

（7）　コンクリートの調合

　調合計算書，調合表，使用材料の品質，試し練り

（8）　コンクリートの運搬

　使用機材，コンクリートポンプ車の圧送能力，圧送距離の検討，コンクリートポンプ車の配置，輸送管の配置，養生および支持方法，圧送中断時の処置方法，圧送で著しい異状を生じたコンクリ

ートの処置

（9）　コンクリート打込み方法

　打止め方法，打込み前の準備（清掃・水湿し等），使用機材と数量，先送り水・モルタルの除去と処分方法，打込み手順，打込み方法，締固め方法，上面の仕上げ方法，天候急変時の対策

（10）　コンクリートの養生方法

　湿潤養生の具体的方法・期間，保温養生の具体的方法・期間，初期載荷防止の期間

（11）　品質管理・検査

　フレッシュコンクリートの検査方法と判定基準，供試体の採取方法・本数・養生方法，圧縮強度試験実施場所と判定基準，表面および仕上がりの検査方法と判定基準，ひび割れの検査方法と判定基準，異常時の措置（補修方法）

（12）　添付資料

　各種カタログ，資格・免許等の写し

　なお，本指針では，鉄筋工事および型枠工事については特に規定しないが，これらの工事に関しても，マスコンクリート部材が所要の性能を発揮するような施工計画とすることが必要である．

　以下にその例を示す．

（1）　鉄筋工事の施工計画における注意点

　①　ひび割れ対策用の補強筋を配置する場合は，所定の精度が確保でき，コンクリートの打込み・締固めの際の棒形振動機挿入と打込みに支障のないことを，あらかじめ配筋詳細図を作成して確認する．

　②　リフト分けを行う場合は，下層リフトの打込みの際に，上層リフトの鉄筋がコンクリートで汚れたり，打込み作業によって乱れたりすることがないように計画する．

（2）　型枠工事の施工計画における注意点

　①　せき板の材料・種類は，温度ひび割れ対策として定めた断熱効果・放熱効果を有するものを選定する．

　②　せき板の存置期間は，温度ひび割れ対策として定めた養生計画に従う．

　③　打継ぎ部の位置・形状，ひび割れ誘発目地の配置・形状は，温度ひび割れ対策として定めた計画に従う．


## 7.2　発注・運搬

> a．呼び強度を保証する材齢は，調合強度を定めるための基準とする材齢とする．
> b．レディーミクストコンクリートの呼び強度の強度値は，（3.1）式で定める調合管理強度以上とする．
> c．荷卸し時のコンクリート温度の上限値は35℃とし，できるだけ温度ひび割れ制御設計時の温度以下となるように計画する．
> d．運搬によるコンクリート温度の上昇ができるだけ小さくなるように計画する．
> e．工場の選定にあたっては，原則として同一打込み工区に複数の工場からのコンクリートが打ち込まれないように配慮する．

a．マスコンクリートでは，単位セメント量をできるだけ少なくするために，調合強度を定めるための基準とする材齢は28日以上91日以内の範囲で定め，工事監理者の承認を受けることになっている．したがって，発注するレディーミクストコンクリートの呼び強度を保証する材齢は，同様に調合強度を定めるための基準とする材齢とする．

b．発注するレディーミクストコンクリートの呼び強度の強度値は，マスコンクリートの品質基準強度にマスコンクリートの構造体強度補正値を加えた値として算出される調合管理強度以上とする．ただし，呼び強度の強度値は，単位セメント量の増加による部材温度上昇の観点から，できるだけ小さくすることが望ましい．

c．荷卸し時のコンクリート温度が高いほど，内部温度上昇は速く進み，最高温度も高くなり，最高温度に達した後の温度降下量も大きくなる．また，コンクリート温度が高いとコンクリートの凝結が速くなり，ワーカビリティーが急速に低下し，打込み・締固めがしにくくなるばかりでなく，先に打ち込んだコンクリートと後から打ち重ねたコンクリートの一体性が損なわれやすくなり，豆板やコールドジョイントなどの有害な打込み欠陥部が発生しやすくなる．このように，荷卸し時のコンクリート温度が高くなると，計画した品質のコンクリートが得られにくくなるので，練上がりおよび荷卸し時のコンクリート温度をできるだけ低くすることが望ましい．また，性能設計を行った場合には，設計時と施工時の条件との間に大きな差異が生じないように，これらのコンクリート温度を管理・制御する必要がある．しかし，現実には練上がり時のコンクリート温度を管理・制御できるような冷却設備があるレディーミクストコンクリート工場は市中にほとんど存在しないので，外気温の上昇等により，練上がり温度が計画値よりも高くなることがある．本指針では，このような現実に配慮し，荷卸し時のコンクリート温度を厳密に管理する規定とはせず，できるだけ温度ひび割れ制御設計時の温度以下となるように計画することを規定するに留めた．ただし，性能設計を採用した場合であっても，その上限を35℃とする．なお，打込み時期の変更等により荷卸し時のコンクリート温度が計画値と大きく異なることが予想される場合は，応力強度比を再確認するなどして，あらかじめ計画の妥当性を検証しておく等の配慮が必要である．再度計画を見直す条件の目安は，3.1の解説による．

d．現場内での運搬中のコンクリート温度は，水和熱による上昇のほかに，外気温や日射の影響を受けて上昇することがある．暑中期の施工においては，直射日光の影響で大きく上昇する可能性があるため，特に注意が必要である．温度上昇を低く抑えるために，一部では，トラックアジテータのドラムに遮熱塗料を塗装する試みもなされている．輸送管が直射日光にさらされた状態でポンプ圧送の中断が長くなると，配管内のコンクリート温度が上昇するので，圧送はできるだけ連続的に行う必要がある．輸送管の温度上昇が懸念される場合は，配管への散水，むしろ掛けなどによる日よけ等の対策を実施するのがよい．

e．マスコンクリートのように大量にコンクリートを打ち込む計画では，同時に複数工場からコンクリートの納入を回避できない場合，原則として同一打込み工区に複数工場からのコンクリートが打ち込まれないように，打込み区画を区分し，それぞれの工場に振り分けて，品質責任の所在を明確にすることが重要である．

ただし，複数工場からの品質責任の所在を明確にでき，かつ複数工場からのコンクリートが混合されることを想定して，あらかじめこの影響について試し練り等によって検討し，コンクリートの性能に悪影響を及ぼさないことが確認できれば，この限りではない．なお，コンクリートが混合される場合の悪影響として，相違する化学混和剤の混合によるスランプの低下やこわばりの発生等[1]が懸念されるため，化学混和剤の主成分は同一種類とすることが望ましい．また，性能設計を行った場合には，複数工場のコンクリートの使用材料・調合が，性能設計で想定した範囲であることを確認する必要がある．

## 7.3 打込み・養生

打込みおよび養生は，あらかじめ定めた施工計画に従って行う．

マスコンクリートの施工において，工区割り，リフト分け，打継ぎ方法，リフトの打重ね時間間隔および養生方法等は，全て温度ひび割れ対策の一環として位置付けられており，それらを忠実に実行することを前提として，マスコンクリートのひび割れ対策が組み立てられている．例えば，4章「性能設計」に基づいて対策を行う場合，工区割りおよびリフト分けを考慮した計算モデルの作成と計算ステップの設定，施工時期を考慮した外気温度設定と養生方法に対応した部材表面の熱伝達条件設定を行い，解析プログラムを実行することになる．したがって，予測結果を現実の部材に反映させるためには，性能設計時の設定条件を，実際の施工現場で再現する必要がある．また，5章「チャートによる応力強度比の予測」に基づいて施工する場合は，チャート作成時の解析条件がその前提条件となる．さらに，6章「仕様設計」に基づいて施工する場合は，コンクリートの材料・調合および施工計画に関する規定が定められている．このようにマスコンクリートでは，施工計画がすなわち温度ひび割れ抑制対策の一部となっているため，その施工にあたっては，あらかじめ定めた計画どおりに実施することが極めて重要となる．なお，やむを得ず計画を変更する必要が生じた場合は，あらかじめ工事監理者の承認を得たうえで，変更した計画を実施する．

入念に計画された施工計画書に基づいて工事を施工したにもかかわらず，やむを得ず不具合が発生する場合がある．例えば，版状部材や大型の基礎梁を中段でリフト分けする場合，下層のリフトの上面は，押さえの回数が少なく，かつ鉄筋が少ない部分になりがちなため，初期ひび割れの拡幅が生じやすいので，打込みや養生に留意する．

---

**参 考 文 献**

1) 日本材料学会：コンクリート混和材料ハンドブック，pp. 119-127，2004

# 8章　品質管理・検査

## 8.1　基本事項

> a．品質管理および検査は，マスコンクリートの所定の品質が確保されるように行う．
> b．品質管理および検査は，品質管理責任者を定めて，品質管理計画を作成して行う．
> c．品質管理および検査の結果は，記録に残すとともに適時利用できるように保管しておく．

**a．**マスコンクリートは，一般仕様のコンクリートと同様に，レディーミクストコンクリート工場における使用材料の試験・検査，工事現場における受入検査および構造体コンクリートとしての圧縮強度の検査を行い，所定の品質が確保されるように管理する必要がある．

さらに，マスコンクリートでは温度ひび割れ制御のために計画された工区割り，リフト分け，打継ぎ方法，打重ね時間間隔および養生方法等が計画どおりに実行されるよう管理することが重要である．なお，本指針によりひび割れ制御設計・施工を行ったにもかかわらず，やむを得ず補修が必要なひび割れが発生した場合は，8.4によりひび割れの補修を行うものとする．

**b．**マスコンクリートの施工でも一般仕様のコンクリートと同様に，事前の計画に従い，作業工程に合わせて所定の品質管理と検査を行うことによって，所定の品質のコンクリートを得ることができる．

施工者は，鉄筋コンクリート構造体の品質が確保されるように，7.1に示した施工計画書に基づき品質管理計画を立案するとともに，品質管理責任者を定めて，この責任者が鉄筋コンクリート工事の全工程における品質管理を行うようにする．品質管理計画は，施工品質目標を明確にしたうえでJASS 1.2に従い次の①〜⑤の事項を含むものとし，さらに各事項に示した項目を参考に定める．

① 品質管理組織（一例を解説図8.1に示す）
　・管理，検査の責任者および担当者
　・次工程へ進むことを許可する責任者
② 管理項目および管理値
　・プロセス管理および検査項目
　・工事監理者の承認項目
③ 品質管理実施方法
　・管理・検査の方法
　・検査に必要な試験項目と方法，責任者および担当者
　・記録シート
　・文書および記録の管理，保管方法

④ 品質評価方法
　・判定基準
⑤ 管理値を外れた場合の措置

このうち，マスコンクリートの温度ひび割れについては，2章に示した許容値・設計値に基づき合否判定基準を定め，不合格等の不具合が生じた場合の措置を含め，あらかじめ品質管理計画に明記し工事監理者の承認を受ける．

品質管理責任者は，建物の規模，工事の難易度によって，一級建築士，1級建築施工管理技士，技術士（コンクリートを専門とする者），コンクリート主任技士の資格を有する者，あるいはコンクリート技術に関しこれらと同等以上の能力を有するものから選任して，工事監理者の承認を受ける．

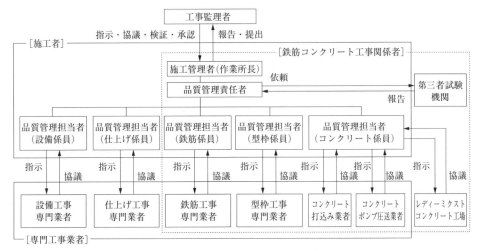

**解説図 8.1** 品質管理組織（例）

c．品質管理および検査の結果の記録は，納入されたコンクリートおよび打ち込まれたコンクリートの品質が仕様書に適合したものであることの証拠であると同時に，品質変動の実態を示すデータである．これらの記録は品質変化が生じたときの迅速な原因究明に役立つため，適時利用できるように保管しておく．とくに，マスコンクリートの温度ひび割れ制御のために計画した施工方法とその効果およびひび割れ等の不具合発生時の対処を品質記録としてまとめておくと，ひび割れに対するトレーサビリティーとして，また，次プロジェクトの品質管理計画にフィードバックできる有用な資料となる．

## 8.2 コンクリートの品質管理・検査

a．使用するコンクリートの品質管理・検査およびレディーミクストコンクリートの受入れ時の検査は，JASS 5 11.4 および 11.5 による．ただし，圧縮強度の検査の試験材齢は $m$ 日とする．なお，外気温を確認する．

b．構造体コンクリートの圧縮強度の検査は，JASS 5　11.11 による．ただし，判定基準は表 8.1 とする．

表8.1　マスコンクリートにおける構造体コンクリートの圧縮強度の判定基準

| 供試体の養生方法 | 試験材齢 | 判定基準 |
|---|---|---|
| 標準養生 | 28 日以上 91 日以内の $m$ 日 | $X_m \geqq FM_m$ |
| 構造体温度養生 | 28 日以上 91 日以内の $n$ 日 | $X_n \geqq F_q + 3$ |
| コア | 28 日以上 91 日以内の $n$ 日 | $X_n \geqq F_q$ |

ただし，$m$, $n$：3.3 で定めた $m$, $n$ と同じものとする．
　　　　$X_m$：材齢 $m$ 日おける 1 回の試験における 3 個の供試体の圧縮強度の平均値(N/mm²)
　　　　$X_n$：材齢 $n$ 日おける 1 回の試験における 3 個の供試体の圧縮強度の平均値(N/mm²)
　　$FM_m$：マスコンクリートの調合管理強度(N/mm²)
　　　$F_q$：マスコンクリートの品質基準強度(N/mm²)

c．型枠取外し時期決定のための圧縮強度試験用供試体の養生方法は，対象部位の温度履歴を考慮したものとし，工事監理者の承認を受ける．

　　a．使用するコンクリートの検査は，基本的に JASS 5 に従って行う．さらに，マスコンクリート部材としての品質を確保するため，荷卸し時のコンクリート温度および外気温を測定し，ひび割れ制御設計に用いたコンクリートおよび周囲環境の設定温度の妥当性を確認することとした．確認した温度が設計時の設定温度と大きく異なる場合は，5 章のチャートにより応力強度比を確認するなどして，必要に応じて次の施工での対策に生かすようにする．なお，5 章のチャートでマスコンクリート対策を行う場合は，コンクリートの打込み温度を 35℃以下と規定しているため，荷卸し時のコンクリート温度もこれに合わせて管理する必要がある．さらに，8.3 に示すひび割れの検査を充実させることで，ひび割れ制御対策の妥当性を検証し，でき上がったマスコンクリートの品質が要求性能を満足するように管理することとした．なお，4 章の性能設計によりひび割れ制御対策を行い性能設計の各段階における予測の検証を行う場合等は，必要に応じてマスコンクリート部材内部の温度，ひずみを計測するとよい．

　　b．マスコンクリートは，調合強度を定めるための基準とする材齢を，28 日だけではなく 28 日以上 91 日以内の材齢 $m$ 日に設定できるようにしたため，標準養生による場合の構造体コンクリートの圧縮強度の判定基準は，材齢 $m$ 日における試験結果を用いることになる．なお，マスコンクリートは，セメントの水和等の影響により外気温とは異なる温度で養生される．この構造体強度と標準養生供試体強度との差をマスコンクリートの構造体強度補正値 $_mSM_n$ として 3.3 に示す調合で取り入れているため，マスコンクリートの構造体コンクリートの強度の検査に関しては，現場水中養生供試体または現場封かん養生供試体による方法を適用できない．

　　c．型枠取外し時期，特に支柱の取外し時期の決定のためには，部材全体の平均的な強度とともに，例えば，梁の引張縁付近などの部材表面部付近の局部強度の推定が必要となる場合もある．マスコンクリートでは，内部と表面部の温度分布の関係から内部に比べ表面部の強度発現が遅れ，この傾向は外気温が低い場合に著しい．型枠の取外しに際して特に部分的な強度が問題となる場合には，その部位の温度履歴を考慮して供試体の養生方法を決めるのが望ましい．したがって，一般に

供試体の養生方法は標準養生とせず，JASS 5 T-603 による現場水中養生または現場封かん養生とするのが安全側の強度評価になると考えられる．また，温度履歴を考慮した養生方法には，JASS 5 T-606 による簡易断熱養生や JASS 5 T-607 による温度履歴追随養生も考えられるため，品質管理全体を総合的に判断して養生方法を決定し，工事監理者の承認を受けることとした．

## 8.3 ひび割れの検査

a．温度ひび割れの調査は，対象部材の温度が平準になった時点で行う．
b．ひび割れの検査は，温度ひび割れの調査結果が表 8.2 の判定基準を満足すれば合格とする．判定基準を満たさない場合には，補修の要否の検討を行う．

表 8.2 ひび割れ検査の判定基準

| 性　能 | 判定基準 | 検査方法 |
|---|---|---|
| 漏水抵抗性 | 貫通ひび割れを生じないこと | クラックスケール，ルーペ等 |
| 鉄筋腐食抵抗性 | ひび割れ幅の最大値が 0.4 mm を超えないこと | |

a．マスコンクリートの温度が外気温近くまで低下し平準になるのは，セメントの種類，コンクリートの調合，部材種類・寸法，養生条件などによって異なる．壁状部材ではコンクリート施工後 1 週間程度で部材温度は平準になるとされているが，できるだけ正確に判断を下せるように工程内で許容される範囲で余裕を持って温度ひび割れの調査を行うのが望ましい．一方，版状部材の場合は，部材厚が大きくなるほど温度低下に長時間を要するが，解説図 8.2 や 4 章の性能設計に基づいて温度ひび割れ制御を行った場合の温度履歴予測結果，あるいは部材温度の測定結果を基に，外気温近くまで温度が低下したと判断してから調査を行う．また，リフト分けをして施工する場合は，上層のコンクリートを施工することによって下層のコンクリート温度が変化するので，上層のコン

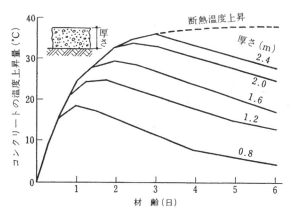

解説図 8.2　コンクリートの厚さと温度上昇の関係[2]

クリートを施工する前に下層のコンクリートの調査を行う．この場合，下層のコンクリートの温度が外気温近くまで低下していなくても調査を行い，拘束条件の設定と照合するなどして，適切な打継ぎ間隔を検討するための資料とする[1]．

温度ひび割れの調査は，あらかじめ要領書を作成して行う．要領書には，調査時期，調査対象部位，調査方法，調査記録の方法などを示す．調査時期は対象とする部材の温度が平準になった時点とし，対象部位は温度ひび割れ制御の検討および対策を行った部材とする．温度ひび割れ調査の要領書には，次の項目を記載する．

① 調査時期：上記を参考に定める
② 調査対象部位：温度ひび割れ制御の検討および対策を行った部材
③ 調査方法：目視によってひび割れの有無を確認する．ひび割れが認められた場合にはクラックスケールなどで，最大ひび割れ幅を測定する．
④ 調査記録：伏図や展開図などにひび割れの位置および長さ，最大ひび割れ幅を記録する．
⑤ コンクリートの品質：設計基準強度，呼び強度，セメントの種類，単位セメント量，スランプ，コンクリート温度など．

調査は，ひび割れのパターン，幅，長さ，貫通の有無，閉塞状況，経過等を含むものとする．ひび割れの測定方法は，コンクリート表面でひび割れに対して直角に測定するものとし，解説図8.3に示すように測定はクラックスケール，目盛りルーペなどを用いて行う．また，必要に応じてパイ

・クラックスケールによる方法

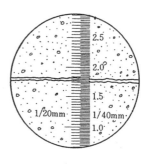
・ルーペ（顕微鏡）による方法

(a) ひび割れ幅の測定方法

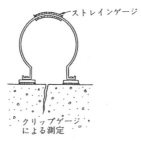
・パイ型変位計による測定

・コンタクトゲージによる測定

(b) ひび割れ幅の変動の測定方法

**解説図8.3　ひび割れ幅および変動の測定方法[3]**

型変位計やコンタクトゲージを用いてひび割れの経過を測定するとよい．ひび割れは通常，連続した１本でも位置によって幅が異なるため，ひび割れ幅は最大の部分の測定を基本とするが，最大幅を示す部分がひび割れの全長のうちの極めてわずかな一部分である場合や，たまたまひび割れの縁のコンクリートが局部的に欠け，他の部分に比べ異常に大きな最大幅となった場合などには，過剰な補修が行われることになりかねないので，ひび割れの全長にわたった幅の分布にも留意するとよい．外部拘束応力による温度ひび割れは部材を貫通するケースが多く，漏水抵抗性，鉄筋腐食抵抗性とも大きく低下することになるので，特に壁状部材では貫通の有無を調査するとよい．ひび割れが貫通しているか否かは水や空気が通過するかどうか，あるいはコンクリートの表面と裏面のひび割れパターンが一致しているかどうかがチェックポイントとなる[3]．

　ｂ．ひび割れ検査は，2.2の許容値・設計値に基づき，あらかじめ定めたひび割れの判定基準に従って実施する．これらの判定基準は，部材に求められる目標性能が満足されているかを，ひび割れ幅などの代替指標により判断するものであることから，不合格となったマスコンクリートが必ずしも目標とする性能を満足しないということではない．例えば，2.2に示したように漏水抵抗性が要求される地下外壁において貫通性のひび割れが発生していたとしても，実際に漏水がなければ補修の必要性は高くないと考えられる．また，鉄筋腐食抵抗性は鉄筋のある部位に対して要求される性能であり，版状部材をリフト分けして施工する場合などに，鉄筋がないリフトでは鉄筋腐食抵抗性を特に考慮する必要はない．したがって，検査で不合格となったひび割れが生じていても目標性能が得られていることが明らかになれば，やみくもに補修を行う必要はなく，2.1で対象とした漏水抵抗性および鉄筋腐食抵抗性に対する限界状態に立ち返った判断が望ましい．

## 8.4　ひび割れの補修

> ａ．補修が必要と判断されたひび割れについては，補修方法を工事監理者の承認を受けて定め，補修を行う．
> ｂ．補修後の検査方法は，構造物や部材に要求される性能を考慮して定め，工事監理者の承認を受ける．

　ａ．補修が必要と判断されたひび割れは，ひび割れの進行性に十分配慮した補修計画が必要で，基本的にはひび割れ発生を確認してからできるだけ長期間おいて補修を実施することが望ましい．また，補修方法を定める際，ひび割れ幅および長さならびにひび割れ幅の変動が補修工法の選定基準となることから，解説図8.3に示した方法などを用いてひび割れの挙動の有無を判断しておく必要がある．

　補修方法は，補修に用いる材料，工法を選定して定める．

1) 補修工法：補修工法は，目的に応じて解説表8.1に示す工法から選定する．

　① シール工法

　　微細なひび割れ（一般に幅0.2 mm以下）の補修に適する工法で，ひび割れ表面部を補修材料で覆う．ひび割れ部の挙動が大きい場合にはポリマーセメント系塗膜弾性防水材，小さい場合にはポリマーセメントモルタル・スラリーなどを使用する．

② 樹脂注入工法

主として幅 0.2 mm を超えるひび割れの補修に適する工法であり，ひび割れ内部に補修材料を注入する．ひび割れ部の挙動が大きい場合にはエポキシ樹脂系・アクリル樹脂系の注入材，小さい場合にはポリマーセメントモルタル・スラリーなどを使用する．

③ U カットシール材充填工法

主として幅 0.5〜1.0 mm 程度以上の比較的大きな幅のひび割れの補修に適する工法で，ひび割れに沿って約 10 mm 幅にコンクリートを U 字形にカットして，補修材料を充填する．ひび割れ部の挙動が大きい場合にはシーリング材，小さい場合にはポリマーセメントモルタルなどを使用する．

2) 補修材料：補修材料はその特性を理解して選定する必要がある．

① 有機系補修材料

有機系の代表的な補修材料はエポキシ樹脂で，JIS A 6024（建築補修用及び建築補強用エポキシ樹脂）では，強度対応型の引張破壊伸び 10 ％以下のものを硬質形，変形対応型の引張破壊伸び 50 ％以上のものを軟質形と分類している．また，粘性による区分（低粘度形，中粘度形，高粘度形）もあり，粘性によるひび割れ幅の注入範囲の目安は，低粘度形が 0.1〜0.3 mm，中粘度形が 0.3〜0.5 mm，高粘度形が 0.5〜2.0 mm である．この他に，湿潤面などの接着性能に優れているアクリル樹脂や，大きく変動するひび割れを充填工法で補修する場合に JIS A 5758（建築用シーリング材）に規定されている 2 成分形（反応硬化型）および 1 成分形（湿気硬化型，乾燥硬化型，非硬化型）のシーリング材，JIS A 6909（建築用仕上塗材）に規定されている表面被覆に用いる塗装材料，シリコーン系または非シリコーン系の浸透性防水材

解説表 8.1 補修工法適用の目安[3) を参考]

| 補修目的 | ひび割れ部の挙動 | ひび割れ幅 (mm) | 補修工法 | | |
| --- | --- | --- | --- | --- | --- |
| | | | シール工法 | 樹脂注入工法 | U カットシール材充填工法 |
| 漏水抵抗性能 | 小 | 0.2 以下 | ○ | △ | |
| | | 0.2〜1.0 | △ | ○ | ○ |
| | 大 | 0.2 以下 | △ | △ | |
| | | 0.2〜1.0 | △ | △ | ○ |
| 劣化抵抗性能 | 小 | 0.2 以下 | ○ | △ | △ |
| | | 0.2〜1.0 | △ | ○ | ○ |
| | | 1.0 以上 | | ○ | ○ |
| | 大 | 0.2 以下 | △ | △ | △ |
| | | 0.2〜1.0 | △ | ○ | ○ |
| | | 1.0 以上 | | △ | ○ |

[注] ○：適当と考えられる工法，△：条件によっては適当と考えられる工法

などがある.

② 無機系補修材料

無機系には，セメント系およびポリマーセメント系の補修材料がある．ポリマーセメント系には，最大粒径が普通ポルトランドセメントの 1/4 程度の超微粒子セメントを水だけで混合するものとエマルジョンで混合するものがある．日本建築仕上材工業会の NSKS-003「補修用注入ポリマーセメントスラリー」に品質基準が定められている．

なお，上記 1) の補修工法に加えて，日本コンクリート工学会編「コンクリートのひび割れ調査，補修・補強指針（2013）」，本会編「鉄筋コンクリート造建築物の耐久性調査・診断および補修指針（案）・同解説」を参考にするとよい.

ｂ．補修工事の完了後は，適切な方法で補修効果の確認を行うことが重要である．漏水抵抗性に対する補修の場合は，漏水の有無により比較的容易に補修効果の確認を行うことができる場合が多い．しかし，必要に応じて非破壊検査試験による充填性の確認や，塗装の付着性試験またはコア採取による注入深さの確認等の破壊試験を実施する．また，補修完了後の点検またはモニタリング調査による補修効果の確認は，次に示す方法で実施する.

1) 点検は必ず実施し，モニタリング調査は進行性のある挙動やひび割れについて必要に応じて実施する.

2) 点検またはモニタリング調査に先立ち，調査の頻度，範囲，方法について計画する.

3) 点検は，原則として所定の期間，定期的に実施する.

4) 点検の方法は目視観察とする．モニタリング調査は非破壊試験を主とし，異常が見られる場合は必要に応じて破壊試験を実施する.

5) 点検およびモニタリングの結果は，継続調査に使用できるように記録・保存する．記録票は，本会編「鉄筋コンクリート造建築物の耐久性調査・診断および補修指針（案）・同解説」の 7.3「点検・モニタリングの記録」を参考にするとよい.

---

**参 考 文 献**

1) 日本コンクリート工学協会：マスコンクリートのひびわれ制御指針，1986
2) 日本建築学会：建築工事標準仕様書・同解説　JASS 5　鉄筋コンクリート工事，2003
3) 日本コンクリート工学会：コンクリートのひび割れ調査、補修・補強指針，2013
4) 日本建築学会：鉄筋コンクリート造建築物の収縮ひび割れ制御設計・施工指針（案）・同解説，2006

# 付　　　録

# 付1. 温度ひび割れ発生のメカニズム

## 1.1 温度ひび割れ発生のメカニズム

コンクリートは,セメントの水和熱により,まだやわらかい時に内部温度が上昇し,ある程度硬化してから温度が下がる.打ち込む部材の断面寸法が大きくなると温度上昇は大きくなり,部材断面内の温度差,さらに昇温と降温による時間的な温度差も大きくなり,これらに起因する温度応力が発生する.温度応力のうち,引張応力がある限界値(本指針では温度ひび割れ発生強度)に達するとひび割れが発生する.温度ひび割れ発生のメカニズムは,大きく分けて2種類あり,一つは内部拘束によるもの,もう一つは外部拘束によるものである.

## 1.2 内部拘束によるひび割れ

内部拘束による温度ひび割れでは,付図1.1に示すように,内部温度の上昇に伴い,中心部の温度は高く,表面部はそれより低い状態になり,この表面と内部の温度差に起因するひずみが発生しようとするが,部材内部では平面を保持するため,このひずみは拘束され,その結果,中心部には圧縮応力が,表面部には引張応力が発生する.内部拘束によって発生する温度応力は,付図1.2に示すように,内外の温度差の増大とコンクリートのヤング係数の増大に伴って大きくなり,表面部

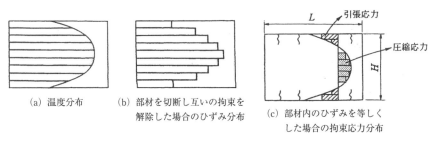

付図1.1 内部拘束によるひび割れ発生機構[1]

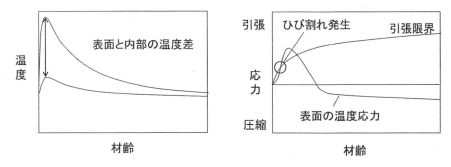

付図1.2 表面部の温度履歴と温度応力

に発生する引張応力が，コンクリートの引張強度に達するとひび割れが発生する．引張応力が最大となるのは，温度差がピークとなる打込み初期（材齢1～3日）であり，ひび割れ深さは表面部にとどまることが多い．ひび割れの幅は，時間が経過しても大きくならず，閉じる傾向を示す場合が多い．内部拘束によるひび割れについては，コンクリート構造物の耐久性に与える影響が小さいことから，本指針では制御の対象としていない．

### 1.3 外部拘束による温度ひび割れ

外部拘束による温度ひび割れは，付図1.3に示すように，コンクリートの温度上昇によって自由に膨張したコンクリート部材が，その後の温度降下に伴って収縮挙動に転じるとき，自由な収縮ひずみが，外部（この場合，地盤または耐圧盤）から拘束を受けるために，引張応力が発生して起こるものである．

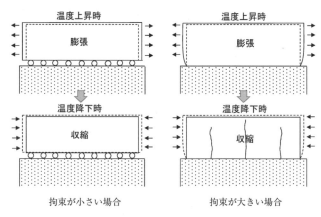

付図1.3 外部拘束によるひび割れ発生機構

外部拘束によって発生する温度応力は，付図1.4に示すように打込み初期の温度上昇中には，中心部には圧縮応力が蓄積され，温度が降下に転じた時点で引張側に移行する．温度降下時においては，水和反応が進んでおり，温度上昇時よりもコンクリートのヤング係数は大きくなる．このため，温度降下時に発生する引張応力は，上昇時に発生した圧縮応力を相殺し，やがて引張限界を上回ることで，ひび割れが発生する．ひび割れが発生する時期は，コンクリート温度が降下する打込み後1週間程度以降であり，部材軸方向の引張応力が卓越するため，ひび割れは部材軸方向に対して直交に発生する．部材断面を貫通するひび割れになることが多いため，鉄筋腐食などの耐久性の低下や漏水を招く要因となる．したがって，外部拘束によるひび割れについては，コンクリート構造物の耐久性に与える影響が大きいことから，本指針では制御の対象としている．温度降下量が大きいほど，打込み長さが長いほど，また，外部からの拘束が大きいほど，引張応力は大きくなる．発生後からのひび割れ幅は大きく変化しないが，外気温の変動または乾燥収縮と重なり合うと大きくなる場合がある．

付1. 温度ひび割れ発生のメカニズム —147—

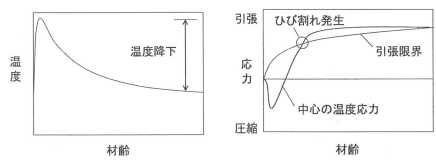

付図1.4 中心部の温度履歴と温度応力

### 1.4 温度応力解析結果の例

　ここでは，一例として壁状部材に発生する温度応力について述べる．なお，ここで示す温度応力は，コンクリート打込み直後からの若材齢コンクリートのヤング係数の発現性状やクリープ性状を厳密に反映した三次元有限要素法による温度応力解析プログラム[2]による解析結果である．コンクリートは，高炉セメントB種を用いた呼び強度30のコンクリートとし，壁状部材は，厚さ1m，高さ2.5mであり，打込み長さは10m，25m，40mの3種類としている．拘束体は，N値=10程度の砂地盤上の厚さ1mの耐圧盤である[3]．

　付図1.5に部材中心部の温度解析結果を示す．中心部の温度は，壁厚は同じであるので，当然ながら打込み長さが異なっても同じであり，外気温まで下がる時間も同じである．付図1.6に部材中心部の温度応力解析結果を示す．中心部の温度応力は，温度上昇中は圧縮応力が蓄積されるが，温度の降下に伴い引張側に移行する．打込み長さが長いほど引張応力は大きくなり，打込み長さ40mでは打込みから5日後，25mでは7日後に引張側の温度応力がコンクリートの引張強度を超えることがわかる．上記は，比較的軟らかい地盤上に打ち込まれる壁状部材の温度応力について示したが，剛性の高い岩盤や断面の大きな耐圧盤上に打ち込まれる場合では，さらに温度応力は大きくなる．

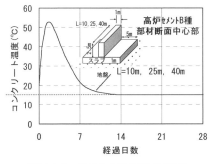

付図1.5 部材中心部の温度変化[3]

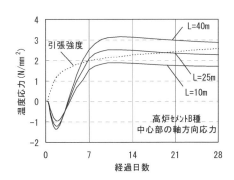

付図1.6 部材中心部の温度変化[3]

## 参 考 文 献

1) 日本コンクリート工学会：コンクリート技術の要点，p. 210，2016
2) 川口徹：施工条件がマスコンクリートの温度応力に及ぼす影響に関する解析的研究，日本建築学会構造系論文集，No. 535，pp. 21-28，2000
3) 川口徹，神代泰道ほか：マスコンクリート部材の温度応力に及ぼす影響要因に関する解析的検討（その1，その2），日本建築学会大会学術講演梗概集，pp. 113-116，2006.8

# 付2. エトリンガイトの遅延生成(Delayed Ettringite Formation)について

## 2.1 はじめに

エトリンガイトとは，$3CaO \cdot Al_2O_3 \cdot 3CaSO_4 \cdot 32H_2O$ の組成をもつアルミン酸カルシウム水和物であり，その名は天然鉱物としてドイツのEttringen地方で産出されることに由来している．エトリンガイトは，付写真2.1に示すSEM画像のように針状の結晶であり，セメントの主要鉱物である間隙質（ここでは主な反応対象は$C_3A$とする）が，下式に示すようにせっこう，水と反応することにより，主に初期の水和過程において生成する．

$$3CaO \cdot Al_2O_3 + 3CaSO_4 \cdot 2H_2O + 26H_2O \rightarrow 3CaO \cdot Al_2O_3 + 3CaSO_4 \cdot 32H_2O$$

練混ぜ直後からのエトリンガイトの生成は，セメントの利用にきわめて重要な役割を果たす．付図2.1は，ポルトランドセメントの初期の水和発熱速度を伝導式熱量計によって測定した結果の一例である．注水直後の発熱ピークは，主にエトリンガイトの生成熱とエーライト（$C_3S$）表面の溶解熱に起因していると考えられている．ここで，$C_3A$の反応は，せっこうが共存するか否かによって異なる．せっこうが共存しない場合，水と接触するとただちに$C_4AH_{13}$に代表される水和物を生成し，偽凝結を引き起こす．一方，せっこうと水が共存すると，前述したように$C_3A$はエトリンガイトを生成し，その表面をエトリンガイトが覆うことによってその後の$C_3A$の水和を抑制する．これにより，セメントの凝結時間が制御される．せっこうはセメントに対し3～5％添加されており，これは$C_3A$を全てエトリンガイトにするよりもかなり少ない量である．したがって，注水数時間後よりせっこうは消費され，次第に残存する未水和の$C_3A$とエトリンガイトが反応し，せっこうを1分子有するモノサルフェートに転化する．

以上より，初期のエトリンガイト生成は，凝結時間の制御に深く関与し，セメントを建設材料としての利用する場合に求められる可使時間の確保に必要な過程であるといえる．一方，硬化後のエトリンガイト生成は，コンクリートを膨張破壊する要因としても知られている．エトリンガイト自

**付写真2.1** エトリンガイトのSEM画像[1]

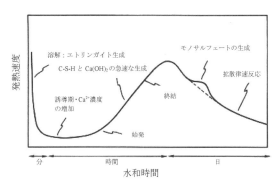

**付図2.1** セメントの水和発熱曲線[2]に加筆

体は，反応前の $C_3A$，せっこう，水の合計の体積よりも小さくなるため，化学量論的には収縮することになる．しかしながら，付写真2.1に示したように，エトリンガイトは針状の結晶を生成するため，特定の方向に結晶が成長しようとする成長圧が生じ，硬化体を膨張させると考えられている．

硬化後のコンクリート中に海水等に含まれる硫酸塩（$MgSO_4$や$CaSO_4$）が供給されると，細孔溶液中の硫酸イオン（$SO_4^{2-}$）の濃度が上昇し，モノサルフェートが再度，針状結晶のエトリンガイトに変化し，コンクリートを膨張破壊することがある．一方，外部から硫酸塩が供給されることなく，硬化後のコンクリートにおいてエトリンガイトが再生成し膨張することがある．これは，エトリンガイトが高温の影響を受ける場合に生じる．エトリンガイトは高温下において硫酸イオンを放出し，モノサルフェートに変化する．放出された硫酸イオンは，水酸化カルシウムやC-S-H相といった水和物に一旦吸収・吸着される．長期間湿潤状態にあると，硫酸イオンは水酸化カルシウムやC-S-H相から再び放出され，モノサルフェートに供給されることによりエトリンガイトが再生成する．硫酸塩が供給されるか否かによらず，いずれもエトリンガイトが遅延生成（Delayed Ettringite Formation：以下，DEFという）することによって生じるコンクリートの劣化現象であるが，劣化機構の違いから，付図2.2に示すように分類[3]される場合がある．マスコンクリートにおいては，セメントの水和発熱に伴う温度上昇を生じることにより，外部から硫酸塩が供給されることなくDEFを生じる劣化事例が海外で報告されている．ここでは，この硫酸塩が供給されない条件で生じるDEFを対象として記述する．

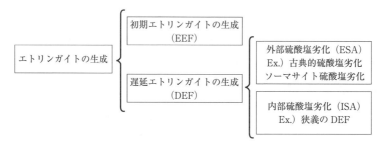

付図2.2　エトリンガイト生成の分類[3]

## 2.2 DEFのメカニズム
### 2.2.1 DEFの要因

DEFの発生要因としては，温度および水（湿度），硫酸塩の含有量，コンクリート中のアルカリが関与するとされている．

（1）温度

最高温度および高温下にさらされる総時間は，DEFの発生に大きく関わる．実験では，最高温度が70℃以上となる場合に，DEFが生起する可能性が高くなるとされている．付図2.3は，水和初期に温度履歴を与えた実験室での促進試験データを整理したものである[4]．セメントの種類やコンクリート中の硫酸塩，アルカリの量が異なるデータが混在しているため，必ずしも統一的な評価

## 付2. エトリンガイトの遅延生成(Delayed Ettringite Formation)について

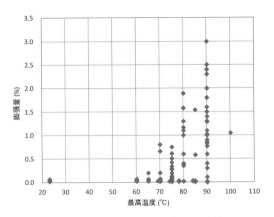

**付図2.3** 養生温度と膨張量の関係[4]

ではないが，最高温度が65～70℃程度以上で膨張が生じていることがわかる．また，最高温度が高くなるほど膨張量が大きくなる傾向であり，最大で3％程度の膨張が生じるケースも確認される．

### (2) 水（湿度）

実験および実構造物のいずれにおいても，水の供給は，DEFの発生に重要な役割を果たす．構造物やその部材が水と接触，または水が流入するような環境，あるいは高湿度環境に暴露された場合には，DEFの発生確率が高くなる．水は，一旦C-S-H等に吸収・吸着された硫酸イオンを移動しやすくし，さらにエトリンガイトを再生成するための反応に必要となる．また，後述するように，コンクリート中にアルカリが多く存在する高pHの環境においては，常温ではエトリンガイトは生成しにくい．逆に，水と接触することによって，コンクリート中のアルカリが溶出し，エトリンガイトが再生成しやすい環境が整うとされている．付図2.4は，水分供給方法または相対湿度を変化させた場合の膨張挙動を示したものである[5]．これによれば，相対湿度が98％以上で明確な膨張を示しており（図中のHR98），十分な水の供給がDEFの条件であることがわかる．また，水中浸漬から封かんに試験条件を変更した場合（図中のIm-Is），膨張の発現速度が緩やかになっていることがわかる．これは，水中であれば供試体からアルカリが溶出できるのに対し，封かん条件ではア

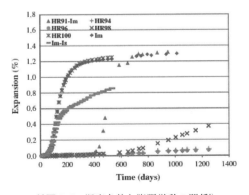

**付図2.4** 湿度条件と膨張挙動の関係[5]

ルカリが溶出されないことを反映した結果と解釈されている．

（3）硫酸塩量

エトリンガイトの生成には十分な量の硫酸イオンが必要となる．付図2.5は，硫酸塩（$K_2SO_4$）の添加量を変化させたモルタル供試体に90℃の蒸気養生を与えた場合のDEF膨張量を示したものである[6]．同図より，硫酸塩の量が増加するとともに最終膨張量が大きくなっていることがわかる．

付図2.6に示すように，材齢初期の70℃以上の高温履歴，供用中に十分な水分供給があること，過剰な硫酸塩を含むことの3つの状況が整ったときにDEF膨張が起こり，一つの条件が欠けても生起しないとされている[7]．

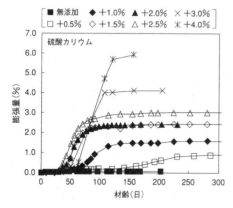
付図2.5　硫酸塩添加量と膨張量の関係[6]

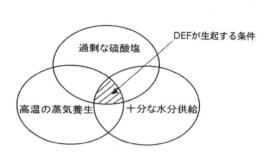
付図2.6　DEFの生起条件[7]

（4）コンクリートのアルカリ含有量

エトリンガイトは，コンクリート中に含まれるアルカリが多く，温度が高いほど溶解度が上昇するため，DEFの発生確率が高くなる．常温でせっこうが共存している環境で，エトリンガイトは水酸化カルシウムとともに安定して存在できる．しかし，付図2.7に示すように，エトリンガイトと水酸化カルシウムが安定に共存できる硫酸イオン濃度の範囲は，温度上昇とともに急激に減少する．また，共存する液相中のアルカリイオン濃度が高い場合には，さらに高硫酸イオン濃度でないと存在できなくなる．一方で，モノサルフェート水和物の存在領域は，温度上昇およびアルカリイオン濃度の増加とともに，より高硫酸イオン濃度側へと広がる．このように，高温，高アルカリイオン濃度といった条件下では，硫酸イオンが存在していたとしても，エトリンガイトは分解して，モノサルフェート水和物が生成しやすくなることを示している．

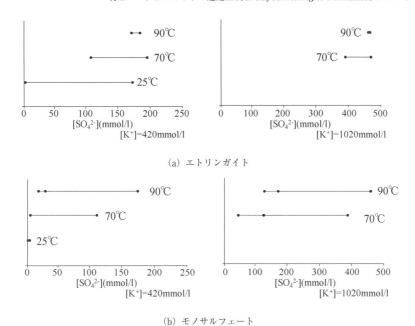

(a) エトリンガイト

(b) モノサルフェート

付図 2.7 エトリンガイト・モノサルフェートと水酸化カルシウムが安定する硫酸イオン濃度と温度の関係[8]

## 2.2.2 DEF の膨張メカニズム

DEF によってコンクリートが膨張する機構として，骨材―ペースト間のギャップでエトリンガイト結晶の成長圧によって形成されたという説（結晶生成圧説）と，セメントペースト中に均一に生成した微細なエトリンガイトによる膨張で形成されたという説（ペースト膨張説）がある．近年，ペースト膨張説が有力とされており，付図 2.8 に示す Famy が提案するモデル[10]を用いてその機構を説明する．水和初期に生成した微細なエトリンガイトは，外部 C-S-H と均一に混在する．それが高温養生されると，エトリンガイトは熱で分解され，モノサルフェートに転化し，硫酸イオンを空隙水へ放出する．その際，放出された硫酸イオンは，高温で生成した内部 C-S-H に吸着される．その後，湿潤環境において，アルカリが外部環境へ溶出する．温度およびアルカリ濃度の低下とともに，エトリンガイトの溶解度は低下し，同時に内部 C-S-H に吸着されていた硫酸イオンが放出

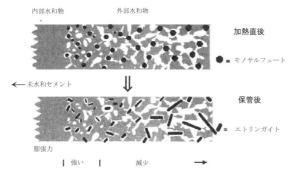

付図 2.8 高温養生後の膨張メカニズム[9]に加筆

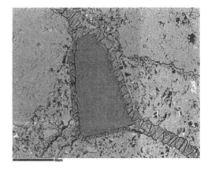

付写真 2.2 骨材まわりのエトリンガイト[11]

され，それを消費することにより，外部 C-S-H 中に均一に混在するモノサルフェートからエトリンガイトが再生成する．ペーストは，エトリンガイトの再生成によって膨張する．その膨張力は，セメント粒子表面から近い位置では強く，遠い位置では弱くなるとされている．これは，粒子表面より遠くなるほど空隙率が大きくなるためと考えられている．付写真 2.2 に示すようなペースト-骨材界面に生じたエトリンガイトは，ペーストが膨張する際に骨材界面に生じたクラックに，遅れて粗大なエトリンガイトが再結晶化したものであり，膨張には寄与しないものと考えられている．

## 2.3 DEF による劣化事例

### 2.3.1 海外での劣化事例

1980 年代初めごろから欧米諸国で DEF の劣化事例が報告された．たとえば，ドイツ[12),13)]，フィンランド[14)]，オーストラリア[15)]，アメリカ[16)]，イギリス[17)]などの事例が挙げられ，これらのほとんどは鉄道の枕木として用いられたプレストレストコンクリート製品の劣化事例であった．これを受けて欧米諸国を中心に，集中的な研究がなされた．

また，現場打ちのマスコンクリートでも DEF による劣化事例が報告されている．付写真 2.3 は，アメリカの高架橋の橋脚で生じた DEF とアルカリシリカ反応（ASR）による劣化が混在した事例である[11)]．1980 年代後半に建設され，10 年以内に劣化が顕在化した．付写真 2.3 は建設後 15 年の状況を示している．イギリスでは，水と接触あるいは高湿度環境にさらされた橋台や壁部材で DEF 劣化事例が報告されている[17)]．部材断面が大きく，単位セメント量が多く（～500 kg/m³），コンクリートの打込みが夏期に行われたことが特徴であり，多くの構造物でピーク温度が 85～95 ℃に達していたと推定された．ひび割れは，建設後 8 年～20 年で生じたと報告されている．フランスでも，DEF に関する広範な調査が行われ，劣化構造物に共通する特徴として，水分の供給があること，コンクリートの打込みが夏期に行われ，水和発熱による温度上昇が 70～80 ℃程度であったことなどが挙げられており，劣化は 6 年～27 年で顕在化したとされている[18)]．

### 2.3.2 国内での劣化事例

国内においては，DEF によると思われる事例として，2000 年に入りプレキャストコンクリート製品で報告されている[19)～21)]．これらの劣化事例の要因として，養生温度が 80～85 ℃と高温であったことや，蒸気の吹出し口付近で高温にさらされたことが挙げられている．一方，現場打ちのマスコンクリートについては，近年，DEF によるひび割れ発生の可能性がある事例が報告されている[22)]．これは，早強ポルトランドセメントを用いた構造物で，事後の温度解析により内部温度が 70 ℃程度に達すると算定された．分析によれば，ASR ゲルを生じていたものの劣化の主因子ではないと考えられ，エトリンガイトに近い組成の生成物が確認されたことにより，DEF 劣化の可能性を示唆するものとしている．

諸外国では，数ミリメートルレベルのひび割れを発生するような過大な DEF 劣化事例が報告されているのに対し，国内のマスコンクリートにおいては，建築物・構造物の機能を損なうような事例は報告されていない．これについては，国内と海外では材料，調合，配筋条件，施工方法等の違

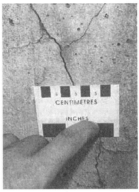

付写真 2.3　北米における DEF ひび割れの生じた橋脚[11]

いが影響した可能性，あるいは DEF による損傷が生じていたとしても，軽微なものであり劣化として見過ごされてきた可能性も考えられる．いずれにしても，現状では，DEF に着目した研究や実物での検証が不足しており，これらの判断材料を拡充して判断していく必要がある．

## 2.4　DEF に関する規準類

　DEF による構造物の劣化を防ぐための規準類について示す．付表 2.1 は，2017 年にフランスの IFSTTAR（French institute of science and technology for transport, development and networks: フランス運輸・整備・ネットワーク科学技術研究所）より刊行されたもの[23]であり，前身である LCPC（Laboratoire central des ponts et chausses:フランス土木研究所）から 2007 年に刊行された DEF に対するガイドラインが改訂されたものである．これによれば，構造物の重要度と環境条件の組合せから予防水準を設定し，それに応じた最高温度の限界値を満足するような構成になっている．また，最高温度が限界値を超える場合は，セメントの種類や化学組成，混和材の置換率等によって緩和措置が設けられている．付表 2.2 は，ACI201 委員会より 2016 年に示された DEF に対するマスコンクリートの最高温度とセメント・混合材の組成の推奨値である[24]．また，国内では，日本コンクリート工学会から刊行された「マスコンクリートのひび割れ制御指針　2016」[4]に DEF による劣化を防止するための措置が示されている．付表 2.3 に，DEF によるひび割れを照査するための最高温度の限界値と，DEF を考慮すべき水掛りの条件を示す．

―156― 付　　録

## 付表2.1　フランスにおける DEF ガイドライン[23]

| カテゴリー | 構造物または構造物の一部の例 |
|---|---|
| カテゴリーⅠ<br>(小さい，または容認できる) | ―C 16/20 より低い強さクラスで評価されるコンクリート構造物<br>―非構造部材<br>―簡単に交換できる部材<br>――時的な構造物<br>―非構造部材のプレキャストコンクリートの多く |
| カテゴリーⅡ<br>(少し厳しい) | ―ほとんどの建築物と土木構造物の構造部材(標準的な橋梁を含む)<br>―大部分のプレキャスト構造部材<br>　(プレストレスコンクリート製の管を含む) |
| カテゴリーⅢ<br>(容認できないまたはほとんど容認できない) | ―原子力発電所の原子炉建屋と冷却塔<br>―ダム<br>―トンネル<br>―特別な橋と高架橋<br>―モニュメントやランドマーク的な建築物<br>―枕木 |

| 構造体の<br>カテゴリー ＼ 暴露環境の区分 | XH1 | XH2 | XH3 |
|---|---|---|---|
| カテゴリーⅠ | As | As | As |
| カテゴリーⅡ | As | Bs | Cs |
| カテゴリーⅢ | As | Cs | Ds |

| 曝露環境の区分記号 | 曝露環境 | 構造体の例 |
|---|---|---|
| XH1 | 乾燥または中間的な湿度 | 周囲の湿度が低いか中間の建物の中にあるコンクリート構造体<br>雨が当たらない屋外の部分 |
| XH2 | ―乾燥と湿潤の繰返し<br>―高湿度 | ―建築物の湿度が高い環境にある部分<br>―悪天候にさらされる環境におけるコーティングが施されていないコンクリート構造体（表面に水の停滞はない）<br>―結露をしばしば受けるコーティングが施されていないコンクリート構造体 |
| XH3 | 水との長期的な接触：<br>―永続的に浸漬している状態<br>―コンクリート表面に溜る状態<br>―干満帯 | ―永続的に水に浸漬しているコンクリート構造体<br>―海洋，沿岸の構造物<br>―基礎の大部分<br>―定期的に水を浴びるコンクリート構造体 |

| 予防レベル | As | Bs | Cs | Ds |
|---|---|---|---|---|
| Tmax | 85℃未満 | 75℃未満 | 70℃で未満 | 65℃未満 |
| Tmax が満たされない場合の対応 | 温度が管理されている場合は，85℃を超過している時間が4時間以内であれば，90℃を超えない範囲で85℃を超過することが認められる. | 最高温度が85℃を超えない条件で，かつ下表の6つの条件のうち少なくとも1つを満足すること. | 最高温度が80℃を超えない条件で，かつ下表の6つの条件のうち少なくとも1つを満足すること. | 最高温度が75℃を超えない条件で，かつ下表の2つの条件を満足しなければならない. |

| Bs | Cs | Ds |
|---|---|---|
| ―発熱が管理され，コンクリートの温度が75℃を超えている時間が4時間を超えず，コンクリート中の等価活性アルカリ量が3 kg/m³未満. | ―発熱が管理され[*)]，コンクリートの温度が70℃を超えている時間が4時間を超えず，コンクリート中の等価活性アルカリ量が3 kg/m³ 未満. | ―発熱が管理され[*)]，コンクリートの温度が65℃を超えている時間が4時間を超えず，コンクリート中の等価活性アルカリ量が3 kg/m³ 未満. |
| ―NF P15-319(ES)に適合するセメントあるいは耐硫酸塩セメントを使用する場合，コンクリート温度が75℃を超える時間が10時間を超えず，コンクリート中の等価活性アルカリ量が3 kg/m³未満. | ―NF P15-319(ES)に適合するセメントあるいは耐硫酸塩セメントを使用する場合，コンクリート温度が70℃を超える時間が10時間を超えず，コンクリート中の等価活性アルカリ量が3 kg/m³未満. | ―NF P15-319(ES)に適合するセメントあるいは耐硫酸塩セメントを使用する場合，コンクリート温度が65℃を超える時間が10時間を超えず，コンクリート中の等価活性アルカリ量が3 kg/m³未満. |
| ―コンクリート温度が75℃を超える時間が10時間を超える場合，NF Liants hydrauliques に準拠した SR-3，SR-5 セメントに適合. | ―コンクリート温度が70℃でを超える時間が10時間を超える場合，NF Liants hydrauliques に準拠した SR-3，SR-5 セメントに適合. | ―コンクリート温度が65℃を超える時間が10時間を超える場合，NF Liants hydrauliques に準拠した SR-3，SR-5 セメントに適合. |

―NF P15-319(ES)に適合しないセメントを使用する場合，CEM II/B-V，CEM II/B-Q，CEM II/B-M(S-V)，をフライアッシュ20％と組み合わせて使用する，あるいは CEMIII/A，CEMV．ただし，以下の条件を満たすこと．
・セメントの SO₃ 量は3％を超えてはならない．
・セメントの製造に使用されるクリンカ巾の C₃A 量は8％以下でなくてはならない．

―CEM I あるいは CEM IIA と，NF EN 450-1 に適合するフライアッシュ，NF EN 15167-1 に適合する高炉スラブ微粉末，NF EN 13263-1 に適合するシリカフューム，NF P18-513 に適合するメタカオリンの使用．使用割合の条件：フライアッシュ20％以上，高炉スラブ微分末35％以上，シリカフューム10％以上，メタカオリン20％以上．CEM I および CEM IIA の C₃A ≦ 8 ％，SO₃ ≦ 3 ％であることを満足．

―DEF に関する性能試験および複数の意思決定的基準値への適合壮検討に基づく耐久性の検証の実施

付2. エトリンガイトの遅延生成（Delayed Ettringite Formation）について　－157－

#### 付表 2.2　ACI 201.2R における推奨値[24]

| 最高温度(℃) | 防止策 |
|---|---|
| T≦70℃ | なし |
| 70℃＜T≦85℃ | ①中庸熱，耐硫酸塩セメント，低アルカリセメント<br>　（ASTM C 150：Type Ⅱ，Type Ⅳ，Type Ⅴ）で，比表面積<br>　が 400 $m^2$/kg(4000 $cm^2$/g)以下<br>②1 日モルタル強度(ASTM C109)≦20 MPa<br>③≧25 ％フライアッシュ(ASTM C 618：fly ash F)<br>④≧35 ％フライアッシュ(ASTM C 618：fly ash C)<br>⑤≧35 ％スラグ(ASTM C 989)<br>⑥≧5 ％シリカフューム ＋≧25 ％スラグ<br>⑦≧5 ％シリカフューム ＋≧20 ％フライアッシュF<br>⑧≧10 ％メタカオリン |
| T＞85℃ | いかなる場合も 85℃を超えないようにする |

#### 付表 2.3　日本コンクリート工学会・マスコンクリートのひび割れ制御指針 2016[4]

＜最高温度の限界値＞

| 限界値 | 80℃ | 70℃ | 65℃ |
|---|---|---|---|
| 条件 | 下記のいずれかの条件を満足する場合<br>①セメント：普通 or 早強<br>　　R₂O 量：3 kg/$m^3$ 以下<br>　　SO₃ 量：9 kg/$m^3$ 以下<br>②セメント：中庸熱 or 低熱<br>③セメント：高炉 B 種，C 種<br>　　　　　　フライアッシュ C 種<br>　混和材：BFS，FA の混合比率を同等以上<br>　　　　　シリカフューム混合比率 10 ％以上 | R₂O 量：4 kg/$m^3$ 未満<br>SO₃ 量：17 kg/$m^3$ 未満 | R₂O 量：4 kg/$m^3$ 以上<br>SO₃ 量：17 kg/$m^3$ 以上 |

＜水掛り環境の分類＞

| 水掛り有無 | 継続的な水との接触 | 曝露クラス | 曝露クラス選定の参考例 | 該当する部位の例 | DEF ひび割れ対策 |
|---|---|---|---|---|---|
| なし | — | 乾燥，中程度の湿度 | ・周囲の湿度が低いか中程度であるコンクリート構造物の一部<br>・屋外に位置し雨水から保護されたコンクリート構造物の一部 | ・通常は水がかからない橋脚<br>・水切りが機能していて通常は水がかからない部位<br>・建屋内に設置された構造部材や防水性の表面被覆が施された構造部材<br>・上部工で覆われて降雨の影響を受けない構造部材 | 不要 |
| あり | なし | 乾湿の繰返し，高湿度 | ・周囲の湿度が高い建築物内部に位置するコンクリート構造物の一部<br>・表面で滞水はないが，被覆で保護されず，風雨にさらされるコンクリート構造物の一部<br>・被覆で保護されず，頻繁に結露にさらされるコンクリート構造物の一部 | ・降雨が直接かかる部位<br>・漏水などが断続的にかかる部位 | 必要<br>(最高温度制御または水の遮断) |
| | あり | 恒久的な浸漬状態，表面での滞水，潮の干満帯 | ・恒久的に水没したコンクリート構造物の一部<br>・臨海の構造部材<br>・大多数の基礎，地中構造物<br>・定期的に水飛沫にさらされるコンクリート構造物の一部 | ・河川内にある橋脚でしばしば水没する部位<br>・常時水中にある部位<br>・飽和度の高い地中にある部位 | 必要<br>(最高温度制御) |

## 2.5 国内と欧米のセメント品質の比較

上述したように，DEF の発生には高温履歴や水分供給のほかに，セメントの成分の影響を受けるとされている．ここでは，セメントに含まれる化学成分である $SO_3$ および等価アルカリ $R_2O$ について整理する．付図 2.9 は，国内の普通ポルトランドセメントの $SO_3$ 量および $R_2O$ 量の推移を示したものである．セメント中の $SO_3$ 量は，1950 年ごろから増加し，1970 年ごろから 50 年にわたりほぼ 2 ％程度で推移していることがわかる．一方，$R_2O$ 量は 1980 年ごろから減少している．これは，国内における ASR 問題に対応したことや，セメントの原料の一つである粘土の代替としてアルカリ含有量の少ないフライアッシュを用いるようになったことに由来すると考えられる．

付図 2.10 に，国内の普通ポルトランドセメントと欧米のポルトランドセメント（普通相当）の $SO_3$ 量および $R_2O$ 量を示す．$SO_3$ 量，$R_2O$ 量ともに国内のセメントは欧米よりも低い傾向であり，ばらつきも小さいことがわかる．これらのことが，国内において DEF による過大な損傷が顕在化していない一因となった可能性がある．

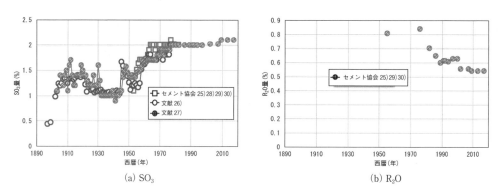

(a) $SO_3$  (b) $R_2O$

付図 2.9　国内セメントの $SO_3$ 量の変化[25)～30)]

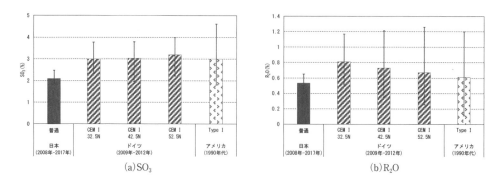

(a) $SO_3$  (b) $R_2O$

付図 2.10　国内および欧米のセメント品質[25),31),32),33)]

### 参考文献

1) セメント協会：セメントの常識，p. 12，2017
2) Barnes, P.：Structure and performance of cement, Applied Science Publishers, p. 284, 1983

3) 土木学会：コンクリートの化学的侵食・溶脱に関する研究の現状，コンクリート技術シリーズ，p. 53，2003

4) 日本コンクリート工学会：マスコンクリートのひび割れ制御指針，2016，2016

5) Shamaa, M. A., Divet, L., Nahas G., Torrenti J. M. : Influence of relative humidity on delayed ettringite formation, Cement & concrete composite, No. 58, pp. 14-22, 2015

6) 羽原俊祐，小山田哲也，藤原忠司，福田峻也：エトリンガイトの遅延生成（DEF）の生起条件に関する研究，セメント・コンクリート，No. 745，pp. 52-59，2009

7) 羽原俊祐，福田峻也：コンクリートのエトリンガイト遅延生成－DEF 劣化によるコンクリート製品のひび割れ現象と対策，コンクリートテクノ，Vol. 26，No. 3，pp. 9-16，2007

8) Michand-Poupardin, V. and Sorrentino, D. : Influence of Temperature and Alkali Concentration on Thermodynamical Stability of Sulphoaluminate Phases, Proceeding of 11th International Congress on the Chemistry of Cement, pp. 2033-2043, 2003

9) Bensted, J and Barnes, P. : Structure and performance of cement, Second edition, Spon Press, p.290, 2002

10) Famy, C. : Expansion of heat-cured mortar, Ph. D Thesis, Imperial college of science, Technology and machine, 1999

11) Thomas, M., Folliard, K., Drimalas, T., Romlochan, T. : Diagnosing delayed ettringite formation in concrete structure, Cement and Concrete Research, Vol. 38，pp. 841-847, 2008

12) Ghorab, H.Y., Heinz, D., Ludwig, U., Meskendahl, T., Wolter, A. : On the stability of calcium aluminate sulphate hydrates in pure systems and in cement, Proceedings of the 7th international congress on the chemistry of cement, Vol.4, pp. 496-503, 1981

13) Heinz, D., Ludwig, U. : Mechanism of secondary ettringite formation in mortars and concretes subjected to heat treatment, Concrete durability, ACI SP-100, Vol. 2, pp. 2059-2071, 1987

14) Tepponen, P., Eriksson, B. : Damages in concrete railway sleepers in finland, Nordic concrete research, No.6, pp. 199-209, 1987

15) Shayan, A., Quick, G. W. : Microscopic features of cracked and uncracked concrete railway, sleepers, ACI material journal, Vol. 89, No. 4，pp. 348-361, 1992

16) Mielenz, R.C., Marusin, S.L., Hime, W.G., Jugovic, Z. T. : Investigation of prestressed concrete railway tie distress, Concrete international, Vol. 17, No. 12, pp. 62-68, 1995

17) Hobbs, D. W. : Expansion and cracking in concrete associated with delayed ettringite formation, Ettringite-the sometimes host of destruction, ACI SP-177, pp. 159-181, 1997

18) Godart, B., Divet, L. : Lessons learned from structures damaged by delayed ettringite formation and the French prevention strategy, 5th international conference on forensic engineering, 2013

19) 水澤秀樹，松田芳範，上田洋：エトリンガイトの遅延生成に起因する変状について，SED，No. 31，pp. 26-31，東日本旅客鉄道，2008

20) 藤兼雅和，中原浩慈，仲村哲男：エトリンガイトの遅延生成（DEF）によるコンクリート製品の劣化に関する報告，土木技術資料，Vol. 51，No. 11，pp. 38-41，2009

21) 川端雄一郎，松下博通：高温蒸気養生を行ったコンクリートにおける DEF 膨張に関する検討，土木学会論文集 E2，Vol. 67，No. 4，pp. 549-563，2011

22) 鶴田孝司，上田洋，上原元樹，笠裕一郎：場所打ちコンクリート構造物におけるエトリンガイトの遅延生成に関する検討，コンクリート工学年次論文集，Vol. 37，No. 1，2015

23) IFSTTAR : Recommendations for preventing disorder due to delayed ettringite formation（English version），2018

24) ACI：201. 2R-16 Guide to durable concrete, 2016

25) セメント協会：セメントの常識（1975～2017 年）

26) 日本セメント：百年史，1983

27) 小野田セメント：百年史，1981

28) 中尾龍秀：わが国のセメント品質－とくに外国セメントとの比較－，セメント・コンクリート，No. 253，1968
29) 村橋均次郎：最近 11 年間のわが国セメント品質の推移，セメント・コンクリート，No. 379，1978
30) セメント協会：コンクリート構造物の早期劣化とセメントの品質について，セメント・コンクリート，No. 459，1985
31) VDZ(ドイツ：セメント協会): VDZ activity report 2009-2012
32) PCA(アメリカ：ポルトランドセメント協会): Ettringite Formation and the Performance of Concrete, concrete information, PCA R&D, No. 2166, 2001
33) セメント・コンクリート論文集(2008〜2017 年)

# 付3. 応力強度比とひび割れ幅の関係について

## 3.1 はじめに

　本節では，ひび割れ幅を応力強度比によって管理することに関連した技術的な資料・解析的検討結果について記す．

　コンクリートの硬化過程における温度履歴に起因し，応力が生じる理由に関しては，付1に示している．マスコンクリートに生じるひび割れは，部材内の内外温度差に起因する表面ひび割れと外部部材によって変形が拘束されることによって生じる貫通ひび割れに大別される．これら表面ひび割れと貫通ひび割れの発生要因は独立したものでなく，温度上昇時に生じる表面ひび割れによる断面欠損に起因して，貫通ひび割れが誘因されることも指摘されている[1]．貫通ひび割れは，基礎梁などの梁部材が地盤やスラブなどに拘束されることによって生じることが多い．

　一般に，ひび割れ幅の問題を考慮する場合には，ひび割れ間隔と併せて議論をする必要がある．これは，生じる応力がひび割れ発生によって解放され，その度合いがひび割れ間隔によって決定されるからである．通常の梁におけるひび割れ間隔の主要因は鉄筋径と鉄筋比，かぶり厚さであるが，貫通ひび割れを対象とするようなマスコンクリート梁部材を対象とした場合には，通常用いられる鉄筋量の範囲では，鉄筋の影響より，拘束体と被拘束体の間に生じる付着作用の方が影響が大きいとされている．この場合，ひび割れ幅に対する鉄筋の役割は，拘束体との関係で決定するひび割れ幅を狭めることにあり，ひび割れ間隔を制御してひび割れ幅を抑制するという観点での役割は担わない．

　なお，本会「鉄筋コンクリート構造計算規準・同解説」[2]には構造的な要請から最小鉄筋比が定められているが，これは応力負担の観点から定められたものである．温度応力に起因するひび割れや乾燥収縮に起因するひび割れは，応力の釣合いだけでなく，ひずみの適合条件も満足する必要があることから，最小鉄筋比を有していても鉄筋は降伏する可能性があることに十分留意する必要がある．

## 3.2 ひび割れ幅の算定手法

　マスコンクリートにおけるひび割れ幅の算定は，長瀧・佐藤らの手法[3]をはじめ，CPひび割れ幅法[4]，その他の解析手法および統計的手法[5]が提案されており，近年ではCP法による応力計算とFEMによるひび割れ幅算定といったそれぞれの長所を取り入れて手法も提案されている[6]．

　ここでは，マスコンクリートに生じる貫通ひび割れ幅を比較的簡易に求めることができる山崎の手法[7]を三次元FEMに拡張し，鉄筋からもっとも近い部分の表面ひび割れ幅に関して解析的に検討し，応力強度比との関係を概観する．

### 3.2.1 山崎の手法の概要

山崎の手法の大きな特徴は，ひび割れ発生条件を設定せず，線形クリープ解析によって応力を対象部材に対して算出し，その応力を解放した場合の変位量を求めてひび割れ幅（正確にはひび割れ幅の1/2）とするものである．あらかじめ，ひび割れ面となる部位を想定しておき，そこに等価接点力を与えることで応力を開放するため，簡易な解析によりひび割れ幅の算定が可能である．

しかし，この仮定は，表面ひび割れ幅の発生による貫通ひび割れの誘因や，ひび割れ発生材齢に依存した異なる鉄筋の付着性状を考慮することができない．そのため，詳細な観点でのひび割れ幅が算出できないことに留意が必要である．しかしながら，最終的な釣合状態を想定しているという点でみれば，工学的には十分有用な範囲でひび割れ幅が予測できるものと考えられる．付図3.1に山崎の手法のプログラムフローを示す．

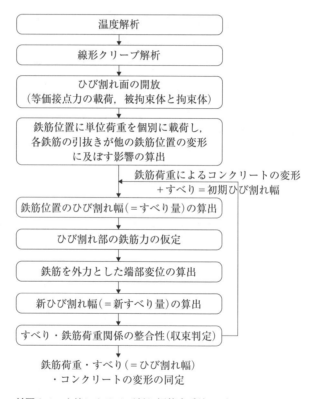

付図3.1 山崎によるひび割れ幅算定手法のプログラムフロー

鉄筋の効果に関しては，次式に示される鉄筋径，コンクリート強度に依存したすべり—荷重関係をひび割れ面の鉄筋位置に対して適用する．

$$P = 135(\phi/\phi_0)^{1.32} \cdot s^{0.68} \cdot \sqrt{(F_c/F_{c,0})} \tag{付3.1}$$

ここに，$P$ ：荷重(tf)

$s$ ：すべり(cm)

$\phi$ ：鉄筋径(cm)

$\phi_0$ ：基準となる鉄筋径(D19)

$F_c$ ：コンクリート強度(kgf/cm²)

$F_{c,0}$：基準となるコンクリート強度(380kgf/cm²)

である.

ひび割れ幅の 1/2 は，鉄筋のすべりによる変位量としてとらえることができる．鉄筋の影響を考慮してない時の開口ひび割れ幅に対して，鉄筋荷重によるコンクリートの変形量とすべり量の合計が初期のひび割れ幅に等しくなる条件で鉄筋荷重を繰返し計算によって算出することで，平均的な鉄筋応力とひび割れ幅を評価することが可能である.

### 3.2.2　山崎の手法の検証

ここでは，過去に実験的なデータが存在するものに対して，山崎の手法を適用し，ひび割れ幅の予測精度に関して検証を行う.

対象とする実験は，文献[1]に示される佐藤・金津らの報告にある実験のうち，ひび割れ幅，ひび割れ間隔等のデータがそろっているものを対象とする．供試体の詳細に関して付表3.1に示す．また，供試体の断面図に関して付図3.2に示す.

解析においては，型枠存置期間の 2 日間として，型枠面の熱伝達率を 10（J/m²s℃）とし，その後の暴露条件において 14（J/m²s℃）の値を用いた．その他のヤング係数，クリープ係数，熱特性値，断熱温度上昇曲線は，本指針の性能設計編に示される値を用いた．また，本解析では，スラブの打設後 28 日で梁の打設を行うものと仮定した.

付図3.3に梁中心部の最高温度点を示した接点における温度履歴を，付図3.4に最大応力履歴を

**付表3.1**　供試体の詳細[1]

| | Case1 | Case2 |
|---|---|---|
| 供試体番号 | No. 3-2 | No. 2 |
| セメント種類 | 普通ポルトランドセメント | 普通ポルトランドセメント |
| 単位セメント量（kg/m³） | 380 | 380 |
| 水セメント比 | 0.42 | 0.42 |
| 打設温度（℃） | 12.5 | 24.0 |
| 養生平均温度(℃) | 10.0 | 25.0 |
| 供試体寸法(幅 × 高 × 長　m) | 1×1.5×15 | 1×1.5×15 |
| 拘束体の寸法(幅 × 高 × 長　m) | 5×1.5×15 | 5×1.5×15 |
| 最高温度(℃) | 49.9 | 68.2 |
| 鉄筋径 | D19 | D19 |
| 鉄筋比 | 0.65 % | 0.27 % |
| ひび割れ間隔(m) | 5.1，0.8，1.9，1.6，5.6 | 3.8，3.8，2.4，2.8，2.2 |
| ひび割れ幅(上端 100 mm)(mm) | 0.03，0.12，0.16，0.06 | 0.18，0.53，0.20 |
| ひび割れ幅(中段)(mm) | 0.06，0.08，0.10，0.05，0.06 | 0.20，0.41，0.15，0.09 |
| 材齢 28 日強度(MPa) | 31.0 | 28.9 |

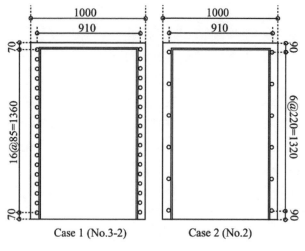

付図 3.2 供試体の断面図[1]

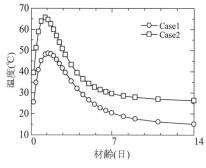

付図 3.3 梁中心部における温度履歴

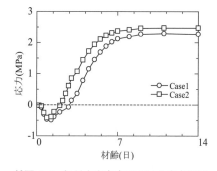

付図 3.4 梁最大応力点における応力履歴

示した要素における応力履歴を示す．

これらの結果を基に，応力が安定した材齢 14 日後を対象として山崎の手法によりひび割れ幅を算出した．ここでは，長さ 15 m の供試体において，ひび割れ幅は中央に 1 本生じるものと仮定している．

付図 3.5, 3.6 に示されるひび割れは実測されたものと比較して大きい値を示した．そこで，解析対象の部材長さを 6 m，9 m，12 m と変化させ，表面で観測されるひび割れ幅，部材内最大応力強度比，実測値との比較について検討を行った．結果を付図 3.7, 3.8 に示す．Case1 のひび割れ間隔が 0.8～5 m であったことからすると，解析上のひび割れ間隔 4.5～6 m の間に実験値が分布していることから，解析が実験値に対して定量的に整合性ある結果となっていることがわかる．Case2 に関しても，実験のひび割れ間隔が 2.2～3.8 m であったことを考えると，ひび割れ間隔が 3～4.5 m の解析結果の中間に実験値における最大のひび割れ幅が存在し，その他がひび割れ間隔 3 m 以下の結果となることも整合性が得られていると考えられる．

これらの結果を基に，解析対象結果における上部のひび割れ幅と応力強度比の関係をまとめると，付図 3.9 の結果のようになる．ここで示されるように応力強度比とひび割れ幅の関係においては，

付3. 応力強度比とひび割れ幅の関係について ―165―

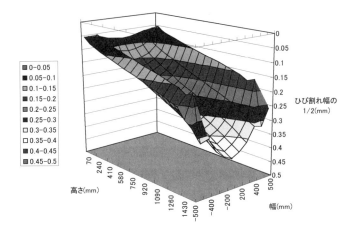

**付図 3.5** Case1 におけるひび割れ幅の分布（ひび割れ間隔 7500 mm）

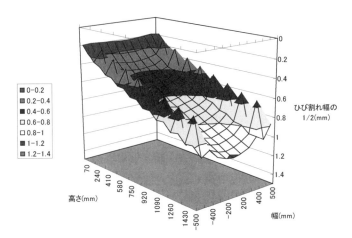

**付図 3.6** Case2 におけるひび割れ幅の分布（ひび割れ間隔 7500 mm）

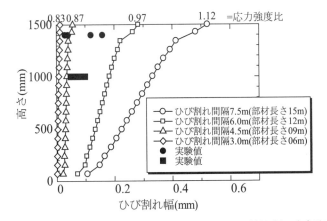

**付図 3.7** Case1（鉄筋比 0.65 %）におけるひび割れ間隔，ひび割れ幅，応力強度比の関係

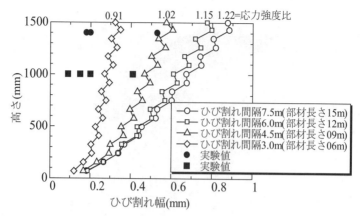

付図 3.8 Case2（鉄筋比 0.27 %）におけるひび割れ間隔，ひび割れ幅，応力強度比の関係

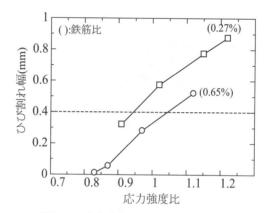

付図 3.9 応力強度比とひび割れ幅の関係

鉄筋比が影響する結果となった．本解析の範囲では，鉄筋比 0.65 % の場合に，応力強度比 1.05 以下とすれば，ひび割れ幅 0.4 mm を確保できるといえる．

### 3.3 基礎梁の算定例

ここでは，基礎梁を対象に温度応力解析とともに，ひび割れ幅の算定を行う．解析対象とした基礎梁の断面図を付図 3.10 に示す．断面は 1000×3000 mm で床スラブの厚さを 500 mm としている．打込みは，底版を打込み後 28 日に梁の残り部分を打ち込むこととした．

また，せん断補強筋のうち，断面平行方向のものに関しては，解析上考慮しないこととした．

標準期の打込みを想定し，外気温は 20 ℃ 一定とした．型枠に関しては，鋼製型枠（14 （J/m²s℃））の利用を前提とし，物性値は本指針の性能設計編に示される値を用いた．地盤に関しては，杭基礎の上の構造を想定して地盤剛性 50 および 500 N/mm² とし，深さ 15 m までを解析モデルに用いた．調合に関しては，セメント種類は普通ポルトランドセメントとし，単位セメント量を 330 kg，水セメント比を 0.55，28 日圧縮強度を 35 N/mm² と仮定して検討を行った．

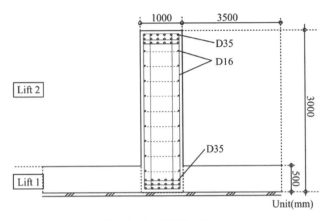

付図3.10 基礎梁の断面図

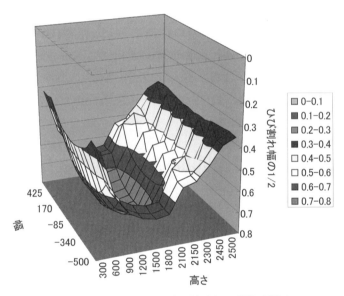

付図3.11 長さ15mの時の断面内ひび割れ幅分布

　付図3.11に梁の長さを15mとし，ひび割れが部材中央1か所に発生すると仮定した場合の断面内ひび割れ幅分布を示す．鉄筋に最も近い表面に見えるひび割れ幅は0.37mmとなっており，この時の最大応力強度比は1.4であった．
　このようにして，対象部材表面における鉄筋からの距離が最小箇所におけるひび割れ幅の最大値と応力強度比の関係を示したものが付図3.12である．ここでの解析では，部材中央に1本のひび割れが生じるものと仮定しており，ひび割れの分散効果に関しては議論していない．しかし，一般的にこの程度の基礎梁のひび割れ間隔が4m前後であることを考えると，梁長9mの解析結果が現実に対応するものと考えられる．この領域では，応力強度比の変化に対してひび割れ幅の変化量が非常に急であり，これは地盤剛性，底版剛性がひび割れ幅に敏感に影響していると考えられる．ひび割れ幅を考慮するには，本来は拘束体と非拘束体の剛性や形状によって決定づけられるひび割

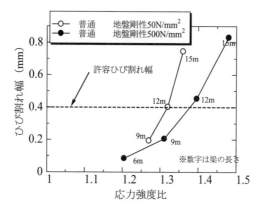

**付図 3.12** 山崎法による表面ひび割れ幅と応力強度比の関係

れの分散効果（ひび割れ本数）の議論を含める必要があるため，本図に示すように応力強度比の増大がひび割れ幅の増大に繋がらない場合も考えられる．しかし，対象部材内に生じる弾性エネルギーの増大がひび割れ幅を増やす傾向を持つ原則から考慮すれば，応力強度比とひび割れ幅にはある程度の相関があると考えられ，本指針では，これらの影響を基に，応力強度比1.3をもって鉄筋にもっとも近い表面ひび割れ幅が0.4mmを守れるものとした．

---

**参考文献**

1) 例えば，日本コンクリート工学会：マスコンクリートのひび割れ制御指針2016，2016
2) 日本建築学会：鉄筋コンクリート構造計算基準・同解説，2018
3) 長瀧重義，佐藤良一：水和熱に起因する温度ひび割れ幅の予測について，コンクリート工学年次論文集，Vol. 8，pp. 5-8，1986
4) 日本コンクリート工学協会，マスコンクリートの温度応力研究委員会：マスコンクリートの温度応力研究委員会報告書，温度応力ひび割れ幅算定方法についての提案，日本コンクリート工学協会，1990.8
5) 日本コンクリート工学協会，マスコンクリートの温度応力研究委員会：コンクリートの体積変化によるひび割れ幅制御に関するコロキウム論文集，コンクリート工学協会，1992.9
6) 日本コンクリート工学協会，マスコンクリートソフト作成委員会：マスコンクリートソフト作成委員会報告書，2003.11
7) 山崎敞敏：壁状マスコンクリートのひび割れ幅算定，日本建築学会構造系論文集，第508号，pp. 17-18，1986.6

# 付4. 低発熱型の高炉セメントB種について

## 4.1 はじめに

　高炉セメントB種は，普通ポルトランドセメントに比べて，長期強度の増進，ASR対策，CO$_2$の削減，耐化学的侵食性の向上などの特長がある．これまで，マスコンクリートの温度ひび割れ対策にも有効であるとされてきたが，断熱温度上昇量は普通ポルトランドセメントと比べて，同等かもしくは大きくなる傾向にあることが報告されている[1]．また，自己収縮は普通ポルトランドセメントに比べて大きくなる傾向にあり，必ずしもマスコンクリートの温度ひび割れ対策に効果的でないとの報告がある[2]．これらは，初期強度の増進のため，従来と比べて高炉スラグ微粉末の粉末度が大きくなったことが理由の一つとして挙げられている[3]．一方で，高炉スラグ微粉末の粉末度，使用割合，せっこう添加量を調整することで，水和発熱速度や自己収縮を抑えた高炉セメントB種が実用化されており，マスコンコンクリートの温度ひび割れ対策として有効性が確認されつつある[4]~[6]．ここでは，製造会社の異なる低発熱型の高炉セメントB種を用いたコンクリートの基本物性に関する試験結果を示す．

## 4.2 低発熱型の高炉セメントB種の特性（製造会社A）

### 4.2.1 セメントの特徴

　付表4.1に，低発熱型の高炉セメントB種（LBB），普通ポルトランドセメント（N），高炉セメントB種（BB）の品質の一例を示す．水和発熱速度の抑制の観点から，LBBはBBと比べて，使用している高炉スラグ微粉末の粉末度が小さいため，セメント自体の粉末度が小さく，また，高炉スラグの使用率が大きい．さらに，自己収縮抑制としてせっこうの添加量が多く，化学成分の中でSO$_3$の割合が高くなっているのが特徴である[7]．なお，LBBはJIS R 5211「高炉セメント」のB種の規格を満足する．

付表4.1　使用セメントの品質の一例（LBB・BB・N）

| セメント種類 | 密度 (g/cm³) | 粉末度 (cm²/g) | スラグの使用割合 (%) | 凝結 | | | 安定度 | 圧縮強さ (N/mm²) | | | 化学成分 (%) | | | |
| | | | | 水量 (%) | 始発 (h-m) | 終結 (h-m) | | 3d | 7d | 28d | MgO | SO$_3$ | 強熱減量 | 塩化物イオン |
|---|---|---|---|---|---|---|---|---|---|---|---|---|---|---|
| LBB | 2.97 | 3180 | 53-58 | 28.5 | 3-05 | 4-50 | 良 | 12.2 | 22.4 | 44.6 | 3.53 | 3.4 | 1.58 | 0.006 |
| BB | 3.02 | 3750 | 40-45 | 28.5 | 2-45 | 4-10 | 良 | 22.0 | 35.5 | 62.1 | 3.23 | 2.02 | 1.74 | 0.013 |
| N | 3.15 | 3410 | — | 28.3 | 1-50 | 3-05 | 良 | 29.6 | 46.9 | 62.4 | 1.29 | 1.99 | 1.51 | 0.009 |

### 4.2.2 コンクリートの性質

#### （1） 使用材料

付表 4.2 にコンクリートの使用材料を示す.

**付表 4.2** コンクリートの使用材料

| 種　類 | 材料名 | 密度(g/cm³) | 記号 |
|---|---|---|---|
| セメント | 高炉セメント B 種(低発熱型) | 2.98 | LBB |
| | 高炉セメント B 種 | 3.04 | BB |
| | 普通ポルトランドセメント | 3.15 | N |
| 細骨材 | 海砂 | 2.60 | S1 |
| | 混合砂（海砂：砕砂 ＝1 ： 1） | 2.61 | S2 |
| 粗骨材 | 砕石 2005 | 2.70 | G |
| 混和剤 | 高性能 AE 減水剤<br>（ポリカルボン酸エーテル系） | — | SP |

#### （2） コンクリートの調合

付表 4.3 にコンクリートの調合を示す.

**付表 4.3** コンクリートの調合

| コンクリートの<br>種類 | 呼び強度を<br>保証する材齢(日) | W/C<br>（%） | s/a<br>（%） | 単位量 （kg/m³） | | | | | SP<br>C×（%） |
|---|---|---|---|---|---|---|---|---|---|
| | | | | W | C | S1 | S2 | G | |
| 33-15-20LBB | 56 | 42.0 | 44.8 | 166 | 396 | 460 | 307 | 978 | 0.500 |
| 33-15-20BB | 28 | 44.0 | 45.3 | 167 | 380 | 470 | 313 | 978 | 0.525 |
| 33-15-20N | 28 | 45.0 | 46.0 | 167 | 372 | 482 | 322 | 978 | 0.650 |

#### （3） フレッシュコンクリートの性状

付表 4.4 にフレッシュコンクリートの性状について示す.

**付表 4.4** フレッシュコンクリートの性状

| セメントの<br>種類 | スランプ<br>（cm） | 空気量<br>（%） | コンクリート<br>温度（℃） | 凝結時間 （時間） | |
|---|---|---|---|---|---|
| | | | | 始発 | 終結 |
| LBB | 14.0 | 4.1 | 21.2 | 6.8 | 10.4 |
| BB | 13.5 | 4.4 | 23.5 | 6.0 | 9.1 |
| N | 15.5 | 4.4 | 22.0 | 6.7 | 8.9 |

#### （4） 圧縮強度

付図 4.1 に材齢と圧縮強度の関係を示す. LBB と BB は, N に比べて材齢初期における圧縮強度が低い傾向にある. 一方, 長期的には N と同等かそれ以上の強度を発現する. LBB と BB を比

付 4. 低発熱型の高炉セメント B 種について —171—

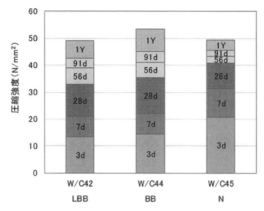

付図 4.1 各セメントを用いたコンクリートの圧縮強度

較すると，LBB は BB よりも W/C を 2％小さくしているため，材齢 3，7 日における圧縮強度に差はない．ただし，LBB に用いている高炉スラグ微粉末の粉末度は BB よりも小さく，水和反応が遅れる傾向にあるため，同一 W/C の場合は圧縮強度が小さくなることが確認されている．

（5） 自己収縮

付図 4.2 に材齢と自己収縮の関係を示す．なお，自己収縮試験方法は，JCI-SAS2-2 を参考に型枠底面にテフロンシート，端面にポリスチレンボードを配置したうえで，100×100×400 mm の角柱供試体の全面をポリエステルフィルムで覆った．自己収縮ひずみは，埋込み型ひずみ計により測定した．脱型後は，アルミ粘着テープにより供試体全面を覆い，封かん状態を保った．LBB は BB に比べてせっこう添加量を増加させセメント中の $SO_3$ 量が多いため，初期膨張が大きくなる．一方，材齢の経過にともなって LBB と BB の自己収縮ひずみは同程度となっている．LBB の自己収縮ひずみは，BB に比べて長期的に約 60％低減されるという報告もあり[4]，使用材料やコンクリートの調合，温度履歴等の条件によってその挙動は変化する可能性が考えられる．

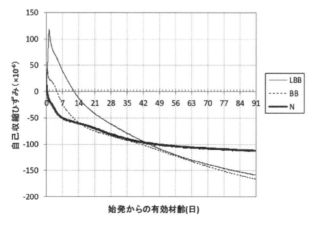

付図 4.2 各セメントを用いたコンクリートの自己収縮

(6) 断熱温度上昇量

付図 4.3 に，材齢と断熱温度上昇量の関係を示す．本結果は，各コンクリートの単位セメント量 300 kg/m³ の場合の測定例である．LBB は BB と N に比べると水和が遅いため，温度上昇速度が緩やかであり，また，最終的な温度上昇量は約 10 ℃ 程度抑えられている．

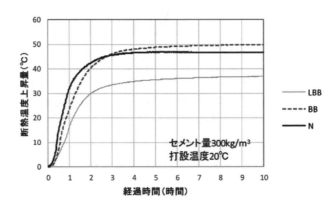

付図 4.3　各セメントを用いたコンクリートの断熱温度上昇曲線（測定例）

### 4.2.3　温度履歴下におけるコンクリートの性質

(1) コンクリートの調合

付表 4.5 に，コンクリートの調合を示す．フレッシュコンクリートの目標値は，スランプが 15±2.5 cm，空気量が 4.5±1.5 ％ である．LBB は，BB に比べて高炉スラグ微粉末の使用割合が高く，粉末度が小さいため，水和反応が遅く，相対的に強度発現性が小さくなる．このことを考慮して，今回の試験では，33-15-20BB の呼び強度を保証する材齢 28 日，W/C 44 ％ の設計に対して，LBB は呼び強度を保証する材齢を 56 日と長くし，さらに W/C 42 ％ と 2 ％ 小さくして，試験を実施した．コンクリートの製造は，レディーミクストコンクリート工場で行い，外気温の異なる標準期（4 月），夏期（8 月），冬期（12 月）に試験を実施した．スランプの調整は，混和剤の添加量により行った．

(2) フレッシュコンクリートの性状

付表 4.6 にフレッシュコンクリートの性状について示す．

(3) 試験項目

実施した試験項目を付表 4.7 に示す．圧縮強度用供試体は，標準水中養生および発泡スチロール容器（厚さ 300 mm，φ100×200 mm 供試体本数 11 本に加えて発熱を担保するため，約 10 l 分のコンクリートを容器内に設置）を用いて簡易断熱養生した．φ100×200 mm の円柱供試体に加え，マスブロック（供試体寸法：400×400×400 mm）および模擬部材（供試体寸法：1000×1000×1000 mm）から採取したコア供試体（φ100×200 mm）において実施した．マスブロックは，コンクリートを発泡スチロール容器（厚さ 200 mm）に打ち込み，以後，容器内で封かん養生を行った．容器は，20 ℃ の室内に保管した．模擬部材は，屋外に設置したメタルフォームに打ち込んだ．た

付 4. 低発熱型の高炉セメント B 種について　—173—

付表 4.5　コンクリートの調合

| コンクリートの種類 | 呼び強度を保証する材齢(日) | W/C (%) | s/a (%) | 単位量 (kg/m³) | | | | | 時期 | SP*¹ C× (%) |
|---|---|---|---|---|---|---|---|---|---|---|
| | | | | W | C | S1 | S2 | G | | |
| 33-15-20 LBB | 56 | 42.0 | 44.8 | 166 | 396 | 460 | 307 | 978 | 標準期 | 0.500 |
| | | | | | | | | | 夏期 | 0.700 |
| | | | | | | | | | 冬期 | 0.475 |
| 33-15-20 BB | 28 | 44.0 | 45.3 | 167 | 380 | 470 | 313 | 978 | 標準期 | 0.525 |
| | | | | | | | | | 夏期 | 0.700 |
| | | | | | | | | | 冬期 | 0.500 |
| 33-15-20 N | 28 | 45.0 | 46.0 | 167 | 372 | 482 | 322 | 978 | 標準期 | 0.650 |
| | | | | | | | | | 夏期 | 0.850 |
| | | | | | | | | | 冬期 | 0.600 |

[注] ＊1　高性能 AE 減水剤（夏期は遅延形を使用）

付表 4.6　フレッシュコンクリートの性状

| コンクリートの種類 | 時期 | 工場出荷時 | | | 打込み時 (出荷 50 分後) | | |
|---|---|---|---|---|---|---|---|
| | | スランプ (cm) | 空気量 (%) | C. T. (℃) | スランプ (cm) | 空気量 (%) | C. T. (℃) |
| 33-15-20 LBB | 標準期 | 15.0 | 3.8 | 20.0 | 13.0 | 3.9 | 21.4 |
| | 夏期 | 15.5 | 5.2 | 32.5 | 16.0 | 5.9 | 32.0 |
| | 冬期 | 17.5 | 4.3 | 16.0 | 15.0 | 4.5 | 16.3 |
| 33-15-20 BB | 標準期 | 15.5 | 3.7 | 23.0 | 13.0 | 4.9 | 21.4 |
| | 夏期 | 16.0 | 5.1 | 33.0 | 16.5 | 5.9 | 34.0 |
| | 冬期 | 15.5 | 3.6 | 18.0 | 13.0 | 4.6 | 18.8 |
| 33-15-20 N | 標準期 | 17.0 | 4.5 | 21.0 | 15.5 | 4.4 | 22.0 |
| | 夏期 | 15.0 | 5.2 | 34.0 | 11.5 | 5.7 | 35.4 |
| | 冬期 | 16.0 | 3.8 | 17.0 | 13.0 | 3.8 | 17.6 |

だし，型枠内の側面には合板を，底面には発泡スチロール（厚さ 150 mm）を配置した．打込み後は，上表面を発泡スチロール（厚さ 150 mm）で覆った．模擬部材は，N が材齢 5 日，BB・LBB が材齢 7 日で脱型し，その後は屋外に暴露した．自己収縮ひずみは，マスブロックの中心部に設置した熱電対を内蔵した埋込型ひずみ計により実ひずみと温度を測定し，日本コンクリート工学会「マスコンクリートのひび割れ制御指針　2008」に示される方法に準じて求めた線膨張係数により温度ひずみを補正して算出した．材齢の起点は打込み完了時点，自己収縮ひずみの起点は凝結の始発とした．凝結の始発には，20 ℃の試験室における凝結試験結果の有効材齢を用いた．

—174— 付　　録

付表 4.7　試験項目

| 試験項目 | 供試体 | 養生方法 |
|---|---|---|
| 圧縮強度 | 円柱供試体($\phi100\times200$ mm) | 標準水中養生 |
| | 円柱供試体($\phi100\times200$ mm) | 簡易断熱養生 |
| | マスブロック($400\times400\times400$ mm) | 発泡スチロール(全面)による封かん養生 |
| | 模擬部材($1000\times1000\times1000$ mm) | 発泡スチロール(打込み・底面)と合板(側面)による封かん養生後，屋外暴露(N：5日，BB・LBB：7日) |
| 自己収縮 | マスブロック($400\times400\times400$ mm) | 発泡スチロール(全面)による封かん養生 |
| 線膨張係数 | 角柱供試体($100\times100\times400$ mm) | アルミテープによる封かん養生 |
| 凝結 | 円柱供試体($\phi150\times150$ mm) | 封かん養生 |
| 発熱特性 | マスブロック($400\times400\times400$ mm) | 発泡スチロール(全面)による封かん養生 |
| | 模擬部材($1000\times1000\times1000$ mm) | 発泡スチロール(打込み・底面)と合板(側面)による封かん養生後，屋外暴露(N：5日，LBB：7日) |

（4）　有効材齢と圧縮強度の関係

付図 4.4 に LBB，BB，N の有効材齢と圧縮強度の関係を示す．標準水中養生を行った場合，LBB の強度発現性は N や BB に対して遅く，同一有効材齢の圧縮強度は相対的に低い傾向を示した．一方，簡易断熱養生を行った場合，あるいはマスブロック，模擬部材のような温度履歴を受けた供試体の場合，LBB の圧縮強度は N，BB とほぼ同等であった．このことから，LBB の強度発現性は N や BB と比べて温度の依存性が大きいことが示唆される．

（5）　構造体強度補正値

付図 4.5 に，LBB，BB，N の構造体強度補正値 $_{28}SM_{91}$ および LBB の $_{56}SM_{91}$ を示す．各値は，付表 4.5 に示すように，標準養生を行った試験体に対して，温度履歴を受けた簡易断熱供試体，マスブロック（$400\times400\times400$ mm）から $\phi100$ mm コアを採取した試験体，模擬部材（$1000\times1000\times1000$ mm）から $\phi100$ mm コアを採取した試験体で各材齢において圧縮強度試験を実施した結果から算出したものであり，各時期にそれぞれの温度履歴を受けた供試体の結果 3 つをプロットしている．今回の試験では，LBB は冬期において $_{28}SM_{91}$ に比べて $_{56}SM_{91}$ が大きくなっており，注意が必要であると考えられる．一方で，$_{28}SM_{91}$ は JASS 5 高炉セメント B 種の標準値を満足した．このことから，LBB も BB 同様の $_{28}SM_{91}$ を適応できることが示唆される[8]．

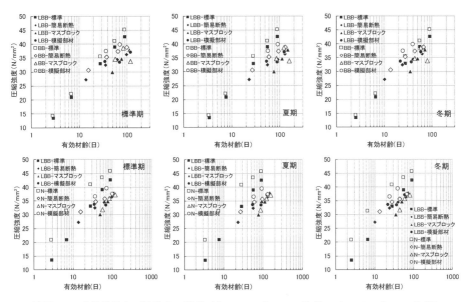

**付図 4.4** 有効材齢と圧縮強度の関係（上：LBB と BB の比較，下：LBB と N の比較）

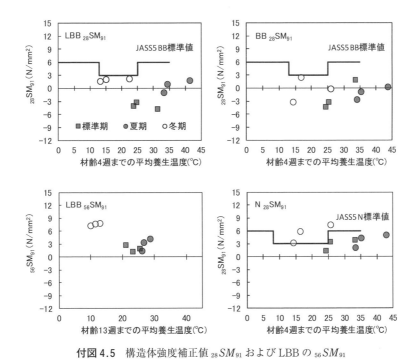

**付図 4.5** 構造体強度補正値 $_{28}SM_{91}$ および LBB の $_{56}SM_{91}$

(6) 線膨張係数

付表 4.8 に LBB，BB，N の線膨張係数を示す．打込み時期により違いがあるものの，LBB の線膨張係数は 12～14（×$10^{-6}$/℃）を示し，BB とは同程度，N に比べて 3～4（×$10^{-6}$/℃）程度大きい傾向を示した．

付表 4.8　LBB・BB・N の線膨張係数

| 時期 | セメント種類 | 線膨張係数（×10⁻⁶/℃） |  |  |
|---|---|---|---|---|
|  |  | 温度上昇時 | 温度降下時 | 平均 |
| 標準期 | LBB | 11.8 | 11.9 | 11.8 |
|  | BB | 11.0 | 12.8 | 11.9 |
|  | N | 8.0 | 8.2 | 8.1 |
| 夏期 | LBB | 12.6 | 12.9 | 12.7 |
|  | BB | 12.0 | 12.5 | 12.2 |
|  | N | 9.1 | 8.8 | 8.9 |
| 冬期 | LBB | 12.2 | 14.1 | 13.2 |
|  | BB | 11.7 | 14.0 | 12.9 |
|  | N | 8.2 | 8.3 | 8.3 |

（7）凝結の始発・終結

付図 4.6 に LBB，BB，N の凝結の始発・終結を示す．実材齢で，特に冬期では，LBB は BB，N に比べて始発・終結が遅くなっており，低温環境下にける打込み時は注意が必要と考えられる．また，有効材齢で見ると打込み時期による違いはないが，LBB は，BB，N に比べて終結が遅いことが確認される．

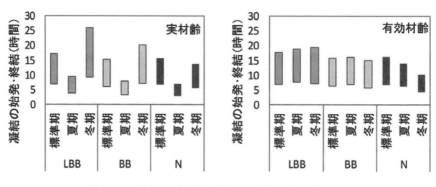

付図 4.6　凝結の始発・終結（左：実材齢，右：有効材齢）

（8）自己収縮ひずみ

付図 4.7 に，マスブロックによる自己収縮試験結果を示す．いずれの時期においても，LBB は BB に比べて自己収縮ひずみが抑制されており，N の自己収縮ひずみは同程度であった．自己収縮ひずみの抑制は，材齢初期に膨張していることが主な要因であるが，これはせっこうを添加して $SO_3$ の割合を高めていること[9]，高炉スラグ微粉末の粉末度を小さくしていることによると考えられる[10),11)]．

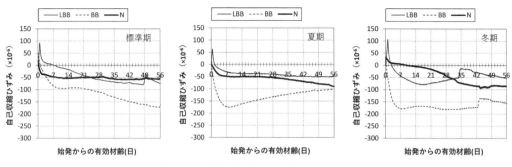

付図4.7 自己収縮ひずみ（マスブロック）

(9) 発熱特性

付図4.8, 4.9にLBB, BB, Nを用いたマスブロックおよび模擬部材のコンクリート温度の経時変化，付表4.9に最高温度を示す．今回の実験の単位セメント量は，LBBが396 kg/m³, BBが380 kg/m³, Nが372 kg/m³であり，LBBの方がBB, Nに比べて多いが，最高温度は，いずれの打込み時期においても10～15℃程度LBBの方がBB, Nよりも低減された．また，標準期，冬期におけるLBBの温度上昇速度は，BB, Nよりも明らかに緩やかな傾向にあり，温度ひび割れ抑制に有効であると考えられる．

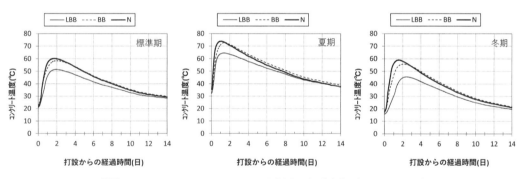

付図4.8 LBB・BB・Nのコンクリート温度の経時変化（マスブロック）

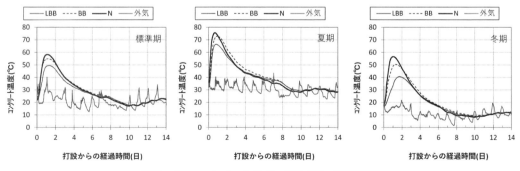

付図4.9 コンクリート温度の経時変化（模擬部材）

—178— 付　　録

付表 4.9　コンクリートの最高温度

| 供試体 | 時期 | コンクリートの最高温度（℃） | | |
|---|---|---|---|---|
| | | LBB | BB | N |
| マスブロック | 標準期 | 51.5 | 58.5 | 60.2 |
| | 夏期 | 64.6 | 73.0 | 73.9 |
| | 冬期 | 45.7 | 55.8 | 59.0 |
| 模擬部材 | 標準期 | 49.5 | 55.0 | 58.3 |
| | 夏期 | 66.2 | 72.9 | 75.6 |
| | 冬期 | 40.8 | 50.5 | 56.7 |

## 4.3　低発熱型の高炉セメント B 種の特性（製造会社 B）

### 4.3.1　セメントの特徴

付表 4.10 に，検討対象としたセメントの種類と品質の一例を示す．セメントは，普通ポルトランドセメント（N），製造会社の異なる 2 種類の高炉セメント B 種（BB1，BB2），2 種類の低発熱型の高炉セメント（LBB1，LBB2）を対象とした．LBB1 は粉末度が約 3000 cm²/g の高炉スラグ微粉末の使用割合を 40 ％としたもの，LBB2 は 58 ％としたものである．また，自己収縮抑制の対策として通常の高炉セメント B 種よりもせっこうが多く添加されており，$SO_3$ の割合が 4 ％程度となっているのが特徴である[9),11)]．なお，LBB1，LBB2 ともに JIS R 5211「高炉セメント」の B 種の規格を満足する．

付表 4.10　使用セメントの品質の一例

| セメントの種類 | 密度 (g/cm³) | 粉末度 (cm²/g) | 化学成分（%） | | | 凝結(h-m) | | 圧縮強さ(N/mm²) | | | スラブ割合 (%) |
|---|---|---|---|---|---|---|---|---|---|---|---|
| | | | Ig.loss | MgO | SO₃ | 始発 | 終結 | 3 日 | 7 日 | 28 日 | |
| LBB1 | 3.04 | 3360 | 0.5 | 3.8 | 3.7 | 3-30 | 5-05 | 19.8 | 29.8 | 54.1 | 40 |
| LBB2 | 2.98 | 3300 | 0.6 | 4.7 | 3.9 | 3-45 | 5-25 | 15.0 | 24.8 | 46.7 | 58 |
| N | 3.16 | 3290 | 1.0 | 2.3 | 2.2 | 2-15 | 3-00 | 30.3 | 43.6 | 60.8 | — |
| BB1 | 3.04 | 3890 | 0.7 | 3.7 | 2.2 | 2-45 | 4-00 | 19.0 | 32.2 | 61.6 | 40 |
| BB2 | 3.04 | 4030 | 1.2 | 3.7 | 2.2 | 2-40 | 3-35 | 24.0 | 35.9 | 61.6 | 43 |
| JIS R 5211 | — | 3000≦ | 5.0≧ | 6.0≧ | 4.0≧ | 60 m≦ | 10 h≧ | 10.0≦ | 17.5≦ | 42.5≦ | 30<，60≧ |

### 4.3.2　コンクリートの性質

#### （1）　使用材料

付表 4.11 に，コンクリートの使用材料を示す．コンクリートの使用材料は，セメントには N，BB1，LBB2 を，細骨材が山砂と砕砂の 2 種類を，容積比で S1：S2 ＝ 8：2 の割合で使用した．粗骨材は砕石 2005 を使用した．化学混和剤には，リグニンスルホン酸化合物とポリオールの複合体を主成分とする AE 減水剤およびアルキルエーテル系の AE 剤を使用した．

付 4. 低発熱型の高炉セメント B 種について　—179—

付表 4.11　コンクリートの使用材料

| 材　料 | 種　類 |
|---|---|
| セメント | 高炉セメント B 種(低発熱型) |
| | 高炉セメント B 種 |
| | 普通ポルトランドセメント |
| 細骨材 | 混合砂（山砂：砕砂 ＝8：2) |
| 粗骨材 | 砕石 2005 |
| 混和剤 | AE 減水剤(リグニンスルホン酸系) |
| | AE 剤 |

（2）　コンクリートの調合

　付表 4.12 に，コンクリートの調合を示す．N，BB1 および LBB2 の水セメント比は 50 ％とした（N-50，BB1-50，LBB2-50)．また，LBB2 については，材齢 28 日で N-50 および BB1-50 と同等な圧縮強度を得るため，水セメント比を 45 ％とする調合（LBB2-45）も設定した．フレッシュコンクリートの目標値は，レディーミクストコンクリート工場から現場到着までのスランプロスおよび空気量のロスを見込み，練上がり直後のスランプを 14±2.5 cm，空気量を 5.0±1.5 ％とした．

付表 4.12　コンクリートの調合

| 調合記号 | 材齢 28 日強度 (N/mm²) | W/C (%) | 単位量 （kg/m³） | | | | AE 減水剤 C×（%） | AE 剤 (A) |
|---|---|---|---|---|---|---|---|---|
| | | | W | C | S | G | | |
| N-50 | 40.7 | 50 | 163 | 326 | 811 | 1015 | 1.00 | 0.50 |
| BB1-50 | 39.7 | 50 | 160 | 320 | 814 | 1015 | 1.00 | 0.75 |
| LBB2-50 | 33.6 | 50 | 158 | 316 | 852 | 1015 | 1.00 | 0.75 |
| LBB2-45 | 40.3 | 45 | 163 | 362 | 761 | 1018 | 1.00 | 0.75 |

[注]　1A：C×0.001 ％

（3）　フレッシュコンクリートの性状

　付表 4.13 に，フレッシュコンクリートの性質として，スランプ，空気量，凝結およびブリーディング試験結果を示す．同一スランプが得られる単位水量は，N-50 が 163 kg/m³，BB1-50 が 160

付表 4.13　フレッシュコンクリートの性状

| 調合記号 | 単位水量 (kg/m³) | スランプ (cm) | 空気量 (%) | 凝結(h-m) | | ブリーディング 率(%) |
|---|---|---|---|---|---|---|
| | | | | 始発 | 終結 | |
| N-50 | 163 | 13.5 | 5.3 | 5-25 | 8-00 | 4.1 |
| BB1-50 | 160 | 13.5 | 4.5 | 5-50 | 8-15 | 4.4 |
| LBB2-50 | 158 | 14.0 | 5.0 | 6-30 | 10-45 | 5.0 |
| LBB2-45 | 163 | 15.0 | 4.5 | 6-15 | 10-20 | 4.7 |

kg/m³，LBB2-50 が 158 kg/m³であった．N-55 および BB-55 の凝結の始発時間は 6 時間以内であった．LBB2-50 の凝結時間は，始発が 30 分～1 時間程度，終結が 2 時間～2 時間半程度遅れる結果であった．水セメント比 45 ％の LBB2 の凝結時間は，水セメント比 50 ％の LBB2 とほぼ変わらず，凝結時間の水セメント比低下による短縮化の効果は少なかった．N-50 および BB1-50 のブリーディング率は 4.5 ％以下であるのに対し，LBB2-50 のブリーディング率は 5.0 ％とやや大きくなった．LBB2-45 については，N，BB1 とブリーディング率は同等であった．

（4） 圧縮強度

付図 4.10 に，圧縮強度試験結果を示す．LBB2-45 の材齢 7 日の初期強度は，N-50 に及ばないが，BB1-50 と同程度であった．材齢 91 日の LBB2-50 の圧縮強度は N-50 と同等となった．水セメント比を下げることにより，N，BB の場合と同等以上の強度発現が得られる．

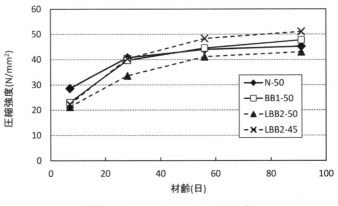

付図 4.10 コンクリートの圧縮強度

（5） 自己収縮・乾燥収縮ひずみ

付図 4.11，4.12 に自己収縮ひずみおよび乾燥収縮ひずみを示す．自己収縮試験方法は，JCI-SAS2-2 を参考に型枠底面にテフロンシート，端面にポリスチレンボードを配置したうえで，100×100×400 mm の角柱供試体の全面をポリエステルフィルムで覆った．自己収縮ひずみは埋込み型ひずみ計により測定した．脱型後は，アルミ粘着テープにより供試体全面を覆い，封かん状態を保った．乾燥収縮試験は，JIS A 1129 附属書 A「モルタル及びコンクリートの乾燥による自由収縮ひずみ試験方法」に準じた．100×100×400 mm の角柱供試体を成型翌日に脱型し，材齢 7 日

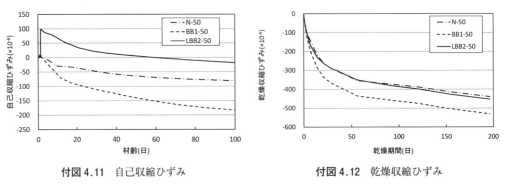

付図 4.11 自己収縮ひずみ　　　　　　　　　付図 4.12 乾燥収縮ひずみ

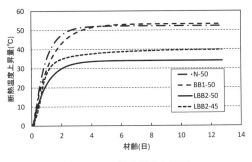

付図 4.13　断熱温度上昇量

まで水中養生後，20 ℃-60 % R.H.で乾燥収縮ひずみを測定した．LBB2-50 の自己収縮ひずみは，N-50 および BB1-50 より小さくなった．LBB2-50 の乾燥収縮ひずみは BB1-50 より小さく，N-50 と同等であった．

（6）　断熱温度上昇量

付図 4.13 に，材齢と断熱温度上昇量の関係を示す．LBB2-50 の終局断熱温度上昇量は 34.1 ℃ と N-50，BB1-50 よりそれぞれ約 18 ℃，約 19 ℃ 低下した．LBB2-45 の場合，単位セメント量が BB1-50 よりも 46 kg/m³ 程度増加したにもかかわらず，終局断熱温度上昇量が 39.8 ℃ となり，BB1-50 よりも約 13 ℃ 低い値を示した．

### 4.3.3　マスブロックによる評価[12]

（1）　コンクリートの使用材料・調合

マスブロックによる評価を行ったコンクリートの調合およびフレッシュコンクリートの性状を付表 4.14 に示す．セメントには BB1，BB2，LBB1，LBB2 を用いた．粗骨材には砕石 2005，細骨材には山砂と砕砂を質量比で 8：2 の割合で混合したもの，混和剤には AE 減水剤標準形を用いた．コンクリートの水セメント比は，55 % とした．

付表 4.14　コンクリートの調合およびフレッシュコンクリートの性状

| 調合記号 | W/C (%) | s/a (%) | 単位量(kg/m³) W | C | S | G | AD | スランプ (cm) | 空気量 (%) | 温度 (℃) |
|---|---|---|---|---|---|---|---|---|---|---|
| BB1 | 55.0 | 46.0 | 162 | 295 | 832 | 1012 | 2.95 | 16.0 | 5.5 | 22.3 |
| BB2 | 55.0 | 46.0 | 162 | 295 | 832 | 1012 | 2.95 | 15.1 | 5.0 | 22.3 |
| LBB1 | 55.0 | 46.4 | 159 | 289 | 845 | 1012 | 2.89 | 14.5 | 5.6 | 22.6 |
| LBB2 | 55.0 | 46.2 | 159 | 289 | 839 | 1012 | 2.89 | 16.5 | 5.7 | 21.7 |

（2）　試験方法

圧縮強度，ヤング係数およびマスブロックの温度履歴，自己収縮ひずみを測定した．圧縮強度用およびヤング係数用供試体は φ10×20 cm の円柱とし，材齢 1 日まで 20 ℃ 封かん養生した後，標準水中養生した．マスブロックには，周りを厚さ 200 mm のポリスチレンフォーム断熱材と厚さ

12 mm の合板で覆った 450 mm 角のものを使用し，中心部に熱電対と埋込み型ひずみ計を設置して，中心部の温度と全ひずみを測定した．

(3) 圧縮強度およびヤング係数

付図 4.14 に，材齢 1 日までの圧縮強度発現性を示す．LBB1，LBB2 ともに BB1，BB2 よりも強度発現性が遅い傾向にある．これは，LBB1，LBB2 に用いた高炉スラグ微粉末の粉末度が小さいため水和反応が緩やかであることに加え，凝結時間が遅いことが影響していると考えられる．

付図 4.15，4.16 に材齢 1 日以降の圧縮強度発現性および圧縮強度とヤング係数の関係を示す．LBB1，LBB2 の圧縮強度は，BB1，BB2 に比べ相対的に小さい傾向であった．材齢 28 日における各コンクリートの圧縮強度は，マスブロックから抜き取ったコアによる材齢 91 日の圧縮強度（BB1：44.8 N/mm$^2$，BB2：41.0 N/mm$^2$，LBB1：33.1 N/mm$^2$，LBB2：31.3 N/mm$^2$）とほぼ同等であった．一方，圧縮強度が同一であればコンクリートの種類によらずヤング係数はほぼ同等であった．また，圧縮強度とヤング係数の関係は，図中に併記した本会の提案式（単位容積質量単 $\gamma=2.3\,\mathrm{t/m^3}$）と，おおむね一致した．

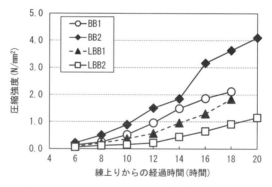

付図 4.14　材齢と圧縮強度の関係（材齢 1 日まで）

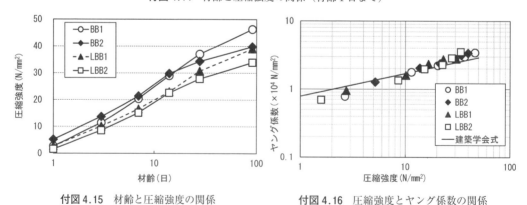

付図 4.15　材齢と圧縮強度の関係　　付図 4.16　圧縮強度とヤング係数の関係

(4) 自己収縮

付図 4.17 に自己収縮試験の結果を示す．BB1 および BB2 は，材齢 6～8 日までの間に $100\times10^{-6}$ を上回る自己収縮を示している．これに対して，LBB1 では初期に約 $25\times10^{-6}$ の，LBB2 では約 $55\times10^{-6}$ のおのおの有効な膨張ひずみを発生する．それ以降の材齢での自己収縮ひずみが，

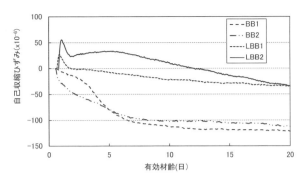

付図 4.17　自己収縮ひずみ（マスブロック）

一般の高炉セメント B 種である BB1, BB2 に比較して小さい値に抑制される傾向が明らかである．自己収縮ひずみの抑制は，材齢初期に膨張が起こっていることが主な要因であるが，これはせっこうを添加して $SO_3$ の割合を多くしていること[9]，高炉スラグ微粉末の粉末度を小さくしていることによるものと考えられている[10),11]．

（5）発熱特性

付図 4.18 に LBB と BB を用いたマスブロックおよび模擬部材のコンクリート温度の経時変化を示す．BB1 および BB2 は最大で 60 ℃以上となるが，LBB1 で最大 56 ℃，LBB2 で最大 52 ℃と高炉スラグ微粉末の粉末度を小さくしたことと，せっこうを添加し $SO_3$ の割合を調整したことによる温度低減効果が認められる．

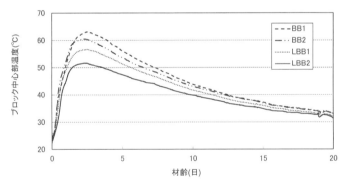

付図 4.18　コンクリート温度の経時変化

## 4.4　まとめ

低発熱型の高炉セメント B 種を用いたコンクリートの特性について示した．製造会社によらず，普通ポルトランドセメントや高炉セメント B 種を用いた場合と比べ，終局断熱温度上昇量や発熱速度が低下することは明らかである．一方，コンクリートの強度発現性が緩やかになったり，低温下での凝結時間が遅くなったりすることがあるので留意が必要である．したがって，目的に応じて，適切な調合を選定する必要がある．低発熱型の高炉セメント B 種は，構造物の温度ひび割れ抑制対策だけでなく，塩害や ASR 対策などの耐久性への効果も認められており，求められる性能を踏まえた材料の活用が重要であると考えられる．

## 参考文献

1) 日本コンクリート工学協会：高炉セメントB種品質データ，セメント系材料・骨材研究委員会報告書，2005.8

2) 国府勝郎，村田芳樹，高橋茂，安斎浩幸：高炉スラグ微粉末を用いたコンクリートの断熱温度上昇と水和性状に関する研究，土木学会論文集，第396号，V-9，pp. 39-48，1988.8

3) 宮澤伸吾，佐藤良一，杉山淳司：高温履歴を受ける高炉セメントコンクリートの自己収縮予測式，コンクリート工学年次論文集，Vol. 30，No. 1，pp. 465-470，2008

4) 檀康弘，竹内一真，伊代田岳史：低発熱型高炉セメントB種の歴史とその性能，セメント・コンクリート，No. 733，pp. 17-23，2008.3

5) 藤原稔，行徳爲己，久保田賢，新崎義幸：低発熱型高炉セメントB種の特性と施工例，コンクリート工学，Vol. 47，No. 3，pp. 10-15，2009.3

6) 高木努，田中徹，廣島明男，宮澤伸吾：低発熱・収縮抑制型高炉セメントを用いた構造物施工における温度特性及び中性化速度の確認，土木学会第63回年次学術講演会，5，446，pp. 891-892，2008.9

7) 宮澤伸吾，大澤友宏，廣島明男，鯉渕清：低発熱・収縮抑制型高炉セメントを用いたコンクリートの特性，コンクリート年次学術論文集，Vol. 27，No. 1，pp. 487-492，2005

8) 高橋清美，二戸信和：低発熱・収縮抑制型高炉セメントの構造体強度補正値に関する検討，日本建築学会大会学術講演概要集，pp. 305-306，2012.8

9) 伊代田岳史，兼安真司，檀康弘：高炉セメント中のスラグ粉末度とせっこう量が水和発熱と自己収縮に与える影響，コンクリート年次学術論文集，Vol. 29，No. 1，pp. 99-104，2007

10) 伊代田岳史，兼安真司，檀康弘：高炉スラグ微粉末混入セメントの発熱特性に及ぼす各種要因の把握，コンクリート工学年次学術論文集，Vol. 28，No. 1，pp. 23-28，2006

11) 二戸信和，大澤友宏，鯉渕清，宮澤伸吾：高炉セメントの発熱と収縮に及ぼすスラグ粉末度と$SO_3$の影響，コンクリート工学年次論文集，Vol. 30，No. 2，pp. 121-126，2008

12) 二戸信和，廣島明男，大友健，宮澤伸吾：スラグ粒度と化学成分の異なる高炉セメントB種を用いたコンクリートの特性，セメント・コンクリート論文集，No. 59，pp. 231-238，2005

# 付5. マスコンクリート用の膨張材

## 5.1 コンクリート用膨張材

### 5.1.1 はじめに

わが国でコンクリート用膨張材が開発され上市されたのは1968年である．ひび割れ制御を目的としたコンクリート用膨張材は，これまでに50年近くもの実績をもち，膨張材のケミカルプレストレスによるひび割れ抑制を期待したコンクリート製品用途や，収縮補償を目的とした場所打ちコンクリート用途などにおいて，実施工面，学術面のいずれにおいても広く評価されている．

膨張材に関する研究は1960〜1980年代に精力的に行われ，本会では1978年に「膨張材を使用するコンクリートの調合設計・施工指針案・同解説」[1]，2017年に「膨張材・収縮低減剤を使用するコンクリートの調合設計・製造・施工指針（案）・同解説」[2]を刊行した．土木学会では1979年に「膨張コンクリート設計施工指針（案）」[3]，1993年に「膨張コンクリート設計施工指針」[4]がそれぞれ刊行され，現在ではコンクリート標準示方書[5]に踏襲されている．また，1980年には「コンクリート用膨張材」のJISも制定され，以後3回の改正[6]を経て現在に至っている．その間，1980年には，コンクリート用膨張材に水和抑制機能を付与したマスコンクリート用膨張材が，2000年代に入ってからは，膨張材自身の水和発熱を利用して早期に脱型が可能な二次製品用の膨張材[7]も開発されている．

### 5.1.2 膨張材と膨張コンクリート

現在，国内に流通するコンクリート用膨張材は，コンクリートの硬化過程における反応機構および反応生成物の違いによりエトリンガイト系（カルシウムサルフォアルミネート系），石灰系およびエトリンガイト・石灰複合系の3種に大別される．エトリンガイト系の膨張材は，カルシウムサルフォアルミネート，酸化カルシウム，石膏が水と反応して，針状結晶であるエトリンガイトを生成する．石灰系の膨張材は，酸化カルシウムが水と反応して六角板状の水酸化カルシウムを生成する．水と反応して膨張性の水和物を生成する点はいずれも同じであり，生成した結晶が成長することで見かけの体積を増加させるものと考えられている．

一般に，膨張コンクリートは，膨張力の大きさにより「収縮補償用コンクリート」と「ケミカルプレストレス用コンクリート」に大別[1),2),3]される．付表5.1は，本会「膨張材を使用するコンクリートの調合設計・施工指針案・同解説」の付録[1]および土木学会「2007年制定　コンクリート標準示方書［施工編］」[2]に記載されている内容を整理したものである．収縮補償用コンクリートは，ケミカルプレストレスが乾燥収縮に起因する引張応力を相殺あるいは低減させる程度の膨張力を有するコンクリートで，一般に場所打ちコンクリートとして使用される．一方，ケミカルプレストレス用コンクリートは，ケミカルプレストレスやケミカルプレストレインが，乾燥収縮などにより，そ

付表5.1 膨張コンクリートの分類[1),5)]

| | 種　類 | 目的・機能 |
|---|---|---|
| 日本建築学会 | 乾燥収縮ひび割れを低減するコンクリート | コンクリートの乾燥収縮によるひび割れを低減することを目的としたもので，膨張力を拘束することによってコンクリートに小さな圧縮応力を生じさせ，乾燥収縮により発生する引張応力を低減する程度の膨張力を付与した膨張コンクリート |
| 日本建築学会 | ケミカルプレストレスを導入するコンクリート | 膨張力を拘束することにより，コンクリート内部に発生した圧縮応力が乾燥収縮により打ち消されても，なおその圧縮応力が相当量残存するように，比較的大きな膨張力を付与した膨張コンクリート |
| 土木学会 | 収縮補償用コンクリート | ケミカルプレストレスが乾燥収縮に起因する引張応力を相殺あるいは低減させる程度の膨張力を有する膨張コンクリート |
| 土木学会 | ケミカルプレストレス用コンクリート | 乾燥収縮が生じても，なおケミカルプレストレスが残存する程度の大きな膨張力を有する膨張コンクリート |

付表5.2 膨張コンクリートの種類と標準的な膨張材の単位量[5)]

| 膨張コンクリートの分類 | 膨張材の種類 | | 標準的な膨張材の単位量（kg/m³） |
|---|---|---|---|
| 収縮補償用 | 一般用 | 30型（従来型） | 30 |
| 収縮補償用 | 一般用 | 20型（低添加型） | 20 |
| 収縮補償用 | マスコンクリート用 | 30型（従来型） | 30 |
| 収縮補償用 | マスコンクリート用 | 20型（低添加型） | 20 |
| ケミカルプレストレス用 | 一般用 | | 35～50 |
| ケミカルプレストレス用 | 製品用 | | 30～60 |

付表5.3 膨張率および収縮率の目標値（日本建築学会）[1),2)]

| 膨張率・収縮率の目標値 | | 試験方法 |
|---|---|---|
| 膨張率 | $1.5×10^{-4}$ 以上 | JIS A 6202 附属書2（参考）のA法（B法によることもできる）によって試験した材齢7日における値で表す． |
| 収縮率 | $4.5×10^{-4}$ 以下 | JIS A 6202 附属書2（参考）のB法によって試験し，材齢7日まで20±1℃水中，その後60±5% R.H.で保存した時の保存期間6か月における値で表す． |

付表5.4 膨張率の範囲の標準（土木学会）[5),7)]

| 膨張コンクリートの分類 | 膨張率の範囲 | 試験方法 |
|---|---|---|
| 収縮補償用コンクリート | $150×10^{-6}$ 以上 $250×10^{-6}$ 以下 | JIS A 6202「コンクリート用膨張材」附属書B（参考）（膨張コンクリートの拘束膨張及び収縮試験方法）によって求めた一軸拘束膨張率で表す．材齢7日における試験値を標準． |
| ケミカルプレストレス用コンクリート | $200×10^{-6}$ 以上 $700×10^{-6}$ 以下 | JIS A 6202「コンクリート用膨張材」附属書B（参考）（膨張コンクリートの拘束膨張及び収縮試験方法）によって求めた一軸拘束膨張率で表す．材齢7日における試験値を標準． |
| 工場製品に用いるケミカルプレストレス用コンクリート | $200×10^{-6}$ 以上 $1000×10^{-6}$ 以下 | JIS A 6202「コンクリート用膨張材」附属書B（参考）（膨張コンクリートの拘束膨張及び収縮試験方法）によって求めた一軸拘束膨張率で表す．材齢7日における試験値を標準． |

付 5. マスコンクリート用の膨張材 —187—

の一部が打ち消されても残存するような膨張力を有するコンクリートで，CP ヒューム管やボックスカルバートなどの工場製品に使用されている．しかし，同じ膨張性状であっても，鉄筋などの拘束の程度により，機能上，収縮補償用コンクリート，ケミカルプレストレス用コンクリートあるいは両者の機能を有するコンクリートとして挙動する．例えば，鉄筋量が多く拘束が強い場合には，大きなケミカルプレストレスが導入されるが，ケミカルプレストレインは小さくなり，収縮補償用コンクリートであってもケミカルプレストレス用コンクリートのように振る舞う．逆に，鉄筋量が少ない場合には，ケミカルプレストレインは大きくなるが，ケミカルプレストレスは小さくなり，収縮補償用コンクリートの振舞いをするのである．このように膨張コンクリートの挙動は，拘束の程度により振舞いを変える．

膨張材の種類と標準的な膨張材の単位量の関係を整理したものが付表 5.2 であり，2017 年に改正した JIS A 6202 に整合性を合わせるために修正を加えた．

### 5.1.3 膨張率と圧縮強度

膨張材を使用したコンクリートの材料特性を表す指標には，従来から JIS A 6202 : 2017（コンクリート用膨張材，以下，JIS A 6202 という）附属書 B（参考）（膨張コンクリートの拘束膨張及び収縮試験方法）に準じた鉄筋比が約 0.95 ％の一軸拘束を与えた供試体の長さ変化率（以下，一軸拘束膨張率あるいは単に膨張率という）が用いられてきた．本会では一軸拘束膨張率の目標値を，土木学会では一軸拘束膨張率の範囲の標準を規定している．コンクリート用膨張材は，それらの目標値や標準の範囲を満足する範囲で使用されている．

付表 5.3 には，本会「膨張材を使用するコンクリートの調合設計・施工指針案・同解説」[1]および本会「膨張材・収縮低減剤を使用するコンクリートの調合設計・製造・施工指針（案）・同解説」[2]に記載されている内容を，付表 5.4 には土木学会「2017 年制定　コンクリート標準示方書［施工編］」[5]に記載されている内容を，それぞれ整理したものである．乾燥収縮によるひび割れの低減を目的とした収縮補償用コンクリートの目標値および範囲の標準は，膨張コンクリートの強度性状が膨張材を使用しない同一調合のコンクリートと同等とする考え方に基づいている．なお，日本建築学会では，収縮ひび割れ抑制の考え方が考慮されている．

膨張コンクリートの圧縮強度は，普通コンクリートにおける材料，調合，養生等の各因子のほかに，膨張という因子によっても支配される．無拘束膨張率と圧縮強度比率の関係を示す付図 5.1 によれば，無拘束膨張率 $500 \sim 800 \times 10^{-6}$ 付近を限度として，圧縮強度が低下する傾向が認められる．付図 5.2 は，30 型（従来型）および 20 型（低添加型）の膨張材を使用した膨張コンクリートの単位膨張材量と一軸拘束膨張率および圧縮強度の関係を示したものである．30 型では，単位膨張材量が $30 \, \mathrm{kg/m^3}$ 程度までであれば無拘束供試体の圧縮強度は，膨張材無混和の普通コンクリートとほぼ同じであるが，一軸拘束膨張率の増加に応じて圧縮強度が低下してくることがわかる．20 型の膨張材の場合でも，一軸拘束膨張率が $300 \times 10^{-6}$ 程度を超えると圧縮強度の低下が著しくなる傾向は，従来の 30 型の膨張材と同様である．このように，膨張コンクリートは，単位膨張材量に応じて膨張率が大きくなる．しかし，膨張材を過剰に使用した場合や特に拘束が弱い場合など，膨

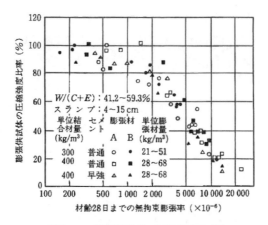

付図 5.1 膨張供試体の圧縮強度比率[8]

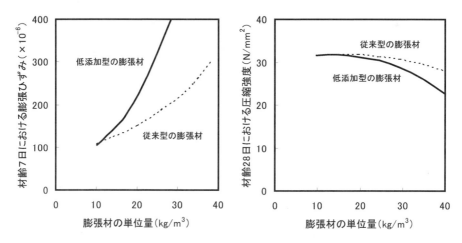

付図 5.2 単位膨張材量と膨張率・圧縮強度比[9]

張率が大きくなる反面，膨張材を使用しない同一のコンクリートの調合の普通コンクリートに比べて圧縮強度が低下することが知られている．本会「膨張材を使用するコンクリートの調合設計・施工指針案・同解説」[1]によれば，膨張コンクリートは乾燥収縮ひび割れの発生を低減することを特徴としており，所要の圧縮強度が得られ，かつ付表 5.3 に示す膨張率および収縮率を目標として，試験または信頼できる資料を基に，コンクリートの調合を定めることとしている．土木学会「コンクリート標準示方書［施工編］」[5]においても同様に，付表 5.4 に示す膨張率が規定されている．すなわち，これらの規定値に示す膨張率および収縮率の範囲内で，膨張材を使用していない普通コンクリートと同等の圧縮強度を確保できる単位膨張材量を設定することになる．このように，一般的な圧縮強度の範囲のコンクリートでは，30 型の膨張材で約 30 kg/m³，20 型の膨張材で約 20 kg/m³ を使用することで，おおむね上記の要件を満足することになる．しかし，これらの規定値は，標準的な材料（セメント・骨材等），一般的な調合のコンクリートを対象に定められたものである．

### 5.1.4 セメントの種類と膨張率

付図5.3, 5.4は，同一の単位膨張材量において，セメントの種類を要因として膨張コンクリートの長さ変化率を測定した結果の一例である．図より，同一の単位膨張材量であっても，セメント種類や温度条件によって膨張コンクリートの長さ変化率が大きく変化する．特に低発熱系のセメントを用いた場合には，普通セメントを用いた場合に比べて膨張率が大きくなる．膨張率が大きく取れる反面，強度低下への影響が懸念される．一方，高炉セメントB種や早強セメントを用いた場合では，普通セメントを用いた場合に比べて膨張率が小さくなる傾向にある．

低発熱系のセメントを用いた場合や他の混和材の併用など，材料の種類により膨張特性が異なるため，試験練りにおいて事前に確認するが望ましい．

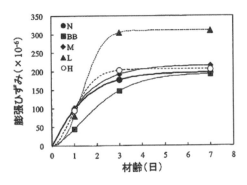
付図5.3　セメント種類の影響[10]

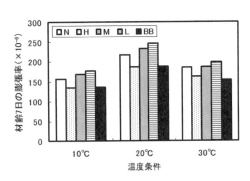
付図5.4　セメント種類および温度の影響[11]

### 5.1.5　単位セメント量の最小値

膨張コンクリートの単位セメント量は，単位水量と水セメント比の関係から算出することになるが，単位セメント量が少ない場合，単位セメント量に対する単位膨張材量の比率が大きくなり，圧縮強度が低下するおそれがある．

付図5.5は，水結合材比（W/C+Ex）を55％と固定し，単位セメント量と単位膨張材量の和である単位結合材量（C+Ex）と材齢28日の圧縮強度の関係を示した事例[12]である．なお，膨張材

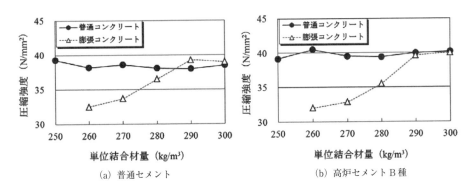
付図5.5　単位結合材量と圧縮強度[12]

は 20 型（低添加型）を 20 kg/m³ 使用した．本図より，単位結合材量が 290 kg/m³ 以上の膨張コンクリートは，膨張材を使用しない普通コンクリートと同等の圧縮強度を示すが，単位結合材量が 290 kg/m³ 未満の場合には，圧縮強度の低下が認められる．

マスコンクリートとして膨張材を適用する場合，膨張材を合わせた単位結合材量を 290 kg/m³ 以上とすることが望ましい．

### 5.1.6　膨張ひずみの予測

膨張コンクリートによるひび割れ抑制効果は，膨張コンクリートの膨張による体積変化が拘束され，コンクリートに圧縮応力が導入されることによって得られる．そのため，導入応力を算定するための膨張ひずみについてさまざまな研究や提案がなされてきた．主なものとして，鉄筋比を変化させたときの膨張ひずみの変化から，応力導入に寄与すると考えられるひずみを外挿によって求める有効自由膨張の概念[13]や，膨張コンクリートが拘束体（コンクリート内部の鉄筋や既設構造物などの外部拘束体）に対してなす仕事量が拘束の程度にかかわらず一定であるとの仕事量一定の仮定[14]等がある．いずれも基準となる拘束膨張試験の結果から，拘束度が変化した場合の膨張ひずみを推定するものである．基準となる拘束膨張試験には，JIS A 6202 附属書 B の鉄筋比が 0.95 ％の一軸拘束膨張試験（以下，JIS 試験という）が採用される場合がほとんどである。

一方，FEM 解析によってその効果を評価する場合には，応力導入に有効な膨張ひずみを与える必要がある．しかし，FEM 解析の入力値とする膨張ひずみは，他の体積変化に起因するひずみと同様に，無拘束条件での膨張ひずみである必要がある．膨張コンクリートの無拘束膨張ひずみの測定は，クリープなどの影響を受け安定した数値を得ることが困難であることから，FEM 解析に適用する膨張ひずみは，導入応力の算定結果がひび割れ抑制に対し安全側の評価になることを確かめることにより，JIS A 6202 附属書 B に基づく一軸拘束試験の結果を膨張ひずみの入力値として用いる方法[15]~[17]が提案されている．日本コンクリート工学会「マスコンクリートのひび割れ制御指針 2016」[10]ではこれらの方法を採用し，広範なデータに基づき定めた膨張ひずみの近似式〔付 5.1，付表 5.5〕を提案している．適用範囲が広いことや最近のデータを反映していること等から，本指針においても同近似式を膨張ひずみの予測に用いてよいこととした．ただし，JIS 試験による膨張ひずみは，拘束鋼材比が 0.95 ％の条件における測定値であるため，建築物の配筋の影響を考慮する等，厳密なモデルに基づく応力解析を行う場合は精度が低下することが考えられる．また，これら

付表 5.5　膨張ひずみの近似式の各係数[10]

| セメントの種類 | $\varepsilon_{ex, \infty}$ | $\alpha_{ex}$ | $\beta_{ex}$ | $t_{ex, 0}$ |
|---|---|---|---|---|
| 普通ポルトランドセメント | 150 | 0.69 | 1.11 | 0.30 |
| 中庸熱ポルトランドセメント | 175 | 0.64 | 1.13 | 0.30 |
| 低熱ポルトランドセメント | 190 | 0.30 | 2.36 | 0.35 |
| 早強ポルトランドセメント | 160 | 0.62 | 1.79 | 0.20 |
| 高炉セメント B 種 | 145 | 0.27 | 1.53 | 0.30 |

は水中養生の試験結果に基づいているため，組み合わせたセメントの種類に応じた自己収縮ひずみと重ね合わせて応力解析をすることが前提となっているので留意する必要がある．

$$\varepsilon_{ex}(t_e) = \varepsilon_{ex,\infty}\left[1 - \exp\left\{-\alpha_{ex}(t_e - t_{ex,0})^{\beta_{ex}}\right\}\right] \qquad (付5.1)$$

ここに，$\varepsilon_{ex}(t_e)$：有効材齢 $t_e$ における膨張ひずみ（$\times 10^{-6}$）

$\varepsilon_{ex,\infty}$：膨張ひずみの終局値（$\times 10^{-6}$）

$\alpha_{ex}, \beta_{ex}$：セメントの種類が膨張ひずみの進行特性に及ぼす影響を表す係数

$t_{ex,0}$：膨張の発現が開始した時点の有効材齢（日）

### 5.1.7 エトリンガイトの遅延生成（DEF）への影響

膨張材を使用した膨張コンクリートは，マスコンクリート構造物の温度ひび割れ抑制対策や，ケミカルプレストレスを積極的に活用するコンクリート製品など，高温履歴を受ける構造物・製品にも多く適用されている．一方，セメントの水和初期に高温履歴を受けた場合に生じるとされるエトリンガイトの遅延生成（DEF）について，膨張コンクリートに関する詳細な知見，研究成果および事例は極めて少ない．

付2に示したように，DEFには初期の高温履歴や十分な水分供給といった作用と，コンクリート中の $SO_3$ 量やアルカリ量といった化学組成に関わる因子が影響するとされている．膨張材の化学組成の一つである $SO_3$ は，膨張材の15〜20％程度を占めている．したがって，化学成分で表記した場合，膨張材を使用した膨張コンクリートに含まれる $SO_3$ 量は，普通コンクリートよりも多くなる．これまでの検討によれば，蒸気養生を行い，さらにオートクレーブによる高温・高圧作用を受けた場合においても，膨張コンクリートのひずみは安定していることが確認されている．

現状では，DEFによる膨張コンクリートの劣化損傷事例は報告されていないものの，膨張材とDEFとの因果関係については未解明の部分が多いことも事実であり，実験や調査に基づくデータの蓄積が必要であると考えられる．

### 5.2 マスコンクリート用の膨張材

#### 5.2.1 はじめに

マスコンクリート用の膨張材は，一般の膨張材に水和抑制剤を添加しており，一般の膨張材を使用した膨張コンクリートに比べて，セメントの硬化過程における反応速度が緩やかとなり，水和による発熱を抑制する特徴を有する．膨張特性や力学的挙動は，一般の膨張材と同様であることから，本節ではマスコンクリート用の膨張材の特徴的なものを取りまとめた．

#### 5.2.2 発熱抑制効果

（1）断熱温度上昇量

付図5.6は，エトリンガイト・石灰複合系の20型の膨張材と，マスコンクリート用の膨張材を使用した膨張コンクリートの断熱温度上昇量を $K\alpha$ 式で定式化して比較した一例である．コンクリ

ートの調合は，水結合材比（W/C+Ex）が 50 %，単位結合材量が 300 kg/m³，膨張材が 20 kg/m³ である．セメントは普通ポルトランドセメントを用いた．また，コンクリートの練上がり温度はいずれも 30 ℃ とした．

本図に示すように，終局断熱温度上昇量は，3 調合ともに単位結合材量が 300 kg/m³ と同じであるため，ほぼ同値になる．膨張材はセメントに比べて水和活性が高いが，セメントに対する膨張材の混和割合が 10 % 程度である場合には，単位結合材量が同一であれば，終局断熱温度上昇量に及ぼす影響は小さいといえる．

一方，発熱速度に着目した場合，マスコンクリート用の膨張材を使用したものは，水和抑制剤の効果によって反応が緩やかとなり，終局値に至る過程において断熱温度上昇が小さくなる．なお，一般用の膨張材は，膨張材を使用しない普通コンクリートよりも発熱速度が速くなる傾向にある．

付図 5.7 は，練上がり温度を 30 ℃ として，エトリンガイト・石灰複合系（EH）および石灰系（LH）の 20 型（低添加型）のマスコンクリート用の膨張材を用いた断熱温度上昇試験の結果[18]を，膨張材を使用しない普通コンクリート（PL）と比較したものである．いずれの膨張コンクリートも，発熱時の発熱速度が抑えられていることが確認できる．付表 5.6 は，この実験結果に対して，$K\alpha$ 式を用いて最小二乗法によりフィッティングを行い，特性値である $K$ 値と $\alpha$ 値を整理したものである．いずれも膨張コンクリートも普通コンクリートに比べて $\alpha$ 値が小さくなっており，反応速度を抑制していることが確認できる．

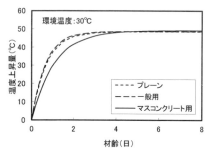

**付図 5.6** 断熱温度上昇量の一例

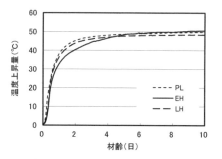

**付図 5.7** 断熱温度上昇量の一例[18]

**付表 5.6** 断熱温度上昇量の一例[18]

| 膨張材の種類 | | 記号 | $K$ 値 (℃) | $\alpha$ 値 (1/日) |
|---|---|---|---|---|
| 普通コンクリート | | PL | 48.9 | 1.42 |
| エトリンガイト・石灰複合系 | 30 型 | EN | 49.7 | 1.25 |
| | 20 型 | EH | 49.2 | 0.93 |
| 石灰系 | 30 型 | LN | 51.2 | 1.11 |
| | 20 型 | LH | 47.9 | 1.23 |

付表5.7は，断熱温度上昇の測定例として普通ポルトランドセメントを用いた場合の終局断熱温度上昇量 $K$ 値と，断熱温度上昇速度に関する係数 $\alpha$ 値の測定結果を示した一例である．

**付表5.7 断熱温度上昇量の測定例**

| 膨張材 | セメント種類 | 温度(℃) | 単位結合材量 (kg/m$^3$) ||||||
|---|---|---|---|---|---|---|---|---|
| | | | 300 || 350 || 400 ||
| | | | $K$値(℃) | $\alpha$値(1/日) | $K$値(℃) | $\alpha$値(1/日) | $K$値(℃) | $\alpha$値(1/日) |
| 一般用 | N | 10 | 50.3 | 0.62 | 56.0 | 0.73 | 62.7 | 0.81 |
| | | 20 | 48.6 | 1.25 | 53.7 | 1.42 | 59.1 | 1.56 |
| | | 30 | 47.7 | 1.62 | 51.9 | 1.77 | 58.2 | 1.90 |
| マスコンクリート用 | N | 10 | 50.2 | 0.61 | 55.4 | 0.64 | 62.2 | 0.78 |
| | | 20 | 48.3 | 1.07 | 53.2 | 1.22 | 58.8 | 1.35 |
| | | 30 | 46.6 | 0.90 | 51.4 | 0.98 | 57.8 | 1.02 |

（2） 温度依存性

付図5.8は，式における終局断熱温度上昇量 $K$ 値と断熱温度上昇の速度に関する定数 $\alpha$ 値を，コンクリートの練上がり温度で整理したものである．

終局断熱温度上昇量 $K$ 値は，単位結合材量が同じ場合，膨張コンクリートの値は，膨張材を使用しない普通コンクリートと同様の値を示すといえる．一方，断熱温度上昇速度に関する定数 $\alpha$ 値は，マスコンクリート用の膨張材を使用した膨張コンクリートは，練上がり温度が20℃以上になると，膨張材を使用しない普通コンクリートの $\alpha$ 値に比べて，大きく低減している．マスコンクリート用の水和抑制剤は，コンクリートの温度に応じて，その効果を発揮する特徴を有しているのである．

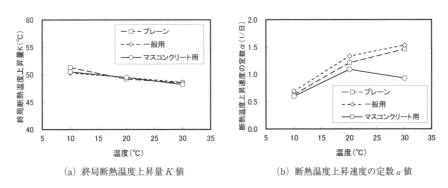

(a) 終局断熱温度上昇量 $K$ 値　　(b) 断熱温度上昇速度の定数 $\alpha$ 値

**付図5.8 断熱温度上昇量の一例**

―194―　付　　　録

（3）　断熱温度上昇量の補正例

マスコンクリート用の膨張材を用いた膨張コンクリートの断熱温度上昇量の補正方法が提案されている．膨張材を使用しない普通コンクリートの断熱温度上昇量の特性値に対して，補正する方法である．

$$K' = \eta \cdot K \tag{付5.2}$$

$$\alpha' = \xi \cdot \alpha \tag{付5.3}$$

ここに，$K'$：膨張コンクリートの終局断熱温度上昇量（℃）

　　　　$\eta$：補正係数

　　　　$K$：膨張材を使用しないベースとなる普通コンクリートの終局断熱温度上昇量（℃）

　　　　$\alpha'$：膨張コンクリートの断熱温度上昇速度に関する定数（1/日）

　　　　$\xi$：補正係数

　　　　$\alpha$：膨張材を使用しないベースとなる普通コンクリートの断熱温度上昇速度に関する定数（1/日）

補正係数の $\eta$ と $\xi$ の一例を付表5.8に示す．これらは一例であり，セメントの種類や配合などの条件によって異なるおそれがあるため，適用に際しては，信頼できる資料や試験練りなどによって確認することが望ましい．

**付表5.8**　マスコンクリート用膨張材（20型）の断熱温度上昇量の補正係数の一例

| 補正係数 | 膨張材の種類 | 温度（℃） | | |
|---|---|---|---|---|
| | | 10 | 20 | 30 |
| $\eta$ | 一般用 | 1.0 | 1.0 | 1.0 |
| | マスコンクリート用 | 1.0 | 1.0 | 1.0 |
| $\xi$ | 一般用 | 1.05 | 1.10 | 1.10 |
| | マスコンクリート用 | 0.95 | 0.9 | 0.65 |

（4）　簡易断熱試験

付写真5.1に示すように，内容量が5$l$のステンレス製のデュワー瓶の内部に，コンクリートを打ち込み，コンクリートの中心部分に熱電対を埋め込んで，その温度を計測した．一般的な断熱温度上昇試験と異なり放熱を許す条件となる．温度応力解析の結果から，最高温度は，厚さが50～70 cm 程度のコンクリートの発熱に相当する．

コンクリートの調合は，単位水量（W）が 167 kg/m³，セメントと膨張材を合わせた単位結合材量（C＋Ex）が 312 kg/m³ で，水結合材比（W/（C＋Ex））は 53.5 ％である．膨張材には，20 型（低添加型）のエトリンガイト・石灰複合系を 20 kg/m³ 使用した．セメントは普通ポルトランドセメントである．コンクリートの練上がり温度は 35 ℃とした．

付図5.9に，簡易断熱試験の結果の一例を示す．最高温度は，膨張材を使用しない普通コンクリートが約 60 ℃，一般用の膨張材が約 62 ℃，マスコンクリート用の膨張材が約 57 ℃を示した．一

般用の膨張材の反応速度は，膨張材を使用しない場合よりも早くなる．そのため放熱を許す簡易断熱試験では，その最高温度が普通コンクリートよりも高くなる傾向がある．一方，マスコンクリート用の膨張材は，水和反応の速度を抑制する効果があるため，その最高温度は普通コンクリートよりも小さくなる．

付写真 5.1　簡易断熱試験

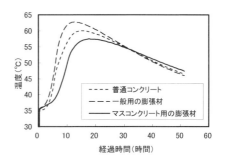

付図 5.9　簡易断熱試験の結果の一例

### 5.2.3 温度応力の低減効果

（1）温度応力試験

JCI-SQA7「コンクリートの水和熱による温度ひび割れ試験方法」に準じた付図 5.10 による試験装置で，所定の温度履歴を与えながら供試体に生じる応力を測定した．コンクリートを打ち込んだ試験装置を試験槽の中に設置し，試験槽内の温度を制御することで，所定の温度履歴を与えながら供試体に生じる応力を測定することができる．応力はコンクリートの長さ変化を拘束する拘束鋼管の実測ひずみから算出するため，コンクリートのクリープ等を考慮した応力，すなわち，実際にコンクリートに作用した応力を測定することができる．また，拘束鋼管内には一定温度の水が常時循環しているため，拘束鋼管には温度変化に起因するひずみは発生せず，コンクリートの長さ変化を拘束することによって生じるひずみのみを知ることができる．なお，温度履歴は，壁厚 60 cm のマスコンクリートを想定した温度解析結果を用いた．

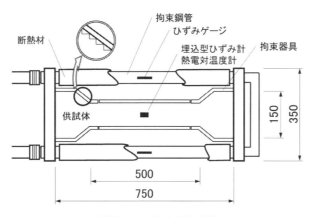

付図 5.10　温度応力試験

付図 5.11 は，温度応力の測定の一例で，マスコンクリート用の膨張材の有無を比較したものである．（a）は普通ポルトランドセメントを，（b）は高炉セメントＢ種を使用した場合である．これらの図より，マスコンクリート用の膨張材を使用した膨張コンクリートは，普通コンクリートに比べて，0.7～0.8 N/mm² の温度応力を緩和していることが確認できる．

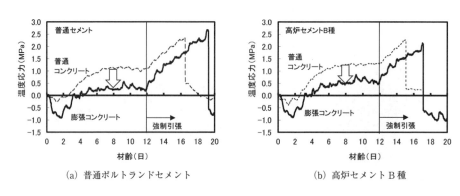

(a) 普通ポルトランドセメント　　　　(b) 高炉セメントＢ種

付図 5.11　温度応力試験

（2）　地中壁の事例

セメントには普通セメントと高炉セメントＢ種の２種類を用いて，それぞれエトリンガイト・石灰複合系の 20 型のマスコンクリート用の膨張材を要因とした付表 5.9 に示す４水準のコンクリートを，底版拘束を受ける高さが 3 600 mm，幅 600 mm，長さが 8 700 mm の地中壁に打ち込み，地中壁の中心部の温度およびひずみを計測した結果が付図 5.12 および付図 5.13 である[19]．付図 5.12 は，地中壁の中心部の温度をコンクリートの打込み時の温度を起点とした温度上昇量で整理したものである．図に示すようにマスコンクリート用の膨張材を使用した膨張コンクリートは，膨張材を使用していない普通コンクリートに比べて，最高温度が２～５℃程度の低減が認められる．

付図 5.13 は，地中壁の中央断面において，上段，中段，下段位置の埋込型ひずみ計の実ひずみである．実ひずみは，温度ひずみや収縮ひずみ，クリープによるひずみのすべてを含んでいる．

本図より，膨張コンクリートと普通コンクリートのひずみの差である膨張ひずみは，温度降下以

付表 5.9　実験水準

| 水準 | セメントの種類 | 膨張材 種類 | 膨張材 単位量 (kg/m³) |
|---|---|---|---|
| N | 普通セメント | — | 0 |
| N-R | 普通セメント | *1 | 20 |
| BB | 高炉セメントＢ種 | — | 0 |
| BB-R | 高炉セメントＢ種 | *1 | 20 |

［注］　*1　20 型，マスコンクリート

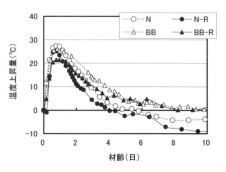

付図 5.12　温度上昇量

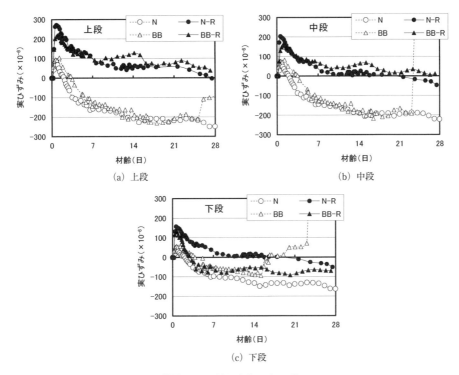

付図 5.13 長さ方向の実ひずみ

後において 150〜250×10⁻⁶ 程度を示し，底版の拘束の小さい上段のひずみが最も大きくなっている．

　高炉セメント B 種を用いた普通コンクリート（BB）は，材齢 15 日でひび割れの発生によって下段にひずみの急激な変化が認められ，その後中段では材齢 23 日に，上段では材齢 26 日とひび割れの進展していく様子が認められた．一方，高炉セメント B 種を用いた膨張コンクリートには，ひび割れが発生しなかった．その後の目視観察で，4 種類の配合のうち，膨張材を使用していない高炉セメント B 種の配合のみに 0.1〜0.2 mm のひび割れが 3 本発生していることを確認した事例である．

### 5.2.4　凝結特性

（1）凝結特性

　マスコンクリート用の膨張材は，一般の膨張材に水和抑制剤を添加しており，一般の膨張材を使用した膨張コンクリートに比べて，セメントの硬化過程における反応速度が緩やかとなり，水和による発熱を抑制する特徴を有する．水和抑制剤は，コンクリートの練上がり温度に応じて溶解するため，特に夏季などの高温時にその発熱抑制効果が強くなる性質がある．

　付図 5.14 は，普通セメントにエトリンガイト・石灰系の 20 型の膨張材を組み合わせたコンクリートの凝結特性の一例を一般用とマスコンクリート用の膨張材で比較したものである．（a）は一般用の膨張材の貫入抵抗値，（b）はマスコンクリート用の膨張材の貫入抵抗値をそれぞれ示して

いる．（a）図より，一般用の膨張材の凝結特性は，膨張材を使用しない普通コンクリートとおおむね同程度の性状を示す．一方，（b）図に示したマスコンクリート用の膨張材の凝結特性は，練上がり温度に応じて，膨張材を使用しない普通コンクリートの凝結よりも遅れることがわかる．（c）図は，練上がり温度と凝結終結の関係を示したもので，マスコンクリート用の膨張材の凝結終結は，膨張材を使用しない普通コンクリートに比べて，練上がり温度が30℃で3時間程度の遅れ，練上がり温度が35℃を超過するとその遅れが顕著になり，冬季のコンクリートと同様の凝結終結にまで伸びる．

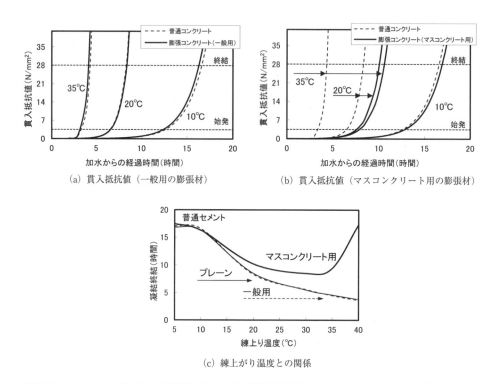

付図5.14 エトリンガイト・石灰複合系20型の膨張材を使用したコンクリートの凝結特性の一例

このように，マスコンクリート用の膨張材は水和抑制剤によって水和熱を抑制する分，特に練上がり温度が高い場合には普通コンクリートに比べて凝結が遅れる性質があり，使用にあたっては，事前に試験練りなどによって確認するなどの注意が必要である．

（2） 使用時の注意事項

マスコンクリート用の膨張材は，水和抑制剤の効果によって水和熱を抑制することができるが，その一方で，凝結特性が変わる．極端な凝結遅延を回避するために，以下の注意が必要となる．

① 遅延型の減水剤を使用しない．遅延型の減水剤を使用した場合，標準型の減水剤に使用した場合に比べて，2～5時間の凝結遅延が生じる場合がある．特に夏季には，減水剤タンクが1つしかない生コンプラントでは，減水剤の入替えや減水剤の手投入などの対策が必要な場合がある．

② 練上がり温度が 35℃以下となるようにする．コンクリートの練上がり温度が 35℃を超過すると極端に凝結が遅れる場合がある．

③ 暑中コンクリートにおいて，減水剤を過剰添加しない．減水剤を必要以上に添加すると凝結が遅れるおそれがある．暑中コンクリートにおいて，遅延型の減水剤をスランプロス対策と併せて必要以上に添加した事例では，凝結終結が 14 時間を超えた．また，これらの対策を実施しなかったものとして，凝結時間が 20 時間を超え，翌日の型枠の取外しができなかった事例もある．

④ 寒中コンクリートの練混ぜにおいては，練混ぜ水の温度に注意する．マスコンクリート用の膨張材に熱水が直接当たると，水和抑制剤が過度に溶解して凝結を極端に遅らせるおそれがある．本会 JASS 5 では「セメントを投入する直前のミキサ内の骨材および水の温度は 40℃以下」，土木学会コンクリート標準示方書では「水と骨材の混合物の温度を 40℃以下」とするように定められており，これらの関連する基準類に準拠することが肝要である．マスコンクリート用の膨張材を練り混ぜる場合には，先行して骨材と温水の練混ぜを行い，その混合物の温度が 20℃以下となるようにし，その後にセメント，マスコンクリート用の膨張材を投入して練り混ぜるなどの対策が有効である．

⑤ 安全対策として，事前に想定した施工環境の条件下での試験練りを実施して，凝結試験などから凝結時間を把握しておくことが望ましい．コンクリートの打込み後のタンピング，仕上げなどを周知しておくことが大切である．夏季の打込みにおいて，凝結特性が変わることを認識していなかった施工者が，通常のコンクリートと同じタイミングで仕上げを行ったため，その後に多くのブリージングが発生して，打込み面に多くのレイタンスが発生した事例がある．

### 5.2.5 水和抑制剤と強熱減量

（1） 膨張材の風化と強熱減量

コンクリート用膨張材は，遊離した酸化カルシウムを含むため，セメントと同じように吸湿・風化しやすい材料である．貯蔵中に空気中の水分や炭酸ガスを吸収して風化すると，膨張性能が低下し，所要の膨張性能が得られなくなる場合がある．膨張材の風化の程度は，強熱減量で表され，JIS A 6202：2017（コンクリート用膨張材）では，試料を 975±25℃に加熱したときの質量減少量で評価し，その強熱減量の上限値を 3.0％と規定している．膨張材が風化すると，膨張材中の遊離石灰が消石灰や炭酸カルシウムに変化するため，強熱減量でその生成度合を定量的に把握できるとした思想に基づくものである．付図 5.15 は，強熱減量と膨張率の関係[20]を示したものである．強熱減量が 1.0％増加すると，膨張率がおおむね 1 割程度低下することが示されている．また，強熱減量が 3.0％を超過すると，膨張率が 2 割程度低下することが確認できる．付表 5.10 は，袋詰めされた膨張材の風化試験結果[21]である．袋詰めされた膨張材には防湿袋を使用しているため，破袋などによって外部からの水分供給がない限り，長期にわたり風化が進行することはないものの，保管には注意が必要である．

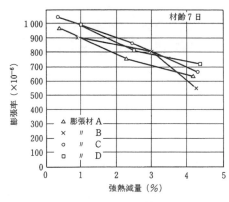

付図 5.15 強熱減量と膨張率の関係[20]

付表 5.10 袋詰め膨張材の風化試験結果[21]

| 貯蔵期間 | 強熱減量(%) | モルタルの無拘束膨張率($\times 10^{-4}$) 1日 | 3日 | 5日 |
|---|---|---|---|---|
| 0 | 0.53 | 95 | 196 | 207 |
| 1 週 | 0.57 | 97 | 210 | 210 |
| 2 〃 | 0.57 | 104 | 207 | 200 |
| 3 〃 | 0.57 | 88 | 193 | 193 |
| 1か月 | 0.68 | 114 | 208 | 209 |
| 2 〃 | 0.55 | 93 | 189 | 196 |
| 3 〃 | 0.69 | 106 | 185 | 184 |
| 4 〃 | 0.64 | 111 | 186 | 187 |
| 5 〃 | 0.73 | 112 | 194 | 194 |

[注] 期間：12月〜4月，膨張材：C，横置き場所：工場建屋内

(2) マスコンクリート用の膨張材の強熱減量

マスコンクリート用の膨張材に使用されている水和抑制剤は有機物であるため，試料を $975\pm25$ ℃に加熱した場合，水和抑制剤自身が強熱減量として計測される．真の風化の程度と水和抑制剤の配合量の合計値が強熱減量として評価される．したがって，前節で示したJIS A 6202の強熱減量の上限値である3.0％を大きく超過する．すなわち，マスコンクリート用の膨張材の強熱減量は，真の風化程度を反映していないのである．マスコンクリート用の膨張材が開発されたのは，JIS制定後であり[22]，今日までJIS規格における強熱減量の取扱いの議論が置き去りにされてきたためである．今後，JISの改正などで議論する必要がある課題の一つといえよう．

水和抑制剤の風化程度を定量的に把握するための一手法が提案[23]されている．この手法の概略は次に示すとおりである．

① 水和抑制剤の全炭素量と無機炭素量を測定して，(付5.4)式により有機炭素量を求める．

$$\text{有機炭素量（OC）} = \text{全炭素量（TC）} - \text{無機炭素量（IC）} \quad \text{(付5.4)}$$

② 水和抑制剤の強熱減量を測定する．完全な有機物の場合には100％として定めても差し支えない．

③ ①の有機炭素量（OC）と②の水和抑制剤の強熱減量の値を基に，水和抑制剤の配合量を割り出す．

④ マスコンクリート用の膨張材の強熱減量から，③の水和抑制剤の配合量を差し引いて（付5.5）式により補正する．

$$\text{風化程度（補正強熱減量）} = \text{膨張材の強熱減量} - \text{水和抑制剤の配合量} \quad \text{(付5.5)}$$

(3) マスコンクリート用の膨張材の建築工事への適用

これまでの実績等から，マスコンクリート用の膨張材は，適切に使用することによって，温度ひび割れの低減に有効と考えられる．しかし，前述したように，マスコンクリート用の膨張材の水和抑制成分は，風化の指標となる強熱減量として計測され，JIS A 6202の強熱減量の規定値を満足しないことがある．

本会「膨張材・収縮低減剤を使用するコンクリートの調合設計・製造・施工指針（案）・同解

説」[2]では、「a. 膨張材は，JIS A 6202（コンクリート用膨張材），または JASS 5M-403（コンクリート用低添加型膨張材の品質基準）に適合するものを用いる．b. a 以外の膨張材を使用する場合には，コンクリートに有害でないことを試験または信頼できる資料により確認し，使用方法を十分に検討する．」ことが記載されている．マスコンクリート用の膨張材は，b に該当する．また，同解説には，「コンクリートの品質に悪影響を与えるとされる酸化マグネシウムや塩化物などは含まれていないことから，信頼できる技術資料あるいは分析によって品質を確認できるならば使用できる．なお，十分な技術資料がない場合には，試し練りを行い圧縮強度などを事前に検討したうえで使用する．」ことが記載されている．これらのことを踏まえて，マスコンクリート用の膨張材の水和抑制成分にはコンクリートの品質に悪影響を与える成分が含まれていないことから，信頼できる技術資料によって品質を確認できれば使用してもよいこととした．

―202― 付　録

## 5.3　適用事例

公表された論文等を基に，マスコンクリート用の膨張材の適用事例を整理した．付表5.11に示す．

付表5.11　適用事例

| 文献番号 | 対　象 | | | | 調　合 | | |
|---|---|---|---|---|---|---|---|
| | 構造物種類 | 用　途 | 部材厚(mm) | セメント | 膨張材 | | |
| | | | | | 種　類*1 | 単位量(kg/m³) | |
| 24 | 下端拘束壁 | 水槽 | 500 | BB | 30型／E | 30 | |
| 25 | 下端拘束壁 | 鉄道カルバート | 480-870 | N | 30型／E | 30 | |
| 26 | 背面拘束壁 | 試験施工 | 1 000 | N | 30型／E | 30 | |
| 27 | 二次覆工 | トンネル | 450 | N | 30型／不明 | 30 | |
| 28 | 下端拘束壁 | 下水処理場 | 450 | N | 30型／L | 30 | |
| 29 | 下端拘束壁 | ポンプ場 | 1 800 | BC | 30型／E | 30 | |
| 30 | 背面拘束壁 | 地下壁 | 700 | BB | 30型／E | 30 | |
| 31 | 下端拘束壁 | 浄水場 | 800 | L | 30型／E | 30 | |
| 32 | 下端拘束壁 | 浄水場 | 800 | L | 30型／E | 30 | |
| 33 | 背面拘束壁 | 調整池 | 1 200 | BB | 30型／E | 30 | |
| 34 | 底版 | 立坑 | 2 500 | H | 30型／E | 30 | |
| 35 | 底版 | 地下駅舎 | 1 800 | BB | 30型／E | 30 | |
| 36 | 下端拘束壁 | | 1 500 | 3成分系 | 30型／L | 30 | |
| 37 | 下端拘束壁 | 配水池 | 1 000 | L | 30型／E | 30 | |
| 38 | 床版 | 橋梁 | 250 | H | 30型／E | 30 | |
| 39 | PC床版 | PC床版 | 370-560 | N | 30型／L | 30 | |
| 40 | カルバート | 共同溝 | 300-550 | BB | 30型／E, L | 30 | |
| 41 | RC橋脚 | 橋脚 | 2 200 | BB | 20型／EL | 20 | |
| 42 | RC橋脚 | 鋼管巻立て | 2 500 | N | 20型／EL | 20 | |
| 43 | 下端拘束壁 | PCタンク | 350-680 | L | 20型／EL | 20 | |
| 44 | 下端拘束壁 | PCタンク | 350-650 | L | 20型／EL | 20 | |
| 45 | スラブ | スラブ | 1 200 | BB | 20型／EL | 20 | |
| 46 | 下端拘束壁 | モデル実験 | 600 | BB | 20型／L | 20 | |

[注]　*1　E：エトリンガイト系，L：石灰系，EL：エトリンガイト・石灰複合系

付5．マスコンクリート用の膨張材 —203—

## 参 考 文 献

1) 日本建築学会：膨張材を使用するコンクリートの調合設計・施工指針案・同解説，1978
2) 日本建築学会：膨張材・収縮低減剤を使用するコンクリートの調合設計・製造・施工指針（案）・同解説，2017
3) 土木学会：膨張コンクリートの設計施工指針（案），1979
4) 土木学会：膨張コンクリートの設計施工指針，コンクリートライブラリー75，1993
5) 土木学会：2017年制定コンクリート標準示方書［施工編］，2018
6) JIS A 6202（コンクリート用膨張材），日本規格協会，2017
7) 土木学会：2007年制定コンクリート標準示方書［施工編］，2008
8) 国分正胤，小林正几，長滝重義，岡村甫，町田篤彦：膨張性セメント混和材を用いたコンクリートの標準試験方法に関する研究，コンクリートライブラリー39，pp. 1-7，1974.10
9) 辻幸和，佐久間隆司，保利彰宏：高性能膨張コンクリート，pp. 114-115，技報堂出版，2008
10) 日本コンクリート工学会：マスコンクリートのひび割れ制御指針2016，2016
11) 日本コンクリート工学会：高性能膨張コンクリートの性能評価とひび割れ制御システムに関する研究委員会 報告書，2011.9
12) 庄司慎，栖原健太郎，平井吉彦，吉野亮悦：単位セメント量の少ない膨張コンクリートの圧縮強度特性，土木学会年次学術講演会講演概要集，第5部，Vol. 66，pp. 1031-1032，2011
13) Muguruma, H ： On the Expansion-Shrinkage Characteristics of Expansive Cement, Proceeding 11t h Japan Congress on Materials Research, 1968
14) 辻幸和：ケミカルプレストレスの推定方法について，セメント技術年報，No. 27，pp. 340-344，1973
15) 兵頭彦次，谷村充，鈴木康範，溝渕利明：各種セメントを用いた膨張コンクリートのひずみ曲線の検討，土木学会年次学術講演会講演概要集，V-439，2008
16) 三谷裕二，大野拓也，谷村充：低発熱形セメントを用いた膨張コンクリートの温度応力評価，コンクリート工学年次論文集，Vol. 36，No. 1，pp. 1498-1503，2014
17) 三谷裕二，大野拓也，谷村充：早強セメントを用いた膨張コンクリートの温度応力低減効果，土木学会年次学術講演会講演概要集，V-352，2015.9
18) 高橋敏樹，入矢桂史郎，十河茂幸：膨張材の特性が温度応力ひび割れ制御に与える影響，膨張コンクリートによる構造物の高機能化／高耐久化に関するシンポジウム 論文集，JCI-C60，pp. 7-12，日本コンクリート工学協会，2003.9
19) 中西輝雄，久世正一，今西裕弘：浄水場構造物に対する膨張コンクリートの適用事例－コンクリートのひび割れ制御効果実証試験－，第54回全国水道研究発表会，pp84-85，2003.5
20) 膨張材協会技術部会資料：膨張材別の特性値の一覧表
21) 河野俊夫：生コン工場における特殊コンクリートのつくり方（膨張コンクリート），セメント・コンクリート，No. 343，pp. 67-75，1975.9
22) 安藤哲也，五味秀明，宇田川秀行，玉木俊之：第3回コンクリート工学年次講演会講演論文集，pp. 1-4，1981
23) 盛岡実，樋口隆行，栖原健太郎，坂井悦郎：水和熱抑制型膨張材の風化程度を定量する方法の提案，高性能膨張コンクリートの性能評価とひび割れ制御システムに関するシンポジウム論文集，日本コンクリート工学会，2011
24) 新藤竹文，松岡康訓，宇治公隆：マスコンクリートの熱応力に関する実験的研究，大成建設技術研究所報，No. 16，pp. 41-50，1983
25) 金馬昭郎，京美夫：膨張コンクリートの防水効果，トンネルと地下，Vol. 14，No. 5，pp. 41-47，1983
26) 十河茂幸，新開千弘，入矢桂史郎：マッシブな鉄筋コンクリート構造物の温度ひび割れ対策とその効果，セメント・コンクリート，No. 453，pp. 12-20，1984.11
27) 出頭圭三，谷直樹，牧野英久，川瀬祥一郎，広瀬久雄：シールド二次覆工のひび割れ発生原因と防止対策，前田技術研究所報，Vol. 25，pp. 57-68，1984

28) 下田努, 渡辺秀典, 佐倉貴城：壁上構造物におけるひびわれ幅制御効果の比較, コンクリートの体積変化によるひび割れ幅制御コロキウム, No. 2, pp. 37-44, 1990.8

29) 玉野富雄, 福井聡, 青景平昌, 広野三夫：膨張コンクリートを用いたマスコンクリートの施工, コンクリート工学年次論文報告集, Vol. 13, No. 1, pp. 911-916, 1991

30) 浅井功, 高橋浩一, 新山純一, 伊藤浩：鋼管の背面拘束を受ける RC 壁の膨張コンクリートを用いた温度ひび割れ制御に関する実験的検討, コンクリート工学年次論文報告集, Vol. 19, No. 1, pp. 1411-1416, 1997

31) 中村時雄, 斉藤文男, 湯室和夫, 佐野隆行：高ビーライト系低発熱セメントと水和熱抑制型膨張材を併用した高度浄水処理施設の側壁部マスコンクリート対策, コンクリート工学, Vol. 36, No. 9, pp. 28-34, 1998

32) 藤田正樹, 宇山征夫, 櫛下町浩二, 諸角誠, 近松竜一, 新開千弘：大規模高度浄水施設における総量 20 万 m³ の低発熱型高流動コンクリートの適用, 土木学会論文集, No. 592, pp. 147-154, 1998.5

33) 宍戸薫, 広島実, 杉本隆男, 米沢徹：大規模調整池工事におけるマスコンクリートのひび割れ対策, 東京都土木技術研究所年報, 平成 11 年, pp. 117-126, 1999

34) 橋口信之, 小山伸一, 伊藤祐二, 保利彰宏：膨張材を利用したオープンケーソン立坑の施工時温度応力, 土木学会第 55 回年次学術講演会講演概要集第 5 部, pp. 596-597, 2000

35) 清治均, 武田一彦, 栗原誠二, 小笠原邦洋, 木村潤市：地下鉄駅舎の底版におけるマスコンクリート対策, 土木学会第 55 回年次学術講演会講演概要集第 5 部, pp. 584-585, 2000

36) 北澤真, 羽淵貴士, 村松道雄, 守分敦郎：膨張材によるマスコンクリートの温度ひび割れ対策に関する検討, コンクリート工学年次論文報告集, Vol. 23, No. 2, pp. 1117-1122, 2001

37) 潮田和司, 木村武彦, 岡本康, 保利彰宏：低熱セメントと膨張材を併用した側壁部の温度応力計測, コンクリート工学年次論文報告集, Vol. 24, No. 1, pp. 969-974, 2002

38) 平川勝彦, 吉野伸一, 香山治彦, 武田均, 大友健：膨張コンクリートによる有効ひずみの低減効果について, 土木学会第 57 回年次学術講演会第 5 部, pp. 1319-1320, 2002

39) 高瀬和男, 寺田典生, 福永靖雄, 石川敏之：場所打ち PC 床版の材齢初期における膨張材効果の評価方法に関する一提案, コンクリート工学年次論文集, pp. 549-554, Vol. 24, No. 1, 2002

40) 添田政司, 出光隆, 百田国広, 成田久平：外部拘束を受けるカルバート構造物のひび割れ抑制対策, コンクリート工学年次論文集, pp. 611-616, Vol. 25, No. 1, 2003

41) 伊藤慎也, 笠原正之, 丸山久一：水和抑制型高性能膨張材を使用した RC 橋脚の温度ひび割れ低減効果, 日本コンクリート工学協会, 膨張コンクリートによる構造物の高機能化／高耐久化に関するシンポジウム論文集, pp. 1-6, 2003.9

42) 栖原健太郎, 丸山文男, 藤崎太一, 丸山久一：鋼管橋脚に巻き立てた膨張コンクリートの効果に関する解析的検討, 膨張コンクリートによる構造物の高機能化／高耐久化に関するシンポジウム論文集, pp. 167-174, 2003.9

43) 足立真康, 堅田茂昌, 保利彰宏, 吉澤昇：PC タンク側壁下端部への膨張材適用, コンクリート工学年次論文集, pp. 229-234, Vol. 27, No. 1, 2005

44) 足立真康, 冨板良史, 堅田茂昌, 大西清介：ＰＣタンクのひび割れ防止, コンクリート工学年次論文集, pp. 211-216, Vol. 29, No. 2, 2007

45) 東邦和, 中村敏晴, 増井仁, 梅原秀哲：膨張材によるマスコンクリートの収縮低減効果の解析手法と構造物適用の検討, コンクリート工学年次論文集, pp. 145-150, Vol. 30, No. 2, 2008

46) 酒井貴洋, 水谷征治, 網野貴彦, 清宮理：実大モデル実験による膨張材の温度ひび割れ抑制効果に関する考察, コンクリート工学年次論文集, pp. 1591-1596, Vol. 31, No. 1, 2009

# 付6. 収縮低減剤を用いたコンクリートの性状

## 6.1 はじめに

　セメントの供給体制やレディーミクストコンクリート工場の設備事情等により，マスコンクリートの温度ひび割れ低減対策として有効な中庸熱ポルトランドセメントや低熱ポルトランドセメント等の低発熱型セメントの適用が困難な場合がある．セメントの水和熱による温度上昇を低減できない場合，自己収縮を低減することが，マスコンクリートの温度ひび割れ低減対策に寄与することから，付6では，乾燥収縮ひび割れ抑制対策としてよく知られており，自己収縮の低減にも効果を有すること[1]が明らかにされているコンクリート用収縮低減剤について，効果や留意点等を紹介する．

## 6.2 物性と作用機構

　収縮低減剤とは，JIS等により規定化されていないが，「コンクリートの乾燥収縮および自己収縮を低減する作用を持つ混和剤」と定義された有機系の化学混和剤である[2]．本会では，JASS 5 M-402（コンクリート用収縮低減剤の性能判定基準）を制定し，附属書1として「コンクリート用収縮低減剤の品質基準」を規定し，収縮低減剤の利便性を高めている．代表的な市販の収縮低減剤の物性と使用量の目安を付表6.1に示す．なお，文献1)を参考にカタログより物性等を追記・修正した．

付表6.1　代表的な市販の収縮低減剤の物性と使用量の目安（2018年12月）[1]

| タイプ | 供給会社 | 商品 | 主成分 | 外観 | 溶解性 | 密度 g/cm³ | 標準使用量 C×% | 標準使用量 kg/cm³ |
|---|---|---|---|---|---|---|---|---|
| アルコール系 | A | A1 | 低級アルコールのアルキレンオキシド付加物 | 無色～淡黄色液状 | 水に易溶 | 0.975～0.995 | 0.5～2 | 7.5～10.5 |
| | A | A2 | 低級アルコールのアルキレンオキシド付加物 | 無色～微黄色液状 | 水に易溶 | 1.00～1.03 | — | 6～9 |
| | A | A3 | ポリオキシエチレンアルキルエーテル | 無色～淡黄色液状 | — | 1.01～1.03 | — | 2～4 |
| | B | B1 | 低分子量アルキレンオキシド共重合体 | 無色液状 | — | 1.065 | 1～4 | 3～12 |
| | C | C1 | グリコールエーテル系誘導体 | 淡黄色液状 | 水に難溶 | 0.97～0.99 | — | 2～10 |
| | C | C2 | グリコールエーテル系誘導体 | 淡黄色液状 | 水に易溶 | 1.00～1.05 | — | 2～6 |
| | D | D1 | ポリエーテル誘導体 | 淡黄色液状 | 水に可溶 | 0.95～1.05 | 0.5～10 | — |
| | E | E1 | ポリアルキレングリコール系誘導体 | 無色液状 | — | 1.01～1.06 | — | 1～8 |
| | F | F1 | ポリアルキルエーテル系 | 無色～淡黄色液状 | — | 1.016～1.018 | — | 0.5～3 |
| | G | G1 | グリコールエーテル系 | 無色液状 | 水に不溶 | 0.961 | — | 2～6 |
| | H | H1 | ポリオキシエチレンアルキルエーテル | 無色液状 | 水に難溶 | 0.943 | 1～5 | — |
| 鉱物油系 | C | C3 | 炭化水素系化合物とグリコールエーテル系誘導体 | 無色～淡黄色液状 | 水に可溶 | 0.90～0.95 | — | 2～10 |
| 保水系 | I | I1 | 特殊ポリオキシアルキレングリコール | 無色～淡黄色液状 | — | 1.092～1.127 | — | 7.5～25 |

市販されている収縮低減剤としては，アルコール系，鉱物油系，保水系の収縮低減剤が存在し，各製品で主成分や使用量の目安，収縮低減効果が異なる．したがって，事前に試験練りを行って収縮低減剤コンクリートの性能を確認したうえで使用することが必要となる．

収縮低減剤の作用機構は，各製品の化学組成の違いにより種々異なる．自己収縮機構が毛細管張力説によって生じているとすれば，アルコール系の収縮低減剤の作用機構は，キャピラリー空隙中の自由水の表面張力の低減によるものと言われている．

## 6.3 自己収縮特性

収縮低減剤の自己収縮低減効果は4章「性能設計」の（4.5）式にて，収縮低減率を乗じる等した自己収縮ひずみとして考慮するとよい．自己収縮低減効果の例として，アルコール系の収縮低減剤6 kg/m³を用いたコンクリート（セメント種類：N）の単位セメント量と自己収縮ひずみの関係を付図6.1に，単位セメント量と自己収縮ひずみ低減量および収縮低減率の関係を付図6.2にそれぞれ示す．収縮低減剤を用いることで，自己収縮ひずみを低減できることがわかる．また，単位セメント量の増加に伴い，収縮低減剤による自己収縮ひずみの低減量は増加傾向にあるものの，低減率は30～45％の範囲にあり，一定の割合で効果があることが報告されている[3]．

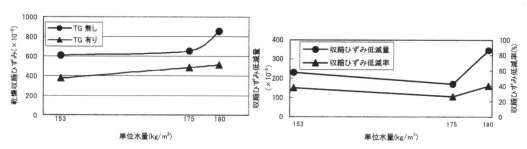

付図6.1　収縮低減剤の有無と自己収縮ひずみ[3]　　付図6.2　自己収縮ひずみ低減量と低減率[3]

## 6.4 フレッシュコンクリートの性質

収縮低減剤は，その種類や使用量に応じて，スランプ，空気量，凝結およびブリーディング等のフレッシュコンクリートの性質に影響を及ぼすことが報告されている[1]．アルコール系および鉱物油系の収縮低減剤を用いたコンクリート（セメント種類：N）のフレッシュ性状を付表6.2に，保水系の収縮低減剤を用いたコンクリート（セメント種類：N）のフレッシュ性状を付表6.3にそれぞれ示す．収縮低減剤の種類や使用量がフレッシュコンクリートの性質に影響を及ぼすものの，スランプや空気量は，市販の収縮低減剤を標準使用量の範囲で使用する場合には，化学混和剤の使用量を調節することで，品質管理値を満足することが可能である．一方，凝結は使用量の増加に伴い，遅延する傾向にある．

付6. 収縮低減剤を用いたコンクリートの性状 — 207 —

**付表6.2 アルコール系および鉱物油系の収縮低減剤を用いたコンクリートのフレッシュ性状[4]**

| 種別 | SRA (kg/m³) | 試験結果 | | | | 凝結時間差（min） | |
|------|------------|---------|---------|---------|---------|--------|--------|
| | | SL (cm) | Flow (mm) | Air (%) | C.T. (C) | 始発 | 終結 |
| Base | — | 19.0 | 310 | 5.4 | 21.0 | — | — |
| Ad-SRA | 4.0 | 18.0 | 295 | 5.0 | 21.0 | 25 | 15 |
| | 8.0 | 19.0 | 310 | 5.0 | 21.5 | 40 | 45 |
| | 10.0 | 19.5 | 340 | 4.5 | 21.5 | 50 | 55 |
| SRA-A | 4.0 | 19.5 | 340 | 5.5 | 21.0 | 45 | 45 |
| | 8.0 | 19.5 | 335 | 5.2 | 21.0 | 80 | 110 |
| | 10.0 | 20.5 | 365 | 6.0 | 22.5 | 125 | 150 |
| SRA-B | 4.0 | 19.0 | 320 | 5.4 | 21.0 | 35 | 40 |
| | 8.0 | 18.0 | 310 | 4.5 | 21.0 | 95 | 110 |
| | 10.0 | 20.0 | 345 | 5.1 | 22.5 | 110 | 125 |
| SRA-C | 4.0 | 19.0 | 315 | 5.4 | 21.5 | 40 | 40 |
| SA-A | 4.0 | 18.5 | 310 | 6.0 | 21.0 | 50 | 45 |
| SA-B | 4.0 | 19.5 | 330 | 6.0 | 20.5 | 20 | 50 |
| | 8.0 | 20.5 | 365 | 5.3 | 20.0 | 65 | 70 |

水セメント比：50.0 %
単位セメント量 356 kg/m³
AE 減水剤標準形 I 種の使用量：3.56 kg/m³
Ad-SRA：鉱物油系
SRA-A ：アルコール系
SRA-B ：アルコール系
SRA-C ：アルコール系
SL ：目標スランプ 18〜21 cm
Air ：目標空気量 4.5〜6.0 %

**付表6.3 保水系の収縮低減剤を用いたコンクリートのフレッシュ性状[5]**

| No. | SRA kg/m³ | SP /C % | AE /C % | SL cm | AIR % | CT ℃ | UM kg/m³ | BD cm³/cm² | 凝結 h:m | |
|-----|-----------|---------|---------|-------|-------|------|----------|------------|---------|--------|
| | | | | | | | | | 始発 | 終結 |
| S40-① | 0 | 0.85 | 0.0045 | 18.2 | 5.5 | 22 | 2 315 | 0.07 | 6:10 | 8:15 |
| S40-② | 5（新） | 0.75 | 0.0065 | 19.0 | 5.6 | 22 | 2 310 | — | — | — |
| S40-③ | 10（新） | 0.75 | 0.0065 | 16.4 | 5.5 | 22 | 2 317 | 0.02 | 6:35 | 8:55 |
| S40-④ | 15（新） | 0.85 | 0.0075 | 19.2 | 5.1 | 22 | 2 318 | — | — | — |
| S40-⑤ | 6（既存） | 0.90 | 0.0550 | 19.2 | 4.1 | 23 | 2 345 | — | — | — |
| S55-① | 0 | 1.20 | 0.0025 | 17.6 | 5.2 | 22 | 2 288 | 0.13 | 7:05 | 9:35 |
| S55-② | 5（新） | 1.10 | 0.0050 | 18.2 | 5.8 | 22 | 2 279 | 0.08 | 7:30 | 9:50 |
| S55-③ | 10（新） | 1.05 | 0.0020 | 18.0 | 5.0 | 23 | 2 292 | 0.06 | 7:25 | 9:50 |
| S55-④ | 15（新） | 1.10 | 0.0022 | 18.5 | 4.4 | 23 | 2 311 | 0.04 | 7:50 | 10:25 |
| S55-⑤ | 6（既存） | 1.15 | 0.0300 | 16.6 | 4.9 | 23 | 2 311 | 0.16 | 7:45 | 10:30 |
| L55-① | 0 | 1.25 | 0.0035 | 18.6 | 5.9 | 23 | 2 305 | 0.15 | 6:40 | 9:20 |
| L55-② | 5（新） | 1.15 | 0.0040 | 19.5 | 5.9 | 22 | 2 314 | — | — | — |
| L55-③ | 10（新） | 1.15 | 0.0030 | 19.3 | 6.0 | 22 | 2 315 | 0.06 | 7:35 | 10:10 |
| L55-④ | 15（新） | 1.00 | 0.0020 | 19.9 | 5.6 | 22 | 2 327 | — | — | — |
| L55-⑤ | 6（既存） | 1.25 | 0.0250 | 18.4 | 4.6 | 22 | 2 349 | — | — | — |

S40 ：水セメント比：40 %
　　　（セメント量 425 kg/m³）
S55 ：水セメント比：55 %
　　　（セメント量 309 kg/m³）
L55 ：水セメント比：55 %
　　　（セメント量 309 kg/m³）
S シリーズ：硬質砂岩砕石使用
L シリーズ：石灰砕石使用
SRA（収縮低減剤）タイプ
　（新）：保水系
　（既存）：アルコール系
設定空気量はいずれも 4.5±1 %

SP ：高性能 AE 減水剤標準形 I 種（ポリカルボン酸エーテル系化合物）
AE ：AE 剤 I 種（高アルキルカルボン酸系イオン界面活性剤）
SL ：スランプ，AIR ：空気量，CT ：コンクリート温度，UM ：単位容積質量，BD ：ブリーディング量

## 6.5 硬化コンクリートの性質

### 6.5.1 力学特性

　収縮低減剤は，その種類や使用量に応じて，圧縮強度，ヤング係数および引張強度等の硬化コンクリートの性質に影響を及ぼすことが報告されている[1]．アルコール系の収縮低減剤を用いたコンクリート（セメント種類：N）の圧縮強度を付図6.3に，鉱物油系の収縮低減剤を用いたコンクリート（セメント種類：N）の圧縮強度を付表6.4に，保水系の収縮低減剤を用いたコンクリート（セメント種類：N）の圧縮強度を付図6.4にそれぞれ示す．アルコール系の収縮低減剤を用いたコンクリートの場合，主成分が低級アルコールのアルキレンオキシド付加物またはポリエーテ

ル系では，使用量の増加に応じて圧縮強度が低下する傾向にある一方で，主成分がグリコールエーテル系では，圧縮強度が上昇する傾向にある．また，鉱物油系や保水系の収縮低減剤を用いたコンクリートの場合，使用量の増加に応じて，圧縮強度が低下する傾向にある．

付表6.4 鉱物油系の収縮低減剤を用いたコンクリートの圧縮強度[4]

| 種別 | SRA (kg/m³) | 圧縮強度 (N/m³) 7日 | 28日 | 91日 | 圧縮強度比 (%) 7日 | 28日 | 91日 |
|---|---|---|---|---|---|---|---|
| Base | — | 34.1 | 45.1 | 51.5 | 100 | 100 | 100 |
| Ad-SRA | 4.0 | 32.0 | 43.8 | 52.0 | 94 | 97 | 101 |
|  | 8.0 | 32.7 | 41.1 | 49.3 | 96 | 91 | 96 |
|  | 10.0 | 28.6 | 38.4 | 45.3 | 84 | 85 | 88 |
| SRA-A | 4.0 | 32.0 | 45.6 | 55.5 | 94 | 101 | 108 |
|  | 8.0 | 30.6 | 42.0 | 49.0 | 90 | 93 | 95 |
|  | 10.0 | 26.6 | 37.9 | 44.8 | 78 | 84 | 87 |
| SRA-B | 4.0 | 34.7 | 42.9 | 49.9 | 102 | 95 | 97 |
|  | 8.0 | 32.3 | 42.4 | 50.2 | 95 | 94 | 98 |
|  | 10.0 | 25.5 | 38.4 | 44.2 | 75 | 85 | 86 |

水セメント比：50.0 %
単位セメント量 356 kg/m³
AE減水剤標準形I種の使用量：3.56 kg/m³
Ad-SRA：鉱物油系
SRA-A ：アルコール系
SRA-B ：アルコール系
SRA-C ：アルコール系

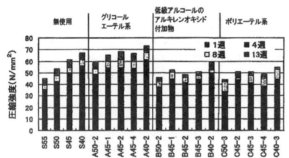

・記号の最初のアルファベットは収縮低減剤の種類を示す
　S：収縮低減剤無使用
　A：グリコールエーテル系
　B：低級アルコールのアルキレンオキシド付加物
　C：ポリエーテル系
・2桁の数字は水セメント比を示す
・最後の数字は収縮低減剤の使用量（セメント量×%）をそれぞれ示す

付図6.3 主成分が異なるアルコール系の収縮低減剤を用いたコンクリートの圧縮強度[6]

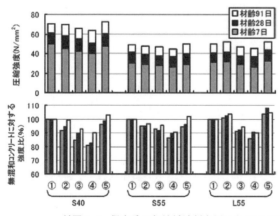

S40：水セメント比 40 %
　　（セメント量 425 kg/m³）
S55：水セメント比 55 %
　　（セメント量 309 kg/m³）
L55：水セメント比 55 %
　　（セメント量 309 kg/m³）
Sシリーズ：硬質砂岩砕石使用
Lシリーズ：石灰砕石使用
SRA（収縮低減剤）タイプ
　（新）：保水系
　（既存）：アルコール系
設定空気量はいずれも 4.5±1 %

付図6.4 保水系の収縮低減剤を用いたコンクリートの圧縮強度[5]

## 6.5.2 耐久性

収縮低減剤は，その種類や使用量に応じて，凍結融解抵抗性に影響を及ぼし，使用量の増加に伴い，凍結融解抵抗性が低くなる傾向にあることが報告されている．一方，標準的な使用量の範囲では中性化抵抗性や塩化物イオン浸透抵抗性が著しく低下しないことが報告されている[1]．

凍結融解抵抗性は，アルコール系の収縮低減剤を使用した場合に，AE剤により適切な空気量を導入し，気泡間隔係数が小さくても低くなる傾向にあり，アルコール系の収縮低減剤の種類や使用量のほか，併用するAE剤の種類や使用量の選定も重要となる．また，鉱物油系や保水系の収縮低減剤は付図6.5および付図6.6に示すように，標準的な使用量の範囲では，比較的良好な凍結融解抵抗性を呈することが確認されている．

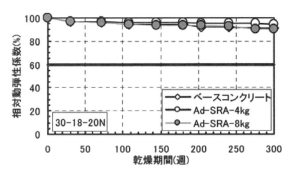

付図6.5 鉱物油系の収縮低減剤を用いたコンクリートの凍結融解抵抗性[4]

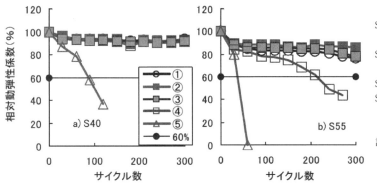

付図6.6 保水系の収縮低減剤を用いたコンクリートの凍結融解抵抗性[5]

## 6.6 使用上の留意点

収縮低減剤の使用に際して，あらかじめ性能設計により目標性能を達成するための自己収縮ひずみから，収縮低減率の目標値を設定する．収縮低減剤は乾燥収縮および自己収縮を低減するものであり，影響要因としては，収縮低減剤の種類と使用量，ベースコンクリートのセメント，化学混和剤等が考えられる．使用にあたっては，コンクリートの性状を十分把握したうえで選定する必要がある．

本会では,「膨張材・収縮低減剤を使用するコンクリートの調合設計・製造・施工指針（案）・同解説」（2017年）を刊行しており,4章で収縮低減剤コンクリートを取り上げている.収縮低減剤の使用に関する基本的な考え方は上記指針を,使用する収縮低減剤の特性は各メーカーのカタログ・技術資料等をそれぞれ参考にするとよい.特に,収縮低減剤を用いたコンクリートの性状として,スランプ,空気量,圧縮強度および凍結融解抵抗性に及ぼす影響を確認し,所定の性能を満足する調合となるように留意する.

## 6.7 ま と め

マスコンクリートの温度ひび割れ低減対策では,まだ十分な知見や実績がないものの,自己収縮が低減されることで一定の効果が期待できる材料として,収縮低減剤を紹介した.本会では規格を制定し,利便性を高めているがJIS等により規定化されていないことから,汎用的に建築工事に用いるには課題が残されている.しかしながら,試験練り等により収縮低減剤を用いたコンクリートの技術的な知見を蓄積し,必要に応じて,大臣認定等を取得し,工事監理者の承認が得られれば,使用できる可能性がある.

---

**参 考 文 献**

1) 日本建築学会：膨張材・収縮低減剤を使用したコンクリートに関する技術の現状, 2013

2) 日本建築学会：膨張材・収縮低減剤を使用するコンクリートの調合設計・製造・施工指針（案）・同解説, 2017

3) 星洋之, 藤原浩巳ほか：流動性の異なる各種コンクリートにおける収縮低減剤の効果, 土木学会関東支部技術研究発表会講演梗概集, pp. 141-142, 2003

4) 西祐宜, 橋爪進ほか：凍結融解抵抗性を改善した収縮低減剤の開発, コンクリート工学年次論文集, Vol. 32, No. 1, pp. 143-148, 2010

5) 黒岩秀介, 西田朗ほか：保水性を有する新収縮低減剤を混和したコンクリートの実用化（その2. コンクリートの耐久性等に及ぼす影響）, 日本建築学会大会学術講演梗概集, pp. 455-456, 2011.9

6) 八十島治典, 篠崎徹ほか：各種乾燥収縮低減剤を用いたコンクリートに関する研究, 日本建築学会大会学術講演梗概集, pp. 641-642, 2000.9

# 付7. マスコンクリートの構造体強度補正値

## 7.1 はじめに

本付録では，マスコンクリートの構造体強度補正値 $_mSM_n$ 値および $_mSM_n$ 値と平均気温との関係について，JASS 5 2018 年版の 21 節「マスコンクリート」に用いたデータおよび最近実施された構造体実験の結果をまとめ，$_mSM_n$ 値の検討を行った.

## 7.2 試験方法およびデータ諸元

構造体コンクリート強度を求めるための試験は，実際の部材での強度発現を模擬する実大部材や模擬部材を作製し，採取したコア供試体の圧縮強度および同時に採取し標準養生を行った供試体との強度差を求め，構造体強度補正値を算出する. 実際の工事でそのつどコア採取用の部材を採取するのは難しいため，あらかじめ養生温度条件に応じた強度補正値を求めておく必要がある. なお，マスコンクリートでは，外気温と部材内部の温度が高温履歴によって大きく乖離するため，平均養生温度と構造体強度補正値の関係を求める際にはこの温度差を考慮する必要がある.

マスコンクリートの構造体強度補正値 $_mSM_n$ 値を求めるための試験は，JASS 5 T-605：「コア供試体による構造体コンクリート強度の推定方法」，JASS 5 T-606：「簡易断熱養生供試体による構造体コンクリート強度の推定方法」，JASS 5 T-607：「温度履歴追従養生供試体による構造体コンクリート強度の推定方法」に準拠するか，その他の構造体コンクリート強度を合理的に推定しうると認められる方法を用いて構造体コンクリート強度を推定し，標準養生供試体強度との強度差を求める. これらの推定方法のうち，マスコンクリートについては，概ね 80 cm 以上の断面の場合に適用するため，1 m×1 m×1 m 程度の模擬柱部材を作製することが一般的である.

JASS 5 の 21 節「マスコンクリート」では文献 1）～7）のデータを使用しており，2007 年頃までに実験が実施されたデータが用いられている. この中には，JASS 5 T-605 制定前のデータも含まれており，現在一般的となっている 1 m×1 m×1 m の模擬供試体とは寸法の異なるものもあるが，マスコンクリートの対象範囲として部材断面が 80 cm 以上のものを抽出している. その後，マスコンクリートを対象とした研究において，構造体強度補正値が求められ，かつデータとして引用可能な結果が報告されている文献[13]~[18] が複数あることから，これらの文献から $_mSM_n$ 値を抽出し，平均養生温度との関係を追記して再検討した. 付表 7.1 に従来使用してきたデータおよび今回追加したデータの諸元を示す.

**付表 7.1　使用したデータの諸元**

| No. | 出典 | 実験年度（発表年度） | 打込季節 | セメント種類 | 水セメント比範囲（%） | 部材種類・寸法 | 備考 |
|---|---|---|---|---|---|---|---|
| 1 | 1) | (2000) | 春期,夏期(7月),秋期,冬期(1月) | — | 40-62 | — | 2)-6)のデータを分析 |
| 2 | 2) | (1979) | 夏期(7月),冬期(1月) | FB | 52,62,63 | 300,1000 mm,超大型 | |
| 3 | 3) | (1988) | 春期(4月),夏期(7月),秋期(10月),冬期(1月) | MF | 41-50 | 300,1000,1300 mm | |
| 4 | 4) | 1987 | 秋期,冬期 | M,MF,FB,N | 49,50,55 | 壁(1500,800,300 mm) | |
| 5 | 5) | 1989 | 春期,夏期,秋期,冬期 | FB,MF,M | 40,50 | 壁(1500,800,300 mm) | |
| 6 | 6) | 1985-1988 | 春期,夏期,秋期,冬期 | FB,FC,L | 40,50 | 壁(1500,800,300 mm) | |
| 7 | 7) | 2001-2007 (2008) | 春期,夏期,秋期,冬期 | — | 40-65 | — | 2001-2007 年に実施された建築基準法 37 条指定建築材料「コンクリート」の材料性能評価申請書の実験データおよび 4)-6)，8)-12)を分析 |
| 8 | 8)9) | 1982-1983 | 秋期(10月),冬期(1月),春期(4月),夏期(7月) | N,BB,FB | 45,55,65 | 柱(600×600 mm)壁(150 mm)床(150 mm) |  |
| 9 | 10) | 2005 | 春期(4月),夏期(7月),秋期(10月),冬期(1月) | N,BA,BB,BC | 50 | 壁(200 mm)床(200 mm) | |
| 10 | 11) | 2005-2006 | 春期(4月),夏期(7月),秋期(10月),冬期(1月) | N,M,L | 45,55 | 壁(200 mm) | |
| 11 | 4)5)6) | (I)1985-1988 (II)1998-2000 | (I)秋期(10月),冬期(1月),春期(4月),夏期(7月),(II)冬期(2月),夏期(7月) | N,M,L | 40,45,50,55 | 壁(1500,800,300 mm) | |
| 12 | 12) | 2003 | 秋期(10月) | N,FB,FC | 45,55,65 | 柱(250 mm) | |
| 13 | 13) | 2009-2013 | 夏期,標準期 | N,M,BB,FB | 42,3,50 | 柱(1000×1000 mm) | |
| 14 | 14) | 2014-2015 | 春期,夏期,秋期,冬期 | N,M,L,FB,FC,BB,BC | 37,47,60 | 柱(1000×1000 mm) | |
| 15 | 15) | 2014-2015 | 春期,夏期,秋期,冬期 | N,M,L,FB,FC,BB,BC | 37,47,60 | 柱(1000×1000 mm) | |
| 16 | 16) | 2014-2015 | 春期,夏期,秋期,冬期 | N,BA,BB,BC | 55,48,38 | 柱(1000×1000 mm) | |
| 17 | 17) | (2016) | 夏期,冬期 | FB,FC,L | 43-46 | 柱(1000×1000 mm) | |
| 18 | 18) | (2019) | 春期,夏期,秋期,冬期 | FB,FC | 42-75 | — | 13)-15)17)および FC 対象文献を調査分析 |

## 7.3 平均養生温度

平均養生温度は，高温履歴がほとんど生じないような一般強度レベルにおける壁や床部材においては，その部材の置かれた雰囲気温度，すなわち平均外気温が平均養生温度と同じであるとみなして，外気温の条件下で部材が養生され強度発現が進行すると考えてよい．しかし，マスコンクリートのように高温履歴の影響を受ける場合には，外気温とは異なる養生条件となる．そのため，部材中心部や表面部など，部材に生じる履歴温度の概要が把握できるような箇所に熱電対を埋設して部材の温度履歴を測定しておき，所定の材齢までの部材温度の平均を平均養生温度として求める．構造体コンクリート強度の保証材齢である91日まで把握することが望ましいが，調合強度を定める材齢を28日とした場合には，材齢28日までの平均養生温度としてよい．一般的に部材中に生じる温度履歴は，材齢7～10日ごろまでに外気温度とほぼ追従するようになるため，材齢7～10日以降の部材の平均養生温度は，外気の平均温度と同等として部材の養生敷地内で計測した気温や近い地点での気象庁の観測データ等を用いて平均養生温度を求めても差し支えない．

今回引用したいくつかの文献では，温度に関する詳細データが記載されていないため，平均外気温度に割り増しして簡易的に平均養生温度を算定して構造体強度補正値の算定に用いており，JASS 5 21節および本指針3.3に示すように，具体的には平均外気温と平均養生温度の差を5℃として平均外気温に加えている[5]．付図7.1は，文献13)，14)，16)を基に，材齢28日および材齢91日までの平均外気温と平均養生温度を算出し，その差を示したものである．JASS 5 21節には文献5)の中庸熱ポルトランドセメントの壁状部材での検討例が示されているが，付図7.1より，セメント種類が異なる場合でも材齢28日までの平均外気温度と平均養生温度の差は5℃程度であることがわかる．また，同様に，材齢91日までの平均外気温度と平均養生温度の関係は，おおむね平均養生温度は平均外気温よりも1.5℃高いことがわかる．これらのことから，JASS 5等に示されている簡易的算定と同様の結果が得られていることがわかる．なお，付図7.1は，JASS 5 T-605に準拠した柱模擬部材での結果であり，簡易断熱養生の場合は断熱材の効果で高温履歴が長く持続するため，平均養生温度と平均外気温度の差はより大きくなると考えられる．

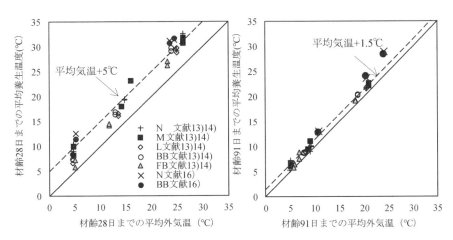

**付図7.1** 平均気温と平均養生温度の関係 文献13),14),16)より作成

### 7.4 構造体強度補正値 $_mSM_n$ の検討

(1) 各種セメントの $_{28}SM_{91}$

付図7.2は，JASS 5 21節 解説図21.12に最近の構造体強度補正値 $_{28}SM_{91}$ の実験結果13)～17)を追記したものである．図中には，JASS 5の解説表21.3および表5.1の構造体強度補正値を示している．新たに追加したデータは，これまで用いられてきたデータと同様の傾向であるが，フライアッシュセメントB種や高炉セメントB種では，暑中期間の $_{28}SM_{91}$ が負の値になるものが多く，特にフライアッシュセメントB種では，暑中期間補正を要する温度範囲で全ての $_{28}SM_{91}$ が 3 N/mm² を下回っており，暑中期間補正なしとしても差し支えないと考えられる．本指針に示した以外の混合セメントを用いる場合やB種以外の混合率のものを用いる場合等については，本会関連指針を参考にするか，事前の実験によって構造体強度補正値を求めておく必要がある．

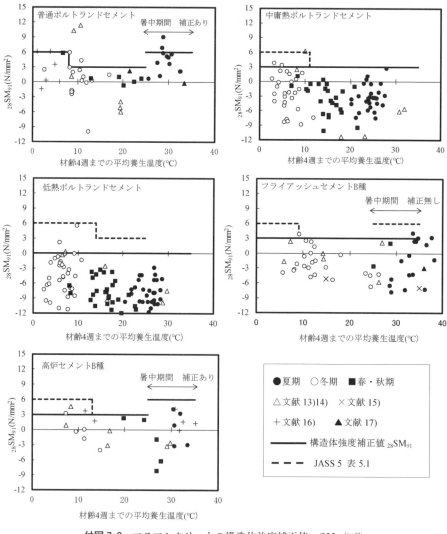

付図7.2 マスコンクリートの構造体強度補正値 $_{28}SM_{91}$ 1)～12)

なお，事前の実験において適切に $_{28}SM_{91}$ を求めた場合に JASS 5 および本指針に示す $_{28}SM_{91}$ の値よりも小さい値が得られた場合には，本指針等によらず，実験によって得られた値を用いてよい．

(2) 中庸熱および低熱ポルトランドセメントの $_{56}SM_{91}$, $_{91}SM_{91}$

低熱系のセメントは，強度発現が緩やかに進行するため，調合強度を定める材齢 $m$ 日は，28 日以降とする方が合理的であることも多い．そこで，付図 7.3 に中庸熱ポルトランドセメントおよび低熱ポルトランドセメントを使用した場合の $_{56}SM_{91}$ および $_{91}SM_{91}$ を示す．付図 7.3 は，文献 7) のデータを基に新たに作成したものである．平均気温は付図 7.1 に示すように，平均気温 $+1.5$ ℃として求めた値を使用した．付図 7.3 より，$_{56}SM_{91}$ については，0～12 N/mm² 程度，$_{91}SM_{91}$ については，0～18 N/mm² 程度に分布しており，各構造体強度補正値もこの範囲で求めるとよい．冬期のような低温の時期に打ち込まれた場合に構造体強度補正値が大きくなる傾向があるが，全体としては大きくばらついており，水セメント比やその他の調合条件に大きく影響を受けると考えられる．そのため，JASS 5 および本指針では構造体強度補正値の標準値は示さず，信頼できる資料または事前の実験により定める必要がある．

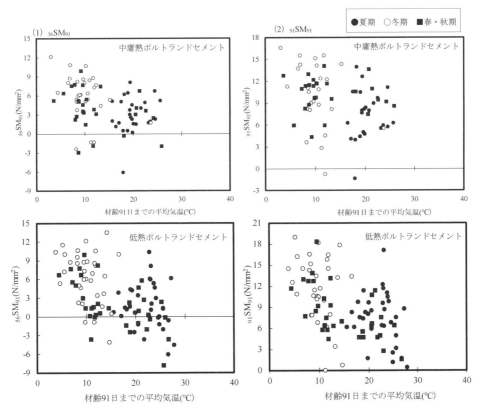

**付図 7.3** 中庸熱ポルトランドセメントおよび低熱ポルトランドセメントの $_{56}SM_{91}$ および $_{91}SM_{91}$

## 参考文献

1) 川口徹，大池武：マスコンクリートの強度管理方法に関する一提案，日本建築学会技術報告集，Vol. 10, pp. 5-9, 2000.6

2) 西村進次ほか：マスコンクリートの品質管理上の問題点の検討，日本建築学会大会学術講演梗概集，pp. 165-172, 1979.9

3) 坂本哲郎ほか：高強度マスコンクリートの部材強度発現性状，コンクリート工学年次論文報告集，Vol. 10, No. 2, pp. 197-202, 1988

4) 仕入豊和ほか：マッシブなコンクリートの予想平均養生温度および強度発現に関する研究，日本建築学会大会学術講演梗概集，pp. 211-218, 1987.8

5) 仕入豊和，川瀬清孝，牧野浩保，永野徹，嵩英雄，池田正：高強度マスコンクリートの構造体の予想平均養生温度および強度発現に関する研究（その1）～（その4），日本建築学会大会学術講演梗概集，pp. 525-532, 1989.9

6) 日本建築学会：原子力発電所鉄筋コンクリート工事の品質管理の高度化に関する研究，2010

7) 佐藤幸恵，桝田佳寛：各種セメントを用いたコンクリートの構造体における強度発現と強度補正値，日本建築学会構造系論文集，第73巻，第630号，pp. 1225-1232, 2008.8

8) 友沢史紀，桝田佳寛，田中斉，中野正雪：現場条件下における構造体コンクリートの強度発現性状，日本建築学会大会学術講演梗概集，pp. 311-312, 1983.9

9) 友沢史紀，桝田佳寛，田中斉，中野正雪：現場条件下における構造体コンクリートの強度発現性状（その2），日本建築学会大会学術講演梗概集，pp. 81-82, 1984.9

10) 青沼隆嗣，桝田佳寛，佐藤幸恵，呉富栄：高炉スラグ微粉末および高炉セメントを用いた構造体コンクリートの強度発現性状，日本建築学会大会学術講演梗概集，pp. 231-232, 2006.7

11) 大倉真人，桝田佳寛ほか：各種セメントを用いたコンクリートの合理的な湿潤養生期間に関する実験（その1～その13），日本建築学会大会学術講演梗概集，pp. 325-340, 2006, 607-618, 2006.7

12) 嵩英雄，桝田佳寛，池内俊之ほか：低発熱型セメントを用いた構造体コンクリートの強度発現性に関する研究（その1～その3），日本建築学会大会学術講演梗概集，pp. 801-806, 2000.7

13) 大塚秀三，中田善久，桝田佳寛，佐藤幸恵ほか：各種結合材を用いた構造体コンクリートの圧縮強度管理の基準に関する研究　その1～その17，日本建築学会大会学術講演梗概集，pp. 141-174, 2015.9

14) 大塚秀三，中田善久，桝田佳寛，荒巻卓見ほか：各種結合材を用いた構造体コンクリートの長期強度および構造体強度補正値に関する検討　その1～その2，日本建築学会大会学術講演梗概集，pp. 333-336, 2016.8

15) 本村一成，続博誉，秦野礼二，黒岩秀介ほか：C種相当のFAコンクリートの適用に関する検討，日本建築学会大会学術講演梗概集，pp. 429-432, 2016.8

16) 日本建築学会：高炉セメントまたは高炉スラグ微粉末を用いた鉄筋コンクリート造建築物の設計・施工指針（案）・同解説，2017

17) 小山智幸，湯浅昇，伊藤是清ほか：暑中環境で施工される構造体コンクリートの品質管理に関する研究　その6　柱試験体の強度性状，日本建築学会九州支部研究報告，第52号，pp. 201-204, 2013.3

18) 船本憲治ほか：フライアッシュセメントB種・C種相当を使用したコンクリートの構造体強度補正値（S値，SM値）に関する検討，日本建築学会九州支部研究報告，第58号，pp. 5-8, 2019.3

# 付8. 断熱温度上昇式の係数の設定根拠

## 8.1 はじめに

　既往の各種資料を基に，各種セメントを用いた場合の，任意の単位セメント量，打込み温度における断熱温度上昇式の係数として，表4.1，表4.2および表4.3を提案した．ここでは，その係数の設定根拠について解説する．

## 8.2 断熱温度上昇式

　本指針では，従来から最も一般的に用いられている（付8.1）式に加え，低熱ポルトランドセメントには（付8.2）式を用いることとした．セメント種類と単位セメント量が与えられた場合に，付表8.1および付表8.2により打込み温度20℃における $K$，$\alpha$ および $\beta$ を求め，打込み温度が20℃以外の場合には $K$，$\alpha$ および $\beta$ の補正係数として付表8.3の値を乗じることで任意の打込み温度における推定式を導くことができる．打込み温度が付表8.3に示す温度以外の場合は，直線補間を行う．本提案式の適用範囲は，参照した既往資料のデータから，早強ポルトランドセメントおよびフライアッシュセメントB種は単位セメント量 450 kg/m³ までとする．その他のセメントは単位セメント量 550 kg/m³ までとし，$K$ および $\alpha$ は推定値と既往資料の実測値との適合性を高めるために，単位セメント量 400 kg/m³ 以下の場合と，400 kg/m³ を超え 550 kg/m³ 以下の場合で分けることとする．

　なお，材齢と断熱温度上昇量の関係を表す式としては，（付8.1）式および（付8.2）式の他にも，実測値とのフィッティングを良くした関係式も提案されている（付9）．しかしながら既往資料は，低熱ポルトランドセメントを除くセメントでは（付8.1）式の形で，低熱ポルトランドセメントでは（付8.2）式の形で結果が示されていること，式形が複雑になるほど単位セメント量や打込み温度が変化した場合の補正も煩雑になること，また付9に示されているように，これら式形の違いが温度応力解析結果に及ぼす影響は大きくないことなどを勘案して，ここでは（付8.1）式および（付8.2）式を用いることとしたものである．

$$Q(t) = K(1 - e^{-\alpha t}) \qquad\qquad (付8.1)$$

$$Q(t) = K(1 - e^{-\alpha t^{\beta}}) \qquad\qquad (付8.2)$$

$$K = p(aC + b), \quad \alpha = q(gC + h), \quad \beta = r(mC + n)$$

ここに，　　$t$：材齢（日）

　　　　$Q(t)$：材齢 $t$ 日までの断熱温度上昇量（℃）

　　　　　$K$：最終断熱温度上昇量（℃）

　　　$\alpha, \beta$：断熱温度上昇速度を表す係数

　　　　　$C$：単位セメント量（kg/m³）

—218— 付　　録

$a, b, g, h, m, n, p, q, r：K, \alpha$ および $\beta$ を求めるための係数

　提案式により求めた各種セメント使用コンクリートの最終断熱温度上昇量 $K$, $\alpha$ および $\beta$（単位セメント量 300, 400, 500 kg/m³, 打込み温度 10, 20, 30℃の場合）を付表8.4に示す.

**付表8.1**　打込み温度20℃における $K$, $\alpha$ および $\beta$（単位セメント量 400 kg/m³ 以下）

| セメント種類 | 記号 | $K=aC+b$ | | $\alpha=gC+h$ | | $\beta=mC+n$ | |
|---|---|---|---|---|---|---|---|
| | | $a$ | $b$ | $g$ | $h$ | $m$ | $n$ |
| 普通ポルトランドセメント | N | 0.113 | 13.9 | 0.0032 | 0.030 | — | — |
| 中庸熱ポルトランドセメント | M | 0.096 | 14.2 | 0.0022 | −0.050 | — | — |
| 低熱ポルトランドセメント | L | 0.072 | 19.9 | 0.0012 | 0.058 | 0.0013 | 0.316 |
| 早強ポルトランドセメント | H | 0.134 | 11.7 | 0.0028 | 0.549 | — | — |
| 高炉セメントB種 | BB | 0.111 | 17.7 | 0.0021 | 0.089 | — | — |
| フライアッシュセメントB種 | FB | 0.107 | 13.2 | 0.0022 | 0.105 | — | — |

［注］　以下, セメント種類を本表の記号により表示する.

**付表8.2**　打込み温度20℃における $K$, $\alpha$ および $\beta$（単位セメント量 400 kg/m³ を超え 550 kg/m³ 以下）

| セメント種類 | 記号 | $K=aC+b$ | | $\alpha=gC+h$ | | $\beta=mC+n$ | |
|---|---|---|---|---|---|---|---|
| | | $a$ | $b$ | $g$ | $h$ | $m$ | $n$ |
| 普通ポルトランドセメント | N | 0.072 | 30.3 | 0.0014 | 0.750 | — | — |
| 中庸熱ポルトランドセメント | M | 0.061 | 28.2 | 0.0019 | 0.070 | — | — |
| 低熱ポルトランドセメント | L | 0.038 | 33.5 | 0.0012 | 0.058 | 0.0013 | 0.316 |
| 早強ポルトランドセメント | H | 0.134 | 11.7 | 0.0028 | 0.549 | — | — |
| 高炉セメントB種 | BB | 0.056 | 39.7 | 0.0019 | 0.169 | — | — |
| フライアッシュセメントB種 | FB | 0.107 | 13.2 | 0.0022 | 0.105 | — | — |

**付表8.3**　打込み温度20℃の $K$, $\alpha$ および $\beta$ に対する補正係数一覧

| セメント種類 | 記号 | $K$ に対する補正係数 $p$ | | | $\alpha$ に対する補正係数 $q$ | | | $\beta$ に対する補正係数 $r$ | | |
|---|---|---|---|---|---|---|---|---|---|---|
| | | 10℃ | 20℃ | 30℃ | 10℃ | 20℃ | 30℃ | 10℃ | 20℃ | 30℃ |
| 普通ポルトランドセメント | N | 1.029 | 1.000 | 0.967 | 0.600 | 1.000 | 1.492 | — | — | — |
| 中庸熱ポルトランドセメント | M | 1.030 | 1.000 | 0.982 | 0.640 | 1.000 | 1.504 | — | — | — |
| 低熱ポルトランドセメント | L | 1.026 | 1.000 | 0.987 | 0.670 | 1.000 | 1.401 | 1.084 | 1.000 | 0.944 |
| 早強ポルトランドセメント | H | 1.040 | 1.000 | 0.965 | 0.627 | 1.000 | 1.590 | — | — | — |
| 高炉セメントB種 | BB | 1.028 | 1.000 | 0.975 | 0.577 | 1.000 | 1.552 | — | — | — |
| フライアッシュセメントB種 | FB | 1.045 | 1.000 | 0.976 | 0.579 | 1.000 | 1.620 | — | — | — |

付8. 断熱温度上昇式の係数の設定根拠 —219—

**付表8.4** 各単位セメント量におけるコンクリートの断熱温度上昇式の係数 $K$, $\alpha$ および $\beta$

| セメント種類 | 打込み温度 (℃) | C : 300 kg/m³ | | | C : 400 kg/m³ | | | C : 500 kg/m³ | | |
|---|---|---|---|---|---|---|---|---|---|---|
| | | $K$(℃) | $\alpha$ | $\beta$ | $K$(℃) | $\alpha$ | $\beta$ | $K$(℃) | $\alpha$ | $\beta$ |
| N | 10 | 49.2 | 0.594 | — | 60.8 | 0.786 | — | 68.2 | 0.870 | — |
| | 20 | 47.8 | 0.990 | — | 59.1 | 1.310 | — | 66.3 | 1.450 | — |
| | 30 | 46.2 | 1.477 | — | 57.1 | 1.954 | — | 64.1 | 2.163 | — |
| M | 10 | 44.3 | 0.390 | — | 54.2 | 0.531 | — | 60.5 | 0.653 | — |
| | 20 | 43.0 | 0.610 | — | 52.6 | 0.830 | — | 58.7 | 1.020 | — |
| | 30 | 42.2 | 0.917 | — | 51.7 | 1.248 | — | 57.6 | 1.534 | — |
| L | 10 | 42.6 | 0.280 | 0.765 | 50.0 | 0.360 | 0.906 | 53.9 | 0.441 | 1.047 |
| | 20 | 41.5 | 0.418 | 0.706 | 48.7 | 0.538 | 0.836 | 52.5 | 0.658 | 0.966 |
| | 30 | 40.9 | 0.585 | 0.667 | 48.0 | 0.754 | 0.790 | 51.8 | 0.922 | 0.912 |
| H | 10 | 54.0 | 0.871 | — | 67.9 | 1.047 | — | — | — | — |
| | 20 | 51.9 | 1.389 | — | 65.3 | 1.669 | — | — | — | — |
| | 30 | 50.1 | 2.208 | — | 63.0 | 2.654 | — | — | — | — |
| BB | 10 | 52.4 | 0.415 | — | 63.9 | 0.536 | — | 69.6 | 0.646 | — |
| | 20 | 51.0 | 0.719 | — | 62.1 | 0.929 | — | 67.7 | 1.119 | — |
| | 30 | 49.7 | 1.116 | — | 60.5 | 1.441 | — | 66.0 | 1.736 | — |
| FB | 10 | 47.4 | 0.443 | — | 58.5 | 0.570 | — | — | — | — |
| | 20 | 45.3 | 0.765 | — | 56.0 | 0.985 | — | — | — | — |
| | 30 | 44.2 | 1.239 | — | 54.7 | 1.596 | — | — | — | — |

## 8.3 断熱温度上昇式の係数の設定方法

### 8.3.1 方　針

・できるだけ最新で，セメントの種類や打込み温度を変化させて体系的に整理されている資料を中心に収集した．

・まず20℃における係数（$K$, $\alpha$ および $\beta$）を決定した．この場合に，資料数を増やすために20℃のみの結果しかない資料についても採用して，それらの平均的値を求めた．

・次に $K$, $\alpha$ および $\beta$ についての，20℃から10℃，30℃に打込み温度が変化した場合の補正係数を決定した．既往資料には，打込み温度ごとに $K$, $\alpha$ および $\beta$ が示されている場合が多いが，ここでは，任意の打込み温度に対する $K$, $\alpha$ および $\beta$ の推定に便利なように，上記で求めた打込み温度20℃での $K$, $\alpha$ および $\beta$ に対して，打込み温度が10℃または30℃に変化した場合の補正係数を求めることとした．

・セメントの種類などが限定されている資料についても必要に応じて採用した．

参照した資料は次のとおりである．

①セメントメーカー技術資料(A,B,C,D 社)

②2007年制定土木学会コンクリート標準示方書〔設計編〕（以下，土木学会示方書という）[1]

－220－ 付　　録

③Intemtional Conference and Workshop of Asia Institute of Low Carbon Design （以下，文献
2)という)＊

④日本建築学会大会学術講演梗概集 （以下，建築学会梗概集という)[3]

⑤セメント協会コンクリート専門委員会報告F-59 （以下，セメント協会F-59という)[4,5]

＊日本コンクリート工学会「マスコンクリートのひび割れ制御指針改定調査委員会 報告書」の初期物性に関す
る共通試験として実施した実験結果

### 8.3.2　参照した資料と採用データ

　断熱温度上昇式の係数の設定において参照した資料と採用データを付表8.5に，また，それらに
示されている断熱温度上昇式の係数を付表8.6〜8.11に示す.

### 8.2.3　係数の設定

（1）　打込み温度20℃の係数の設定

・各資料に記載されている単位セメント量250 kg/m³から550 kg/m³までのK，αおよびβをプ
ロットし，これを単位セメント量の一次関数による近似式で表した.

・近似式の適合性を高めるために，単位セメント量250 kg/m³以上400 kg/m³以下の範囲と単
位セメント量400 kg/m³を超えて550 kg/m³以下までの範囲で，近似式を区分した.

・早強ポルトランドセメントおよびフライアッシュセメントB種は，単位セメント量450 kg/m³
を超える資料がないため，単位セメント量250 kg/m³以上450 kg/m³以下の範囲を1つの近
似式で表した.

（2）　打込み温度10℃，30℃における補正係数の設定

・セメント種類ごとに，各資料のK，αおよびβについて，20℃に対する10℃，30℃の比率を
求めた〔付表8.12〜8.15〕.

・その後，各単位セメント量での結果を平均した値を算出した.この比率は単位セメント量によ
り若干変化するが，この変化は実用上無視できる程度であると考え，簡便化のため補正係数は
単位セメント量によらず一本化することとした.

付表8.5　参照資料と採用データ一覧

| 資料名　　　セメント | 土木学会示方書 | 文献2) | 建築学会梗概集 | セメント協会F-59 | セメントメーカー技術資料 | | | |
|---|---|---|---|---|---|---|---|---|
| | | | | | A社 | B社 | C社 | D社 |
| N | | | | ●○ | ●○ | | ●○ | |
| M | | | | ●○ | ●○ | ●○ | ●○ | ●○ |
| L | | | | ●○ | ●○ | ●○ | | |
| H | ●○ | | | | ●○ | ● | ●○ | |
| BB | | | | ●○ | ●○ | | ●○ | |
| FB | ●○ | ● | ●○ | ●○ | | ● | | |

●：打込み温度20℃における提案式決定に採用（打込み温度20℃のデータ）

○：打込み温度による補正係数決定に採用（打込み温度10℃，20℃，30℃のデータ）

付8．断熱温度上昇式の係数の設定根拠 — 221 —

**付表8.6 参照資料における断熱温度上昇式の係数（その1）**

| 資料名 | セメント種類 | 単位セメント量 (kg/m³) | 打込み温度 (℃) | $Q(t)=K\{1-\exp(-\alpha t)\}$ | | $Q(t)=K\{1-\exp(-\alpha t^{\beta})\}$ | | |
|---|---|---|---|---|---|---|---|---|
| | | | | $K$ | $\alpha$ | $K$ | $\alpha$ | $\beta$ |
| A社技術資料 | N | 300 | 10 | 49.3 | 0.709 | — | — | — |
| | | | 20 | 47.7 | 1.232 | — | — | — |
| | | | 30 | 46.2 | 1.574 | — | — | — |
| | | 450 | 20 | 60.9 | 1.223 | — | — | — |
| | | 550 | 10 | 70.7 | 0.900 | — | — | — |
| | | | 20 | 67.1 | 1.355 | — | — | — |
| | | | 30 | 65.5 | 1.779 | — | — | — |
| | M | 300 | 10 | 41.9 | 0.399 | — | — | — |
| | | | 20 | 41.0 | 0.663 | — | — | — |
| | | | 30 | 39.3 | 1.056 | — | — | — |
| | | 450 | 20 | 51.3 | 0.939 | — | — | — |
| | | 550 | 10 | 59.6 | 0.864 | — | — | — |
| | | | 20 | 59.4 | 1.173 | — | — | — |
| | | | 30 | 58.6 | 1.782 | — | — | — |
| | L | 300 | 10 | — | — | 43.9 | 0.272 | 0.716 |
| | | | 20 | — | — | 39.2 | 0.428 | 0.749 |
| | | | 30 | — | — | 37.3 | 0.603 | 0.766 |
| | | 450 | 20 | — | — | 48.9 | 0.578 | 0.934 |
| | | 550 | 10 | — | — | 57.9 | 0.481 | 1.056 |
| | | | 20 | — | — | 55.1 | 0.717 | 1.016 |
| | | | 30 | — | — | 54.1 | 0.912 | 1.000 |
| | H | 300 | 10 | 53.1 | 0.859 | — | — | — |
| | | | 20 | 51.1 | 1.419 | — | — | — |
| | | | 30 | 49.0 | 2.142 | — | — | — |
| | BB | 300 | 10 | 51.6 | 0.490 | — | — | — |
| | | | 20 | 50.4 | 0.837 | — | — | — |
| | | | 30 | 47.0 | 1.269 | — | — | — |
| | | 450 | 20 | 63.0 | 0.955 | — | — | — |
| | | 550 | 10 | 75.2 | 0.603 | — | — | — |
| | | | 20 | 69.8 | 1.086 | — | — | — |
| | | | 30 | 69.2 | 1.367 | — | — | — |

**付表8.7** 参照資料における断熱温度上昇式の係数（その2）

| 資料名 | セメント種類 | 単位セメント量 (kg/m³) | 打込み温度 (℃) | $Q(t)=K\{1-\exp(-\alpha t)\}$ | | $Q(t)=K\{1-\exp(-\alpha t^{\beta})\}$ | | |
|---|---|---|---|---|---|---|---|---|
| | | | | $K$ | $\alpha$ | $K$ | $\alpha$ | $\beta$ |
| B社技術資料（FBのFA置換率の範囲15〜19％） | N | 250 | 20 | 45.0 | 0.649 | — | — | — |
| | | 300 | 20 | 49.7 | 0.854 | — | — | — |
| | | 400 | 20 | 59.0 | 1.263 | — | — | — |
| | | 520 | 20 | 70.2 | 1.754 | — | — | — |
| | M | 250 | 10 | 44.4 | 0.298 | — | — | — |
| | | | 20 | 42.2 | 0.426 | — | — | — |
| | | | 30 | 40.8 | 0.609 | — | — | — |
| | | 300 | 10 | 48.0 | 0.386 | — | — | — |
| | | | 20 | 45.6 | 0.551 | — | — | — |
| | | | 30 | 44.1 | 0.789 | — | — | — |
| | | 400 | 10 | 55.2 | 0.561 | — | — | — |
| | | | 20 | 52.4 | 0.802 | — | — | — |
| | | | 30 | 50.7 | 1.148 | — | — | — |
| | | 520 | 10 | 63.8 | 0.772 | — | — | — |
| | | | 20 | 60.6 | 1.103 | — | — | — |
| | | | 30 | 58.7 | 1.579 | — | — | — |
| | L | 250 | 10 | — | — | 47.0 | 0.247 | 0.523 |
| | | | 20 | — | — | 44.1 | 0.328 | 0.511 |
| | | | 30 | — | — | 42.3 | 0.435 | 0.504 |
| | | 300 | 10 | — | — | 49.0 | 0.277 | 0.615 |
| | | | 20 | — | — | 46.0 | 0.368 | 0.601 |
| | | | 30 | — | — | 44.1 | 0.490 | 0.592 |
| | | 400 | 10 | — | — | 53.1 | 0.339 | 0.799 |
| | | | 20 | — | — | 49.8 | 0.450 | 0.781 |
| | | | 30 | — | — | 47.7 | 0.598 | 0.770 |
| | | 520 | 10 | — | — | 57.9 | 0.413 | 1.019 |
| | | | 20 | — | — | 54.4 | 0.548 | 0.997 |
| | | | 30 | — | — | 52.1 | 0.728 | 0.983 |
| | H | 250 | 20 | 46.0 | 1.136 | — | — | — |
| | | 300 | 20 | 51.6 | 1.320 | — | — | — |
| | | 350 | 20 | 57.3 | 1.567 | — | — | — |
| | BB | 250 | 20 | 47.3 | 0.520 | — | — | — |
| | | 300 | 20 | 52.0 | 0.663 | — | — | — |
| | | 400 | 20 | 61.3 | 0.948 | — | — | — |
| | | 520 | 20 | 72.5 | 1.290 | — | — | — |
| | FB | 250 | 20 | 40.9 | 0.654 | — | — | — |
| | | 300 | 20 | 47.0 | 0.768 | — | — | — |
| | | 350 | 20 | 53.0 | 0.882 | — | — | — |

付8. 断熱温度上昇式の係数の設定根拠 — 223 —

**付表8.8** 参照資料における断熱温度上昇式の係数（その3）

| 資料名 | セメント種類 | 単位セメント量 (kg/m³) | 打込み温度 (℃) | $Q(t)=$ $K\{1-\exp(-\alpha t)\}$ | | $Q(t)=K\{1-\exp(-\alpha t^{\beta})\}$ | | |
|---|---|---|---|---|---|---|---|---|
| | | | | $K$ | $\alpha$ | $K$ | $\alpha$ | $\beta$ |
| C社技術資料 | N | 250 | 10 | 40.7 | 0.432 | — | — | — |
| | | | 20 | 39.6 | 0.810 | — | — | — |
| | | | 30 | 38.6 | 1.409 | — | — | — |
| | | 300 | 10 | 48.8 | 0.507 | — | — | — |
| | | | 20 | 47.7 | 0.933 | — | — | — |
| | | | 30 | 46.5 | 1.585 | — | — | — |
| | | 400 | 10 | 62.3 | 0.637 | — | — | — |
| | | | 20 | 61.4 | 1.119 | — | — | — |
| | | | 30 | 60.2 | 1.824 | — | — | — |
| | | 500 | 10 | 68.3 | 0.782 | — | — | — |
| | | | 20 | 67.7 | 1.333 | — | — | — |
| | | | 30 | 66.5 | 2.107 | — | — | — |
| | M | 250 | 10 | 34.9 | 0.344 | — | — | — |
| | | | 20 | 35.1 | 0.591 | — | — | — |
| | | | 30 | 35.4 | 0.914 | — | — | — |
| | | 300 | 10 | 42.1 | 0.374 | — | — | — |
| | | | 20 | 42.2 | 0.639 | — | — | — |
| | | | 30 | 42.3 | 1.005 | — | — | — |
| | | 400 | 10 | 53.6 | 0.462 | — | — | — |
| | | | 20 | 53.3 | 0.792 | — | — | — |
| | | | 30 | 53.0 | 1.271 | — | — | — |
| | | 500 | 10 | 59.2 | 0.585 | — | — | — |
| | | | 20 | 59.0 | 1.002 | — | — | — |
| | | | 30 | 58.6 | 1.612 | — | — | — |
| | | 550 | 10 | 63.1 | 0.679 | — | — | — |
| | | | 20 | 62.8 | 1.160 | — | — | — |
| | | | 30 | 62.3 | 1.862 | — | — | — |
| | L | 250 | 10 | — | — | 27.6 | 0.325 | 0.946 |
| | | | 20 | — | — | 30.2 | 0.523 | 0.749 |
| | | | 30 | — | — | 32.8 | 0.664 | 0.610 |
| | | 300 | 10 | — | — | 33.7 | 0.332 | 0.957 |
| | | | 20 | — | — | 37.0 | 0.530 | 0.745 |
| | | | 30 | — | — | 38.8 | 0.701 | 0.643 |
| | | 400 | 10 | — | — | 44.5 | 0.357 | 0.991 |
| | | | 20 | — | — | 46.1 | 0.611 | 0.838 |
| | | | 30 | — | — | 46.6 | 0.870 | 0.753 |
| | | 500 | 10 | — | — | 49.9 | 0.409 | 1.126 |
| | | | 20 | — | — | 50.8 | 0.758 | 0.967 |
| | | | 30 | — | — | 51.0 | 1.125 | 0.881 |
| | | 550 | 10 | — | — | 53.6 | 0.458 | 1.224 |
| | | | 20 | — | — | 54.3 | 0.883 | 1.069 |
| | | | 30 | — | — | 54.4 | 1.348 | 0.997 |

－224－ 付　　録

**付表8.9** 参照資料における断熱温度上昇式の係数（その4）

| 資料名 | セメント種類 | 単位セメント量 (kg/m³) | 打込み温度 (℃) | $Q(t)=K\{1-\exp(-\alpha t)\}$ | | $Q(t)=K\{1-\exp(-\alpha t^{\beta})\}$ | | |
|---|---|---|---|---|---|---|---|---|
| | | | | $K$ | $\alpha$ | $K$ | $\alpha$ | $\beta$ |
| C 社技術資料 | H | 250 | 10 | 46.8 | 0.721 | — | — | — |
| | | | 20 | 45.8 | 1.281 | — | — | — |
| | | | 30 | 44.3 | 2.173 | — | — | — |
| | | 300 | 10 | 55.2 | 0.814 | — | — | — |
| | | | 20 | 54.1 | 1.409 | — | — | — |
| | | | 30 | 52.4 | 2.363 | — | — | — |
| | | 400 | 10 | 68.0 | 0.956 | — | — | — |
| | | | 20 | 66.8 | 1.614 | — | — | — |
| | | | 30 | 65.6 | 2.655 | — | — | — |
| | | 500 | 10 | 70.6 | 1.060 | — | — | — |
| | | | 20 | 69.5 | 1.817 | — | — | — |
| | | | 30 | 68.0 | 2.756 | — | — | — |
| | BB | 250 | 10 | 44.6 | 0.351 | — | — | — |
| | | | 20 | 43.2 | 0.671 | — | — | — |
| | | | 30 | 42.5 | 1.123 | — | — | — |
| | | 300 | 10 | 52.1 | 0.412 | — | — | — |
| | | | 20 | 50.8 | 0.769 | — | — | — |
| | | | 30 | 50.0 | 1.275 | — | — | — |
| | | 400 | 10 | 62.1 | 0.546 | — | — | — |
| | | | 20 | 61.9 | 0.957 | — | — | — |
| | | | 30 | 61.5 | 1.540 | — | — | — |
| | | 500 | 10 | 64.9 | 0.733 | — | — | — |
| | | | 20 | 64.7 | 1.275 | — | — | — |
| | | | 30 | 64.2 | 2.055 | — | — | — |
| D 社技術資料 | M | 300 | 10 | 46.1 | 0.338 | — | — | — |
| | | | 20 | 44.3 | 0.603 | — | — | — |
| | | | 30 | 43.4 | 0.868 | — | — | — |
| | | 350 | 10 | 51.1 | 0.391 | — | — | — |
| | | | 20 | 49.1 | 0.698 | — | — | — |
| | | | 30 | 48.1 | 1.005 | — | — | — |
| | | 400 | 10 | 56.1 | 0.444 | — | — | — |
| | | | 20 | 53.9 | 0.793 | — | — | — |
| | | | 30 | 52.8 | 1.142 | — | — | — |

付8. 断熱温度上昇式の係数の設定根拠 ― 225 ―

**付表8.10　参照資料における断熱温度上昇式の係数（その5）**

| 資料名 | セメント種類 | 単位セメント量 $(kg/m^3)$ | 打込み温度 $(℃)$ | $Q(t)=K\{1-\exp(-\alpha t)\}$ | | $Q(t)=K\{1-\exp(-\alpha t^\beta)\}$ | | |
|---|---|---|---|---|---|---|---|---|
| | | | | $K$ | $\alpha$ | $K$ | $\alpha$ | $\beta$ |
| 土木学会示方書<br>(FBのFA置換率18%) | H | 250 | 10 | 47.5 | 0.878 | — | — | — |
| | | | 20 | 44.5 | 1.275 | — | — | — |
| | | | 30 | 42.5 | 2.070 | — | — | — |
| | | 300 | 10 | 54.0 | 0.958 | — | — | — |
| | | | 20 | 51.0 | 1.400 | — | — | — |
| | | | 30 | 49.0 | 2.140 | — | — | — |
| | | 350 | 10 | 60.5 | 1.038 | — | — | — |
| | | | 20 | 57.5 | 1.525 | — | — | — |
| | | | 30 | 55.5 | 2.210 | — | — | — |
| | FB | 250 | 10 | 41.2 | 0.382 | — | — | — |
| | | | 20 | 39.5 | 0.688 | — | — | — |
| | | | 30 | 39.5 | 1.237 | — | — | — |
| | | 300 | 10 | 48.7 | 0.437 | — | — | — |
| | | | 20 | 46.5 | 0.783 | — | — | — |
| | | | 30 | 46.5 | 1.387 | — | — | — |
| | | 350 | 10 | 56.2 | 0.492 | — | — | — |
| | | | 20 | 53.5 | 0.878 | — | — | — |
| | | | 30 | 53.5 | 1.537 | — | — | — |
| 文献2)<br>(FBのFA置換率20%) | FB | 309 | 20 | 44.2 | 0.783 | — | — | — |
| 建築学会梗概集<br>(FBのFA置換率15%) | FB | 322 | 10 | 53.9 | 0.470 | — | — | — |
| | | | 20 | 52.2 | 0.748 | — | — | — |
| | | | 30 | 50.5 | 0.926 | — | — | — |

—226— 付　　録

**付表 8.11　参照資料における断熱温度上昇式の係数（その6）**

| 資料名 | セメント種類 | 単位セメント量 (kg/m³) | 打込み温度 (℃) | $Q(t)=$ $K\{1-\exp(-\alpha t)\}$ | | $Q(t)=K\{1-\exp(-\alpha t^{\beta})\}$ | | |
|---|---|---|---|---|---|---|---|---|
| | | | | $K$ | $\alpha$ | $K$ | $\alpha$ | $\beta$ |
| セメント協会 F-59 (FBのFA置換率18%) | N | 280 | 20 | 44.5 | 1.090 | — | — | — |
| | | 340 | 10 | 54.6 | 0.771 | — | — | — |
| | | | 20 | 51.8 | 1.237 | — | — | — |
| | | | 30 | 48.8 | 1.700 | — | — | — |
| | | 400 | 20 | 57.3 | 1.440 | — | — | — |
| | | 450 | 20 | 61.6 | 1.357 | — | — | — |
| | | 500 | 10 | 67.6 | 1.076 | — | — | — |
| | | | 20 | 66.6 | 1.532 | — | — | — |
| | | | 30 | 62.2 | 2.024 | — | — | — |
| | | 550 | 20 | 70.2 | 1.575 | — | — | — |
| | M | 280 | 20 | 39.7 | 0.612 | — | — | — |
| | | 340 | 10 | 49.0 | 0.520 | — | — | — |
| | | | 20 | 45.5 | 0.749 | — | — | — |
| | | | 30 | 45.2 | 1.136 | — | — | — |
| | | 400 | 20 | 51.1 | 0.829 | — | — | — |
| | | 450 | 20 | 54.7 | 0.929 | — | — | — |
| | | 500 | 10 | 60.8 | 0.800 | — | — | — |
| | | | 20 | 58.7 | 0.989 | — | — | — |
| | | | 30 | 56.8 | 1.437 | — | — | — |
| | | 550 | 20 | 62.1 | 1.089 | — | — | — |
| | L | 280 | 20 | — | — | 43.2 | 0.297 | 0.713 |
| | | 340 | 10 | — | — | 52.9 | 0.299 | 0.721 |
| | | | 20 | — | — | 46.6 | 0.350 | 0.840 |
| | | | 30 | — | — | 42.1 | 0.674 | 0.796 |
| | | 400 | 20 | — | — | 49.5 | 0.496 | 0.817 |
| | | 450 | 20 | — | — | 49.9 | 0.567 | 0.916 |
| | | 500 | 10 | — | — | 54.2 | 0.412 | 1.051 |
| | | | 20 | — | — | 53.6 | 0.637 | 0.940 |
| | | | 30 | — | — | 53.9 | 0.802 | 0.905 |
| | | 550 | 20 | — | — | 55.8 | 0.674 | 1.037 |
| | BB | 280 | 20 | 48.5 | 0.660 | — | — | — |
| | | 340 | 10 | 58.1 | 0.533 | — | — | — |
| | | | 20 | 56.3 | 0.768 | — | — | — |
| | | | 30 | 53.2 | 1.178 | — | — | — |
| | | 400 | 20 | 62.4 | 0.881 | — | — | — |
| | FB | 280 | 10 | 41.5 | 0.457 | — | — | — |
| | | | 20 | 39.4 | 0.792 | — | — | — |
| | | | 30 | 38.2 | 1.217 | — | — | — |
| | | 340 | 10 | 49.3 | 0.506 | — | — | — |
| | | | 20 | 47.3 | 0.853 | — | — | — |
| | | | 30 | 45.1 | 1.329 | — | — | — |
| | | 400 | 10 | 56.0 | 0.608 | — | — | — |
| | | | 20 | 53.3 | 1.047 | — | — | — |
| | | | 30 | 50.2 | 1.768 | — | — | — |

付表8.12 打込み温度20℃でのK, αおよびβに対する10℃, 30℃での比率 (その1)

| セメント | 出典元 | 単位セメント量 (kg/m³) | K=aC+b 10℃ K | 10℃ 比率*1 | 20℃ K | 30℃ K | 30℃ 比率*1 | α=gC+h 10℃ α | 10℃ 比率*1 | 20℃ α | 30℃ α | 30℃ 比率*1 | β=mC+n 10℃ β | 10℃ 比率*1 | 20℃ β | 30℃ β | 30℃ 比率*1 |
|---|---|---|---|---|---|---|---|---|---|---|---|---|---|---|---|---|---|
| N | A社技術資料 | 300 | 49.3 | 1.034 | 47.7 | 46.2 | 0.969 | 0.709 | 0.575 | 1.232 | 1.574 | 1.278 | — | — | — | — | — |
| | | 550 | 70.7 | 1.054 | 67.1 | 65.5 | 0.976 | 0.900 | 0.664 | 1.355 | 1.779 | 1.313 | — | — | — | — | — |
| | C社技術資料 | 250 | 40.7 | 1.028 | 39.6 | 38.6 | 0.975 | 0.432 | 0.533 | 0.810 | 1.409 | 1.740 | — | — | — | — | — |
| | | 300 | 48.8 | 1.023 | 47.7 | 46.5 | 0.975 | 0.507 | 0.543 | 0.933 | 1.585 | 1.699 | — | — | — | — | — |
| | | 400 | 62.3 | 1.015 | 61.4 | 60.2 | 0.980 | 0.637 | 0.569 | 1.119 | 1.824 | 1.630 | — | — | — | — | — |
| | | 500 | 68.3 | 1.009 | 67.7 | 66.5 | 0.982 | 0.782 | 0.587 | 1.333 | 2.107 | 1.581 | — | — | — | — | — |
| | セメント協会 F-59 | 340 | 54.6 | 1.054 | 51.8 | 48.8 | 0.942 | 0.771 | 0.623 | 1.237 | 1.700 | 1.374 | — | — | — | — | — |
| | | 500 | 67.6 | 1.015 | 66.6 | 62.2 | 0.934 | 1.076 | 0.702 | 1.532 | 2.024 | 1.321 | — | — | — | — | — |
| | 20℃に対する比率 | 平均 | — | 1.029 | 1.000 | — | 0.967 | — | 0.600 | 1.000 | — | 1.492 | — | — | — | — | — |

[注] ＊1 20℃に対する比率

**付表 8.13** 打込み温度20℃でのK, αおよびβに対する10℃, 30℃での比率（その2）

| セメント | 出典元 | 単位セメント量 (kg/m³) | K=aC+b 10℃ K | 比率*1 | K=aC+b 20℃ K | K=aC+b 30℃ K | 比率*1 | α=gC+h 10℃ α | 比率*1 | α=gC+h 20℃ α | α=gC+h 30℃ α | 比率*1 | β=mC+n 10℃ β | 比率*1 | β=mC+n 20℃ β | β=mC+n 30℃ β | 比率*1 |
|---|---|---|---|---|---|---|---|---|---|---|---|---|---|---|---|---|---|
| M | A社技術資料 | 300 | 41.9 | 1.022 | 41.0 | 39.3 | 0.959 | 0.399 | 0.602 | 0.663 | 1.056 | 1.593 | — | — | — | — | — |
| | | 550 | 59.6 | 1.003 | 59.4 | 58.6 | 0.987 | 0.864 | 0.737 | 1.173 | 1.782 | 1.519 | — | — | — | — | — |
| | B社技術資料 | 250 | 44.4 | 1.054 | 42.2 | 40.8 | 0.969 | 0.298 | 0.699 | 0.426 | 0.609 | 1.431 | — | — | — | — | — |
| | | 300 | 48.0 | 1.054 | 45.6 | 44.1 | 0.969 | 0.386 | 0.699 | 0.551 | 0.789 | 1.431 | — | — | — | — | — |
| | | 400 | 55.2 | 1.054 | 52.4 | 50.7 | 0.969 | 0.561 | 0.699 | 0.802 | 1.148 | 1.431 | — | — | — | — | — |
| | | 520 | 63.8 | 1.054 | 60.6 | 58.7 | 0.969 | 0.772 | 0.699 | 1.103 | 1.579 | 1.431 | — | — | — | — | — |
| | C社技術資料 | 250 | 34.9 | 0.994 | 35.1 | 35.4 | 1.009 | 0.344 | 0.582 | 0.591 | 0.914 | 1.547 | — | — | — | — | — |
| | | 300 | 42.1 | 0.998 | 42.2 | 42.3 | 1.002 | 0.374 | 0.585 | 0.639 | 1.005 | 1.573 | — | — | — | — | — |
| | | 400 | 53.6 | 1.006 | 53.3 | 53.0 | 0.994 | 0.462 | 0.583 | 0.792 | 1.271 | 1.605 | — | — | — | — | — |
| | | 500 | 59.2 | 1.003 | 59.0 | 58.6 | 0.993 | 0.585 | 0.584 | 1.002 | 1.612 | 1.609 | — | — | — | — | — |
| | | 550 | 63.1 | 1.005 | 62.8 | 62.3 | 0.992 | 0.679 | 0.585 | 1.160 | 1.862 | 1.605 | — | — | — | — | — |
| | D社技術資料 | 300 | 46.1 | 1.040 | 44.3 | 43.4 | 0.980 | 0.338 | 0.560 | 0.603 | 0.868 | 1.440 | — | — | — | — | — |
| | | 350 | 51.1 | 1.040 | 49.1 | 48.1 | 0.980 | 0.391 | 0.560 | 0.698 | 1.005 | 1.440 | — | — | — | — | — |
| | | 400 | 56.1 | 1.040 | 53.9 | 52.8 | 0.980 | 0.444 | 0.560 | 0.793 | 1.142 | 1.440 | — | — | — | — | — |
| | セメント協会 | 340 | 49.0 | 1.077 | 45.5 | 45.2 | 0.993 | 0.520 | 0.694 | 0.749 | 1.136 | 1.517 | — | — | — | — | — |
| | F-59 | 500 | 60.8 | 1.036 | 58.7 | 56.8 | 0.968 | 0.800 | 0.809 | 0.989 | 1.437 | 1.453 | — | — | — | — | — |
| | 平均 20℃に対する比率 | — | — | 1.030 | 1.000 | — | 0.982 | — | 0.64 | 1.000 | — | 1.504 | — | — | — | — | — |

[注] *1 20℃に対する比率

**付表 8.14** 打込み温度20℃での K, α および β に対する10℃, 30℃での比率 (その3)

| セメント | 出典元 | 単位セメント量 (kg/m³) | K=aC+b 10℃ K | 比率[1] | K=aC+b 20℃ K | K=aC+b 30℃ K | 比率[1] | α=gC+h 10℃ α | 比率[1] | α=gC+h 20℃ α | α=gC+h 30℃ α | 比率[1] | β=mC+n 10℃ β | 比率[1] | β=mC+n 20℃ β | β=mC+n 30℃ β | 比率[1] |
|---|---|---|---|---|---|---|---|---|---|---|---|---|---|---|---|---|---|
| L | A社技術資料 | 300 | 43.9 | 1.120 | 39.2 | 37.3 | 0.952 | 0.272 | 0.636 | 0.428 | 0.603 | 1.409 | 0.716 | 0.956 | 0.749 | 0.766 | 1.023 |
| | | 550 | 57.9 | 1.051 | 55.1 | 54.1 | 0.982 | 0.481 | 0.671 | 0.717 | 0.912 | 1.272 | 1.056 | 1.039 | 1.016 | 1.000 | 0.984 |
| | B社技術資料 | 250 | 47.0 | 1.066 | 44.1 | 42.3 | 0.958 | 0.247 | 0.753 | 0.328 | 0.435 | 1.329 | 0.523 | 1.022 | 0.511 | 0.504 | 0.985 |
| | | 300 | 49.0 | 1.066 | 46.0 | 44.1 | 0.958 | 0.277 | 0.753 | 0.368 | 0.490 | 1.329 | 0.615 | 1.022 | 0.601 | 0.592 | 0.985 |
| | | 400 | 53.1 | 1.066 | 49.8 | 47.7 | 0.958 | 0.339 | 0.753 | 0.450 | 0.598 | 1.329 | 0.799 | 1.022 | 0.781 | 0.770 | 0.985 |
| | | 520 | 57.9 | 1.066 | 54.4 | 52.1 | 0.958 | 0.413 | 0.753 | 0.548 | 0.728 | 1.329 | 1.019 | 1.022 | 0.997 | 0.983 | 0.985 |
| | C社技術資料 | 250 | 27.6 | 0.914 | 30.2 | 32.8 | 1.086 | 0.325 | 0.621 | 0.523 | 0.664 | 1.270 | 0.946 | 1.263 | 0.749 | 0.610 | 0.814 |
| | | 300 | 33.7 | 0.911 | 37.0 | 38.8 | 1.049 | 0.332 | 0.626 | 0.530 | 0.701 | 1.323 | 0.957 | 1.285 | 0.745 | 0.643 | 0.863 |
| | | 400 | 44.5 | 0.965 | 46.1 | 46.6 | 1.011 | 0.357 | 0.584 | 0.611 | 0.870 | 1.424 | 0.991 | 1.183 | 0.838 | 0.753 | 0.899 |
| | | 500 | 49.9 | 0.982 | 50.8 | 51.0 | 1.004 | 0.409 | 0.540 | 0.758 | 1.125 | 1.484 | 1.126 | 1.164 | 0.967 | 0.881 | 0.911 |
| | | 550 | 53.6 | 0.987 | 54.3 | 54.4 | 1.002 | 0.458 | 0.519 | 0.883 | 1.348 | 1.527 | 1.224 | 1.145 | 1.069 | 0.997 | 0.933 |
| | セメント協会 F-59 | 340 | 52.9 | 1.135 | 46.6 | 42.1 | 0.903 | 0.299 | 0.853 | 0.350 | 0.674 | 1.926 | 0.721 | 0.858 | 0.840 | 0.796 | 0.947 |
| | | 500 | 54.2 | 1.010 | 53.6 | 53.9 | 1.005 | 0.412 | 0.647 | 0.637 | 0.802 | 1.258 | 1.051 | 1.118 | 0.940 | 0.905 | 0.963 |
| | 平均 20℃に対する比率 | | — | 1.026 | 1.000 | — | 0.987 | — | 0.670 | 1.000 | — | 1.401 | — | 1.084 | 1.000 | — | 0.944 |
| H | A社技術資料 | 300 | 53.1 | 1.039 | 51.1 | 49.0 | 0.959 | 0.859 | 0.605 | 1.419 | 2.142 | 1.510 | — | — | — | — | — |
| | C社技術資料 | 250 | 46.8 | 1.022 | 45.8 | 44.3 | 0.967 | 0.721 | 0.563 | 1.281 | 2.173 | 1.696 | — | — | — | — | — |
| | | 300 | 55.2 | 1.020 | 54.1 | 52.4 | 0.969 | 0.814 | 0.578 | 1.409 | 2.363 | 1.677 | — | — | — | — | — |
| | | 400 | 68.0 | 1.018 | 66.8 | 65.6 | 0.982 | 0.956 | 0.592 | 1.614 | 2.655 | 1.645 | — | — | — | — | — |
| | 土木学会示方書 | 250 | 47.5 | 1.067 | 44.5 | 42.5 | 0.955 | 0.878 | 0.689 | 1.275 | 2.070 | 1.624 | — | — | — | — | — |
| | | 300 | 54.0 | 1.059 | 51.0 | 49.0 | 0.961 | 0.958 | 0.684 | 1.400 | 2.140 | 1.529 | — | — | — | — | — |
| | | 350 | 60.5 | 1.052 | 57.5 | 55.5 | 0.965 | 1.038 | 0.681 | 1.525 | 2.210 | 1.449 | — | — | — | — | — |
| | 平均 20℃に対する比率 | | — | 1.040 | 1.000 | — | 0.965 | — | 0.627 | 1.000 | — | 1.590 | — | — | — | — | — |

[注] ＊1 20℃に対する比率

**付表 8.15** 打込み温度20℃での $K$, $\alpha$ および $\beta$ に対する10℃, 20℃, 30℃での比率（その4）

| セメント | 出典元 | 単位セメント量 (kg/m³) | $K=aC+b$ 10℃ $K$ | 10℃ 比率*1 | 20℃ $K$ | 30℃ $K$ | 30℃ 比率*1 | $\alpha=gC+h$ 10℃ $\alpha$ | 10℃ 比率*1 | 20℃ $\alpha$ | 30℃ $\alpha$ | 30℃ 比率*1 | $\beta=mC+n$ 10℃ $\beta$ | 10℃ 比率*1 | 20℃ $\beta$ | 30℃ $\beta$ | 30℃ 比率*1 |
|---|---|---|---|---|---|---|---|---|---|---|---|---|---|---|---|---|---|
| BB | A社技術資料 | 300 | 51.6 | 1.024 | 50.4 | 47.0 | 0.933 | 0.490 | 0.585 | 0.837 | 1.269 | 1.516 | — | — | — | — | — |
| | A社技術資料 | 550 | 75.2 | 1.077 | 69.8 | 69.2 | 0.991 | 0.603 | 0.555 | 1.086 | 1.367 | 1.259 | — | — | — | — | — |
| | C社技術資料 | 250 | 44.6 | 1.032 | 43.2 | 42.5 | 0.984 | 0.351 | 0.523 | 0.671 | 1.123 | 1.674 | — | — | — | — | — |
| | C社技術資料 | 300 | 52.1 | 1.026 | 50.8 | 50.0 | 0.984 | 0.412 | 0.536 | 0.769 | 1.275 | 1.658 | — | — | — | — | — |
| | C社技術資料 | 400 | 62.1 | 1.003 | 61.9 | 61.5 | 0.994 | 0.546 | 0.571 | 0.957 | 1.540 | 1.609 | — | — | — | — | — |
| | C社技術資料 | 500 | 64.9 | 1.003 | 64.7 | 64.2 | 0.992 | 0.733 | 0.575 | 1.275 | 2.055 | 1.612 | — | — | — | — | — |
| | セメント協会 F-59 | 340 | 58.1 | 1.032 | 56.3 | 53.2 | 0.945 | 0.533 | 0.694 | 0.768 | 1.178 | 1.534 | — | — | — | — | — |
| | 平均 20℃に対する比率 | | — | 1.028 | 1.000 | — | 0.975 | — | 0.577 | 1.000 | — | 1.552 | — | 0.577 | — | — | — |
| FB | 土木学会示方書 | 250 | 41.2 | 1.043 | 39.5 | 39.5 | 1.000 | 0.382 | 0.555 | 0.688 | 1.237 | 1.798 | — | — | — | — | — |
| | 土木学会示方書 | 300 | 48.7 | 1.047 | 46.5 | 46.5 | 1.000 | 0.437 | 0.558 | 0.783 | 1.387 | 1.771 | — | — | — | — | — |
| | 土木学会示方書 | 350 | 56.1 | 1.049 | 53.5 | 53.5 | 1.000 | 0.492 | 0.560 | 0.878 | 1.537 | 1.751 | — | — | — | — | — |
| | 建築学会硬概集 | 322 | 53.9 | 1.033 | 52.2 | 50.5 | 0.967 | 0.470 | 0.628 | 0.748 | 0.926 | 1.238 | — | — | — | — | — |
| | セメント協会 F-59 | 280 | 41.5 | 1.053 | 39.4 | 38.2 | 0.970 | 0.457 | 0.577 | 0.792 | 1.217 | 1.537 | — | — | — | — | — |
| | セメント協会 F-59 | 340 | 49.3 | 1.042 | 47.3 | 45.1 | 0.953 | 0.506 | 0.593 | 0.853 | 1.329 | 1.558 | — | — | — | — | — |
| | セメント協会 F-59 | 400 | 56.0 | 1.051 | 53.3 | 50.2 | 0.942 | 0.608 | 0.581 | 1.047 | 1.768 | 1.689 | — | — | — | — | — |
| | 平均 20℃に対する比率 | | — | 1.045 | 1.000 | — | 0.976 | — | 0.579 | 1.000 | — | 1.620 | — | — | — | — | — |

［注］ ＊1 20℃に対する比率

## 8.4 提案した係数の比較

### 8.4.1 打込み温度による補正係数

　前記のとおり，提案式では打込み温度が変化した場合の $K$，$\alpha$ および $\beta$ の補正係数は，単位セメント量によらず一律の値を設定している．付図 8.1～8.5 に単位セメント量と各資料の 20℃に対する 10℃，30℃の $K$，$\alpha$ および $\beta$ の比率の平均値の関係を示す．本検討の範囲では，打込み温度およびセメント種類によって，単位セメント量と $K$，$\alpha$ および $\beta$ の補正係数の関係が異なり，特に低熱ポルトランドセメントはばらつきが大きくなる．ただし，単位セメント量と $K$，$\alpha$ および $\beta$ に明確な傾向は認められないことから，単位セメント量の影響を無視し，各単位セメント量での結果の平均値により表すこととした．

### 8.4.2 コンクリートの断熱温度上昇式の係数 $K$，$\alpha$ および $\beta$ の比較

　打込み温度 10℃，20℃および 30℃における提案式と各資料の断熱温度上昇式の係数 $K$，$\alpha$ および $\beta$ との比較を付図 8.6～8.12 に示す．図には，日本コンクリート工学会「マスコンクリートのひび割れ制御指針 2016」（以下，JCI マスコン指針 2016 という）および本指針 2008 年版（以下，マスコン指針 2008 という）の係数も併せて示す．なお，打込み温度 10℃および 30℃の係数 $K$，$\alpha$ および $\beta$ は，打込み温度 20℃の値に，付表 8.3 に示した補正係数を乗じて算出している．

　当然のことながら断熱温度上昇式の提案式の係数 $K$，$\alpha$ および $\beta$ は，各資料に示された数値の平均的位置付けとなっている．打込み温度 20℃における単位セメント量と係数 $K$ の関係を見ると，単位セメント量が 400 kg/m³ を超えると係数 $K$ の傾きは鈍化する傾向となり，これは，JCI マスコン指針 2016 と同様の傾向である．このため係数 $K$ は，マスコン指針 2008 と比べると，総じて単位セメント量が少ない範囲では同等となるが，単位セメント量が 450 kg/m³ では提案式のほうが小さくなる．係数 $\alpha$ はマスコン指針 2008 と比べると，打込み温度 30℃で差が大きくなるが，10℃および 20℃ではいずれのセメントも大差ない．JCI マスコン指針 2016 と比べると，いずれの打込み温度でも提案式のほうが小さくなるが，本提案式は，JCI マスコン指針 2016 の断熱温度上昇式と異なり，発熱材齢（$t_0$）の影響を考慮していないことが影響しているものと考えられる．係数 $\beta$ は，JCI マスコン指針 2016 と比べると，提案式のほうが若干大きくなるが，これも係数 $\alpha$ と同様に断熱温度上昇式の形式の違いの影響によるものと考えらえる．なお，係数 $\beta$ は単位セメント量とおおむね比例関係にあることから，$K$ および $\alpha$ と異なり，1 つの近似式で評価している．

### 8.4.3 断熱温度上昇曲線の比較

　今回採用した既往資料では，早強ポルトランドセメントおよびフライアッシュセメント B 種以外のセメントは，単位セメント量が 550 kg/m³ までのデータを採用している．また係数 $K$ および $\alpha$ は，単位セメント量 250 kg/m³ 以上 400 kg/m³ 以下の範囲と単位セメント量 400 kg/m³ を超えて 550 kg/m³ 以下までの範囲で近似式を区分した．そこで，本提案式と JCI マスコン指針 2016 およびマスコン指針 2008 の各単位セメント量における断熱温度上昇曲線を比較した．単位セメント量 300，400，500 kg/m³，打込み温度 20℃における断熱温度上昇曲線の比較を付図 8.13～8.15 に示

す.

　提案式における断熱温度上昇曲線は，マスコン指針 2008 と比べると，N は若干小さくなるものの，その他のセメントではほぼ同等となる．JCI マスコン指針 2016 と比べると，いずれも同等以下となる．

付8. 断熱温度上昇式の係数の設定根拠　—233—

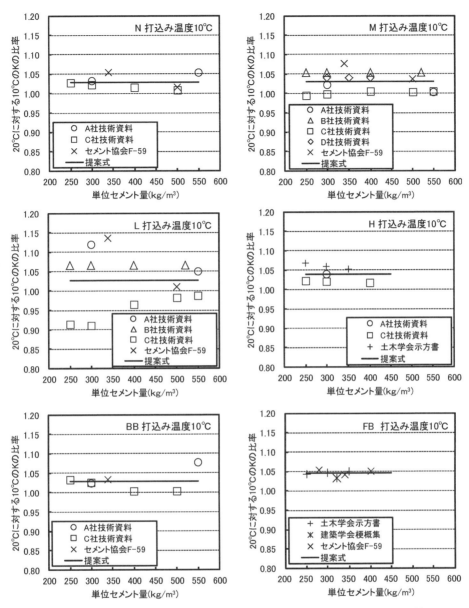

**付図8.1** 単位セメント量と打込み温度20℃に対する10℃の $K$ の比率との関係

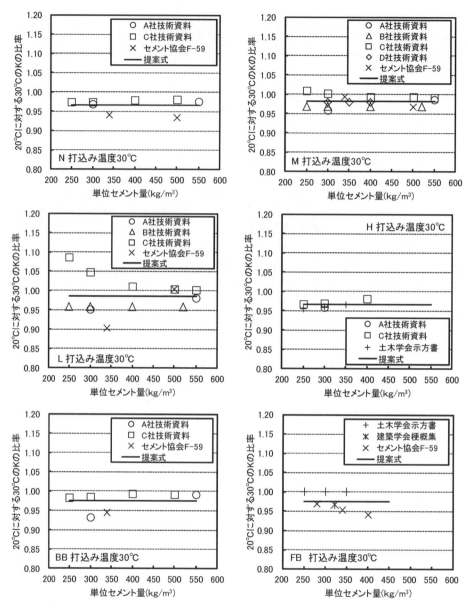

付図8.2 単位セメント量と打込み温度20℃に対する30℃の$K$の比率との関係

付8．断熱温度上昇式の係数の設定根拠 —235—

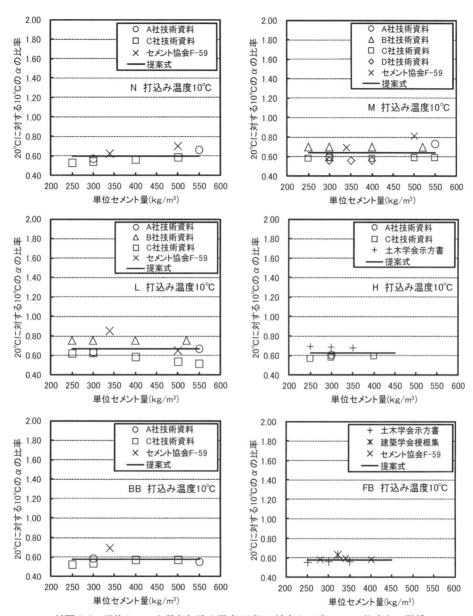

付図8.3 単位セメント量と打込み温度20℃に対する10℃のαの比率との関係

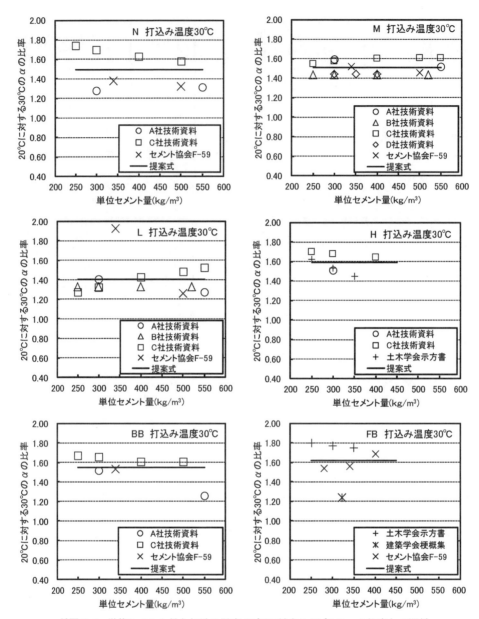

付図 8.4　単位セメント量と打込み温度 20℃に対する 30℃の α の比率との関係

付8. 断熱温度上昇式の係数の設定根拠 ―237―

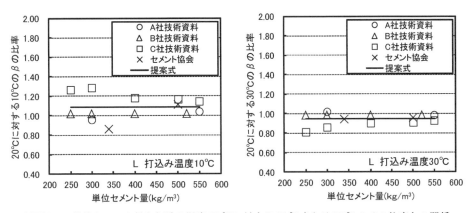

**付図 8.5** 単位セメント量と打込み温度 20℃に対する 10℃または 30℃の $\beta$ の比率との関係

付録

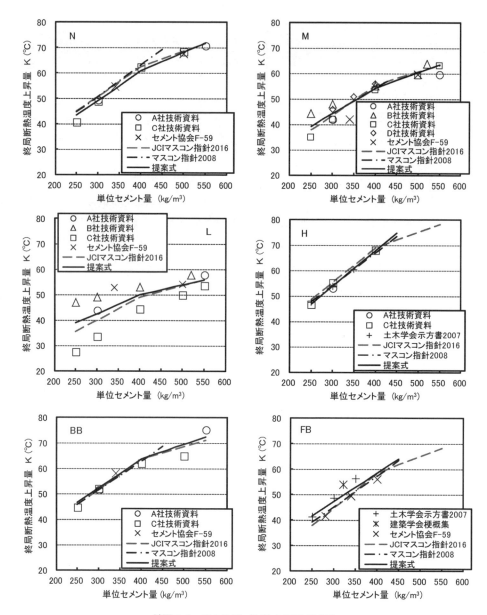

付図 8.6 $K$ の比較(打込み温度 10 ℃)

付8. 断熱温度上昇式の係数の設定根拠 —239—

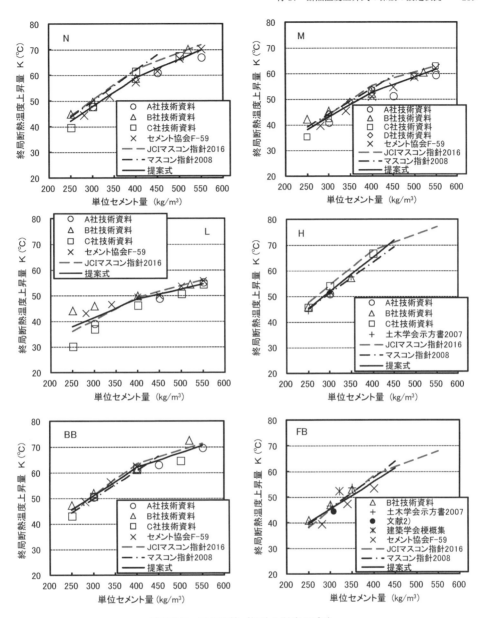

付図8.7 $K$ の比較（打込み温度20℃）

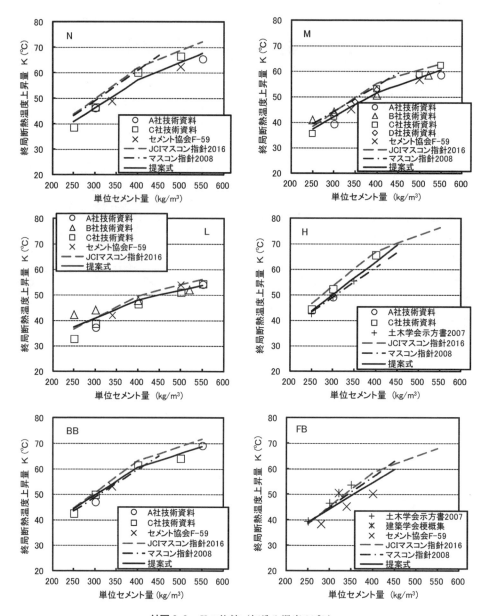

付図 8.8 $K$ の比較（打込み温度 30 ℃）

付8. 断熱温度上昇式の係数の設定根拠 —241—

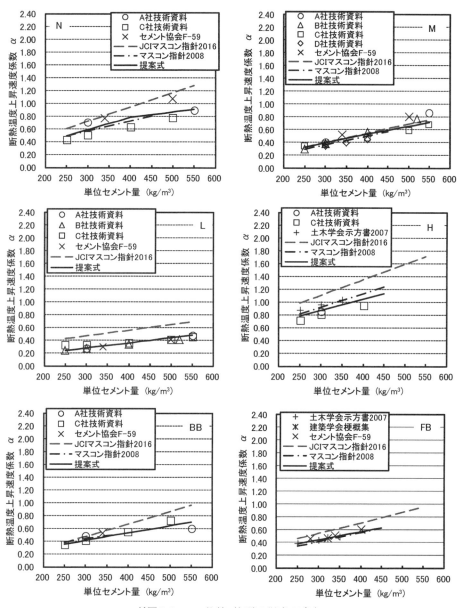

付図8.9 αの比較（打込み温度10℃）

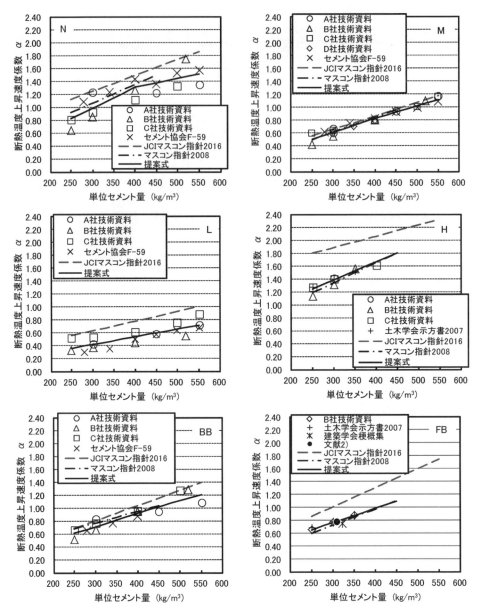

付図 8.10 α の比較（打込み温度 20 ℃）

付8. 断熱温度上昇式の係数の設定根拠 —243—

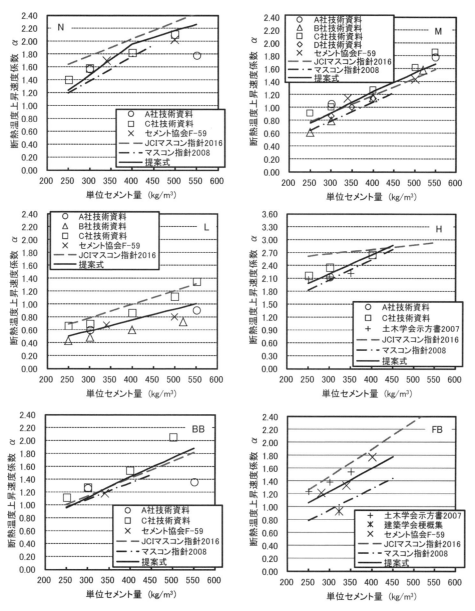

付図8.11 αの比較（打込み温度30℃）

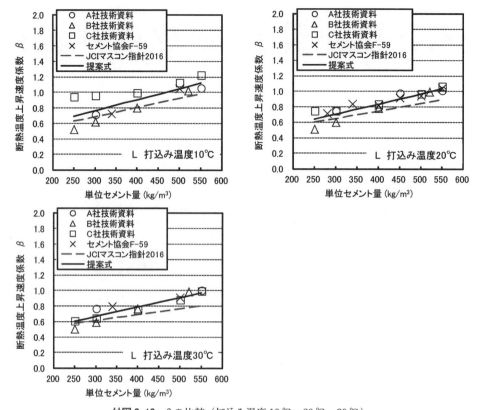

付図8.12 βの比較（打込み温度10℃，20℃，30℃）

付 8. 断熱温度上昇式の係数の設定根拠 —245—

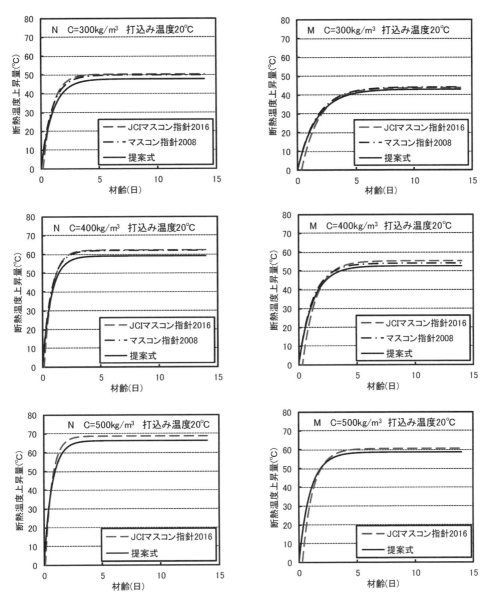

付図 8.13 断熱温度上昇曲線の比較
(N, 打込み温度 20 ℃)

付図 8.14 断熱温度上昇曲線の比較
(M, 打込み温度 20 ℃)

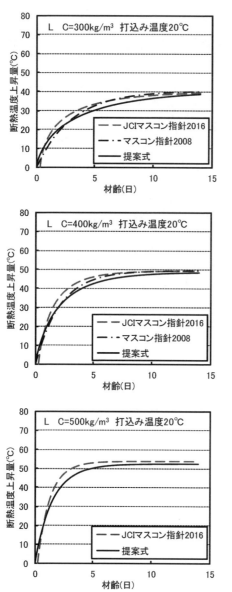
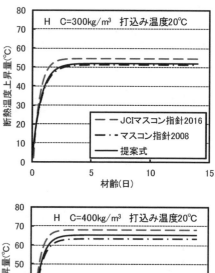
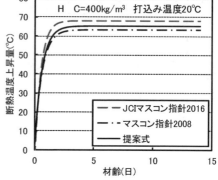

付図 8.15 断熱温度上昇曲線の比較
（L，打込み温度 20℃）

付図 8.16 断熱温度上昇曲線の比較
（H，打込み温度 20℃）

付 8. 断熱温度上昇式の係数の設定根拠 —247—

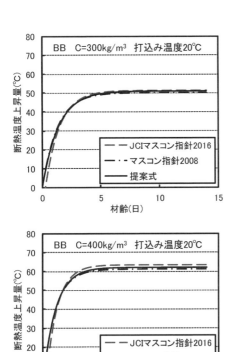
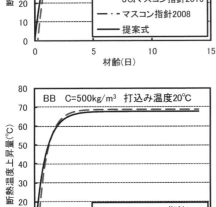
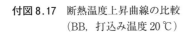
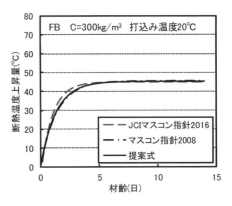
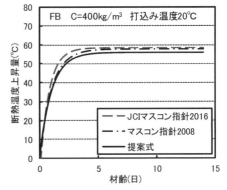

**付図 8.17** 断熱温度上昇曲線の比較
（BB，打込み温度 20℃）

**付図 8.18** 断熱温度上昇曲線の比較
（FB，打込み温度 20℃）

## 参考文献

1) 土木学会：2007年制定　コンクリート標準示方書〔設計編〕，p. 343，2007
2) Y. ishikawa, E. Ndiaye, S. Miyazawa ： Basic Properties of Fly Ash Concrete for Control of Cracking of Mass Concrete, Journal of Asian Institute of Low Carbon Design 2019, pp. 253-258, 2019
3) 曾根徳明，武道典雅，花田淳也，浜島雅尚，大池武，川口徹：フライアッシュを大量に用いたコンクリートの諸物性に関する研究（その2　フライアッシュ置換率と断熱温度上昇特性），日本建築学会大会学術講演梗概集，pp. 477-478，2005.7
4) セメント協会：コンクリート専門委員会報告F-59　各種セメントを用いたコンクリートの断熱温度上昇に関する研究，pp. 8-12，2018
5) セメント協会：コンクリート専門委員会報告F-59（追補）　各種セメントを用いたコンクリートの断熱温度上昇に関する研究（フライアッシュセメントを用いたコンクリートの実験結果），p. 4，2018

## 付 9. 断熱温度上昇特性の関係式の違いが温度応力解析結果に及ぼす影響について

### 9.1 断熱温度上昇特性の関係式

　マスコンクリート構造物の温度応力解析を行う際には，使用される材料・調合のコンクリートによる断熱温度上昇試験を実施し，そのデータから導かれる断熱温度上昇特性関係式の定数を導入する場合が多い．また，これまでの研究で，断熱温度上昇は使用されるセメントの種類や単位セメント量，練上がり時のコンクリート温度などに大きく影響されることが明らかとなっている．このため，実際に都度断熱温度上昇試験を実施せずに，セメント種類や単位セメント量などと断熱温度上昇定数の関係式から推定する場合もある．

　断熱温度上昇試験や断熱温度上昇特性の関係式は，約30年前に提案された塚山の学位論文[1]が基本となって今日に至っている．その中で機器の断熱方法，試験方法，制御方法などの違いにより測定値に多少の差が生じることも示されている．このため，試験方法自体は標準化までに至っていないものの，基本的な部分をおおむね統一した試験方法が提案されている[2]．その方法で試験した場合の断熱温度上昇特性の関係式として，以下の式が示されている[3]．そこで，これら関係式の違いが温度解析結果に及ぼす影響について，若干の検討を行った．

$$Q(t) = Q_\infty(1 - e^{\gamma_1 t}) \qquad\qquad (付 9.1)$$

$$Q(t) = Q_\infty(1 - e^{\gamma_2 t^\delta}) \qquad\qquad (付 9.2)$$

$$Q(t) = Q_\infty(1 - e^{\gamma_3 (t - t_{01})^\delta}) \qquad\qquad (付 9.3)$$

### 9.2 セメント種類・単位セメント量および断熱温度上昇特性

　各種セメントを使用した同じ単位セメント量の調合としたコンクリートで断熱温度上昇試験を行った．断熱温度上昇試験は空冷式断熱温度上昇試験機を使用し，材齢28日まで15分間隔でデータを測定した．断熱温度上昇特性の関係式は，測定した全データを最小二乗法により近似し，定数を求めた．以下に使用したセメント種類，W/C，単位セメント量と，付表9.1に各断熱温度上昇特性の関係式における定数を示す．

　また，付図9.1～9.3に各関係式の違いによる断熱温度上昇曲線を示す．

・セメント：高炉セメントB種（BB），中庸熱ポルトランドセメント（M），低熱ポルトランドセメント（L）

・W/C＝50 ％

・単位セメント量：360 kg/m³

・コンクリート温度：20 ℃

## 付表9.1 各種セメントの断熱温度上昇特性の関係式

| セメント種類 | 関係式 | $Q$ | $\gamma$ | $\delta$ | $t_{01}$ |
|---|---|---|---|---|---|
| BB | $Q(t) = Q_\infty(1 - e^{\gamma_1 t})$ | 59.19 | 0.7763 | | |
| | $Q(t) = Q_\infty(1 - e^{\gamma_2 t^\delta})$ | 59.58 | 0.7944 | 0.8817 | |
| | $Q(t) = Q_\infty(1 - e^{\gamma_3(t-t_{01})^\delta})$ | 60.54 | 1.093 | 0.5500 | 0.3292 |
| M | $Q(t) = Q_\infty(1 - e^{\gamma_1 t})$ | 47.92 | 0.6658 | | |
| | $Q(t) = Q_\infty(1 - e^{\gamma_2 t^\delta})$ | 49.09 | 0.7243 | 0.7581 | |
| | $Q(t) = Q_\infty(1 - e^{\gamma_3(t-t_{01})^\delta})$ | 49.78 | 0.9395 | 0.5456 | 0.2847 |
| L | $Q(t) = Q_\infty(1 - e^{\gamma_1 t})$ | 44.92 | 0.3591 | | |
| | $Q(t) = Q_\infty(1 - e^{\gamma_2 t^\delta})$ | 49.06 | 0.4362 | 0.6741 | |
| | $Q(t) = Q_\infty(1 - e^{\gamma_3(t-t_{01})^\delta})$ | 52.94 | 0.4852 | 0.5233 | 0.2435 |

　断熱温度上昇特性の関係式の違いにより，実測値との整合性に若干違いがある．$Q\gamma$式（付9.1式）は，断熱温度上昇定数の終局値（以下，終局値という）と速度定数のみで表されるため，材齢7日前での温度上昇の立上がりから，上昇期を経て，安定した温度になる際の変局点で，実測値よりやや高くなる（ふくらむ）傾向にある．それは，温度上昇が緩やかな低熱系のセメント（M，L）の方が顕著となる．さらに，低熱系のセメントの場合には，終局値が実測値に比べてやや低くなる．

　また，実測値と大きく乖離するのは，材齢2日までの極初期材齢での温度上昇期である．関係式を $Q\gamma\delta$式（付9.2式）とすることで，立上がり期から安定期への変曲点と材齢2日前後での整合性は付9.1式に比べていく分かは改善されるものの，0.5日以前ではかなり大きく乖離し，いずれのセメント種類においても実測値より5℃以上も高めに推定する．実測値の極初期材齢での温度上昇時期の若干の遅れを考慮した関係式が $Q\gamma\delta t$式（付9.3式）である．$t$は極初期材齢での遅れの時間を示している．この関係式では$t$を任意の遅れ時間に設定することで，極初期での整合性はある程度確保できるが，極初期の時間$t$までは温度上昇が生じないとする水和の遅れを考慮した関係式であるため，実測値より低く推定する．

付 9. 断熱温度上昇特性の関係式の違いが温度応力解析結果に及ぼす影響について —251—

＜高炉セメントB種：BB＞

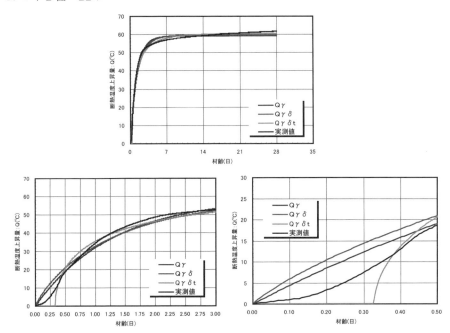

付図 9.1　断熱温度上昇曲線（高炉セメントB種：BB）

＜中庸熱ポルトランドセメント：M＞

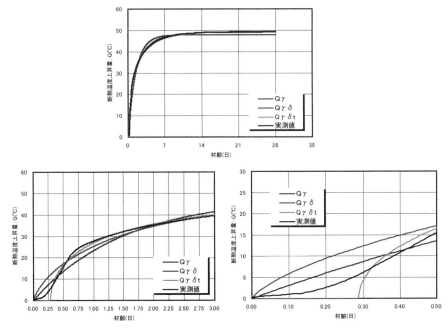

付図 9.2　断熱温度上昇曲線（中庸熱ポルトランドセメント：M）

―252― 付　　録

<低熱ポルトランドセメント：L>

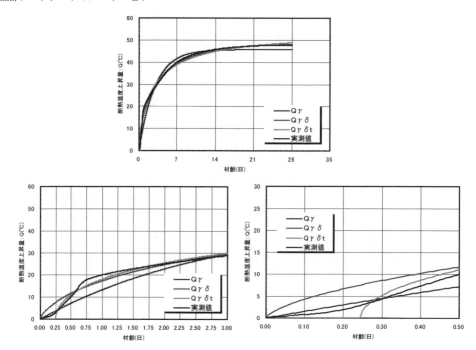

**付図9.3**　断熱温度上昇曲線（低熱ポルトランドセメント：L）

## 9.3 断熱温度上昇特性の関係式の違いが温度応力解析に及ぼす影響例
### 9.3.1 解析モデル

断熱温度上昇特性の関係式の違いが温度応力解析に及ぼす影響について，付図9.4に示すスラブ-梁モデルを例に比較検討した．解析モデルは，幅6m×長さ20m×高さ1mのスラブ上に，幅1m×長さ20m×高さ3mの梁を打設したものとした．解析条件を9.3.2項に示す．なお，比較した要素点は，スラブ高さ方向中央，梁高さ方向中央の2点とした．

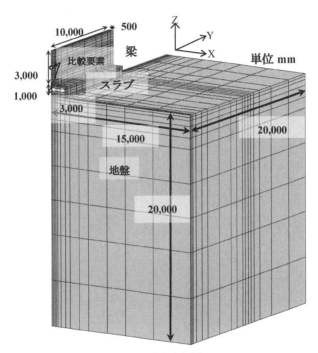

付図9.4 温度応力解析モデル

### 9.3.2 解析方法および解析条件

解析方法は温度，応力解析ともに三次元FEM解析で行った．主な解析条件は，付表9.2，9.3に示すとおりである．なお，ここでは断熱温度上昇式の形式が解析結果に及ぼす影響について検討するため，付表9.2に示すように，自己収縮ひずみは考慮せず，また，BBの線膨張係数，クリープ係数も他のセメントと同一条件とした．

付表 9.2  解析条件および材料特性（共通項目）

| 区 分 | 項 目 | 地盤 | スラブ | 梁 |
|---|---|---|---|---|
| 温度 | 熱伝導率：(W/m℃) | 3.49 | 2.67 | |
| | 単位体積質量：(kg/m³) | 2650 | 2317 | |
| | 比熱：(J/(g℃)) | 0.795 | 1.17 | |
| | 線膨張係数：(/℃) | $1.05 \times 10^{-5}$ | $1.05 \times 10^{-5}$ | |
| | 熱伝達率：(W/m²℃) | ― | 合板型枠存置期間 3 日：8.0<br>脱型後 12.0 | |
| | 初期温度：(℃) | 20 | 20 | |
| | 打設 | ― | 2007/4/20 | 2007/5/18<br>（打設間隔 28 日） |
| | 解析期間 | | 2007/4/20～10/19 | 2007/5/18～10/19 |
| | 固定温度：(℃) | 15 | ― | |
| | 外気温度：(℃) | ― | 20 | |
| 応力 | 引張強度：$F_t$ (N/mm²) | ― | $F_t = 0.35 F_c^{(0.5)}$ | |
| | ヤング係数：$E_c$ (N/mm²) | 600 | $E_c = 4700 F_c^{(0.5)}$ | |
| | クリープ | ― | 有効弾性係数法 | |
| | 圧縮強度(N/mm²) | 1 | $f_{c(t)} = \{t/(a + b_t)\} f_c(9l)$ | |
| | ポアソン比 | 0.18 | 0.2 | |

付表 9.3  圧縮強度

| 項 目 | | BB | M | L |
|---|---|---|---|---|
| W/C(%) | | 50.0 | | |
| 単位セメント量(kg/m³) | | 360 | | |
| 圧縮強度<br>(N/mm²) | 30 D°・D(1d) | 5.36 | 7.2 | ― |
| | 90 D°・D(3d) | 15.0 | 12.5 | 6.40 |
| | 210 D°・D(7d) | 25.2 | 16.8 | 10.0 |
| | 840 D°・D(28d) | 41.4 | 38.4 | 30.0 |
| | 1680 D°・D(56d) | 49.3 | 48.6 | 46.9 |
| | 2730 D°・D(91d) | 56.6 | 55.3 | 56.4 |
| 定数 | a | 9.45 | 17.38 | 35.19 |
| | b | 0.8962 | 0.809 | 0.6133 |

### 9.3.3 解析結果
#### 9.3.3.1 温度解析

温度解析結果を付図9.5～9.8に示す．いずれの場合も，断熱温度上昇試験での実測値を解析に用いた場合に，最高温度が最も高くなる．また，逆に（付9.2）式を用いた場合に，最高温度は実測値および他の関係式に比べて最も低くなる．実測値を含めて，各種関係式による差は，本解析モデルと解析条件で，BBでは3～3.5℃，Mでは1～1.5℃，Lでは1℃以内で，使用するセメントが低熱系になるほどその差は小さくなる．また，低熱ポルトランドセメントLでは，関係式の違いにより，最高温度に到達する材齢が若干異なり，実測値で解析した場合が最も早く，（付9.1）式での解析が最も遅くなる．これは，極初期材齢での関係式の違いによる断熱温度上昇曲線の温度上昇の違いが影響していると考えられる．しかし，関係式の違いは，外気温や他の仮定条件などの影響に比べると小さいと思われ，温度解析にはいずれの関係式を使用しても問題ないと考えられる．

＜高炉セメントB種：BB＞

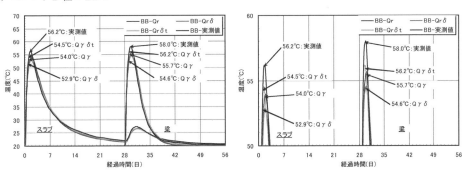

**付図9.5** 温度解析結果（高炉セメントB種：BB）

＜中庸熱ポルトランドセメント：M＞

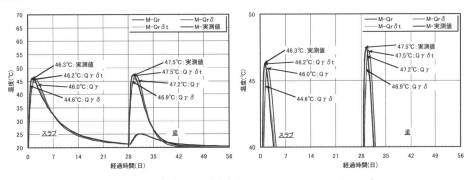

**付図9.6** 温度解析結果（中庸熱ポルトランドセメント：M）

<低熱ポルトランドセメント：L>

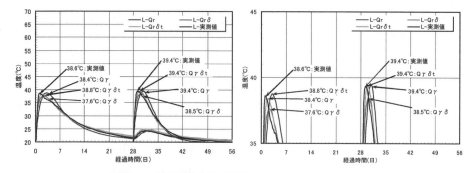

付図9.7 温度解析結果（低熱ポルトランドセメント：L）

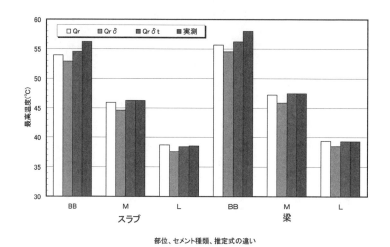

付図9.8 関係式とセメント種類の違いによる解析最高温度の比較

### 9.3.3.2 応力解析

応力解析における発生応力（$F_x$）と引張強度（$F_t$）の関係を付図9.9～9.11に示す．応力強度比を付図9.12～9.14に示す．また，セメント種類と関係式の違いによる応力解析結果の比較を付図9.15～9.17および付表9.4に示す．

実測値および関係式の違いによって，いずれのセメントの場合も発生する温度応力に若干差が認められ，低熱ポルトランドセメントの場合に相対的にやや大きくなる．関係式の違いよる応力差は，その違いによって一様に同じではなく，また，セメント種類やモデルによっても，応力の大小に違いがある．特に今回のモデルでは，低熱ポルトランドセメントの場合において，最大値と最小値の差は，応力強度比で約0.13生じている．しかし，どの関係式を用いた場合に実際と整合しているかなどの検証が困難なことや，モデル，仮定値などの違いも結果に影響を及ぼすことを考慮すると，本検討の範囲では，応力強度比の推定に関しては，断熱温度上昇関係式の違いが及ぼす影響は，許容できる範囲内であると判断する．

<高炉セメントB種：BB>

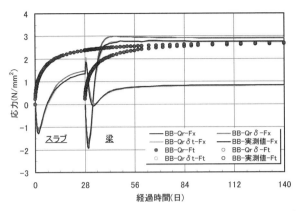

付図9.9　温度応力解析による発生応力と引張強度（高炉セメントB種：BB）

<中庸熱ポルトランドセメント：M>

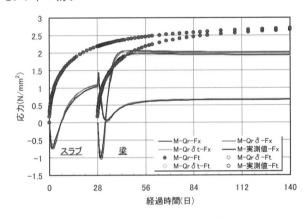

付図9.10　温度応力解析による発生応力と引張強度（中庸熱ポルトランドセメント：M）

<低熱ポルトランドセメント：L>

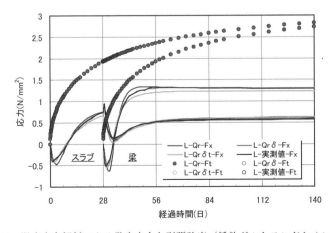

付図9.11　温度応力解析による発生応力と引張強度（低熱ポルトランドセメント：L）

【応力強度比】
＜高炉セメントB種：BB＞

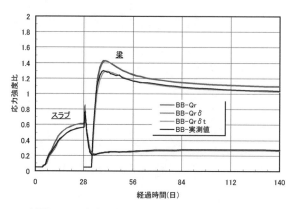

付図 9.12　応力強度比（高炉セメントB種：BB）

＜中庸熱ポルトランドセメント：M＞

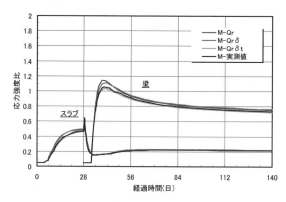

付図 9.13　応力強度比（中庸熱ポルトランドセメント：M）

＜低熱ポルトランドセメント：L＞

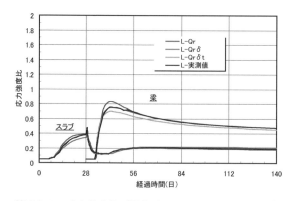

付図 9.14　応力強度比（低熱ポルトランドセメント：L）

付9. 断熱温度上昇特性の関係式の違いが温度応力解析結果に及ぼす影響について　—259—

【解析結果一覧】

### 付表9.4　温度応力解析結果一覧

| セメント種類 | 解析方法 | 断熱式 | 部　位 | 温度 (℃) 最高 | 温度 (℃) 材齢(日) | 応力(引張 +) (N/mm²) 最大 | 応力(引張 +) (N/mm²) 材齢(日) | 評　価 応力強度比 | 評　価 材齢(日) |
|---|---|---|---|---|---|---|---|---|---|
| BB | 三次元 | $Q\gamma$ | スラブ | 53.96 | 1.88 | 1.818 | 28.58 | 0.748 | 28.5 |
| | | | 梁 | 55.68 | 29.88 | 2.983 | 46.0 | 1.429 | 40.0 |
| | | $Q\gamma\delta$ | スラブ | 52.85 | 1.88 | 1.825 | 28.50 | 0.752 | 28.42 |
| | | | 梁 | 54.55 | 29.88 | 2.995 | 46.0 | 1.420 | 40.0 |
| | | $Q\gamma\delta t$ | スラブ | 54.53 | 1.38 | 2.05 | 28.67 | 0.853 | 28.58 |
| | | | 梁 | 56.17 | 29.50 | 2.785 | 50.0 | 1.290 | 41.0 |
| | | 実測 | スラブ | 56.18 | 1.63 | 1.847 | 28.67 | 0.765 | 28.58 |
| | | | 梁 | 58.01 | 29.75 | 2.797 | 64.10 | 1.299 | 39.0 |
| M | 三次元 | $Q\gamma$ | スラブ | 45.95 | 2.00 | 1.272 | 28.58 | 0.570 | 28.50 |
| | | | 梁 | 47.24 | 30.0 | 2.056 | 40.0 | 1.142 | 40.0 |
| | | $Q\gamma\delta$ | スラブ | 44.57 | 1.88 | 1.305 | 28.42 | 0.587 | 28.33 |
| | | | 梁 | 45.85 | 29.88 | 2.068 | 50.0 | 1.110 | 41.0 |
| | | $Q\gamma\delta t$ | スラブ | 46.22 | 1.50 | 1.407 | 28.58 | 0.636 | 28.58 |
| | | | 梁 | 47.50 | 29.63 | 1.951 | 54.0 | 1.032 | 41.0 |
| | | 実測 | スラブ | 46.29 | 1.25 | 1.434 | 28.67 | 0.644 | 28.58 |
| | | | 梁 | 47.49 | 29.50 | 1.990 | 52.0 | 1.055 | 40.0 |
| L | 三次元 | $Q\gamma$ | スラブ | 38.76 | 3.00 | 0.839 | 28.58 | 0.426 | 28.5 |
| | | | 梁 | 39.44 | 30.75 | 1.340 | 50.0 | 0.833 | 42.0 |
| | | $Q\gamma\delta$ | スラブ | 37.62 | 2.25 | 0.844 | 28.33 | 0.432 | 28.33 |
| | | | 梁 | 38.47 | 30.25 | 1.319 | 68.0 | 0.751 | 43.0 |
| | | $Q\gamma\delta t$ | スラブ | 38.40 | 1.88 | 0.850 | 28.58 | 0.435 | 28.5 |
| | | | 梁 | 39.37 | 29.88 | 1.238 | 80.0 | 0.697 | 43.0 |
| | | 実測 | スラブ | 38.61 | 1.13 | 0.946 | 28.67 | 0.479 | 28.67 |
| | | | 梁 | 39.37 | 29.38 | 1.330 | 56.0 | 0.756 | 42.0 |

【解析結果比較図】

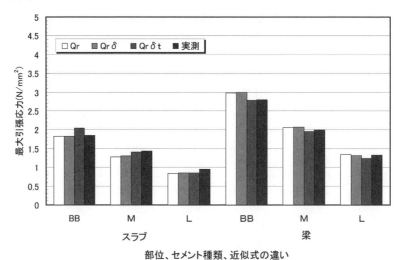

付図 9.15　関係式とセメント種類の違いによる最大発生引張応力の比較

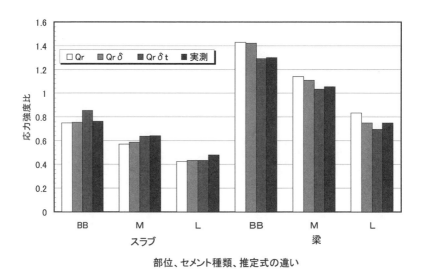

付図 9.16　関係式とセメント種類の違いによる応力強度比の比較

## 参 考 文 献

1) 塚山隆一：マッシブな鉄筋コンクリートの温度上昇ならびに温度ひび割れに関する基礎研究，学位論文，1974

2) 日本コンクリート工学協会：品質評価試験方法研究委員会報告書，pp. 62-73，1998

3) 日本コンクリート工学協会：マスコンクリートの温度応力発生メカニズムに関するコロキウム，コンクリート工学年次論文集，pp. 1-6，1982

# 付 10.　力学的特性データベース

## 10.1　はじめに

付 10 では，マスコンクリート温度応力解析で用いられてきたコンクリートおよび地盤の物性値を既往の文献で調査した結果を取りまとめた．

既往の文献は，マスコンクリートに関する研究発表が比較的多いコンクリート工学論文集とした．抽出したデータは，1998 年から 2003 年までの 42 文献である．

コンクリートは，①熱伝導率，②密度，③比熱，④外気温度，⑤初期温度，⑥弾性係数，⑦圧縮強度，⑧引張強度，⑨クリープ，⑩ポアソン比，⑪線膨張係数の 11 項目について，地盤は，①熱伝導率，②密度，③比熱，④外気温度，⑤初期温度，⑥固定境界温度，⑦弾性係数，⑧ポアソン比，⑨線膨張係数の 9 項目について抽出した．なお，単位は SI 単位系に統一したため，古い文献のデータについては SI 単位系に換算し直して示した．

コンクリートおよび地盤の熱特性値と地盤の弾性係数の統計量を付表 10.1 に示す．

**付表 10.1　熱特性値ほかの統計量（その 1）**

|  | コンクリート | | 地　盤 | | |
|---|---|---|---|---|---|
|  | 熱伝導率<br>（W/m℃） | 比　熱<br>（J/g℃） | 熱伝導率<br>（W/m℃） | 比　熱<br>（J/g℃） | 弾性係数<br>（N/mm²） |
| データ数 | 33 | 25 | 15 | 14 | 28 |
| 平均 | 2.42 | 1.17 | 2.42 | 0.91 | 4020 |
| 最大値 | 2.91 | 2.37 | 3.50 | 1.05 | 50000 |
| 最小値 | 1.25 | 0.88 | 1.51 | 0.79 | 30 |
| メジアン | 2.40 | 1.16 | 2.26 | 0.88 | 981 |
| モード | 2.67 | 1.30 | 2.26 | 1.05 | 49 |

コンクリートの力学的特性値は土木学会示方書に従うもの，実験定数に従うものが多く，クリープは有効弾性係数によるものが多かった．コンクリートのポアソン比は 0.167 または 0.2 が，地盤 0.2 が多かった，線膨張係数はコンクリート，地盤とも $10 \times 10^{-6}$ /℃ が圧倒的に多かった．

## 10.2　改定に伴う追加調査

前述の調査時以降の 2016 年度までの期間について，マスコンクリート温度応力解析で用いられてきたコンクリートおよび地盤の物性値を既往の文献で調査し，結果を取りまとめた．

既往の文献は，前項にならってコンクリート工学論文集とした．抽出したデータは，2003 年から 2016 年までの 31 文献である．

コンクリートは，①熱伝導率，②密度，③比熱，④外気温度，⑤初期温度，⑥弾性係数，⑦圧縮

強度，⑧引張強度，⑨クリープ，⑩ポアソン比，⑪線膨張係数の 11 項目について，地盤は，①熱
伝導率，②密度，③比熱，④外気温度，⑤初期温度，⑥固定境界温度，⑦弾性係数，⑧ポアソン比，
⑨線膨張係数の 9 項目について抽出した．なお，単位は SI 単位系に統一したため，古い文献のデー
タについては，SI 単位系に換算しなおして示した．

まず，付表 10.2 に，2003 年から 2016 年追跡調査したコンクリートおよび地盤の熱特性値と地
盤の弾性係数の統計量を示す．なお，地盤の弾性係数は，対象構造物によって条件が大きく異なる
ため，モード値は示さないこととした．

付表 10.2 より，2003 年までの調査と比較していずれの値も大差ないものの，コンクリートの熱
伝達率の平均値が 2.42 から 2.73 と大きくなっている．また，地盤の熱伝達率のモード値が 2.26
から 3.45 と大きくなっている．

次に，付表 10.3 に，追跡調査を含めた全データについてまとめた統計量を示す．温度応力解析
に使用する各種係数に大きな変化はみられない．これは，これまでの実験データの蓄積やそれらを
データベースとした特定の市販ソフトの利用が一般的となり，各物性値も特定の値に収れんされる
傾向にあるものと考えられる．

**付表 10.2**　熱特性値ほかの統計量（その 2：2003 年から 2016 年追跡調査分）

|  | コンクリート | | 地　盤 | | |
|---|---|---|---|---|---|
|  | 熱伝導率<br>（W/m℃） | 比　熱<br>（J/g℃） | 熱伝導率<br>（W/m℃） | 比　熱<br>（J/g℃） | 弾性係数<br>（N/mm²） |
| データ数 | 26 | 26 | 12 | 12 | 13 |
| 平均 | 2.73 | 1.15 | 2.51 | 1.05 | 2291 |
| 最大値 | 3.61 | 1.30 | 3.49 | 2.05 | 6000 |
| 最小値 | 2.27 | 0.87 | 1.43 | 0.79 | 30 |
| メジアン | 2.70 | 1.15 | 2.20 | 0.80 | 600 |
| モード | 2.70 | 1.15 | 3.45 | 0.80 | — |

**付表 10.3**　熱特性値ほかの統計量（その 3：1998 年から 2016 年までの全データ）

|  | コンクリート | | 地　盤 | | |
|---|---|---|---|---|---|
|  | 熱伝導率<br>（W/m℃） | 比　熱<br>（J/g℃） | 熱伝導率<br>（W/m℃） | 比　熱<br>（J/g℃） | 弾性係数<br>（N/mm²） |
| データ数 | 59 | 51 | 27 | 26 | 41 |
| 平均 | 2.57 | 1.16 | 2.46 | 0.98 | 3472 |
| 最大値 | 3.61 | 2.37 | 3.50 | 2.05 | 50000 |
| 最小値 | 1.25 | 0.87 | 1.43 | 0.79 | 30 |
| メジアン | 2.70 | 1.15 | 2.26 | 0.80 | 853 |
| モード | 2.70 | 1.15 | 2.26 | 0.80 | — |

**付表 10.4 コンクリートおよび地盤の特性 (その1)**

| 文献No. 項目 | 1 | 2 | 3 | 4 | 5 | 6 | 7 | 8 | 9 | 10 |
|---|---|---|---|---|---|---|---|---|---|---|
| 種類 | 橋脚 | マスコン | ダム | 橋脚, 壁 | マスコン | スラブ | 側壁 | 側壁 | 円筒状 | マスコン |
| 熱伝導率 (W/m℃) | 2.91 | 2.91 | 1.98 | 2.51, 2.51 | — | — | 2.33 | 2.67 | — | 2.91 |
| 密度 $\rho_c$ (kg/m³) | 2300 | 2310 | 2342 | — | — | — | — | — | — | 2310 |
| 比熱 $C_c$ (kJ/kg℃) | 1.30 | 1.31 | 0.96 | 1.00 | — | — | 0.92 | 0.92 | — | 1.30 |
| 外気温度 (℃) | 20, 25, 30 | 20 | 20, 25, 15 | 13.0, 16.0 | — | — | 17.0 | 6月~10月 | — | 20.0 |
| 初期温度 (℃) | 20, 25 | 20 | 25, 23 | — | — | — | 20.0 | 28.0(6月) | — | 20 |
| 弾性係数 $E_c$ (N/mm²) | 29418 | $E_c=t/(0.0761738+0.024121*t)$ $t$:材齢 | $E_c=0.02*$ $pc^{1.5}*\sigma_c{}^{0.639}pc$ 旧con : 29418 pc=2340 | 24809, 33830 | — | $E_c=(t\times10^6)/$ $(7.61+2.41t)$, 旧con : 29418 | 土木示方書 | $E_{con}=$ $5.6*10^3\sqrt{\sigma_c}$ | — | $E_c/E_s$ : 40, 30, 20, 10, 0 |
| 圧縮強度 $\sigma_c$ (N/mm²) | — | — | $\sigma_c=6.4*\log M$ (M<1000℃ hr), $\sigma_c=-372.9$ $+130.7*\log M$ (M≧1000℃ hr) | 28.2, 31.5 | — | | $\sigma_c(t)=(177\log$ $M-459)*0.09806$ 土木示方書 | $\sigma_c(t)=(285\log$ $(t)-30.5)$ $*0.09806$ | — | — |
| 引張強度 $\sigma_t$ (N/mm²) | 土木示方書 | — | — | 2.06 | — | | 土木示方書 | $\sigma_t=(0.313\sigma_c{}^{0.738})$ $*0.09806$ | — | — |
| クリープ | 緩和係数 : $E_e=0.09806*(t_a$ $/0.0761738+0.024$ $121t_a)*10^4$ $t_a$:有効材齢 $t_a<3$日:0.75, 3 日<$t_a$<4日:0.8, 4日<$t_a$<5日: 0.85, 5日<$t_a$<6 日:0.9, 6日<$t_a$ <7日:0.95, 7日 <$t_a$:1.0 | — | 応力緩和率 K $K=E_e/E_c$, $E_e$:有効弾性係数, $E_c$=con弾性係数 | ①初期応力法 (リラクセーション 特性) ②初期ひずみ法 (クリープ) | — | その他定数 : JCI:マスコ ンクリート温 度応力研究委 員会を参考に した一般的な 値 | CEB+FIP式 | 有効弾性係数 | — | — |
| ポアソン比 $\nu$ | — | 0.167 | 1/6 | — | — | — | — | — | 1/6 | 0.167 |
| 線膨張係数 $\mu(\times10^{-6})$ | 10.0 | — | 10.0 | — | ~6h : 15.0, 以降 : 10.0 | — | 10.0 | 10.4 | 10.0 | 10.0 |
| **地盤** 熱伝導率 (W/m℃) | 2.26 | 2.26 | — | — | — | — | — | — | — | 2.26 |
| 密度 $\rho_r$ (kg/m³) | 2000, 2600 | 2600 | — | — | — | — | — | — | — | 2600 |
| 比熱 $C_r$ (kJ/kg℃) | 1.05 | 1.05 | — | — | — | — | — | — | — | 1.05 |
| 外気温度 (℃) | — | 20 | — | — | — | — | — | — | — | 20 |
| 初期温度 (℃) | — | 20 | — | — | — | — | — | 20(上面) | — | 20 |
| 固定境界温度 (℃) | — | 15 | — | — | — | — | — | — | — | — |
| 弾性係数 $E_r$ (N/mm²) | 539.3, 735.4, 980.6 | 4903 | — | — | 49.03, 98.06, 490.3, 980.6, 2942 | 49.03 | — | — | 9806 | 637.4, 853.1, 1274.8, 2549.6, ∞ |
| ポアソン比 $\nu$ | — | 0.2 | — | — | — | — | — | — | — | 0.2 |
| 線膨張係数 $\mu(\times10^{-6})$ | — | — | — | — | — | — | — | — | — | 10.0 |

付表 10.4　コンクリートおよび地盤の特性（その2）

| 文献No. | 11 | 12 | 13 | 14 | 15 | 16 | 17 | 18 | 19 | 20 |
|---|---|---|---|---|---|---|---|---|---|---|
| 種類 | 柱, スラブ | 熱伝達特性（実験） | 柱, 壁 | マスコン | スラブ | マスコン | 供試体（逆解析） | 部分モデル | スラブ | スラブ（実測） |
| **コンクリート** | | | | | | | | | | |
| 熱伝導率 (W/m℃) | — | $(2.066+0.00234T)\times1.1628$　$T$:温度(℃) | 2.51 | 2.33 | 熱特性値：土木示方書 | 2.33 | — | 2.91 | 熱特性値：土木示方書 | — |
| 密度 $\rho_c$ (kg/m³) | — | — | — | 2294, 2300 |  | — | 2406 | 2312 |  | — |
| 比熱 $C_c$ (kJ/kg℃) | — | — | 1.00 | 0.920 |  | — | 0.88 | 1.30 |  | — |
| 外気温度 (℃) | — | — | 20 | 20 |  | — | — | 20 |  | — |
| 初期温度 (℃) | — | — | 20 | 20 |  | — | — | — |  | — |
| 弾性係数 $E_c$ (N/mm²) | $E_c=A_t(\sigma_c)^{B_t}$　$A_t, B_t$:実験定数 | $E_c=2.71\times10^5 e^{0.001304T}$ | $E_c=A(\sigma_c)^B$　$A, B$:実験定数 | — | $E_c=2.45\log M-5.28$ (200<M<1000). $0.941\log M-0.78$ (1000<M<23000) | $\sigma_c(t_e)=t_e/(12.74+0.86t_e)\cdot\sigma_c(91)$　$t_e$:有効材齢 | — | — | $E_c(M)=3.096\log M-7.503$ (250<M<1000). $E_c(M)=0.751\log M-0.468$ (1000<M<2000) | 土木示方書 |
| 圧縮強度 $\sigma_c$ (N/mm²) | $\sigma_t=A_t+B_t\log(M)$　$M$:積算温度(℃·hr), $A_t, B_t$:実験定数 | — | $\sigma_c=A+B\log(M)$　$M$:積算温度(℃·hr), $A, B$:実験定数 | — | — | その他 解析条件：RC示方書 JCI指針を参考 | — | 土木示方書 | — | 土木示方書 |
| 引張強度 $\sigma_t$ (N/mm²) | — | — | $E_t=A(\sigma_t)^B$　$A, B$:実験定数 | — | — |  | — | 土木示方書 | — | 土木示方書 |
| クリープ | リラクゼーション特性 | — | リラクゼーション特性 $(\sigma_t/\sigma_i)=(A+C_t)/(A+t)$ | — | ①初期ひずみ法（クリープひずみ増分）②クリープ考慮なし ③有効弾性係数法（土木学会） | クリープ係数：0.5 | — | 有効弾性係数 $t<3$日：0.73, $3$日$<t<5$日：$0.135t+0.35$, $t>5$日：1.0 | ①有効弾性係数 $E_e=t_r/(t+t)$ ②土木示方書×補正係数 ③土木示方書 | 有効弾性係数 |
| ポアソン比 $\nu$ | — | 0.2 | — | — | — | 0.167 | 0.2 | 0.2 | — | — |
| 線膨張係数 $\mu$ (×10⁻⁶) | — | 10.0 | — | — | — | 10 | 10.0 | 10.0 | — | 8.8 |
| **地盤** | | | | | | | | | | |
| 熱伝導率 (W/m℃) | — | — | — | — | — | — | — | 2.26 | — | — |
| 密度 $\rho_r$ (kg/m³) | — | — | — | — | — | — | — | 2600 | — | — |
| 比熱 $C_r$ (kJ/kg℃) | — | — | — | — | — | — | — | 1.05 | — | — |
| 初期温度 (℃) | — | — | — | — | — | — | — | 20 | — | — |
| 固定境界温度 (℃) | — | — | — | — | — | — | — | 17.5 | — | — |
| 弾性係数 $E_r$ (N/mm²) | 2941.8 | — | — | — | — | — | — | 15.0 | — | — |
| ポアソン比 $\nu$ | — | — | — | — | — | — | — | — | — | — |
| 線膨張係数 $\mu$ (×10⁻⁶) | — | — | — | — | — | — | — | — | — | — |

**付表 10.4 コンクリートおよび地盤の特性（その3）**

| 項目 | 文献No. | 21 | 22 | 23 | 24 | 25 | 26 | 27 | 28 | 29 | 30 |
|---|---|---|---|---|---|---|---|---|---|---|---|
| | 種類 | 部分モデル | マスコン | スラブ状（逆解析） | 壁状 | マスコン | 熱特性値（同定） | スラブ | 壁状 | アーチ式ダム | スラブ状 |
| コンクリート | 熱伝導率（W/m℃） | — | $2.066-0.0234T$ $T$:温度20℃ | 2.67 | — | 2.67 | 2.67 | — | 2.67 | 2.70 | — |
| | 密度 $\rho_c$（kg/m³） | — | 2312 | 2300 | — | 2300 | — | — | 2350 | 2400 | — |
| | 比熱 $C_c$（kJ/kg℃） | — | 1.31 | 1.17 | — | 1.17 | — | — | 1.15 | 1.16 | — |
| | 外気温度（℃） | — | 20.0 | 15 | — | 15 | 15 | — | 20 | 実測値 | 15 |
| | 初期温度（℃） | — | 20.0 | 20 | — | 20 | 20 | — | 20 | 25 | 20 |
| | 弾性係数 $E_c$（N/mm²） | 土木示方書 | 土木示方書 | — | $E_c=t/(1.137*10^{-5}+2.914*10^{-6}t)$ $t$:材齢 | — | — | — | 土木示方書 | 21800 | $E_c=t/8.0+3.0t\times10^5$ $t$:有効材齢 |
| | 圧縮強度 $\sigma_c$（N/mm²） | 土木示方書 | 土木示方書 | — | — | — | — | — | 土木示方書 | — | — |
| | 引張強度 $\sigma_t$（N/mm²） | — | 土木示方書 | — | $\sigma_t=t/(0.1408+0.0343t)$ $t$:材齢 | — | — | — | 土木示方書 | 3.04 | — |
| | クリープ | — | — | — | 弾性係数低減率 打設直後：0.8、材齢7日：0.56（打設直後～材齢7日：直線補間）$t$:材齢 | | | ①時間区分全荷重方（単位セメ クリープ曲線）②有効弾性係数 | 有効弾性係数 | — | 有効弾性係数 $E_{c0}=\beta\times E_c(t_4)$ $\beta_1$:0.5($t<2$日) $\beta_2$:0.7($t>2$日) |
| | ポアソン比 $\nu$ | 0.2 | 0.171 | — | 0.2 | — | — | — | 0.2 | 0.2 | 0.2 |
| | 線膨張係数 $\mu$（×10⁻⁶） | 10.0 | 10.0 | — | 8.45 | — | — | 10.0 | 10.0 | — | 10.0 |
| 地盤 | 熱伝導率（W/m℃） | — | 1.98 | 2.33 | — | 2.33 | 2.33 | — | 3.49 | — | — |
| | 密度 $\rho_r$（kg/m³） | — | 2600 | 2600 | — | 2600 | — | — | 2650 | — | — |
| | 比熱 $C_r$（kJ/kg℃） | — | 0.92 | 0.79 | — | 0.8 | $2.07/\rho_r$ $\rho_r$:密度 | — | 0.80 | — | — |
| | 外気温度（℃） | — | 20.0 | $15,(15+5\sin\pi(t/12-2/3))$ | — | — | — | — | — | — | — |
| | 初期温度（℃） | — | 17.5 | 15.0 | — | 15.0 | 15.0 | — | 15.0 | — | — |
| | 固定境界温度（℃） | — | 15.0 | 15.0 | — | 15.0 | 15.0 | — | 15.0 | — | — |
| | 弾性係数 $E_r$（N/mm²） | 49.03 | 9806 | — | — | — | — | 1176.8 | 4903 | — | 1000 |
| | ポアソン比 $\nu$ | 0.35 | 0.2 | — | — | — | — | — | 0.2 | — | 0.3 |
| | 線膨張係数 $\mu$（×10⁻⁶） | 10.0 | 10.0 | — | — | — | — | — | 10.0 | — | 10.0 |

付表 10.4　コンクリートおよび地盤の特性（その4）

| 項目 | 31 | 32 | 33 | 34 | 35 | 36 | 37 | 38 | 39 | 40 |
|---|---|---|---|---|---|---|---|---|---|---|
| 種類 | トンネル（逆解析） | 地中梁 | スラブ状 | マスコン | 壁、スラブ、基礎、梁など | スラブ | 壁状、ボックスカルバート | スラブ | スラブ、ボックスカルバート | スラブ |
| **コンクリート** 熱伝導率 $\rho_c$ (W/m℃) | 2.00、1.95 | （熱特性値：土木示方書） | 2.67 | 2.67 | | 2.67 | 1.252、2.37、1.72 | 2.67 | 2.33、2.36 | 2.33 |
| 密度 $\rho_c$ (kg/m³) | $\rho_c=$650.7 kcal/m³·℃(熱) | | 2300 | — | | — | 2300 | 2300 | 2300 | 2400 |
| 比熱 $C_c$ (kJ/kg℃) | $C_c=$656.3 kcal/m³·℃(熱) | | 1.30 | 熱容量 $\rho_c C_c=$2.70 MJ/m³·℃ | | 1.15 | 2.37、0.977 | 1.17 | 0.924 | 1.09 |
| 外気温度 (℃) | 26.2 | | 20 | 15 | | 20 | 10 | | 8.5、8.0 | — |
| 初期温度 (℃) | | | 20 | 20 | | 20 | 19.6、24.0、12.5 / 17.5、22.5 | | 16.3、13.5 | — |
| 弾性係数 $E_c$ (N/mm²) | | $E_c=4650.36*\sigma_c^{0.5}$、旧 con：20600 | | | コンクリート工学年次論文集、マスコンクリートひび割れ制御指針、最新のマスコンクリート施工技術などの施工事例データ一覧 | 土木示方書 $E_c=0.17788*\sigma_c^{0.4756}$ | JCI：解析プルグラムマニュアル参考 | — | 土木示方書 | $E_c=0.947\ln(X)+1.37$　$X$：有効材齢 |
| 圧縮強度 $\sigma_c$ (N/mm²) | | $\sigma_c=2.94(\log M)+2+0.88\ln M$、旧 con：36.0 | | その他定数：JCI：マスコンクリート温度応力研究委員会を参考にした一般的な値 | | | JCI：解析プルグラムマニュアル参考 | | 土木示方書 | $\sigma_c=6.8\ln(X)+10.76$　$X$：有効材齢 |
| 引張強度 $\sigma_t$ (N/mm²) | | $\sigma_t=0.172\sigma_c^{0.789}$ | | | | | JCI：解析プルグラムマニュアル参考 | | 土木示方書 | $\sigma_c=0.602\ln(X)+0.9$　$X$：有効材齢 |
| クリープ | | クリープ応力緩和　温度上昇時：0.73　温度降下時：1.0 | | | | 等価有効材齢とするクリープひずみ | 有効弾性係数 | | — | ①考慮なし ②有効弾性係数 |
| ポアソン比 $\nu$ | — | 1/6 | | | | | — | | — | 0.2 |
| 線膨張係数 $\mu$ (×10⁻⁶) | 10.0、20.0 | 10 | | | | 10 | — | | 10.0 | 10.0 |
| **地盤** 熱伝導率 $\rho_r$ (W/m℃) | — | 1.51 | 2.26 | | | — | 1.72 | 2.33 | 3.5 | — |
| 密度 $\rho_r$ (kg/m³) | — | 1500 | 2600 | | | — | 2300 | 2600 | 2000 | — |
| 比熱 $C_r$ (kJ/kg℃) | — | 0.840 | 1.05 | | | — | 0.977 | 0.80 | 0.80 | — |
| 外気温度 (℃) | — | — | — | | | — | — | — | — | — |
| 初期温度 (℃) | — | — | 15.0 | | | — | 17.5 | — | 8.5 | — |
| 固定境界温度 (℃) | — | — | — | | | — | — | — | 15.6 | — |
| 弾性係数 $E_r$ (N/mm²) | — | 257.5 | — | | | 5000 | 490.3 | — | — | 10000、50000 |
| ポアソン比 $\nu$ | — | — | — | | | — | — | — | — | — |
| 線膨張係数 $\mu$ (×10⁻⁶) | 10.3 | — | — | | | — | — | — | — | — |

**付表10.4 コンクリートおよび地盤の特性（その5）**

| 文献No. 項目 | 41 | 42 | 43 | 44 | 45 | 46 | 47 | 48 | 49 | 50 |
|---|---|---|---|---|---|---|---|---|---|---|
| 種類 | スラブ | カルバート | ダム | マスコン | カルバート | 底版 | スラブ | カルバート | マスコン | 側壁・底版 |
| 熱伝導率 (W/m℃) | 2.70 | 2.28 | 3.605 | 2.91 | 2.7 | 2.7 | 2.7 | 2.7 | 2.7 | 2.7 |
| 密度 $\rho_c$ (kg/m³) | — | 2350 | — | 2300 | 2317 | 2400 | 2300 | 2300 | 2300 | 2400 |
| 比熱 $C_c$ (kJ/kg℃) | — | 1.19 | 1.256 | 1.26 | 1.16 | 1.15 | 1.15 | 1.15 | 1.2 | 1.15 |
| 外気温度 (℃) | 27.0 | 10 | 実測値 | 20 | 実測値 | 日平均 | 実測値 | — | 15 | 17~23 |
| 初期温度 (℃) | 32 | 18 | 5 | 20 | 27.5, 27.2, 15.1 | 31.8 | 30.0 | 20, 23 | 20 | 17, 22 |
| 弾性係数 $E_c$ (N/mm²) | 土木示方書 | 実測値 | 土木示方書 | 105t/(1+t) | 土木示方書 | 土木示方書 | 土木示方書 | 土木示方書 | 4763$(F_c)$0.523 | 土木示方書 |
| 圧縮強度 $\sigma_c$ (N/mm²) | 土木示方書 | 実測値 | 実測値 | 土木示方書 | 土木示方書 | 土木示方書 | 土木示方書 | 土木示方書 | 実測値 | 土木示方書 |
| 引張強度 $\sigma_t$ (N/mm²) | 土木示方書 | 実測値 | 土木示方書 | 土木示方書 | 土木示方書 | 土木示方書 | 土木示方書 | 土木示方書 | 0.145$(F_c)$0.785 | 土木示方書 |
| クリープ | 有効弾性係数 | — | — | — | 有効弾性係数 | 有効弾性係数 | 有効弾性係数 | 有効弾性係数 | 実測値 | 有効弾性係数 |
| ポアソン比 $\nu$ | 0.2 | 0.167 | 0.18 | 0.17 | 0.135 | 0.2 | — | — | 0.2 | 0.2 |
| 線膨張係数 $\mu(\times10^{-6})$ | — | 8.57, 6.00 | 10.0 | 10 | 10 | 10 | — | — | 10 | 10.0 |
| 熱伝導率 (W/m℃) | — | 3.49 | 1.43 | — | 3.45 | — | — | — | 1.44 | 3.45 |
| 密度 $\rho_r$ (kg/m³) | — | 2650 | 1800 | — | 1640 | — | — | — | 1800 | 2650 |
| 比熱 $C_r$ (kJ/kg℃) | — | 0.795 | 2.051 | — | 0.8 | — | — | — | 1.34 | 0.8 |
| 初期温度 (℃) | 20.0 | 10~18 | 実測値 | — | 実測値 | — | — | — | 15 | 17~23 |
| 固定境界温度 (℃) | — | — | — | — | 16.2 | — | — | — | 15 | 17 |
| 弾性係数 $E_r$ (N/mm²) | 30 | 41 | — | — | 30 | — | — | — | 30 | — |
| ポアソン比 $\nu$ | — | 0.2 | — | — | 0.45 | — | — | — | 0.3 | 0.2 |
| 線膨張係数 $\mu(\times10^{-6})$ | — | 10 | — | — | 10 | — | — | — | 10 | 10 |

付表 10.4　コンクリートおよび地盤の特性（その6）

| 項目 | 51 | 52 | 53 | 54 | 55 | 56 | 57 | 58 | 59 | 60 |
|---|---|---|---|---|---|---|---|---|---|---|
| 種　類 | スラブ | 擁壁 | 壁状 | ダム | マスコン | マスコン | 壁状 | 擁壁 | カルバート | マスコン |
| **コンクリート** 熱伝導率 (W/m℃) | 2.7 | 2.7 | 2.7 | 2.88 | 2.8 | — | 2.5 | 2.7 | 2.6 | 2.7 |
| 密度 $\rho_c$ (kg/m³) | 2300 | 2300 | 2300 | 2483, 2488 | 2300 | — | 2400 | 2400 | 2300 | 2300 |
| 比熱 $C_c$ (kJ/kg℃) | 1.15 | 1.15 | 1.15 | 0.871 | 1.1 | — | 1.3 | 1.15 | 1.10 | 1.13 |
| 外気温度 (℃) | 実測値 | 30 | 20 | sin波曲線 | 実測値 | — | 実測値 | 実測値 | 実測値 | 20.0 |
| 初期温度 (℃) | 30 | 35 | 23 | 5, 25 | 20 | 10~30.2 | 30 | 27.6, 10.0 | 外気温+6.0 | 20 |
| 弾性係数 $E_c$ (N/mm²) | 土木示方書 | 土木示方書 | 土木示方書 | $18.9\log(M)-50$ / $14.1\log(M)-40.6$ | 土木示方書 | 土木示方書 | 土木示方書 | 土木示方書 | 土木示方書 | 土木示方書 |
| 圧縮強度 $\sigma_c$ (N/mm²) | 土木示方書 | 土木示方書 | 土木示方書 | $0.15f'_c{}^{0.83}$ / $0.13f'_c{}^{0.89}$ | 土木示方書 | 土木示方書 | 土木示方書 | 土木示方書 | 土木示方書 | 土木示方書 |
| 引張強度 $\sigma_t$ (N/mm²) | 土木示方書 | 土木示方書 | 土木示方書 | $9326f'_c{}^{0.44}$ / $7838f'_c{}^{0.52}$ | 土木示方書 | 土木示方書 | 土木示方書 | 土木示方書 | 土木示方書 | 土木示方書 |
| クリープ | — | — | 有効弾性係数 | 有効弾性係数 | 有効弾性係数 | 有効弾性係数 | 有効弾性係数 | 有効弾性係数 | 有効弾性係数 | 有効弾性係数 |
| ポアソン比 $\nu$ | — | — | 0.2 | 0.2 | — | 0.2 | — | 0.2 | 0.18 | 0.2 |
| 線膨張係数 $\mu(\times 10^{-6})$ | — | — | 10 | 10 | 10 | 10 | — | 10 | 10.0 | 10 |
| **地盤** 熱伝導率 (W/m℃) | — | — | — | 3.45 | 2.3 | — | — | 2.2 | 2.0 | — |
| 密度 $\rho_r$ (kg/m³) | — | — | — | 2650 | 1640 | — | — | 1600 | 2600 | — |
| 比熱 $C_r$ (kJ/kg℃) | — | — | — | 0.79 | 0.8 | — | — | 0.8 | 0.8 | — |
| 外気温度 (℃) | — | — | — | sin波曲線 | 実測値 | — | — | — | — | — |
| 初期温度 (℃) | — | — | — | — | 15 | — | — | — | 15 | — |
| 固定境界温度 (℃) | — | — | — | — | — | — | — | 15 | — | — |
| 弾性係数 $E_r$ (N/mm²) | — | — | — | 6000 | 4000 | — | — | — | 4000 | — |
| ポアソン比 $\nu$ | — | — | — | — | — | — | — | — | 0.25 | — |
| 線膨張係数 $\mu(\times 10^{-6})$ | — | — | — | 10 | 10 | — | — | — | 10 | — |

**付表10.4 コンクリートおよび地盤の特性 (その7)**

| 項目 | 文献No. | 61 | 62 | 63 | 64 | 65 | 66 | 67 | 68 | 69 | 70 |
|---|---|---|---|---|---|---|---|---|---|---|---|
| | 種類 | 橋脚 | マスコン | 橋脚 | 柱状 | 壁状 | 擁壁 | 壁部材 | マスコン | マスコン | 壁状 |
| コンクリート | 熱伝導率 $\lambda_c$ (W/m℃) | 2.7 | — | 2.7 | 2.7 | 2.7 | — | 2.7 | 2.7 | 2.7 | — |
| | 密度 $\rho_c$ (kg/m³) | 2300 | — | 2329 | 2400 | 2414 | — | 2400 | 2400 | 2400 | — |
| | 比熱 $C_c$ (kJ/kg℃) | 1.15 | — | 1.15 | 1.15 | 1.15 | — | 1.15 | 1.15 | 1.15 | — |
| | 外気温度 (℃) | 実測値 | — | 実測値 | 東京夏季平均 | 実測値 | 実測値 | 実測値 | 山口県平均 | 実測値 | 実測値 |
| | 初期温度 (℃) | 16 | 10.8, 23.2, 32.1 | 20 | 気温+5 | 気温+5 | 12.6~30.4 | 30 | 20 | 20 | 20 |
| | 弾性係数 $E_c$ (N/mm²) | 土木示方書 | 土木示方書 | 土木示方書 | 土木示方書 | 土木示方書 | 土木示方書 | 土木示方書 | 土木示方書 | 土木示方書 | 土木示方書 |
| | 圧縮強度 $\sigma_c$ (N/mm²) | 土木示方書 | 土木示方書 | 土木示方書 | 土木示方書 | 土木示方書 | 土木示方書 | 土木示方書 | 土木示方書 | 土木示方書 | 土木示方書 |
| | 引張強度 $\sigma_t$ (N/mm²) | 土木示方書 | 土木示方書 | 土木示方書 | 土木示方書 | 土木示方書 | 土木示方書 | 土木示方書 | 土木示方書 | 土木示方書 | 土木示方書 |
| | クリープ | 有効弾性係数 | 有効弾性係数 | 有効弾性係数 | 有効弾性係数 | 有効弾性係数 | 有効弾性係数 | 有効弾性係数 | 有効弾性係数 | 有効弾性係数 | 有効弾性係数 |
| | ポアソン比 $\nu$ | — | — | 0.2 | — | 0.2 | — | 0.2 | 0.2 | 0.2 | — |
| | 線膨張係数 $\mu$ (×10⁻⁶) | 10 | — | 10 | 10 | 10 | — | 10 | 10 | 10.0 | 10 |
| 地盤 | 熱伝導率 $\lambda_r$ (W/m℃) | — | — | — | 1.7 | — | — | 1.7 | 3.45 | — | — |
| | 密度 $\rho_r$ (kg/m³) | — | — | — | 2100 | — | — | 2100 | 2650 | — | — |
| | 比熱 $C_r$ (kJ/kg℃) | — | — | — | 1.4 | — | — | 1.4 | 0.79 | — | — |
| | 外気温度 (℃) | — | — | — | — | — | — | 25.8 | — | — | 実測値 |
| | 初期温度 (℃) | — | — | — | — | — | — | — | 20 | — | 20.0 |
| | 固定境界温度 (℃) | — | — | — | — | — | — | — | — | — | — |
| | 弾性係数 $E_r$ (N/mm²) | — | 84, 500, 5000 | — | 3000 | — | — | 500 | 6000 | — | — |
| | ポアソン比 $\nu$ | — | — | — | — | — | — | 0.3 | 0.3 | — | — |
| | 線膨張係数 $\mu$ (×10⁻⁶) | — | — | — | 10 | — | — | 10 | 10 | — | 10 |

付表 10.4　コンクリートおよび地盤の特性（その8）

| | 文献 No. | 71 | 72 | 73 |
|---|---|---|---|---|
| | 種　類 | 橋脚フーチング | 水門 | 壁状 |
| コンクリート | 熱伝導率(W/m℃) | 2.7 | — | — |
| | 密度 $\rho_c$(kg/m³) | 2400 | — | — |
| | 比熱 $C_c$(kJ/kg℃) | 1.15 | — | — |
| | 外気温度(℃) | 実測値 | 実測値 | 実測値 |
| | 初期温度(℃) | 10.1 | 25 | 20 |
| | 弾性係数 $E_c$ (N/mm²) | 土木示方書 | — | 日本コンクリート工学会 |
| | 圧縮強度 $\sigma_c$ (N/mm²) | 土木示方書 | — | 日本コンクリート工学会 |
| | 引張強度 $\sigma_t$ (N/mm²) | 土木示方書 | — | 日本コンクリート工学会 |
| | クリープ | 有効弾性係数 | — | 有効弾性係数 |
| | ポアソン比 ν | 0.2 | — | — |
| | 線膨張係数 $\mu$(×10⁻⁶) | 10 | — | — |
| 地　盤 | 熱伝導率(W/m℃) | — | — | — |
| | 密度 $\rho_r$(kg/m³) | — | — | — |
| | 比熱 $C_r$ (kJ/kg℃) | — | — | — |
| | 外気温度(℃) | — | — | — |
| | 固定境界温度(℃) | — | — | — |
| | 弾性係数 $E_r$ (N/mm²) | — | — | — |
| | ポアソン比 ν | — | — | — |
| | 線膨張係数 $\mu$(×10⁻⁶) | — | — | — |

## 参 考 文 献

1) 吉田弥智，梅原秀哲，田中敏幸，岩山孝夫：コンクリート橋脚の温度応力に関する研究，コンクリート工学年次講演会論文集，Vol. 8, pp. 29-32, 1986

2) 川原場博美，鹿子木唯夫，田辺忠顕：マスコンクリートの温度応力に対するパイプクーリング効果の大自由度 FEM 解析プログラムの開発，コンクリート工学年次講演会論文集，Vol. 8, pp. 45-48, 1986

3) 白石文雄，上西隆，増井仁，森田修二：ダムコンクリートの温度応力の実測と解析，コンクリート工学年次講演会論文集，Vol. 8, pp. 21-24, 1986

4) 平田正成，森本博昭，小柳洽：マスコンクリートの温度応力のリラクセーション解析，コンクリート工学年次講演会論文集，Vol. 9-2, pp. 19-24, 1987

5) 今枝靖典，畑中重光，田辺忠顕：大型供試体によるマスコンクリート実験とその解析，コンクリート工学年次講演会論文集，Vol. 9-2, pp. 25-30, 1987

6) 加茂友裕，田辺忠顕：マスコンクリートの温度ひびわれ幅算定方法に関する研究，コンクリート工学年次講演会論文集，Vol. 11-1, pp. 457-462, 1989

7) 山下祐爾，鈴木光雄，梶原康之，佐藤良一：温度ひびわれ制御技術に関する実験的研究，コンクリート工学年次講演会論文集，Vol. 11-1, pp. 463-468, 1989

8) 溝淵利明，渡辺幸之，松岡彰，清水徹：沈埋函体コンクリートの施工時の温度応力についての検討，コンクリート工学年次講演会論文集，Vol. 11-1, pp. 475-480, 1989

9) 江渡正満，木村克彦，小野定，舘崎真司：円筒状構造物の外部拘束度に関する研究，コンクリート工学年次講演会論文集，Vol. 11-1, pp. 481-486, 1989

10) 石田有三，上原匠，梅原秀哲，吉田弥智：マスコンクリート構造物における外部拘束係数に関する研究，コンクリート工学年次講演会論文集，Vol. 12-1, pp. 845-850, 1990

11) 奥田隆之，森本博昭，小柳洽，小門武：高炉スラグ微粉末を用いたマスコンクリートの温度応力低減効果，コンクリート工学年次講演会論文集，Vol. 12-1, pp. 919-924, 1990

12) 太田俊昭，黒田一郎，日野伸一：高温下における鉄筋コンクリートはりの熱伝導特性と温度応力特性に関する研究，コンクリート工学年次講演会論文集，Vol. 13-1, pp. 333-338, 1991

13) 縕縕由雄，松本博昭，小柳洽，小門武：高炉スラグ微粉末混入コンクリートの温度ひびわれ制御効果について，コンクリート工学年次講演会論文集，Vol. 13-1, pp. 821-826, 1991

14) 岩佐正徳，今枝靖典，若松岳，原田暁：パイプクーリングにおける冷却効果の実験および解析による検討，コンクリート工学年次講演会論文集，Vol. 13-1, pp. 833-838, 1991

15) 梅原秀哲，北川善己，吉田弥智：マスコンクリートの温度応力へのクリープの影響に関する研究，コンクリート工学年次講演会論文集，Vol. 13-1, pp. 845-850, 1991

16) 田嶋仁志，西洋司，粂原善隆，澤村秀治：吊橋下部工マスコンクリートの急速施工とひびわれ制御，コンクリート工学年次講演会論文集，Vol. 13-1, pp. 863-868, 1991

17) 中原博隆，近久博志，筒井雅行，桜井春輔：コンクリート構造物の養生面における日射の吸収率の評価，コンクリート工学年次講演会論文集，Vol. 15-1, pp. 1111-1114, 1993

18) 松井邦人，西田徳行，土橋吉輝，潮田和司：不確定因子の影響を考慮したマスコンクリートの温度応力解析，コンクリート工学年次講演会論文集，Vol. 15-1, pp. 1143-1148, 1993

19) 野村幸広，上原匠，梅原秀哲：クリープを考慮したマスコンクリートの温度応力に関する研究，コンクリート工学年次講演会論文集，Vol. 15-1, pp. 1121-1126, 1993

20) 西川正夫，藤原敏晴，守分敦郎，沢井真：低発熱型セメントを使用したマスコンクリートの温度応力特性について，コンクリート工学年次講演会論文集，Vol. 15-1, pp. 1127-1130, 1993

21) 石川雅美，渡辺弘子，梅原秀哲，田辺忠顕：CP ひびわれ幅法の表面ひびわれ解析への適用，コンクリート工学年次講演会論文集，Vol. 15-1, pp. 1155-1160, 1993

22) 潮田和司，藤本直也，松島学，松井邦人：マスコンクリートの不確定因子の影響を考慮した FEM 温度応力解析，コンクリート工学年次講演会論文集，Vol. 16-1, pp. 1353-1358, 1994

23) 松井邦人，西田徳行，土橋吉輝，潮田和司：逆解析手法によるマスコンクリートの熱特性値の推定，コ

ンクリート工学年次講演会論文集，Vol. 16-1，pp. 1347-1352，1994

24) 高井茂信，国枝稔，森本博昭，小柳治：マスコンクリート構造物の3次元ひびわれ解析，コンクリート工学年次講演会論文集，Vol. 17-1，pp. 1109-1114，1995

25) 松井邦人，T. F. Smith，西田徳行，椎名貴快：輻射熱の影響を考慮したマスコンクリートの温度解析，コンクリート工学年次講演会論文集，Vol. 18-1，pp. 1281-1286，1996

26) 潮田和司，西田徳行，土橋吉輝，松井邦人：既知パラメータのばらつきがマスコンクリートの熱特性値同定におよぼす影響，コンクリート工学年次講演会論文集，Vol. 18-1，pp. 1293-1298，1996

27) 川口徹：マスコンクリートの温度応力解析方法に関する基礎的検討，コンクリート工学年次講演会論文集，Vol. 19-1，pp. 1393-1398，1997

28) 吉武勇，中村秀明，浜田純夫，宮本文穂：外気温の日変動を考慮したマスコンクリートの3次元温度応力解析，コンクリート工学年次講演会論文集，Vol. 19-1，pp. 1375-1380，1997

29) 溝渕利明，峰村修，藤村和也，坂田昇：アーチ式ダムにおける2次クーリングが温度応力に及ぼす影響に関する検討，コンクリート工学年次講演会論文集，Vol. 19-1，pp. 1513-1518，1997

30) 潮田和司，西田徳行，土橋吉輝，松井邦人：逆解析手法による有効弾性係数の推定，コンクリート工学年次講演会論文集，Vol. 19-1，pp. 1369-1374，1997

31) 浅井功，高橋浩一，新山純一，伊藤浩：鋼管の背面拘束を受けるRC壁の膨張コンクリートを用いた温度ひび割れ制御に関する実験的研究，コンクリート工学年次講演会論文集，Vol. 19-1，pp. 1411-1416，1997

32) 起橋孝徳，東邦和，上西隆：建築物地中梁の三次元FEM温度応力解析，コンクリート工学年次講演会論文集，Vol. 19-1，pp. 1387-1392，1997

33) 高橋真一，川原場博美，遠藤孝夫：二次元場におけるマスコンクリートの熱特性値の逆解析，コンクリート工学年次講演会論文集，Vol. 20-1，pp. 1045-1050，1998

34) 潮田和司，西田徳行，土橋吉輝，松井邦人：地盤の熱特性を含めたマスコンクリート熱特性の同定，コンクリート工学年次講演会論文集，Vol. 21-2，pp. 1195-1200，1999

35) 呉昊，森本博昭：温度ひび割れ危険度評価法の適用性について，コンクリート工学年次講演会論文集，Vol. 21-2，pp. 1207-1212，1999

36) 中村博之，竹田宣典，十河茂幸，川口徹：自己収縮を考慮したマスコンクリートの温度応力に関する解析的検討，コンクリート工学年次講演会論文集，Vol. 21-2，pp. 1213-1217，1999

37) 山崎敏敏：壁状マスコンクリートのひび割れ幅算定方法，コンクリート工学年次論文集，Vol. 10-1，pp. 1-10，1999

38) 松井邦人，西田徳行，椎名貴快，T. F. Smith：境界モデルの違いがコンクリート躯体温度に与える影響，コンクリート工学年次講演会論文集，Vol. 22-2，pp. 1045-1050，2000

39) 東邦和，廣中哲也，宍倉隆幸，梅原秀哲：逆解析手法を用いた温度応力解析の適用性の研究，コンクリート工学年次講演会論文集，Vol. 22-2，pp. 1057-1062，2000

40) 長谷川健一，入矢桂史郎，梅原秀哲：クリープ試験に基づいた若材齢コンクリートの有効弾性係数に関する研究，コンクリート工学年次講演会論文集，Vol. 22-2，pp. 1063-1068，2000

41) 江渡正満，丸山久一，武藤和久，大内雅典：マスコンクリートの温度応力低減を目的とした低熱ポルトランドセメントの部分使用工法の開発，コンクリート工学年次講演会論文集，Vol. 22-2，pp. 1081-1086，2000

42) 添田政司，出光隆，百田国広，広田久平：外部拘束を受けるカルバート構造物のひび割れ抑制対策，コンクリート工学年次講演会論文集，Vol. 25-1，pp. 611-616，2003

43) 新美孝之助，大倉浩二，本田正治，森本博昭：ダムコンクリート施工の工学的評価について，コンクリート工学年次講演会論文集，Vol. 25-1，pp. 1061-1066，2003

44) 間宮一樹，伊藤睦，石川靖晃，田辺忠顕：HybridCP/FEM法による初期応力を考慮したコンクリート構造のひびわれ進展解析，コンクリート工学年次講演会論文集，Vol. 26-1，pp. 1335-1340，2004

45) 神崎浩二，米澤朗，樋口晃，村上祐治：2径間ラーメンボックスカルバートの温度応力に対する誘発目

地間隔と形状の検討，コンクリート工学年次講演会論文集，Vol. 26-1，pp. 1341-1346，2004

46) 児玉浩一，石川哲也，菅原竜也，廣島明男：低発熱・収縮抑制型高炉セメント実構造物への適用，コンクリート工学年次講演会論文集，Vol. 27-1，pp. 1135-1140，2005

47) 東邦和，中村敏晴，増井仁，梅原秀哲：膨張材を用いたマスコンクリートの収縮低減効果の解析手法と構造物適用に関する研究，コンクリート工学年次講演会論文集，Vol. 28-1，pp. 1277-1282，2006

48) 東邦和，中村敏晴，増井仁，梅原秀哲：膨張材によるマスコンクリートの収縮低減効果の解析手法と構造物適用の検討，コンクリート工学年次講演会論文集，Vol. 29-2，pp. 163-168，2007

49) 神代泰道，一瀬賢一，川口徹：マスコンクリートの温度ひび割れ発生に関する解析的研究，コンクリート工学年次講演会論文集，Vol. 29-2，pp. 193-198，2007

50) 足立真康，冨板良史，堅田茂昌，大西清介：PC タンクのひび割れ防止，コンクリート工学年次講演会論文集，Vol. 29-2，pp. 211-216，2007

51) 東邦和，中村敏晴，増井仁，梅原秀哲：膨張材によるマスコンクリートの収縮低減効果の解析手法と構造物適用，コンクリート工学年次講演会論文集，Vol. 30-2，pp. 145-150，2008

52) 水元誠司，竹中寛，白石哲也，清宮理：コンクリートの分割施工による温度ひび割れ抑制効果とその適用について，コンクリート工学年次講演会論文集，Vol. 30-2，pp. 151-156，2008

53) 石田知子，近松竜一，十河茂幸：壁状構造物の温度ひび割れに及ぼす散水・保温養生の影響，コンクリート工学年次講演会論文集，Vol. 30-2，pp. 163-168，2008

54) 佐藤英明，宮澤伸吾，谷田貝敦：ダムコンクリートの温度応力に及ぼす自己収縮の影響，コンクリート工学年次講演会論文集，Vol. 30-2，pp. 181-186，2008

55) 高橋昭裕，高橋和之，齊藤直，吉武勇：温度応力解析に用いるフライアッシュコンクリートの断熱温度上昇量および強度性状に関する実験的検討，コンクリート工学年次講演会論文集，Vol. 31-1，pp. 1519-1524，2009

56) 石田知子，近松竜一，片野啓三郎，中里剛：温度ひび割れの簡易評価手法の温度応力解析との整合性，コンクリート工学年次講演会論文集，Vol. 31-1，pp. 1525-1530，2009

57) 酒井貴洋，水谷征治，網野貴彦，清宮理：実大モデル実験による膨張材の温度ひび割れ抑制効果に関する考察，コンクリート工学年次講演会論文集，Vol. 31-1，pp. 1591-1596，2009

58) 片野啓三郎，石田知子，近松竜一，十河茂幸：開削工法における埋戻しが壁体の温度ひび割れに及ぼす影響，コンクリート工学年次講演会論文集，Vol. 31-1，pp. 1597-1602，2009

59) 子田康弘，岩城一郎，石川雅美：福島県におけるボックスカルバートの温度ひび割れハザードマップの構築，コンクリート工学年次講演会論文集，Vol. 31-1，pp. 1603-1608，2009

60) 田畑美紀，川里麻莉子，佐藤友厚，寺澤正人：低熱高炉セメントの特性試験と温度ひび割れ抑制効果の解析的評価，コンクリート工学年次講演会論文集，Vol. 33-1，pp. 1301-1306，2011

61) 東邦和，三澤孝史，白石祐彰，梅原秀哲：膨張材による RC 部材の膨張収縮挙動とひび割れ抑制効果の研究，コンクリート工学年次講演会論文集，Vol. 33-1，pp. 1307-1312，2011

62) 齋藤尚，鈴木康範，溝渕利明：層状マスコンクリート構造物を対象とした温度ひび割れ指数の簡易評価式の提案，コンクリート工学年次講演会論文集，Vol. 33-1，pp. 1319-1324，2011

63) 中里剛，中山英明：石灰石骨材を用いたマスコンクリートの温度ひび割れ抵抗性に関する検討，コンクリート工学年次講演会論文集，Vol. 34-1，pp. 1294-1299，2012

64) 橋本亮良，溝渕利明：フライアッシュ多量添加によるコンクリートのひび割れ抑制効果に関する検討，コンクリート工学年次講演会論文集，Vol. 34-1，pp. 1360-1365，2012

65) 佐野忍，小林聖，佐川康貴，園田佳巨：凝結遅延モルタルを用いた壁状構造物のひび割れ抑制手法の実験的研究，コンクリート工学年次講演会論文集，Vol. 35-1，pp. 1261-1266，2013

66) 伊藤始，大野宏樹，橋本徹，宮里心一：分級フライアッシュの混和によるコンクリートの温度ひび割れ抑制効果の検討，コンクリート工学年次講演会論文集，Vol. 35-1，pp. 1267-1272，2013

67) 中野祐希，伊藤始，白根勇二，渡辺正：短繊維を混入した RC 壁部材の温度ひび割れ幅評価に関する解析的検討，コンクリート工学年次講演会論文集，Vol. 36-1，pp. 1480-1485，2014

付 10.　力学的特性データベース　—275—

68)　田村隆弘，林宏次郎，中谷俊晴：マスコンクリートの鉄筋による温度ひび割れ幅の抑制に関する研究，コンクリート工学年次講演会論文集，Vol. 36-1, pp. 1486-1491, 2014

69)　東洋輔，森寛晃，三谷裕二，谷村充：中庸熱セメントを基材とするスラグ混和コンクリートの諸物性，コンクリート工学年次講演会論文集，Vol. 37-1, pp. 1141-1146, 2015

70)　中谷俊晴，田村隆弘，二宮純，細田暁：山口県コンクリート施工記録データに基づいた壁状構造物の初期ひび割れの発生に関する解析的研究，コンクリート工学年次講演会論文集，Vol. 37-1, pp. 1147-1152, 2015

71)　秋山哲治，飯野智裕，牧原久利，清宮理：橋脚フーチングへの保温養生と封緘養生を併用した温度ひび割れ抑制対策，コンクリート工学年次講演会論文集，Vol. 37-1, pp. 1159-1164, 2015

72)　東邦和，塚本耕治，森田修二，井君人：マッシブな水門コンクリートの温度応力対策と効果の評価，コンクリート工学年次講演会論文集，Vol. 37-1, pp. 1165-1170, 2015

73)　芦澤良一，横関康祐，藤岡彩永佳，溝渕利明：実構造物の計測結果に基づくクリープの影響を考慮したヤング係数の補正係数に関する評価，コンクリート工学年次講演会論文集，Vol. 38-1, pp. 1509-1514, 2016

## 付11. 高炉セメントB種を用いたコンクリートのクリープ係数について

### 11.1 はじめに

　高炉セメントB種を用いたコンクリート（以下，高炉B種コンクリートという）は，環境負荷低減に大きく貢献することからRC造建築物への適用が期待されている．一方，この高炉B種コンクリートを高温環境下で用いた場合に，普通ポルトランドセメントを用いたコンクリートと比較して収縮ひび割れ抵抗性に劣ることが閑田らによって報告されている[1]．この高炉B種コンクリートをマスコンクリート構造物に適用するにあたって，温度ひび割れ抵抗性を解析的に検討することは重要であり，その意味で応力解析の一つの入力データとなる高炉B種コンクリートのクリープ特性を評価することは重要である．ここでは，国内外で実施された研究例を参考に高炉B種コンクリートのクリープ特性について紹介する．

### 11.2 Wangらによる研究[2]

　Wangらは，高炉スラグ微粉末を用いたコンクリートの引張クリープ特性について検討を行っている．用いられたスラグは南京で製造されたS95対応のものであり，調合は付表11.1に示すとおりである．載荷材齢は3日であり，割裂引張強度の40%の応力を付図11.1の装置を用いて作用させた．

付表11.1　調合表[2]

| Test No. | Composition of Concrete Mixes （kg/m³） | | | | | | w/b Ratio |
|:---:|:---:|:---:|:---:|:---:|:---:|:---:|:---:|
| | Water | Cement | River Sand | Gravel | Slag | Water Reducer | |
| RC | 195 | 488 | 601 | 1116 | 0 | 1.952 | 0.40 |
| A | 195 | 439.2 | 601 | 1116 | 48.8 | 1.952 | 0.40 |
| B | 195 | 390.4 | 601 | 1116 | 97.6 | 1.952 | 0.40 |
| C | 195 | 341.6 | 601 | 1116 | 146.4 | 1.952 | 0.40 |
| D | 195 | 244 | 601 | 1116 | 244 | 1.952 | 0.40 |

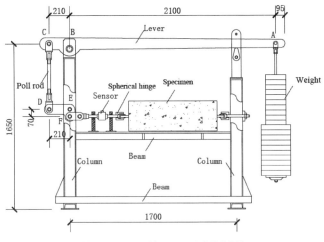

付図 11.1　引張クリープ試験装置[2]

　試験結果を付図 11.2 に示す．図に示されるように，高炉スラグ微粉末を用いることによりコンクリートの引張クリープは小さくなる傾向にあり，B 種相当（C，D）では高炉スラグ微粉末を用いないものと比較してクリープひずみは 0.7 程度になっている．Wang らはこの機構として，スラグのポゾランとしての性質を特徴づける $SiO_2$ や $Al_2O_3$ が $Ca(OH)_2$ と反応して安定的なカルシウムシリケートやカルシウムアルミネートを形成しているためとしている．

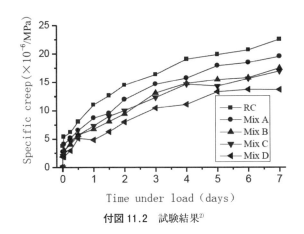

付図 11.2　試験結果[2]

## 11.3　閑田・百瀬らによる研究[3]

　百瀬らは水結合材比 50 ％の高炉 B 種コンクリートについて，環境温度および載荷材齢を変化させた圧縮クリープ試験を行っている〔付図 11.3〕．載荷時材齢が長くなると，クリープ係数が小さくなる点で高炉 B 種コンクリートも普通セメントコンクリートと同様の傾向を示しており，一方で，温度の影響は顕著ではない．付図 11.4～11.6 に示すように，普通セメントコンクリートと比較して高炉 B 種コンクリートのクリープ係数は Wang らの研究同様小さくなる傾向にあり，普通セメントコンクリートのおおむね 0.6～0.8 程度となっている．

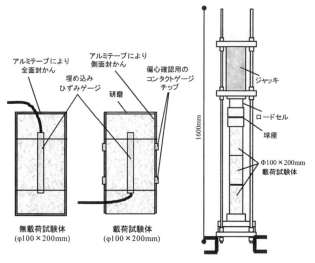

付図 11.3 クリープ試験装置[3]

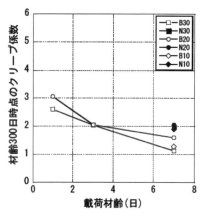

付図 11.4 載荷時材齢の影響[3]

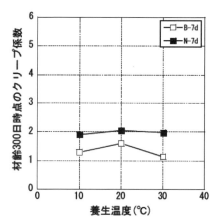

付図 11.5 温度の影響[3]

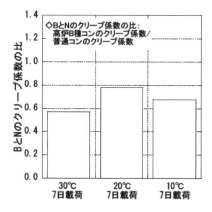

付図 11.6 高炉Bコンクリートのクリープの比[3]

## 11.4　ま　と　め

　高炉セメントB種を用いたコンクリートのクリープは普通セメントを用いたものよりも小さいとする研究結果が支配的であり，低水セメント比領域ではますますその傾向が強くなる[4]．普通強度領域においてその割合はおおむね0.6〜0.8程度であることから，本指針の解説において高炉セメントB種を用いたコンクリートのクリープを普通セメントコンクリートの0.8と評価していることについては，おおむね妥当であると思われる．

---

**参 考 文 献**

1)　新谷彰，閑田徹志，百瀬晴基，今本啓一，小川亜希子：高炉スラグ微粉末を用いたコンクリートの高速ひび割れ実験，日本建築学会大会学術講演梗概集，pp. 947-948，2010.7

2)　Wang Xinjie, Xia Qun and Zhu Pinghua: Experimental Research on the Effect of Ground Slag on Basic Tensile Creep of Early-age Concrete, The Open Construction and Building Technology Journal, pp. 68-72, 2015.9

3)　百瀬晴基，閑田徹志，今本啓一，清原千鶴，石関浩輔：高炉セメントB種コンクリートの収縮ひび割れ抵抗性の定量評価に関する研究，日本建築学会構造系論文集，No. 706，pp. 1717-1727，2014.12

4)　Li Jianyong and YaoYan: A study on creep and drying shrinkage of high performance concrete, Cement and Concrete Research, Volume 31, Issue 8, pp. 1203-1206, 2001.8

# 付 12. 性能設計例

## 12.1 はじめに

付12では，漏水抵抗性が期待される基礎梁を対象に，4章「性能設計」に示される手法による温度ひび割れ制御設計例について記載する．

対象とする基礎梁は，付図12.1に示すように，杭基礎上に500 mmの底版があり，下端は底版と一体となっている．この基礎梁には漏水抵抗性が要求されており，梁のコンクリートの打込みは9月，建設地は東京として，コンクリートの調合（セメント種類）および打込みの長さを決定する．

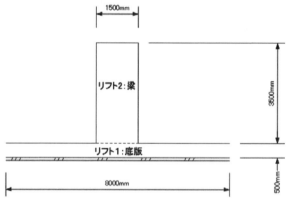

付図12.1 基礎梁の断面図

## 12.2 要求性能

対象部材となる基礎梁は，以下の要求性能に従うものとする．

・漏水抵抗性
・鉄筋腐食抵抗性

その他の条件

・リフト打ちは2回．底版の打込み28日後に，梁の残り部分を打ち込む．
・梁のコンクリートの打込みは9月，建設地は東京とする．
・杭基礎とする．

## 12.3 解析における入力値および条件

梁のコンクリートの打込みが9月，建設地が東京であることから，打込み日の平均外気温を23.3℃とし，外気温は打込み後の1か月間に5℃低下する設定とした．なお，底版の打込みから28日間（梁の打込みまで）の外気温は23.3℃一定とした．また，地盤の初期温度は，地盤のみの温度解析を別に行い，地盤の深さ−15 mを16.3℃（固定温度境界），地盤の表層部を23.3℃となる温度分布として与えた．

温度解析において，型枠は木製型枠（打込み7日後にせき板取外し）を想定し，熱伝導率は型枠面を7 W/m²℃，コンクリートの露出面を14 W/m²℃とした．断熱温度上昇曲線に関しては，打込み時のコンクリート温度を28.3℃（外気温 +5℃）として（4.1）式，（4.2）式および（4.3）式により得た．ここで，底版と梁は同一のコンクリートであると仮定した．付表12.1に検討ケースおよび入力条件の一覧を示す．

地盤に関しては，軟弱地盤の物性値を用いることとした．これは，底版が軟弱地盤および杭基礎によって支持される場合，底版の杭基礎からの力学的拘束が小さいことを受け，熱特性値および力学的特性値ともに軟弱地盤のモデル化のみで十分と判断したことによる．

有限要素法用の対象モデルは，対称性を考慮して1/4モデルとし，15 mまでの地盤を解析対象とした．付図12.2に対象モデルを示す．ここでは，梁の長さを24 mと仮定した．

**付表12.1　検討ケースおよび入力条件**

| 検討ケース | コンクリートの調合[*1] | | | | | | | | 打込み長さ (m) |
|---|---|---|---|---|---|---|---|---|---|
| | セメント種類 | $F_q$ (N/mm²) | $_{28}SM_{91}$ (N/mm²) | $FM_{28}$ (N/mm²) | $F$[*2] (N/mm²) | W/C[*3] (%) | 単位水量 (kg/m³) | 単位セメント量 (kg/m³) | |
| N-W175-24 m | 普通 | | 3 | 30 | 36 | 51.5 | 175 | 340 | |
| M-W175-24 m | 中庸熱 | | 3 | 30 | 36 | 47.5 | 175 | 368 | 24 |
| L-W175-24 m | 低熱 | 27 | 0 | 27 | 32.4 | 46.5 | 175 | 376 | |
| L-W175-8 m | | | | | | | 175 | 376 | 8 |
| L-W160-8 m | | | | | | | 160 | 344 | |
| B-W175-24 m | BB | | 3 | 30 | 36 | 48.0 | 175 | 365 | 24 |
| F-W175-24 m | FB | | 3 | 30 | 36 | 44.5 | 175 | 393 | |

[注] *1：コンクリートの熱特性値および力学的特性値は，以下とした．
  ・熱伝導率：2.7 W/m℃，比熱：1.1 J/g℃，密度：2300 kg/m³.
  ・断熱温度上昇特性：（4.1）式〜（4.3）式および表4.1，表4.2．ただし，打込み温度は28.3℃とした．
  ・圧縮強度：（4.7）式．ただし，$fc_{28}$には調合強度$F$を用いた．
  ・ヤング係数：（4.8）式．ただし，$k_1 \cdot k_2$は，FBを1.1，その他を1.0とした．
  ・クリープ係数：（4.9）式〜（4.12）式．ただし，$\beta_{CR}$は，BBを0.8，その他を1.0とした．
  ・線膨張係数：BBを$12 \times 10^{-6}$/℃，その他を$10 \times 10^{-6}$/℃とした．
  ・自己収縮ひずみ：（4.5）式，（解4.6）式〜（解4.11）式，解説表4.6および解説表4.7.
  *2：調合強度$F$は，調合管理強度$FM_{28}$の1.2倍とした．
  *3：解説表5.2から材齢28日圧縮強度とC/Wの関係式を求め，関係式による圧縮強度に0.9倍を乗じた値が，調合強度$F$を満たすW/Cを定めた．

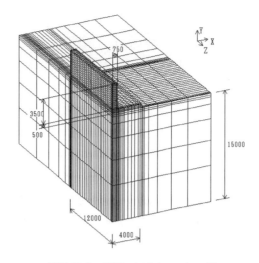

付図 12.2　解析におけるメッシュ例

### 12.4　解析結果

（1）セメントの種類の選定

コンクリートの品質基準強度 $F_q$ を 27 N/mm²，梁の打込み長さを 24 m と仮定し，セメントの種類を変化させた次の 5 ケースの解析を行った．

① 普通ポルトランドセメント（N-W175-24 m）
② 中庸熱ポルトランドセメント（M-W175-24 m）
③ 低熱ポルトランドセメント（L-W175-24 m）
④ 高炉セメント B 種（B-W175-24 m）
⑤ フライアッシュセメント B 種（F-W175-24 m）

付表 12.1 に示すように，構造体強度補正値 $_{28}SM_{91}$ は，低熱ポルトランドセメントの場合を 0 N/mm²，その他のセメントの場合を 3 N/mm² とした．水セメント比は，セメントの種類別の材齢 28 日圧縮強度とセメント水比の関係式を 0.9 倍した式を用いて，調合管理強度 $FM_{28}$ の 1.2 倍の調合強度 $F$ を満たすように設定した．単位セメント量は，単位水量をいずれも 175 kg/m³ と仮定し，水セメント比から算定した．

セメントの種類別の梁部材中の温度履歴を付図 12.3 に示す．また，部材中央断面における最大応力を示した点の応力履歴を付図 12.4 に，これに対応した応力強度比履歴を付図 12.5 に示す．中庸熱ポルトランドセメントおよび低熱ポルトランドセメントを用いると，鉄筋腐食抵抗性を確保するための応力強度比の設計値 1.3 以下を満足した．しかし，いずれのセメントを用いても，漏水抵抗性を確保するための応力強度比の設計値 0.8 以下を満足させることは，梁の打込み長さが 24 m の場合には困難であることがわかった．

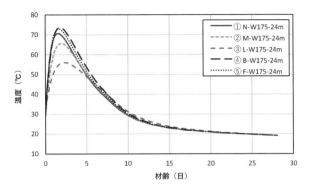

付図 12.3　各種セメントを用いた場合の温度履歴（$F_q=27\,\mathrm{N/mm^2}$，打込み長さ 24 m）

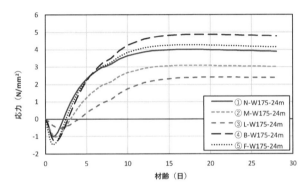

付図 12.4　各種セメントを用いた場合の応力履歴（$F_q=27\,\mathrm{N/mm^2}$，打込み長さ 24 m）

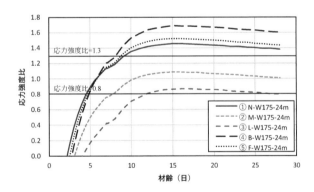

付図 12.5　各種セメントを用いた場合の応力強度比履歴（$F_q=27\,\mathrm{N/mm^2}$，打込み長さ 24 m）

## （2） 打込み長さと単位セメント量の検討

（1）の結果からセメントの種類は低熱ポルトランドセメントとし，応力強度比の設計値 0.8 以下を満足させるために，打込み長さを 24 m から 8 m に短くした場合（付表 12.1 の L-W175-8 m），さらに化学混和剤の種類やスランプの変更によって，単位水量を 175 kg/m$^3$ から 160 kg/m$^3$ にして単位セメント量を 32 kg/m$^3$ 減らす場合（付表 12.1 の L-W160-8 m）について解析を行った．

温度履歴を付図 12.6 に示す．単位セメント量を 32 kg/m$^3$ 減らすと最高温度は約 3 ℃低くなった．これらの温度履歴に基づき応力強度比を評価したところ，付図 12.7 のようになった．打込み長さを 24m から 8m に短縮した場合，応力強度比は 0.12 小さくなり，漏水抵抗性を確保するための応力強度比の設計値 0.8 以下を満足できることがわかった．また，単位水量を 15 kg/m$^3$，単位セメント量を 32 kg/m$^3$ 減らすと，応力強度比はさらに 0.07 小さくなった．

以上の検討結果から，漏水抵抗性の確保のために，セメントの種類は低熱ポルトランドセメントに決定した．また，単位セメント量等を考慮して打込み計画を行うこととした．

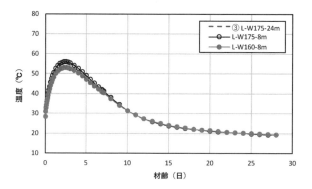

付図 12.6 打込み長さ，単位セメント量が異なる場合の温度履歴（低熱ポルトランドセメント）

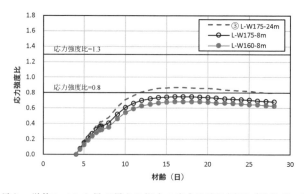

付図 12.7 打込み長さ，単位セメント量が異なる場合の応力強度比履歴（低熱ポルトランドセメント）

# 付 13.　各種マスコンクリート温度応力解析プログラムの概要

　ここでは，マスコンクリート温度応力解析プログラムとして，本指針 4 章「性能設計」において示した各種設定条件に対して対応可能な 2 種類のプログラムの概要について示す.

**付表 13.1　各種マスコンクリート温度応力解析プログラムの概要（ASTEA-MACS）**

| | 名　称 | ASTEA-MACS |
|---|---|---|
| | 開発元 | ㈱計算力学研究センター |
| 温度解析 | 基本的解析方法 | 時間区分増分法<br>二次元，三次元非定常温度解析 |
| | 水和発熱モデル | （1）　断熱温度上昇式<br>・土木学会　コンクリート標準示方書 2007，2012<br>・日本コンクリート工学会　マスコンクリートのひび割れ制御指針<br>　2008，2016<br>・日本建築学会　マスコンクリートの温度ひび割れ制御設計・施工指<br>　針（案）・同解説，2008<br>（2）　コンクリートの積算発熱量と温度で規定する発熱モデル<br>他オプションあり |
| | 外気温の設定 | 一定値，sin 式，表形式入力 |
| 応力解析 | 基本的解析方法 | 時間区分増分法<br>二次元，三次元 |
| | 強度の経時変化 | 材齢または積算温度の関数として与える. また，有効材齢の関数として与えることも可能である. |
| | クリープの影響取り扱い | （1）　考慮しない<br>（2）　有効弾性係数法<br>（3）　載荷材齢の影響を考慮した Step by step 法<br>その他オプションあり |
| | クリープに関するデータ | 上記（3）のクリープ係数は，①本 AIJ 指針，②土木学会式，③<br>Bazant 式，④CEB 式から選択. |
| | 収縮の取扱い | 乾燥収縮ひずみとして①土木学会式，②Bazant 式，自己収縮ひずみとして①土木学会式，②JCI 式がメニューにある |
| | 膨張材等の混和材の取扱い | 膨脹ひずみを材齢の関数として取込み可能. |
| | ひび割れの取扱い | ボンドリンク要素（引張応力が設定した引張強度を超えると切れる非線形ばね要素）やトラス要素が用意されているので，あらかじめひび割れが予想される位置にボンドリンク要素を設置し，付着損失領域にトラス要素で離散鉄筋を設置すればひび割れ幅を求めることも可能. |
| | FEM で使用する要素 | 8 節点アイソパラメトリックモデル |
| 特　徴 | | プリ・ポスト処理に優れ，応力計算が速い. ユーザーサブルーチンを用いることで多少複雑なことにも対応できる点など，比較的実務で使いやすい. |
| 値　段 | | 二次元 110 万円，三次元 220 万程度で，オプションにより異なる. |
| 備　考 | | Ver.10 以降は，本指針の中で示した性能設計による各種条件設定についても標準機能として使用可能である. |

**付表 13.2　各種マスコンクリート温度応力解析プログラムの概要（JCMAC3)**

| | | |
|---|---|---|
| | 名　称 | JCMAC3 |
| | 開発元 | 日本コンクリート工学会　マスコンクリートソフト普及委員会 |
| 温度解析 | 基本的解析方法 | 三次元非定常熱伝導解析 |
| | 水和発熱モデル | 断熱温度上昇式<br>・土木学会　コンクリート標準示方書 2007，2012（以下，示方書 2007，2012 という）<br>・日本コンクリート工学会　マスコンクリートのひび割れ制御指針 2008，2016（以下，JCI 指針 2008，2016 という）<br>・日本建築学会　マスコンクリートの温度ひび割れ制御設計・施工指針（案）・同解説 2008（以下，AIJ 指針 2008 という） |
| | 外気温の設定 | ・都市名入力，緯度・標高入力<br>・直接入力 |
| 応力解析 | 基本的解析方法 | 三次元時間区分増分法 |
| | 強度の経時変化 | （1）　圧縮強度<br>・材齢 28 または 91 日強度からの推定式（示方書 2007）<br>・材齢，温度依存性，セメント種類および水セメント比を考慮できる関数（示方書 2012，JCI 指針 2008，2016）<br>・有効材齢の関数（AIJ 指針 2008）<br>（2）　引張強度・静弾性係数は，圧縮強度の関数で与える． |
| | クリープの影響取扱い | ・有効弾性係数法（ファイルから低減係数の読込みも可能）<br>・全ステップではなく前ステップの情報のみ使う効率の良いクリープ解析手法の導入（Rate type 理論（Dirichlet 級数）） |
| | クリープに関するデータ | クリープ関数として，AIJ 指針や Bazant の Double Power 則[*1]を使用． |
| | 収縮の取扱い | （1）　自己収縮は，JCI 指針の宮澤式を考慮できる．<br>（2）　乾燥収縮は，水分の逸散による湿気移動解析を行い，時刻ごとの相対湿度分布から算定する乾燥収縮ひずみを考慮できる． |
| | 膨張材等の混和材の取扱い | ・JCI 指針に対応<br>・総エネルギー一定則に対応（一般的な初期ひずみ法に比べて，鉄筋による拘束程度の違いなど実現象をより忠実に表すことができる）． |
| | ひび割れの取扱い | 鉄筋の効果を考慮したひび割れ幅・パターンの解析が可能（分散ひび割れモデル，クラック相当ひずみ）． |
| | FEM で使用する要素 | 8 接点アイソパラメトリック要素 |
| 特　徴 | | ひび割れ幅の算定，膨張材のモデル化，パイプクーリング等に特徴がある． |
| 値　段 | | 300 000 円/年（税別，サポート費，バージョンアップ費込み） |
| 備　考 | | ― |

［注］　*1：Bazant,Z.P.&Panula,L.: Practical prediction of deformations of concrete, Part II: basic creep Structures, Vol.11, pp. 317-328, 1978

# 付14. 基本チャート用解析の概要

## 14.1 はじめに

本指針では，三次元有限要素法による温度応力プログラムを用いて解析を行い，これらの結果を基に5章のチャートを作成している．本付録では，チャート作成のために行った解析のモデル，解析条件および解析結果について概要を示す．

## 14.2 解析モデルおよび解析条件

対象部位は，マットスラブなどを想定した版状部材と基礎梁などを対象とする壁状部材の2種類とした．検討要因は，①部材の断面寸法，②部材の長さ，③セメントの種類，④単位セメント量，⑤地盤の剛性などを基本検討項目とし，打込み温度や外気温度などの影響についても別に検討を行った．付表14.1に基本検討項目の組合せを示す．

温度応力解析プログラムは，マスコンクリートの温度応力計算用三次元有限要素法プログラムとして最も実績の多い市販のプログラムを用いることとし，4章に示す①断熱温度上昇曲線，②有効材齢，③圧縮強度の発現，④ヤング係数と圧縮強度の関係，⑤クリープひずみ，⑥引張強度と圧縮強度の関係，⑦自己収縮ひずみなどの材料特性を同プログラムに組み込んで解析を行った．応力強度比の算定に用いるひび割れ発生強度 $f_{cr}(t_e)$ は，割裂引張強度 $f_t(t_e)$ とした．その他，コンクリートおよび地盤に用いた熱および力学特性値は付表14.3に示すものを用いている．より詳細には解説表5.1〜5.3に示したとおりである．

**付表14.1 基本検討項目一覧**

| 基本検討項目 | 版状部材 | 壁状部材 |
|---|---|---|
| ①部材の断面寸法 | 部材の厚さ（高さ）：1, 2, 3.5 m | 部材の厚さ（梁幅）：1, 2, 3.5 m |
| ②部材の長さ | 10, 25, 40 m（辺長の等しい正方形平面） | 10, 25, 40 m |
| ③セメントの種類 | 普通，中庸熱，低熱ポルトランドセメント，高炉セメントB種，フライアッシュセメントB種 | 普通，中庸熱，低熱ポルトランドセメント，高炉セメントB種，フライアッシュセメントB種 |
| ④単位セメント量 | 250, 350, 450 kg/m³（材齢28日圧縮強度は，セメント種類および単位セメント量から付表14.2のように仮定） | 250, 350, 450 kg/m³（材齢28日圧縮強度は，セメント種類および単位セメント量から付表14.2のように仮定） |
| ⑤地盤の剛性 | 50, 500, 5 000 N/mm² | 50, 500, 5 000 N/mm² |

－288－　付　　録

**付表14.2**　解析に用いたセメント種類および単位セメント量と材齢28日圧縮強度の関係

| | 28日圧縮強度（N/mm²） | | |
|---|---|---|---|
| | 単位セメント量250 kg/m³（W/C=70%） | 単位セメント量350 kg/m³（W/C=50%） | 単位セメント量450 kg/m³（W/C=39%） |
| 普通ポルトランドセメント | 26.0 | 42.0 | 57.0 |
| 中庸熱ポルトランドセメント | 21.0 | 37.0 | 53.0 |
| 低熱ポルトランドセメント | 19.0 | 33.0 | 46.0 |
| 高炉セメントB種 | 26.0 | 38.0 | 51.0 |
| フライアッシュセメントB種 | 19.0 | 34.0 | 48.0 |

**付表14.3**　解析に用いたコンクリートおよび地盤の熱，力学特性値

| | | ヤング係数 (N/mm²) | 密度 (kg/m³) | 比熱 (J/g℃) | 熱伝導率 (W/m℃) | 線膨張係数 (×10⁻⁶/℃) | ポアソン比 |
|---|---|---|---|---|---|---|---|
| コンクリート | | $E(t_e)=3.35\times10^4\times k_1\times k_2\times\left(\dfrac{\gamma}{2.4}\right)^2\times\left(\dfrac{f_c(t_e)}{60}\right)^{1/3}$ | 2 300 | 1.10 | 2.7 | 10 （高炉B種：12） | 0.20 |
| 地盤 | 軟弱（粘性土） | 50 | 1 800 | 2.60 | 1.0 | 10 | 0.35 |
| | 普通（砂質土） | 500 | 2 100 | 1.40 | 1.7 | 10 | 0.30 |
| | 岩盤 | 5 000 | 2 600 | 0.80 | 3.4 | 10 | 0.25 |

次に対象部位ごとに解析モデルの詳細を示す．

（1）　版状部材

版状部材は，付図14.1に示すように，底面に接する地盤からの拘束を受けるマットスラブなどを対象とした．地盤の厚さは，地盤底面の温度および変位拘束が版状部材に及ぼす影響を小さくするために15mとし，地盤の長さ（平面の辺長）は部材の長さに30m加えるものとした．解析モデルは，付表14.4に示すように対象性を考慮して平面を4分割する1/4モデルとし，付表14.5に示す9種類を作成した．

温度解析の境界条件は，地盤底面を15℃の固定温度境界，部材および地盤の切断面を断熱境界，部材の上面，側面および地盤の上面を熱伝達境界とした．熱伝達境界の熱伝達率は，コンクリート露出面を想定し，14 W/m²℃とした．地盤の初期温度は，地盤底面を15℃，地盤表面を気温と同等とし，底面から表面の初期温度分布は直線補間により設定した．コンクリートの打込み温度および気温は20℃一定を基本とし，打込み温度および気温の影響に関する検討は別に行った．

応力解析における境界条件は，部材および地盤の切断面に接する部分の節点について，切断面に直交方向の変位を拘束した．また，2つの切断面が交差する辺上は2方向，3つの切断面が交差する点は3方向の変位を拘束した．解析期間は，応力強度比の最大値を得るために厚さ1mを3か月，厚さ2mを6か月，厚さ3.5mを1年とした．

付14. 基本チャート用解析の概要 —289—

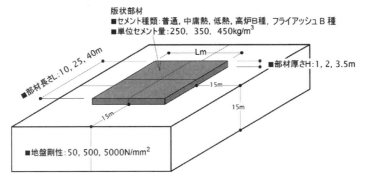

付図14.1 版状部材の形状と検討項目

付表14.4 版状部材の要素分割

| 方向 | | 分割間隔（mm）× 分割数 | |
|---|---|---|---|
| | | 部材 | 地盤 |
| 厚さ（高） | 1 m | 1 m＝100×2<br>＋120×5<br>＋100×2 | 15 m＝5 000×1<br>＋3 500×1<br>＋3 000×1<br>＋2 000×1<br>＋1 000×1<br>＋250×2 |
| | 2 m | 2 m＝100×1<br>＋200×1<br>＋280×5<br>＋200×1<br>＋100×1 | |
| | 3.5 m | 3.5 m＝100×1<br>＋350×1<br>＋520×5<br>＋350×1<br>＋100×1 | |
| 長さ | 10 m | 10 m/2＝250×1<br>＋500×3<br>＋750×2<br>＋500×3<br>＋250×1 | 部材＋15 m＝<br>部材＋500×1<br>＋1 000×1<br>＋2 000×1<br>＋3 000×1<br>＋3 500×1<br>＋5 000×1 |
| | 25 m | 25 m/2＝250×1<br>＋500×3<br>＋750×1<br>＋1 250×6<br>＋750×1<br>＋500×3<br>＋250×1 | |
| | 40 m | 40 m/2＝250×1<br>＋500×3<br>＋750×1<br>＋1 250×12<br>＋750×1<br>＋500×3<br>＋250×1 | |
| 幅 | 10 m | 長さと同じ | 長さと同じ |
| | 25 m | 長さと同じ | |
| | 40 m | 長さと同じ | |

版状部材の解析モデルの一例

—290— 付　　録

**付表 14.5**　版状部材の解析モデルの形状

| 記　号 | 地盤の寸法（m） | | | 版状部材の寸法（m） | | | 総節点数 | 総要素数 |
|---|---|---|---|---|---|---|---|---|
| | 厚さ(高さ) | 長さ | 幅 | 厚さ(高さ) | 長さ | 幅 | | |
| mat1 | 15 | 40 | 40 | 1.0 | 10 | 10 | 3 401 | 2 692 |
| mat2 | 15 | 55 | 55 | 1.0 | 25 | 25 | 6 833 | 5 692 |
| mat3 | 15 | 70 | 70 | 1.0 | 40 | 40 | 11 489 | 9 844 |
| mat4 | 15 | 40 | 40 | 2.0 | 10 | 10 | 3 401 | 2 692 |
| mat5 | 15 | 55 | 55 | 2.0 | 25 | 25 | 6 833 | 5 692 |
| mat6 | 15 | 70 | 70 | 2.0 | 40 | 40 | 11 489 | 9 844 |
| mat7 | 15 | 40 | 40 | 3.5 | 10 | 10 | 3 401 | 2 692 |
| mat8 | 15 | 55 | 55 | 3.5 | 25 | 25 | 6 833 | 5 692 |
| mat9 | 15 | 70 | 70 | 3.5 | 40 | 40 | 11 489 | 9 844 |

（2）　壁状部材

　壁状部材は，付図14.2に示すように，地盤および耐圧盤の上に打ち込まれる基礎梁を想定した．壁状部材の高さは，耐圧盤の上端からの高さを4m一定とし，一部2.5mについても検討を行った．耐圧盤の高さ（厚さ）は1mを基本とし，一部0.5mについても検討を行った．耐圧盤の幅は柱のスパンに相当する8mとし，長さは壁状部材と同じとした．地盤の高さ（厚さ）は15m，長さは壁状部材の長さに30m加えるものとし，地盤の幅は耐圧盤の幅に20m加えた28mとした．解析モデルは，付表14.6に示すように対象性を考慮して1/4モデルとし，付表14.7に示す9種類を作成した．

　温度解析の境界条件は，地盤底面を15℃の固定温度，切断面を断熱境界，壁状部材と耐圧盤の上面，端面，側面および地盤の上面を熱伝達境界とした．なお，耐圧盤と壁状部材の打継ぎ面は，壁状部材が打ち込まれるまでは熱伝達境界とした．壁状部材の側面のみ型枠面を想定し，打込みから材齢7日までの熱伝達率を7 W/m²℃，以降を14 W/m²℃とし，その他の熱伝達境界における熱伝達率はコンクリート露出面の14 W/m²℃とした．地盤の初期温度は，地盤底面を15℃，地盤表面を気温と同等とし，底面から表面については直線補間して設定した．コンクリートの打込み温度および気温は20℃一定を基本とし，打込み温度および気温の影響に関する検討は別に行った．

　応力解析における境界条件は，部材，耐圧盤および地盤の切断面に接する部分の節点について，切断面に直交方向の変位を拘束した．また，2つの切断面が交差する辺上は2方向，3つの切断面が交差する点は3方向の変位を拘束した．

　壁状部材と耐圧盤は，同じコンクリートが打ち込まれることとし，打込み日の間隔は28日を基本とした．解析期間は，壁状部材打込み後の3か月とした．

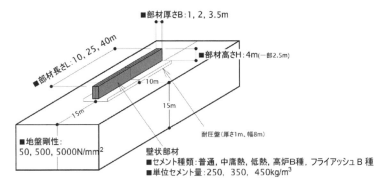

**付図 14.2** 壁状部材の形状と検討項目

**付表 14.6** 壁状部材の要素分割

| 方向 | | 分割間隔 (mm) × 分割数 | | |
|---|---|---|---|---|
| | | 部材 | 耐圧盤 | 地盤 |
| 高さ | 4 m | 4 m＝250×1<br>＋500×7<br>＋250×1 | 1 m＝250×4 | 15 m＝5 000×1<br>＋3 500×1<br>＋3 000×1<br>＋2 000×1<br>＋1 000×1<br>＋250×2 |
| 厚さ (幅) | 1 m | 1 m/2＝200×2<br>＋100×1 | 8 m/2＝部材<br>＋250×1<br>＋750×4<br>＋250×1 | 14 m＝部材<br>＋耐圧盤<br>＋500×1<br>＋1 000×1<br>＋2 000×1<br>＋3 000×1<br>＋3 500×1 |
| | 2 m | 2 m/2＝300×3<br>＋100×1 | 8 m/2＝部材<br>＋250×1<br>＋625×4<br>＋250×1 | |
| | 3.5 m | 3.5 m/2＝330×5<br>＋100×1 | 8 m/2＝部材<br>＋250×1<br>＋875×2<br>＋250×1 | |
| 長さ | 10 m | 10 m/2＝250×1＋500×3<br>＋750×2＋500×3＋250×1 | | 部材＋耐圧盤<br>＋15 m＝<br>壁＋耐圧盤<br>＋500×1<br>＋1 000×1<br>＋2 000×1<br>＋3 000×1<br>＋3 500×1<br>＋5 000×1 |
| | 25 m | 25 m/2＝250×1＋500×3<br>＋750×1＋1 250×6＋750×1<br>＋500×3＋250×1 | | |
| | 40 m | 40 m/2＝250×1＋500×3<br>＋750×1＋1 250×12＋750×1<br>＋500×3＋250×1 | | |

壁状部材の解析モデルの一例

**付表 14.7　壁状部材の解析モデルの形状**

| 記号 | 地盤の寸法（m） | | | 耐圧盤の寸法（m） | | | 壁状部材の寸法（m） | | | 総節点数 | 総要素数 |
|---|---|---|---|---|---|---|---|---|---|---|---|
| | 高さ | 幅 | 長さ | 高さ | 幅 | 長さ | 高さ | 厚さ（幅） | 長さ | | |
| wall1 | 15 | 28 | 40 | 1（一部 0.5） | 8 | 10 | 4（一部 2.5） | 1.0 | 10 | 2 621 | 1 974 |
| wall2 | 15 | 28 | 55 | 1（一部 0.5） | 8 | 25 | 4（一部 2.5） | 1.0 | 25 | 3 707 | 2 856 |
| wall3 | 15 | 28 | 70 | 1（一部 0.5） | 8 | 40 | 4（一部 2.5） | 1.0 | 40 | 4 793 | 3 738 |
| wall4 | 15 | 28 | 40 | 1（一部 0.5） | 8 | 10 | 4（一部 2.5） | 2.0 | 10 | 2 883 | 2 200 |
| wall5 | 15 | 28 | 55 | 1（一部 0.5） | 8 | 25 | 4（一部 2.5） | 2.0 | 25 | 4 089 | 3 196 |
| wall6 | 15 | 28 | 70 | 1（一部 0.5） | 8 | 40 | 4（一部 2.5） | 2.0 | 40 | 5 295 | 4 192 |
| wall7 | 15 | 28 | 40 | 1（一部 0.5） | 8 | 10 | 4（一部 2.5） | 3.5 | 10 | 3 081 | 2 380 |
| wall8 | 15 | 28 | 55 | 1（一部 0.5） | 8 | 25 | 4（一部 2.5） | 3.5 | 25 | 4 395 | 3 484 |
| wall9 | 15 | 28 | 70 | 1（一部 0.5） | 8 | 40 | 4（一部 2.5） | 3.5 | 40 | 9 280 | 4 588 |

## 14.3　解析結果の概要

　普通ポルトランドセメントを用いた温度解析結果の一例として，部材中心の温度履歴に及ぼす部材の厚さの影響を付図 14.3 に，単位セメント量の影響を付図 14.4 に示す．当然のことながら，部材厚さや単位セメント量は最高温度に大きく影響している．また，版状部材の厚さ 3.5 m のケースは温度降下が特に緩やかになっている．

　次に，同じく普通ポルトランドセメントを用いた温度応力解析結果の一例として，部材中心の応力履歴に及ぼす部材厚さの影響を付図 14.5 に，単位セメント量の影響を付図 14.6 に，地盤剛性の影響を付図 14.7 に，部材長さの影響を付図 14.8 に示す．中心部の応力履歴は，いずれも温度上昇に伴い圧縮側に推移し，その後の温度降下時に引張側に移行する．一般に引張応力は，最高温度が高いほど，また，部材変形の拘束が大きいほど高くなると考えられる．しかし，本解析結果では，部材厚さが大きい場合は，最高温度は高いものの，温度上昇時の大きな圧縮応力の蓄積により引張応力は必ずしも高くならない．一方，単位セメント量が大きい場合は，最高温度も高く，引張応力も高くなっている．また，地盤剛性が高い場合および部材長さが長い場合は，部材変形の拘束が高まるため，引張応力は高くなっている．

付14．基本チャート用解析の概要　—293—

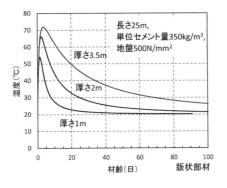
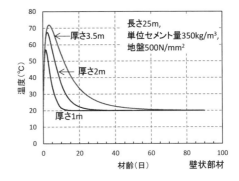

付図 14.3　部材厚さが部材中心の温度履歴に及ぼす影響

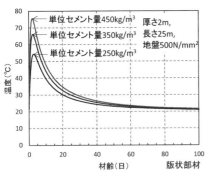
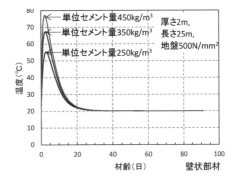

付図 14.4　単位セメント量が部材中心の温度履歴に及ぼす影響

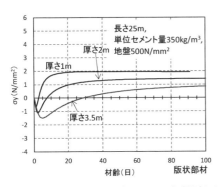
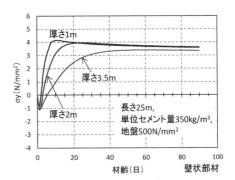

付図 14.5　部材厚さが部材中心の応力履歴に及ぼす影響

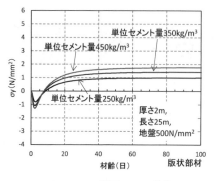
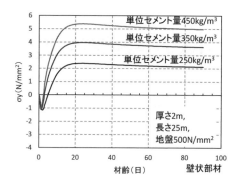

付図 14.6 単位セメント量が部材中心の応力履歴に及ぼす影響

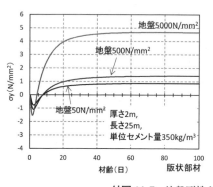
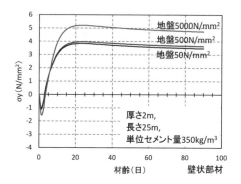

付図 14.7 地盤剛性が部材中心の応力履歴に及ぼす影響

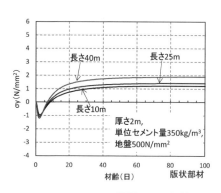
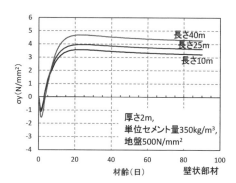

付図 14.8 部材長さが部材中心の応力履歴に及ぼす影響

各解析結果は，付図14.9に示す解析モデルの中心軸上中央付近の要素から最大の応力強度比を求め，5章のチャートおよび6章の解説図6.1～6.6の作成に使用している．

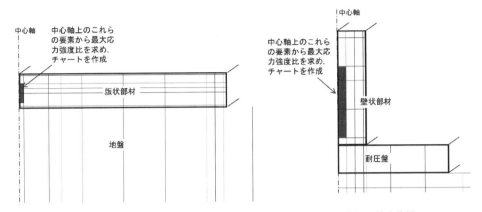

付図14.9　部材中央付近としてチャートに採用した応力強度比の抽出位置

# 付 15. 補正チャート用解析の概要

## 15.1 はじめに

　基本チャート作成のために実施した解析においては，打込み温度および外気温の設定を 20℃とした．打込み温度および外気温がこれと異なる場合や外気温が季節変化する場合は，温度の影響を補正する必要がある．また，コンクリートの線膨張係数が基本チャート作成のための解析と異なる場合は応力強度比に及ぼす影響が大きいため，適切に補正する必要がある．ここでは，基本チャートの読取り値の補正チャートを作成する目的で行った解析結果の概要について示す．

　なお，本指針 2008 年版において，版状部材に関しては壁状部材と同様の傾向となることを確認し，壁状部材の結果を版状部材に用いることにしている．これを踏まえ，本改定では壁状部材についてのみ検討を実施し，版状部材は壁状部材と同様に補正できるものとした．

## 15.2 解析条件

　補正チャート用解析の解析条件を付表 15.1 に示す．基本チャート作成のための解析条件に対する変動要因として，打込み温度（＝外気温）を 10, 20, 30℃の 3 条件とし，打込み温度と外気温との差を −5, 0, 5, ＋10℃の 4 条件，外気温の変化（1 か月後）を −8, −4, ±0, ＋8℃の 4

付表 15.1　補正チャート用解析の解析条件

| 変動要因 | 設　定 | 解析条件の組合せ | | | |
|---|---|---|---|---|---|
| | | 単位セメント量 | 250 kg/m³ | 350 kg/m³ | 450 kg/m³ |
| | | 地盤剛性 | | | |
| 打込み温度（外気温は打込み温度と同じ） | 基本チャート用解析の設定（20℃）に 対 し−10, ±0, ＋10℃（10, 20, 30℃） | 50 N/mm² | | N | |
| | | 500 N/mm² | | N | |
| | | 5 000 N/mm² | | N | |
| 打込み温度と外気温の差 | 外気温（20℃一定）に対し −5, ±0, ＋5, ＋10℃ | 50 N/mm² | | N, L | |
| | | 500 N/mm² | N, L | N,M,L,BB,FB | N, L |
| | | 5 000 N/mm² | | N, L | |
| 外気温の季節変化 | 外気温（20℃）に対し 1 か月後−8, −4, ±0, ＋8℃ | 50 N/mm² | | N, L | |
| | | 500 N/mm² | N, L | N,M,L,BB,FB | N, L |
| | | 5 000 N/mm² | | N, L | |
| 圧縮強度 | 基本チャート用解析の設定に対して−10, ±0, ＋10 N/mm² | 50 N/mm² | | N | |
| | | 500 N/mm² | | N | |
| | | 5 000 N/mm² | | N | |
| 線膨張係数 | 基本チャート用解析の設定に対して−4, ±0, ＋5×10⁻⁶/℃ | 50 N/mm² | | N, L | |
| | | 500 N/mm² | N, L | N, M, L, BB | N, L |
| | | 5 000 N/mm² | | N, L | |

　記号　N：普通ポルトランドセメント，M：中庸熱ポルトランドセメント，L：低熱ポルトランドセメント
　　　　BB：高炉セメント B 種，FB：フライアッシュセメント B 種

条件とした．また，同じ単位セメント量における圧縮強度の設定は－10，±0，＋10 N/mm² の 3 条件，線膨張係数は－4，±0，＋5×10⁻⁶/℃の 3 条件とした．

部材モデルの形状は，付 14 の付表 14.7 のうち wall2，wall4，wall5，wall6，wall8 とした．その他の解析条件は，基本チャート作成用の解析と同じとした．詳細は付 14 を参照されたい．

## 15.3 解析結果の概要
### 15.3.1 打込み温度の影響

解析結果の一例として，打込み温度が 10，20，30 ℃で外気温もこれと等しい場合における部材中心部の温度履歴，温度応力，応力強度比の算定結果を付図 15.1～15.3 に示す．コンクリートは普通ポルトランドセメントを用い，単位セメント量を 350 kg/m³ としている．解析モデルは，壁状部材のうち wall5（壁厚 2 m，高さ 4 m，打込み長さ 25 m）である．

部材中心部の温度履歴については付図 15.1 に示すように，当然ながら打込み温度が高いほど最高温度は高くなる．打込み温度と最高温度の差である温度上昇量（＝温度降下量）を比較すると，10 ℃の場合，43.5 ℃，20 ℃の場合，47.1 ℃，30 ℃の場合，48.3 ℃となり，10 ℃が最も低く，20 ℃と 30 ℃ではほぼ同等であった．

部材中心部の軸方向に発生する温度応力については，付図 15.2 に示すように，いずれも温度上昇に伴い圧縮側に推移し，その後の温度降下に伴い引張側に移行している．最終的な引張応力は，10 ℃と 30 ℃がほぼ同等で，20 ℃の場合がやや大きい値となった．打込み温度が高いほど温度上昇量が大きく，コンクリートの圧縮強度（ヤング係数）も早く発現することから，昇温時に大きな圧縮応力が導入される．温度上昇量が大きいと温度降下量も大きく引張応力の発生も大きくなるが，大きな圧縮応力が導入される効果があるため，結果として 20 ℃の場合に比べて若干ではあるが，引張応力が小さくなったものと考えられる．逆に，打込み温度が低い 10 ℃の場合は，20 ℃の場合に比べて温度上昇が小さく昇温時の圧縮応力の導入が小さいが，温度降下量も小さく引張応力の発生が小さく，結果として 20 ℃の場合よりやや小さくなったと考えられる．

応力強度比の履歴は付図 15.3 に示すとおりであり，付図 15.2 の傾向に，温度によって引張強度発現が異なる影響が現れている．打込み温度と外気温が同じ場合，打込み温度 20 ℃と 10 ℃の場合はほぼ同等の応力強度比で，30 ℃の場合は若干小さな応力強度比となっている．

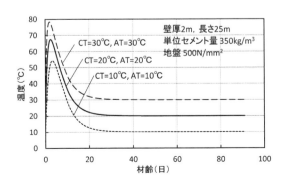

付図 15.1　打込み温度が部材中心部の温度履歴に及ぼす影響

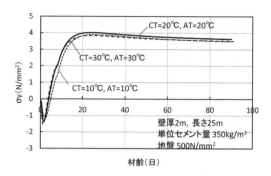

付図 15.2　打込み温度が部材中心部の応力履歴に及ぼす影響

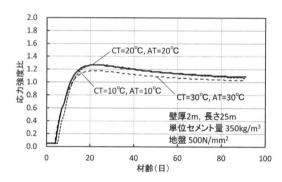

付図 15.3　打込み温度が部材中心部の応力強度比に及ぼす影響

以下，壁状部材において，打込み温度を 10, 20, 30℃とした場合の，20℃に対する応力強度比との比較を付図 15.4 に示す．打込み温度（＝外気温）の影響は，解析モデルなどの形状の違いや地盤の剛性により若干傾向は異なるが，付図 15.4 によれば，打込み温度および外気温を 20℃として評価することで，おおよそ安全側の評価が可能であることがわかる．このため，打込み温度および外気温が 20℃以外の場合についても，打込み温度および外気温が 20℃の条件で作成した基本チャートを適用できることとした．

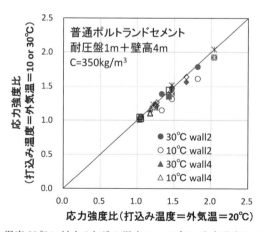

付図 15.4　打込み温度 20℃に対する打込み温度 10, 30℃の応力強度比の比較（壁状部材）

## 15.3.2 打込み温度と外気温の差の影響

　一般的に，コンクリートの打込み温度は外気温よりも3～5℃程度高くなる傾向である．基本チャートは打込み温度と外気温がともに20℃としているので，この温度差に対する補正が必要となる．

　ここでは，外気温度を20℃とし，打込み温度の設定を15, 20, 25, 30℃とした場合の部材中心部の温度履歴，温度応力，応力強度比の算定結果を付図15.5～15.7に示す．コンクリートは，普通ポルトランドセメントを用い，単位セメント量を350 kg/m³としている．解析モデルは，壁状部材のうちwall5（壁厚2 m，高さ4 m，打込み長さ25 m）である．

　温度履歴については，付図15.5に示すように，外気温に対して打込み温度が高いほど最高温度は高くなる傾向が認められる．ただし，打込み温度からの温度上昇量の差は，わずかなものであった．一方，最高温度から一定温度になるまでの温度降下量に着目すると，打込み温度が高いほど大きくなっている．

　応力履歴については，付図15.6に示すように，いずれも温度上昇に伴い圧縮側に推移し，その後の温度降下に伴い引張側に移行するが，外気温に対して打込み温度が高いほど温度降下量が大きくなるため，引張応力は大きくなる傾向である．付図15.7に示すとおり，応力強度比も同様に大きくなる傾向にある．

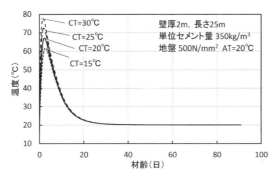

**付図 15.5**　打込み温度と外気温の差が部材中心部の温度履歴に及ぼす影響

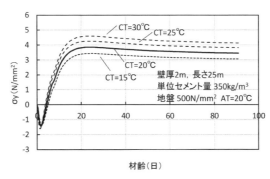

**付図 15.6**　打込み温度と外気温の差が部材中心部の応力履歴に及ぼす影響

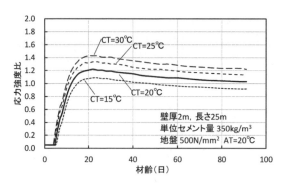

付図 15.7　打込み温度と外気温の差が部材中心部の応力強度比に及ぼす影響

　壁状部材において外気温 20 ℃一定で，打込み温度 20 ℃の場合に対して，打込み温度が異なる場合の応力強度比の差の検討結果を付図 15.8 に示す．付図 15.8（a）は単位セメント量を 350 kg/m³ とし，セメント種類を変えた場合，付図 15.8（b）は普通ポルトランドセメントを用いて，単位セメント量を 250，350，450 kg/m³ とした場合，付図 15.8（c）は部材形状および地盤の剛性を変えた場合を示している．いずれの場合も打込み温度が外気温に対して高いほど，応力強度比は直線的に大きくなる．温度差 5 ℃に対する応力強度比の変化量は 0.1～0.2 程度であり，壁厚，打込み長さなどの部材形状や地盤の剛性によって影響が若干異なる傾向を示した．すなわち，セメント種類の違いによる差異はあまり大きくなく，単位セメント量が小さいほど，また，地盤の剛性が大きいほど打込み温度と外気温の差の影響は大きくなった．
　このように，外気温に対して打込み温度が高いほど，応力強度比は直線的に大きくなるため，温度補正チャートによる補正が必要である．

付 15. 補正チャート用解析の概要 ― 301 ―

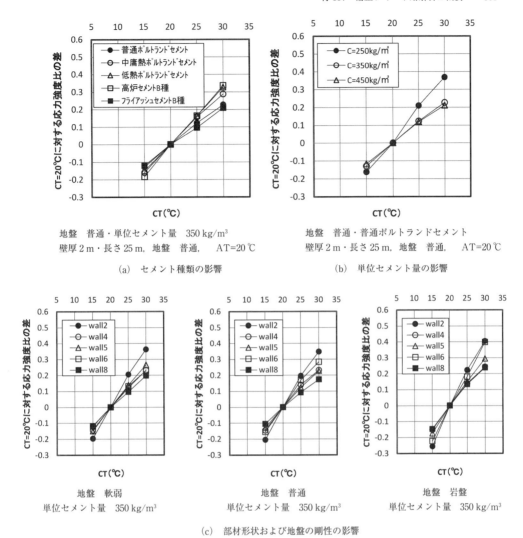

付図 15.8 打込み温度が異なる場合の打込み温度 20 ℃に対する応力強度比の差（外気温 20 ℃一定，壁状部材）

### 15.3.3 外気温の季節変化の影響

　外気温の季節変化が大きいとコンクリートの温度降下量が変わってくるため，応力強度比に影響を及ぼす．本指針 2008 年版において，季節変化が一定の割合で 1 か月，2 か月，3 か月の間で生じる場合について検討を行い，いずれも応力強度比に大きな違いはなく，1 か月後までの季節変化を考慮すれば，同等の結果が得られることが確認できている．そこで，今回の改定においても，1 か月後の外気温の季節変化を設定して算定することとした．

　打込み温度を 20 ℃とし，1 か月後の外気温の設定を －8，±0，+8 ℃とした場合の部材中心部の温度履歴，温度応力，応力強度比の算定結果を付図 15.9～15.11 に示す．コンクリートは，普通ポルトランドセメントを用い，単位セメント量を 350 kg/m³ としている．部材形状は，壁状部材のうち wall5（壁厚 2 m，高さ 4 m，打込み長さ 25 m）である．

温度履歴については，付図15.9に示すように，最高温度の差異はなく，材齢40日〜50日で外気温と内部温度がほぼ同じとなっている．このため，温度降下量は，1か月後の外気温が低いほど大きくなる．

応力履歴については，付図15.10に示すように，いずれも温度上昇に伴い圧縮側に推移し，その後の温度降下に伴い引張側に移行するが，1か月後の外気温が低いほど引張応力は大きくなる．これは，外気温が低いほど温度降下量が大きくなるためである．

応力強度比の算定結果を付図15.11に示す．1か月後の外気温が低いほど応力強度比は大きくなり，温度ひび割れの危険性が高くなる．また，1か月後の外気温が高くなれば，温度ひび割れの危険性は緩和される．外気温の季節変化の影響は，応力強度比が材齢20日程度でほぼ極大になった以降の変化として現れており，前述の打込み温度と外気温の差の影響に比べて影響度は小さくなっている．

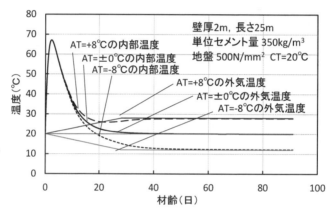

付図15.9　外気温の変化が部材中心部の温度履歴に及ぼす影響

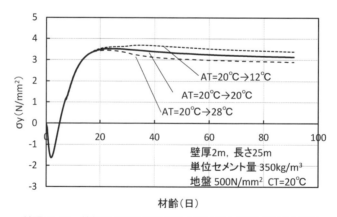

付図15.10　外気温の変化が部材中心部の応力履歴に及ぼす影響

付15．補正チャート用解析の概要 —303—

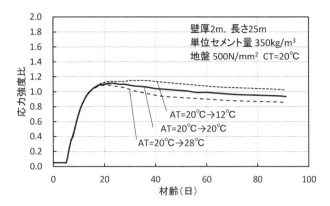

付図 15.11 外気温の変化が部材中心部の応力強度比に及ぼす影響

壁状部材において打込み温度を20℃とした場合の，外気温の変動条件に対する応力強度比の検討結果を付図15.12に示す．

付図15.12は，外気温20℃一定の場合に対して外気温が変化した場合の応力強度比の差について示している．本図に示すように，季節変動による外気温度の影響において，外気温が高くなる季節に打ち込む場合，応力強度比は小さくなり，外気温が低くなる季節には，応力強度比が大きくなる傾向がある．ここで，地盤剛性が 50 N/mm² と 500 N/mm² の場合は，1か月後の外気温変化 ±8℃に対して，応力強度比の差は－0.05～＋0.1の範囲にあり，全体的に小さな変化量である．しかし，地盤剛性が 5000 N/mm² の場合は，－0.15～＋0.3の範囲にあり，その差は大きくなる．一般に応力強度比の変化量は小さいものの，地盤剛性や部材形状によってはその影響が大きくなり，温度補正チャートによる補正が必要である．

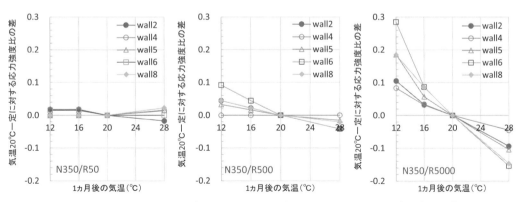

付図 15.12 外気温20℃一定の場合に対する外気温が変化した場合の応力強度比の差

### 15.3.4 コンクリート強度の影響

一般に，コンクリートの単位セメント量とコンクリート強度は一意的ではない．そこで，コンクリートの温度応力解析において，コンクリート強度が高いと応力強度は小さくなるが，単位セメント量が同じ場合のコンクリート強度が与える影響について，確認することとした．

ここでは，打込み温度を 20 ℃ とした場合の部材中心部の応力強度比の算定結果を付図 15.13 に示す．コンクリートは，普通ポルトランドセメントを用い，単位セメント量を 350 kg/m³ としている．部材形状は，壁状部材のうち wall5（壁厚 2 m，高さ 4 m，打込み長さ 25 m）である．

コンクリート強度が高い方が応力強度度比が小さくなる傾向にあるが，調合設計上，実強度が高くなる傾向であり安全側になることと，影響範囲が 10 % 程度であるため，コンクリート強度が ±10 N/mm² の範囲では影響は考えないものとした．

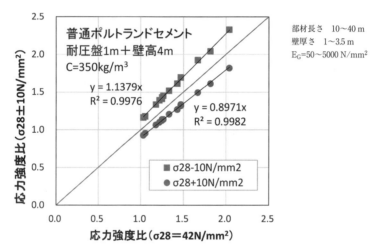

付図 15.13 打込み温度 20 ℃ に対する部材中心部の応力強度比の差（壁状部材）

### 15.3.5 線膨張係数の影響

部材の温度ひずみは，4.5 節に基づき線膨張係数 $\alpha$ より算定される．一般にコンクリートの線膨張係数は $10 \times 10^{-6}$/℃ と設定されることが多いが，使用される骨材や混和材の影響を考慮すると，その物性に応じた値を定めることが望ましい．そこで，コンクリートの温度応力解析において，線膨張係数が応力強度比に与える影響について算定することとした．

ここでは，打ち込むコンクリートの線膨張係数の設定を $10 \times 10^{-6}$/℃ とし，比較する値を $6 \times 10^{-6}$/℃ および $15 \times 10^{-6}$/℃ とした場合の応力強度比の計算結果から基本モデルと比較した結果を付図 15.14 に示す．ただし，高炉セメント B 種の設定は $12 \times 10^{-6}$/℃ とし，比較する値を $8 \times 10^{-6}$/℃ および $17 \times 10^{-6}$/℃ とした．

付図 15.14 (a) は単位セメント量を 350 kg/m³ とし，セメント種類を変えた場合，同図 (b) は普通ポルトランドセメントを用いて，単位セメント量を 250，350，450 kg/m³ とした場合，同図 (c) は部材形状および地盤の剛性を変えた場合を示している．いずれの場合も線膨張係数が大きい

ほど，応力強度比は直線的に大きくなる．線膨張係数 $1\times10^{-6}/℃$ に対する応力強度比の変化量は 0.08～0.16 程度であり，壁厚，打込み長さなどの部材形状や地盤の剛性によって影響が若干異なる傾向を示した．すなわち，セメントの種類や単位セメント量の影響自体はそれほど大きくないが，地盤の剛性が大きくなると，部材形状の影響が大きく影響する結果となっている．

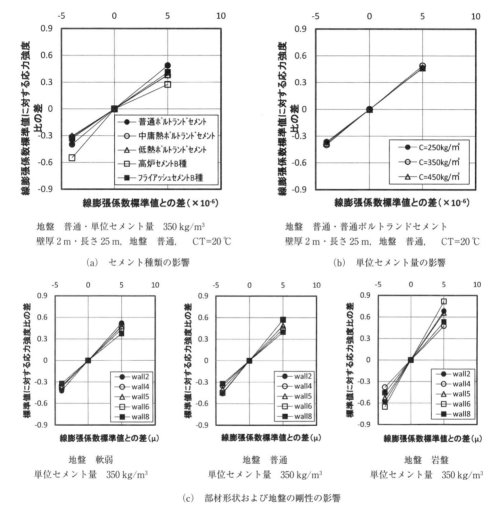

付図 15.14 線膨張係数の増減に対する応力強度比の差（壁状部材）

また，打ち込むコンクリートの線膨張係数の標準値に対して，$-4\times10^{-6}/℃$ および $+5\times10^{-6}/℃$ とした場合の応力強度比の計算結果を付図 15.15 に示す．同図から線膨張係数の標準値における応力強度比が大きくなるほど，それぞれの回帰直線の間隔が広がっていることがわかる．セメントの種類によらず，標準値で求めた応力強度比に対して線膨張係数の差に応じた比例配分で補正できると考えられる．

線膨張係数の標準値との差 $\Delta\alpha$ と線膨張係数の標準値を用いたときの応力強度比に対する比の関

係として整理した結果を付図15.16に示す．セメントの種類によらず，線膨張係数が標準値と異なる場合は，図中に示す（付15.1）式を用いて補正すればよい．

$$\phi = 0.0856 \cdot \Delta\alpha + 1 \qquad (付15.1)$$

ここに，$\phi$：コンクリートの線膨張係数による補正係数

$\Delta\alpha$：コンクリートの線膨張係数の標準値との差（$\times 10^{-6}$/℃）

（付15.1）式を用いて，応力強度比の解析値とチャート補正によって求めた値の比較について付図15.17に示す．同図から相関性が高いことが確認できる．

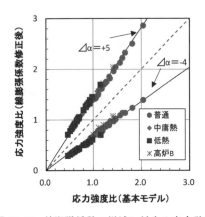 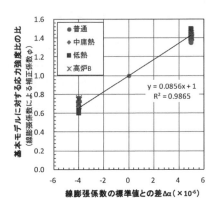

付図 15.15　線膨張係数の増減に対する応力強度比の影響（壁状部材）　　付図 15.16　線膨張係数の標準値との差 $\Delta\alpha$ が応力強度比に及ぼす影響

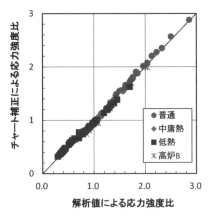

付図 15.17　線膨張係数の解析値とチャート補正値の比較（壁状部材）

# 付16. チャートの導出方法

## 16.1 はじめに

本指針では，4章「性能設計」で推奨する方法で，基本チャート用としてマットモデル405ケース，壁モデル855ケースの合計1260ケース，補正チャート用として打込み温度と外気温の温度差195ケース，外気温の年間変動195ケース，および線膨張係数の影響120ケースの合計510ケースについて，三次元FEM有限要素解析を行い，解析結果を基にチャートを作成している〔付14，付15参照〕．付16では，本指針で示した版状部材および壁状部材の，部材中央付近で最大となる温度上昇量および応力強度比を推定する基本チャートと，打込み温度と外気温の温度差，外気温の季節変動の影響を補正する補正チャートの導出について述べる．基本チャートは，セメントの種類ごとに作成することとし，まず，マスコンクリートの温度応力の原因となる温度変化量を予測し，この値に他のさまざまな条件を加味して応力強度比を推定する構成とした．補正チャートは，すべてのセメントの種類で補正チャートを作成すると煩雑になるため，共通で使用できるものを作成している．

本チャートは外気温20℃のもと，20℃で打ち込まれるコンクリートの解析結果から導出したものであるが，打込み温度が異なる場合でも，打込み温度と外気温が同じであれば解析結果がほぼ同等の評価になることを確認しているので，そのまま使用することができる〔付15参照〕．

## 16.2 版状部材の基本チャート
### 16.2.1 温度上昇量の推定
（1） 温度上昇量に及ぼす影響因子

マスコン部材の最高温度は，セメント種類，単位セメント量，部材厚さ，熱伝導率，熱伝達率，コンクリート打込み温度，外気温等，さまざまな要因が関わってくる．基本チャートでは，熱伝導率，熱伝達率等の物性値，コンクリート打込み温度（20℃）および外気温（20℃）は一定とした条件下で，セメント種類ごとに，単位セメント量，部材厚さが変化するときの最大温度上昇量を推定する．

（2） 最大温度上昇量の推定式

付14の解析結果の概要および付図16.1に示すように，最大温度上昇量は，単位セメント量および，部材厚さの対数と線形関係となる．このことを考慮し，（付16.1）式により，最大温度上昇量を推定した．推定式中の，定数項，部材厚 $\ln(H_M)$，単位セメント量 $C$ およびこれらの交互作用項 $C \times \ln(H_M)$ にかかる偏回帰係数 $a \sim d$ は，セメント種類ごとに，重回帰分析を行って決定した．重回帰分析結果の概要と，得られた偏回帰係数を付表16.1にまとめて示す．

付図16.2に，最大温度上昇量の解析値と推定値の対応を示す．両者はよく一致していることが

確認できる．(付16.1)式で最大温度上昇量の推定が可能であり，また，推定した最大温度上昇量を応力強度比の推定に用いても十分な精度が得られると考えられる．

$$T_{UP} = a + b \cdot \ln(H_M) + c \cdot C + d \cdot C \cdot \ln(H_M) \tag{付16.1}$$

ここに， $T_{UP}$：最大温度上昇量（℃）

$C$：単位セメント量（ton/m³）

$H_M$：部材厚さ（m）

$a, b, c, d$：セメント種類ごとに決まる係数

付表16.1 最大温度上昇量の推定式の偏回帰係数（版状部材）

| | 普通ポルトランドセメント | 中庸熱ポルトランドセメント | 低熱ポルトランドセメント | 高炉セメントB種 | フライアッシュセメントB種 |
|---|---|---|---|---|---|
| 重相関係数 | 0.994 | 0.997 | 0.999 | 0.996 | 0.997 |
| 残差自由度 | 77 | 77 | 77 | 77 | 77 |
| 残差標準偏差 | 1.213 | 0.833 | 0.510 | 1.119 | 0.933 |
| 説明変数名 | 偏回帰係数 ||||||
| 定数項：a | 1.795 | −1.001 | −5.566 | 2.586 | −1.279 |
| $\ln(H_M)$：b | 9.309 | 9.174 | 4.583 | 10.820 | 8.099 |
| $C$：c | 91.635 | 76.929 | 66.608 | 84.421 | 89.386 |
| $\ln(H_M) \times C$：d | 14.444 | 16.305 | 27.917 | 17.404 | 19.825 |

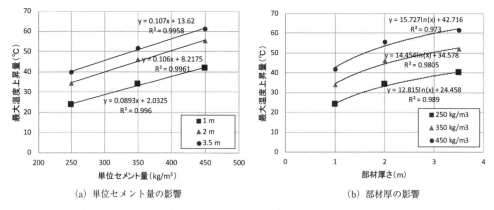

(a) 単位セメント量の影響　　　　　　(b) 部材厚の影響

付図16.1 最大温度上昇量に及ぼす影響（普通ポルトランドセメント）

（3） チャート

チャートは，(付16.1)式をグラフ表示し，部材厚さと単位セメント量の条件に応じて最大温度上昇量を推定できるようにしている．

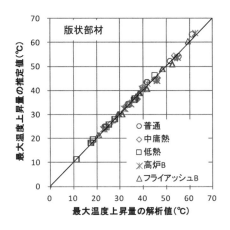

付図 16.2　最大温度上昇量の解析値と推定値の関係（版状部材）

### 16.2.2　最大応力強度比の推定

（1）最大応力強度比に及ぼす影響因子

マスコン部材に生じる温度応力は，最大温度上昇量，温度の降下量・降下速度，拘束体である地盤の剛性，被拘束体の断面寸法，部材の長さと高さの比等，さまざまな要因によって影響を受ける．また，コンクリートは弱材齢ほど強度や剛性が低く，またクリープが大きく応力が緩和されやすいなど，力学的特性の時間依存性が温度応力の算出を複雑にしている．応力強度比を求めるためには，時間とともに増大していく引張応力で温度応力を除すため，さらに複雑となる．しかし，付 14 のパラメトリックスタディーの結果を踏まえると，地盤剛性が大きいほど，部材の長さと高さの比率が大きいほど応力強度比が大きくなる等の一定の傾向が確認されている．これらのことを勘案し，応力強度比の推定式を検討するにあたり，付表 16.2 に示す各影響要因に対して説明変数の候補として考えた．

（2）最大応力強度比の推定式

付表 16.3 に示す説明変数およびこれらの交互作用項をつくり，重回帰分析を行い，セメント 5 種類で分散比が大きくなる共通の説明変数を選択して，最大応力強度比の推定式を求めた．

得られた推定式を(付 16.2)式に，重回帰分析結果の概要と得られた偏回帰係数を付表 16.3 に示す．

付図 16.3 に，（付 16.2）式で求めた値に安全側となるように調整値 $A$（付表 16.3 の最下行）0.05〜0.15 加算して得た応力強度比の推定値と，解析による応力強度比を比較して示す．両者の対応関係から，調整値 $A$ を用いることで，安全側に最大応力強度比を推定できることが確認できる．

$$\eta_0 = a \cdot T_{UP} + b \cdot \frac{T_{UP}^2}{1000} + c \cdot \frac{T_{UP}^3}{100000} + \left( \left( d/100 \cdot L_M/H_M + e \cdot \sqrt{L_M/H_M} \right) \cdot \frac{4E_G/E_c}{4E_G/E_c + 1} \right) \cdot T_{UP} + \frac{f}{W/C}$$

(付 16.2)

ここに，　　　$\eta_0$：最大応力強度比

　　　　　　　$T_{UP}$：最大温度上昇量（℃）

$H_M$：版状部材の部材厚さ（高さ）（m）

$L_M$：版状部材の部材長さ（m）

$E_G, E_C$：地盤剛性および版状部材の材齢28日のヤング係数（N/mm²）

$W/C$：版状部材の水セメント比（水結合材比）

$a, b, c, d, e, f$：セメント種類ごとに決まる係数

付表 16.2　版状部材の最大応力強度比を推定するための説明変数の候補

| 種　類 | 影響要因 |
|---|---|
| 温度変化 | ・最大温度上昇量：温度ひずみの大きさに直接的に関係<br>　→$T_{UP}, \ T_{UP}{}^2, \ T_{UP}{}^3$<br>・部材厚：温度降下や内部の温度分布変化の速さに関係<br>　→$H_M, \ \ln(H_M), \ \ln(H_M)^2, \ 1/H_M$ |
| 構成部材の剛性，剛性比，拘束度 | ・版状部材を拘束する地盤の剛性<br>　→$E_G, \ l_n(E_G)$<br>・版状部材の拘束度：断面剛性比に基づく拘束度　$E_G A_G/(E_G A_G + E_C A_M)$<br>　→地盤がマットコンクリートを拘束する程度を $A_G = A_M, \ A_G = 4A_M$ と仮定し，<br>　　$E_G/(E_G + E_C), \ 4E_G/(4E_G + E_C)$ |
| 部材形状 | ・　部材の長さと高さの比　$L_M/H_M, \ \sqrt{L_M/H_M}$ |
| 自己収縮 | ・　水セメント比　$W/C$ |
| 上記の交互作用項 | ・　二次〜三次の交互作用項 |

記号　$T_{UP}$：最大温度上昇量

　　　$H_M$：版状部材の部材厚さ（高さ）

　　　$L_M$：版状部材の部材長さ

　　　$E_G, \ E_C$：地盤剛性および版状部材の材齢28日のヤング係数

　　　$A_G, \ A_M$：地盤および版状部材の断面積

付表 16.3　最大応力強度比の推定式の偏回帰係数（版状部材）

| 目的変数：$\eta_0$ | 普通ポルトランドセメント | 中庸熱ポルトランドセメント | 低熱ポルトランドセメント | 高炉セメントB種 | フライアッシュセメントB種 |
|---|---|---|---|---|---|
| 重相関係数 | 0.996 | 0.996 | 0.994 | 0.995 | 0.997 |
| 残差自由度 | 75 | 75 | 75 | 75 | 75 |
| 残差標準偏差 | 0.079 | 0.055 | 0.050 | 0.095 | 0.064 |
| 説明変数名：係数 | 偏回帰係数 | | | | |
| $T_{UP}$：a | 0.016 | 0.017 | 0.021 | 0.027 | 0.013 |
| $\dfrac{T_{UP}{}^2}{1000}$：b | $-0.508$ | $-0.407$ | $-0.550$ | $-0.650$ | $-0.275$ |
| $\dfrac{T_{UP}{}^3}{100000}$：c | 0.293 | 0.233 | 0.425 | 0.380 | 0.076 |
| $\dfrac{L_M/H_M}{100} \cdot \dfrac{4E_G/E_C}{4E_G/E_C+1} \cdot T_{UP}$：d | 0.115 | 0.118 | 0.105 | 0.170 | 0.143 |
| $\sqrt{L_M/H_M} \cdot \dfrac{4E_G/E_C}{4E_G/E_C+1} \cdot T_{UP}$：e | 0.012 | 0.008 | 0.008 | 0.011 | 0.011 |
| $\dfrac{1}{W/C}$：f | 0.157 | 0.028 | $-0.012$ | 0.031 | 0.088 |
| 調整値：A | 0.10 | 0.075 | 0.05 | 0.15 | 0.10 |

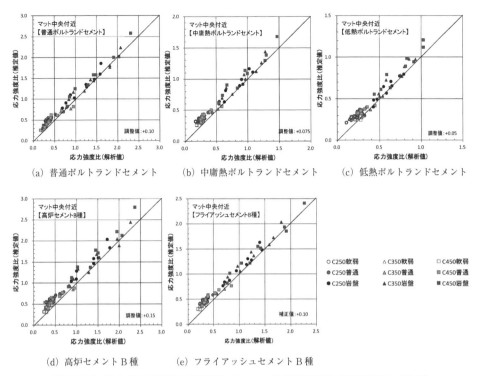

**付図 16.3** 最大応力強度比の解析値とチャート推定値の比較（版状部材中心付近）

（3） チャート

（付 16.2）式に，評価結果を安全側に調整する調整値 $A$ を加え，説明変数を分類整理すると（付 16.3）式が得られる．チャートは，まず（付 16.3）式の下線 X1 を求め，これを用いて X2 を求め，さらに X2 を用いて X3 を求める形とし，それぞれ第 1, 2, 3 象限に表した．

$$\eta_0 = a \cdot T_{UP} + b \cdot \frac{T_{UP}^2}{1000} + c \cdot \frac{T_{UP}^3}{100000} + \underbrace{\underbrace{\left( (d/100 \cdot L_M/H_M + e \cdot \sqrt{L_M/H_M}) \cdot \frac{4E_G/E_C}{4E_G/E_C+1} \right)}_{X1} \cdot T_{UP} + \frac{f}{W/C} + A}_{X3}$$

(付 16.3)

$$\begin{cases} X1 = (d/100 \cdot L_M/H_M + e \cdot \sqrt{L_M/H_M}) \cdot \dfrac{4E_G/E_C}{4E_G/E_C+1} \\ X2 = a \cdot T_{UP} + b \cdot \dfrac{T_{UP}^2}{1000} + c \cdot \dfrac{T_{UP}^3}{100000} + X1 \cdot T_{UP} \\ X3 = X2 + \dfrac{f}{W/C} + A \end{cases}$$

## 16.3 壁状部材の基本チャート

### 16.3.1 温度上昇量の推定

（1） 温度上昇量に及ぼす影響因子

壁状部材に関しても版状部材と同様に，基本チャートでは熱伝導率，熱伝達率等，コンクリート打込み温度（20℃）および外気温（20℃）は一定の条件とし，セメント種類ごとに単位セメント

量，部材厚さが変化するときの最大温度上昇量を推定する.

（2） 最大温度上昇量の推定式

壁状部材の最大温度上昇量は，部材厚さ（幅）だけではなく部材高さにも影響を受ける．したがって，最高温度の推定精度を高めるために，版状部材で用いた変数に部材断面積 $A_W$ も説明変数に加え重回帰分析を行い，重相関係数の高くなる説明変数を選択し，（付 16.4）式を得た．推定式中の偏回帰係数 $a \sim f$ を，セメント種類ごとに付表 16.4 に示す.

付図 16.4 に，最大温度上昇量の解析値と推定値の対応を示す．参考に，版状部材の最大温度上昇量の推定で用いた（付 16.1）式で推定した場合も併せて示す．（付 16.4）式を採用することで，解析値と推定値はよく一致することが確認できる．したがって，（付 16.4）式による最大温度上昇量を応力強度比の推定に用いることにした.

$$T_{UP} = a + b \cdot \ln(D_W) + c \cdot C + d \cdot C \cdot \ln(D_W) + e \cdot A_W + f \cdot D_W \qquad （付 16.4）$$

ここに，　　　　　　$T_{UP}$：最大温度上昇量（℃）

　　　　　　　　　　$C$：単位セメント量（ton/m³）

　　　　　　　$A_W$：部材断面積（m²）

　　　　　　　$D_W$：部材厚さ（m）

$a, b, c, d, e, f$：セメント種類ごとに決まる係数

付表 16.4　最大温度上昇量の推定式の偏回帰係数（壁状部材）

|  | 普通ポルトランドセメント | 中庸熱ポルトランドセメント | 低熱ポルトランドセメント | 高炉セメントB種 | フライアッシュセメントB種 |
|---|---|---|---|---|---|
| 重相関係数 | 0.998 | 0.999 | 0.999 | 0.998 | 0.999 |
| 残差自由度 | 165 | 165 | 165 | 165 | 165 |
| 残差標準偏差 | 0.682 | 0.502 | 0.459 | 0.647 | 0.474 |
| 説明変数名 | 偏回帰係数 | | | | |
| 定数項：a | 7.162 | 2.251 | −4.502 | 7.203 | 2.883 |
| $\ln(H_M)$：b | 20.007 | 16.108 | 5.682 | 19.981 | 17.121 |
| $C$：c | 99.466 | 84.338 | 71.856 | 92.625 | 97.493 |
| $\ln(H_M) \times C$：d | 8.926 | 11.460 | 24.620 | 11.633 | 13.710 |
| $A_W$：e | 1.019 | 1.011 | 0.930 | 1.146 | 1.027 |
| $D_W$：f | −9.844 | −7.927 | −4.977 | −9.659 | −8.898 |

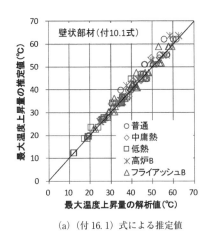
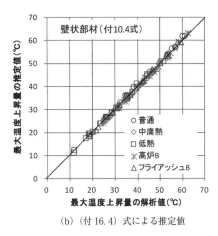

(a) (付 16.1) 式による推定値　　　(b) (付 16.4) 式による推定値

**付図 16.4** 最大温度上昇量の解析値と推定値の関係（壁状部材）

（3）チャート

(付 16.4) 式の説明変数を分類整理して，(付 16.5) 式に示す下線 X1 を第 1 象限で表し，第 2 象限で最大温度上昇量（X 軸）を求めるチャートとした．

$$T_{UP} = a + \underbrace{b \cdot \ln(D_W) + c \cdot C + d \cdot C \cdot \ln(D_W) + f \cdot D_W}_{X1} + \underbrace{e \cdot A_W}_{X2} \tag{付 16.5}$$

### 16.3.2　最大応力強度比の推定

（1）最大応力強度比に及ぼす影響因子

壁状部材の最大応力強度比の推定は，版状部材と地盤からの拘束を受けるため，版状部材の場合に比べ，さらに複雑になる．壁状部材が外部から拘束される程度は，構成要素である壁状部材，版状部材および地盤の剛性，断面積比や，部材形状，温度上昇量などによって異なってくる．付 14 のパラメトリックスタディーの結果を踏まえると，地盤剛性が大きいほど，部材の長さと高さの比率が大きいほど，版状部材の部材厚が大きいほど応力強度比が大きくなる等の一定の傾向が確認されているが，各要因が複雑に関係してきており，単純な定式化は困難である．これらのことを勘案して，付表 16.5 に示す各影響要因（記号：付図 16.5）を説明変数の候補として考えた．

**付表 16.5　壁状部材の最大応力強度比を推定するための説明変数の候補**

| 種　類 | 影響要因 |
|---|---|
| 温度変化 | ・最大温度上昇量：温度ひずみの大きさに直接的に関係<br>　→$T_{UP}$, $T_{UP}^2$, $T_{UP}^3$<br>・部材厚：温度降下や内部の温度分布変化の速さに関係<br>　→$D_W$, $\ln(D_W)$, $\ln(D_W)^2$, $1/D_W$ |
| 構成部材の剛性，剛性比，拘束度 | ・壁状部材，版状部材を拘束する地盤の剛性<br>　→$E_G$, $\ln(E_G)$<br>・壁状部材，版状部材，地盤の断面剛性比　$(E_G A_G + E_C A_M)/(E_G A_G + E_C A_M + E_C A_W)$<br>　$A_G=A_M$, $A_G=4A_M$, $A_G=A_M+A_W$ と仮定し，<br>　　$(4E_G A_M + E_C A_M)/(4E_G A_M + E_C A_M + E_C A_W) = (4E_G + E_C)/(4E_G + E_C + E_C \cdot A_W/A_M)$,<br>　　$(E_G A_M + E_C A_M)/(E_G A_M + E_C A_M + E_C A_W) = (E_G + E_C)/(E_G + E_C + E_C \cdot A_W/A_M)$<br>　　$(E_G(A_M+A_W) + E_C A_M)/(E_G(A_M+A_W) + E_C A_M + E_C A_W)$<br>　　　$= (E_G + E_C A_M/(A_M+A_W))/(E_G + E_C)$<br>・版状部材の地盤からの拘束度　$E_G A_G/(E_G A_G + E_C A_M)$<br>　→地盤がマットコンクリートを拘束する程度を $A_G=A_M$, $A_G=4A_M$ と仮定し，<br>　$E_G/(E_G+E_C)$, $4E_G/(4E_G+E_C)$<br>・版状部材と壁状部材の断面積比<br>　→$A_M/(A_M+A_W)$ |
| 部材形状 | ・　部材の長さと高さの比　$L_W/H_W$ |
| 自己収縮 | ・　水セメント比　$W/C$ |
| 交互作用 | ・　上記各項目の 2～3 次の交互作用項 |

記号　$T_{UP}$：最大温度上昇量
　　　$H_M$：版状部材の部材厚さ（高さ）
　　　$L_M$：版状部材の部材長さ
　　　$E_G$, $E_C$：地盤剛性およびコンクリートの
　　　　　　　材齢 28 日のヤング係数
　　　$A_G$, $A_M$：地盤および版状部材の断面積

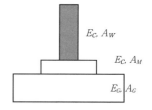

**付図 16.5　壁状部材のモデル（記号）**

（2）　最大応力強度比の推定式

付表 16.5 に示す説明変数およびこれらの交互作用項をつくり重回帰分析を行い，セメント 5 種類に対して共通で分散比が大きくなる説明変数を選択して最大応力強度比の推定式を求めた．なお，説明変数の選定においては，チャート化できることも考慮した．

得られた推定式を(付 16.6)式に，重回帰分析結果の概要と得られた偏回帰係数を付表 16.6 に示す．

付図 16.6 に，(付 16.6) 式で求めた値に安全側となるように調整値 $A$（付表 16.6 の最下行）0.075～0.15 加算して得た応力強度比の推定値と，解析による応力強度比を比較して示す．両者の対応関係から，調整値 $A$ を用いることで，安全側に最大応力強度比を推定できることがわかる．

$$\eta_0 = a + \left( c\frac{1}{1+A_W/A_M} + d\frac{E_G/E_C + \dfrac{1}{1+A_W/A_M}}{1+E_G/E_C} + e\frac{4E_G/E_C}{4E_G/E_C+1} \right) L_W/H_W + \frac{(f+g \cdot T_{UP})}{W/C} + b \cdot T_{UP}$$

（付 16.6）

ここに，　　　　　　　　$\eta_0$：最大応力強度比

$D_W$：部材厚さ（m）

$T_{UP}$：最大温度上昇量（℃）

$H_W$：壁状部材の部材高さ（m）

$L_W$：壁状部材の部材長さ（m）

$E_G, E_C$：地盤剛性およびコンクリートの材齢 28 日のヤング係数（N/mm²）

$A_M, A_W$：それぞれ版状部材，壁状部材の断面積（m²）

$W/C$：コンクリートの水セメント比

$a, b, c, d, e, f, g$：セメント種類ごとに決まる係数

付表 16.6　最大応力強度比の推定式の偏回帰係数（壁状部材）

| 目的変数：$\eta_0$ | 普通ポルトランド<br>セメント | 中庸熱ポルトランド<br>セメント | 低熱ポルトランド<br>セメント | 高炉セメント<br>B種 | フライアッシュ<br>セメントB種 |
|---|---|---|---|---|---|
| 重相関係数 | 0.957 | 0.958 | 0.952 | 0.950 | 0.952 |
| 残差自由度 | 164 | 164 | 164 | 164 | 164 |
| 残差標準偏差 | 0.105 | 0.074 | 0.065 | 0.117 | 0.112 |
| 説明変数名 | 偏回帰係数 | | | | |
| 定数項：a | $-0.587$ | $-0.445$ | $-0.431$ | $-0.714$ | $-0.467$ |
| $T_{UP}$：b | 0.007 | 0.016 | 0.022 | 0.022 | 0.009 |
| $\dfrac{1}{1+A_W/A_M} \cdot L_W/H_W$：c | $-0.281$ | $-0.271$ | $-0.271$ | $-0.327$ | $-0.374$ |
| $\dfrac{E_G/E_C+\dfrac{1}{1+A_W/A_M} \cdot L_W/H_W}{1+E_G/E_C}$：d | 0.335 | 0.316 | 0.307 | 0.383 | 0.424 |
| $\dfrac{4E_G/E_C}{4E_G/E_C+1} \cdot L_W/H_W$：e | 0.086 | 0.048 | 0.020 | 0.088 | 0.078 |
| $\dfrac{1}{W/C}$：f | 1.218 | 0.673 | 0.433 | 1.274 | 0.945 |
| $\dfrac{T_{UP}}{W/C}$：g | $-0.013$ | $-0.011$ | $-0.009$ | $-0.018$ | $-0.01$ |
| 調整値：A | 0.10 | 0.10 | 0.075 | 0.10 | 0.15 |

— 316 — 付　　録

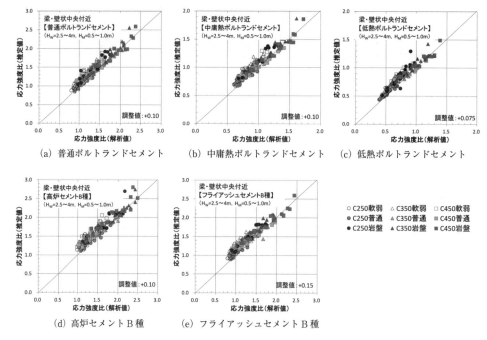

付図 16.6　最大応力強度比の解析値とチャートの推定値の比較（壁状部材）

（3）チャート

（付 16.6）式に評価結果を安全側に調整する調整値 $A$ を加え，説明変数を分類整理すると（付 16.7）式が得られる．チャートは，付 16.7 式の下線 X1 を用いて X2 を求め，別途，最大温度上昇量 $T_{UP}$ と $W/C$ から X3 を求め，X2 と X3 を加えることで X4 として応力強度比を求める構成としている．

$$\eta_0 = a + \underbrace{\left( c\frac{1}{1+A_W/A_M} + d\frac{E_G/E_C + \frac{1}{1+A_W/A_M}}{1+E_G/E_C} + e\frac{4E_G/E_C}{4E_G/E_C+1} \right)}_{X1} \underbrace{L_W/H_W + \underbrace{\frac{(f+g \cdot T_{UP})}{W/C} + b \cdot T_{UP}}_{X3} + A}_{X2}$$

（付 16.7）

$$\begin{cases} X1 = c\dfrac{1}{1+A_W/A_M} + d\dfrac{E_G/E_C + \dfrac{1}{1+A_W/A_M}}{1+E_G/E_C} + e\dfrac{4E_G/E_C}{4E_G/E_C+1} \\ X2 = a + X1 \cdot L_W/H_W + A \\ X3 = \dfrac{(f+g \cdot T_{UP})}{W/C} + b \cdot T_{UP} \\ X4 = X2 + X3 \end{cases}$$

## 16.4 温度に関する補正チャート

付15に示す打込み温度と外気温が異なる場合の温度応力解析の結果を基に,付図16.7に示すような打込み温度と外気温の差がある場合,および打込み後の外気温の季節変化があるような場合について,応力強度比の補正値を求めるための補正チャートを作成した.これらの温度による補正チャートは,打込み温度 $T_0$,外気温 $T_e$ として,コンクリートと外気温の温度差 $\Delta T_0$(= 打込み時のコンクリート温度 $T_0$ − 打込み時の外気温 $T_e$),外気温の季節変動による変化量 $\Delta T_e$(=1か月後の外気温 $T_{e28}$ − 打込み時の外気温 $T_{e0}$)と,基本チャートにおける最大温度上昇量,部材形状や拘束条件等の条件から求めている.

温度補正チャートの作成にあたっては,地盤と比べて外気との接触面積が大きく,外気温の影響を受けやすいと考えられる壁状部材の解析結果を用いている.版状部材に関しては,壁状部材で作成した補正チャートを適用すれば安全側の評価となることを確認しているので,壁状部材と同じ補正チャートを使用すればよい.また,それぞれの補正値は,重ね合わせて使用することができる.

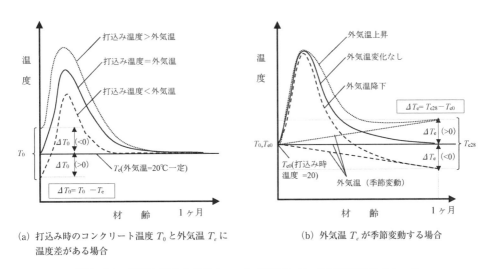

(a) 打込み時のコンクリート温度 $T_0$ と外気温 $T_e$ に温度差がある場合

(b) 外気温 $T_e$ が季節変動する場合

**付図 16.7** 温度に関する補正チャートで想定している温度履歴のイメージ

### 16.4.1 打込み温度 $T_0$ と外気温 $T_e$ に温度差 $\Delta T_0$ がある場合の応力強度比の補正値 $\Delta \eta_1$

(1) 最大応力強度比に及ぼす影響因子

コンクリート温度と外気温が異なると,部材の温度上昇量や温度降下量に違いが生じるため,温度応力にも直接的に影響してくる.また,同じ温度変化量でも,基本チャートの検討結果から得られたように,部材断面や長さ高さ比などの形状や,地盤や拘束部材からの拘束度によって応力強度比の変化量は異なると推測される.

付表16.7に,応力強度比の補正値 $\Delta \eta_1$ に影響してくると考えられる要因と説明変数の候補を示す.基本チャート(打込み温度20℃,外気温20℃)における最大温度上昇量 $T_{UP}$ や,打込み時のコンクリートの打込み温度 $T_0$ と外気温 $T_e$ の温度差 $\Delta T_0 (= T_0 − T_e)$,基本チャートで考慮した各種の影響因子(記号:付図16.8)を,説明変数の候補とした.

**付表 16.7 打込み温度と外気温の差による最大応力強度比の補正のための説明変数の候補**

| 種　類 | 影響要因 |
|---|---|
| 温度変化 | ・温度上昇量，温度降下量：温度ひずみの大きさに直接的に関係<br>→$T_{UP}$, $\Delta T_0$, $\Delta T_0^2$, $\Delta T_e$, $\Delta T_e^2$ |
| 構成部材の剛性，剛性比拘束度 | ・壁状部材，版状部材を拘束する地盤の剛性<br>→$E_G$, $E_G^{0.5}$, $\ln(E_G)$<br>・壁状部材，版状部材，地盤の断面剛性比　$(E_G A_G + E_C A_M)/(E_G A_G + E_C A_M + E_C A_W)$<br>→$A_G = A_M$, $A_G = 4A_M$, $A_G = A_M + A_W$ と仮定し，<br>　$(4E_G A_M + E_C A_M)/(4E_G A_M + E_C A_M + E_C A_W) = (4E_G + E_C)/(4E_G + E_C + E_C \cdot A_W/A_M)$,<br>　$(E_G A_M + E_C A_M)/(E_G A_M + E_C A_M + E_C A_W) = (E_G + E_C)/(E_G + E_C + E_C \cdot A_W/A_M)$,<br>　$(E_G (A_M + A_W) + E_C A_M)/(E_G (A_M + A_W) + E_C A_M + E_C A_W)$<br>　　$= (E_G + E_C A_M/(A_M + A_W))/(E_G + E_C)$<br>・版状部材の地盤からの拘束度　$E_G A_G/(E_G A_G + E_C A_M)$<br>→地盤がマットコンクリートを拘束する程度を $A_G = A_M$, $A_G = 4A_M$ と仮定し，<br>　$E_G/(E_G + E_C)$, $4E_G/(4E_G + E_C)$<br>・版状部材と壁状部材の断面積比<br>→$A_M/(A_M + A_W)$ |
| 部材形状 | ・部材の長さと高さの比　$L/H$ |
| 自己収縮 | ・水セメント比　$W/C$ |
| 上記の交互作用項 | ・2〜3次の交互作用項 |

記号　　$T_{UP}$：温度上昇量
　　　　$L_M$：部材の部材長さと部材の部材高さの比
　　　　$E_G$, $E_C$：地盤剛性およびコンクリートの材齢28日の
　　　　　　ヤング係数
　　　　$A_G$, $A_M$：地盤および版状部材の断面積

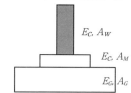

付図 16.8　壁状部材のモデル（記号）

（2）打込み温度 $T_0$ と外気温 $T_e$ に温度差 $\Delta T_0$ がある場合の応力強度比の補正値 $\Delta\eta_1$ の推定式

セメントの種類ごとに応力強度比の補正値を推定すると，簡易に評価することを目的としているチャートによる検討が煩雑なものになってしまう．そこで，全てのセメントの解析値を目的変数とし，付表16.7に示した説明変数と，これらの交互作用項を説明変数として重回帰分析を行い，分散比が大きくなる説明変数を選択することで，共通の応力強度比の補正値式を求めた．

推定式を（付16.8）式に，重回帰分析結果の概要と得られた係数を付表16.8に示す．

付図16.9に，コンクリートの打込み温度 $T_0$ と外気温 $T_e$ に温度差 $\Delta T_0$ がある場合の，基準条件（打込み温度20℃，外気温20℃）における応力強度比の値に対する差 $\Delta\eta_1$ について，解析値と（付16.8）式による推定値で比較して示す．いずれのセメント種類においても，両者はよく対応していることがわかる．

$$\Delta\eta_1 = \left(a + \frac{b}{100} \cdot L/H + c \cdot \frac{E_G/E_C}{4E_G/E_C + 1} \cdot L/H + \frac{d}{W/C} + e \cdot \ln(D_W)\right) \cdot \Delta T_0 \quad （付16.8）$$

ここに，　　　$\Delta\eta_1$：外気温と基準温度が異なる場合の応力強度比の補正値

$L/H$：部材の長さと高さの比
$E_G, E_C$：地盤剛性およびコンクリートの材齢28日のヤング係数（N/mm²）
$W/C$：コンクリートの水セメント比
$D_W$：部材厚さ（壁状部材は壁厚，版状部材は版厚）
$\Delta T_0$：打込み時のコンクリート温度 $T_0$ － 外気温 $T_e$（℃）
$a, b, c, d, e$：定数

付表 16.8　最大応力強度比の推定式の偏回帰係数（壁状部材）

| 目的変数 | $\Delta\eta_1$ | |
|---|---|---|
| 重相関係数 | 0.986 | |
| 残差自由度 | 254 | |
| 残差標準偏差 | 0.034 | |
| 説明変数名 | 分散比 | 偏回帰係数 |
| $\Delta T_0 : a$ | 568.8154 | 0.058 |
| $\dfrac{L/H}{100} \cdot \Delta T_0 : b$ | 38.8547 | 0.094 |
| $\dfrac{E_G/E_C}{4E_G/E_C+1} \cdot L/H \cdot \Delta T_0 : c$ | 54.692 | 0.011 |
| $\dfrac{\Delta T_0}{W/C} : d$ | 144.8906 | −0.013 |
| $\ln(D_W) \cdot \Delta T_0 : e$ | 250.8771 | −0.014 |

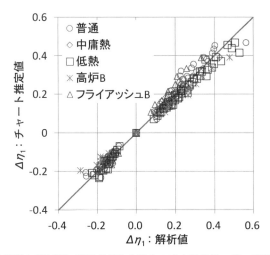

付図 16.9　打込み温度と外気温に温度差がある場合の応力強度比の差の解析値と推定値の比較

## （3） チャート

　（付 16.8）式の変数を整理して，（付 16.9）式の下線 $X1$，$X2$，$X3$，$X4$ をチャートのそれぞれ 1,2,3,4 象限に表し，コンクリートの打込み温度 $T_0$ と外気温 $T_e$ の差 $\Delta T_0$ による応力強度比の補正値 $\Delta\eta_1$ を求めるチャートを作成した．なお，基本チャートでばらつきを考慮して安全側となるようにしているため，補正チャートでは安全側となるよう補正はしていない．

$$\Delta\eta_1 = \left( \underbrace{a + \frac{b}{100} \cdot L/H + c \cdot \frac{E_G/E_C}{4E_G/E_C + 1} \cdot L/H}_{X1} + \underbrace{\frac{d}{W/C}}_{X2} + \underbrace{e \cdot \ln(D_W)}_{X3} \right) \cdot \underbrace{\Delta T_0}_{X4} \quad \text{(付 16.9)}$$

$$\begin{cases} X1 = a + \dfrac{b}{100} \cdot L/H + c \cdot \dfrac{E_G/E_C}{4E_G/E_C + 1} \cdot L/H \\[2ex] X2 = X1 + \dfrac{d}{W/C} \\[2ex] X3 = X2 + e \cdot \ln(D_W) \\[2ex] X4 = X3 \cdot \Delta T_0 \end{cases}$$

## 16.4.2　外気温 $T_e$ が季節変動する場合の応力強度比の補正値 $\Delta\eta_2$

### （1）　影響因子および推定式

　外気温の季節変化の大きさは，地域で異なるが最大でも 1 月あたり 8℃未満〔解説表 5.4 参照〕となっている．季節変化による応力強度比の変化には，温度変化量や，部材形状や拘束度などが影響すると考えられることから，付表 16.7 と同じ変数を説明変数とし，全てのセメントの解析結果を目的変数として重回帰分析を行った．分散比が大きくなる説明変数を選択して外気温が季節変動するときの応力強度比の変化量を推定する式を求めた．

　推定式を（付 16.10）式に，重回帰分析結果の概要と得られた係数を付表 16.9 に示す．推定式中の，係数 $a\sim e$（偏回帰係数）は，全てのセメントで共通の係数である．

　付図 16.10 に，外気温が変化するときの基準条件（打込み温度 20℃，外気温 20℃）に対する応力強度比の差 $\Delta\eta_2$ について，解析値と推定値を比較して示す．両者はよく対応していることが確認できる．

$$\Delta\eta_2 = \frac{a}{10} \cdot \Delta T_e{}^2 + \left( \frac{b}{10} \cdot L/H + \frac{c}{100} \cdot T_{UP} + \frac{d}{100} \cdot \sqrt{E_G} + \frac{e}{1000} \cdot \sqrt{E_G} \cdot T_{UP} \right) \cdot \Delta T_e$$

$$\text{(付 16.10)}$$

ここに，　　　$\Delta\eta_2$：外気温と基準温度異なる場合の応力強度比の補正値

　　　　　　　$\Delta T_e$：打込み時から 1 か月後の外気温の変化（$T_0 - T_{28}$）（℃）

　　　　　　　$L/H$：部材の長さと高さの比

　　　　　　　$T_{UP}$：基本チャートの最大温度上昇量（℃）

　　　　　　　$E_G$：地盤剛性（N/mm²）

　　　　$a, b, c, d, e$：定数

付表 16.9　最大応力強度比の推定式の偏回帰係数

| 目的変数 | $\Delta\eta_2$ | |
|---|---|---|
| 重相関係数 | 0.951 | |
| 残差自由度 | 255 | |
| 残差標準偏差 | 0.019 | |
| 説明変数名 | 分散比 | 偏回帰係数 |
| $\dfrac{\Delta T_e{}^2}{10} : a$ | 52.811 | 0.002 |
| $\dfrac{L/H}{10} \cdot \Delta T_e : b$ | 332.979 | −0.014 |
| $\dfrac{T_{UP}}{100} \cdot \Delta T_e : c$ | 253.6024 | 0.024 |
| $\dfrac{\sqrt{E_G}}{100} \cdot \Delta T_e : d$ | 33.9657 | −0.014 |
| $\dfrac{\sqrt{E_G} \cdot T_{UP}}{1000} \cdot \Delta T_e : e$ | 20.5083 | −0.003 |

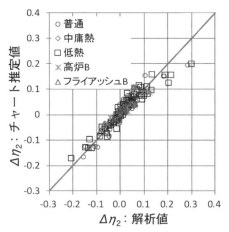

付図 16.10　外気温が季節変動する場合の応力強度比の差の解析値と推定値の比較

（2）チャート

（付 16.10）式の変数を整理し，（付 16.11）式の下線 X1，X2，X3 をチャートのそれぞれ 1，2，3 象限に表し，外気温の季節変化の影響を補正するチャートを作成した．基本チャートにおいて安全を考慮しているため，ここでも，補正チャートは得られた推定値をそのまま採用している．

$$\Delta\eta_2 = \frac{a}{10}\cdot\Delta T_e{}^2 + \left(\underline{\underline{\underline{\frac{b}{10}\cdot L/H + \frac{c}{100}\cdot T_{UP}}_{X1} + \frac{d}{100}\cdot\sqrt{E_G}}_{X2} + \frac{e}{1000}\cdot\sqrt{E_G}\cdot T_{UP}}}_{X3}\cdot\Delta T_e$$

（付 16.11）

$$\begin{cases} X1 = \dfrac{c}{100} \cdot T_{UP} + \dfrac{d}{100} \cdot \sqrt{E_G} + \dfrac{e}{1000} \cdot \sqrt{E_G} \cdot T_{UP} \\[3mm] X2 = \dfrac{b}{10} \cdot L/H + X1 \\[3mm] X3 = \dfrac{a}{10} \cdot \varDelta T_e{}^2 + X2 \cdot \varDelta T_e \end{cases}$$

# 付 17. チャートの適用例

## 17.1 はじめに

本指針 5 章で示したチャートによる応力強度比の推定例として，付 12「性能設計例」と同じモデルおよび解析条件を用いて検討を行い，併せてその整合性について検証を行った．

## 17.2 チャートによる検討例

対象断面は，付図 12.1 に示す梁高さ $H_W=3.5\,\mathrm{m}$，梁幅 $D_W=1.5\,\mathrm{m}$，底版厚 $H_M=0.5\,\mathrm{m}$，検討ケースは，コンクリートの調合（セメント種類）および打込みの長さが異なる付表 12.1 に示す 7 ケースである．

### 17.2.1 チャートの読取り

チャートによる応力強度比の推定は，まず 5.3 の基本チャートで応力強度比を求め，次に 5.4 の補正チャートを用いて，打込み温度と外気温の温度差による応力強度比の補正，外気温の変化による応力強度比の補正等を行う．本節のチャートによる読取り例は，低熱ポルトランドセメントを用いる次の条件①〜③の 3 ケースについて示す．

条件①：L-W175-24 m

- 単位セメント量：$376\,\mathrm{kg/m^3}$（低熱ポルトランドセメント使用）
- W/C ：46.5 %
- 剛性：地盤剛性 $E_G=50\,\mathrm{N/mm^2}$（軟弱地盤），コンクリート $E_C=25054\,\mathrm{N/mm^2}$
  よって，$E_G/E_C=50/25054=0.002$
- 底版の断面積：$A_M=8\,\mathrm{m}\times0.5\,\mathrm{m}=4.0\,\mathrm{m^2}$
  梁断面積：　$A_W=1.5\,\mathrm{m}\times3.5\,\mathrm{m}=5.25\,\mathrm{m^2}$
  よって，$A_W/A_M=1.312$
- 打込み長さ：　$L_W=24\,\mathrm{m}$
  よって，$L_W/H_W$ は　24/3.5=8.86

条件②：L-W175-8 m

- 打込み長さ：$L_W=8\,\mathrm{m}$
  よって，$L_W/H_W$ は　8/3.5=2.29
- その他は条件①と同じ

条件③：L-W160-8 m

- 単位セメント量：$344\,\mathrm{kg/m^3}$（W/C は条件①，②と同じ）
- その他は条件②と同じ

(１) 基本チャート

条件①，②，③の基本チャートによる応力強度比 $\eta_0$ は，付図17.1に示すように，0.75，0.68，0.67 となる．

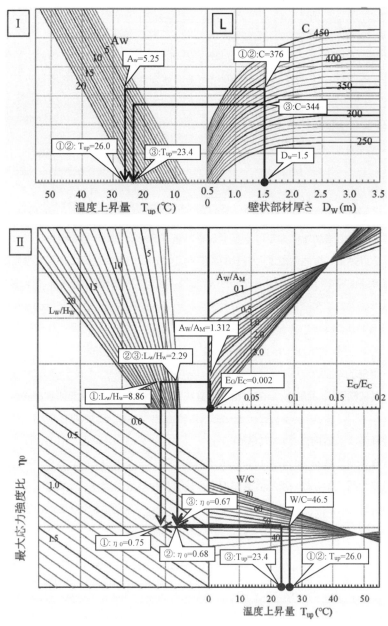

付図 17.1 基本チャートでの検討例（低熱ポルトランドセメント）

(2) 補正チャート

打込み時のコンクリート温度が外気温 +5℃（$\Delta T_0 = 5$）の場合の応力強度比の補正 $\Delta \eta_1$ は，付図 17.2 に示すように，条件①が 0.15，条件②と③が 0.13 となる．また，打込みから 1 か月後に外気温が 5℃低下（$\Delta T_e = -5℃$）する場合の応力強度比の補正 $\Delta \eta_2$ は，付図 17.3 に示すように，条件①が 0.03，条件②と③が 0 となる．

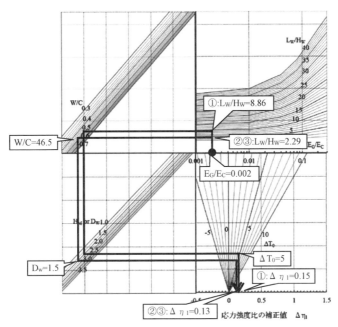

**付図 17.2** 打込み温度と外気温の温度差による応力強度比の補正 $\Delta \eta_1$

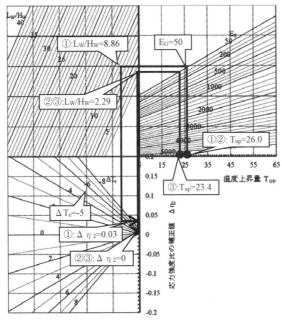

**付図 17.3** 外気温の変化による応力強度比の補正 $\Delta \eta_2$

### 17.2.2 チャートによる検討結果のまとめ

付表 12.1 に示す 7 つの検討ケースについて，チャートによる検討結果を付表 17.1 にまとめて示す．付 12「性能設計例」の解析結果と比較すると，同等からやや大きな目の値となっており，安全側の評価になっている．

梁の打込み長さが 24 m の場合，中庸熱ポルトランドセメントおよび低熱ポルトランドセメントを用いると，鉄筋腐食抵抗性を確保するための応力強度比の設計値 1.3 以下を満足する．しかし，いずれのセメントを用いても，漏水抵抗性を確保するための応力強度比の設計値 0.8 以下を満足させることはできない．これは，付 12「性能設計例」の解析結果と同様である．

低熱ポルトランドセメントを用い，打込み長さを 24 m（L-W175-24 m）から 8 m（L-W175-8 m）に短縮した場合，漏水抵抗性を確保するための応力強度比の設計値 0.8 程度となった．また，低熱ポルトランドセメントを用い，打込み長さ 8 m の条件で，単位セメント量を 376 kg/m³（L-W175-8 m）から 344 kg/m³（L-W160-8 m）に減らした時の応力強度比の変化はわずかであり，単位セメント量の影響は解析より小さい結果となった．

**付表 17.1　チャート検討結果のまとめ**

| 検討ケース | 条件 | | | | | 補正用 | | チャート結果 | | | 解析結果 |
| --- | --- | --- | --- | --- | --- | --- | --- | --- | --- | --- | --- |
| | セメント種類 | W/C (%) | 単位セメント量 $C$ (kg/m³) | ヤング係数 $E_C$ (N/mm²) | 打込み長さ $L_W, L_M$ (m) | 打込み温度と気温の差 $\Delta T_0$ (℃) | 外気温変化 $\Delta T_e$ (℃) | 基本チャート $\eta_0$ | 補正チャート $\Delta_\eta$ | 応力強度比推定値[*2] | 付 12. の応力強度比 |
| N-W175-24 m | 普通 | 51.5 | 340 | 25 949 | 24 | 5 | −5 | 1.30 | 0.18 | 1.48 | 1.45 |
| M-W175-24 m | 中庸熱 | 47.5 | 368 | 25 949 | 24 | 5 | −5 | 0.96 | 0.18 | 1.14 | 1.09 |
| L-W175-24 m | | 46.5 | 376 | 25 054 | 24 | 5 | −5 | 0.75 | 0.18 | 0.93 | 0.87 |
| L-W175-8 m | 低熱 | 46.5 | 376 | 25 054 | 8 | 5 | −5 | 0.68 | 0.13 | 0.81 | 0.75 |
| L-W160-8 m | | 46.5 | 344 | 25 054 | 8 | 5 | −5 | 0.67 | 0.13 | 0.80 | 0.69 |
| B-W175-24 m | BB | 48.0 | 365 | 25 949 | 24 | 5 | −5 | 1.56 | 0.17 | 1.73 | 1.69 |
| F-W175-24 m | FB | 44.5 | 393 | 28 544 | 24 | 5 | −5 | 1.39 | 0.16 | 1.55 | 1.52 |

\*1　共通：梁幅 $D_W$=1.5 m，梁高 $H_W$=3.5 m，底版幅 $D_M$=8 m，底版厚 $H_M$=0.5 m，地盤剛性 $E_G$=50 N/mm²
\*2　小数点以下 2 桁目は参考程度の精度である．

# 付18. チャート自動計算プログラムについて

## 18.1 はじめに

本指針の5章「チャートによる応力強度比の予測」に従えば，手計算による応力強度比の算定が可能である．しかし，セメント種類や単位セメント量を変えて多くのケースを計算するには，それなりの時間を要する．そこで，気軽にパラメータ変更を行いたい場合に対応できるよう，本指針のチャートに基づいた表計算ソフトを作成したので，ここではその使用方法について概要を示す．

同ソフトの適用範囲は，本チャートと同じである．チャート計算の補助資料としてだけではなく，温度応力解析における各パラメータとの関係について理解を深めるためにも，活用していただきたい．

なお，本ソフトは日本建築学会材料施工委員会鉄筋コンクリート工事運営委員会のホームページよりダウンロードすることが可能である．計算結果は読者の責任のもとで利用するものとし，本会は一切の責任は負わないものとする*．

## 18.2 チャート自動計算プログラムの使用方法

### 18.2.1 全体構成

計算シートには，「版状算定」「壁状算定」「断熱温度上昇」「係数算定表」および「データベース」がとりまとめられている．このうち「係数算定表」および「データベース」は，各算定のための基礎データであり，直接取り扱う必要はない．

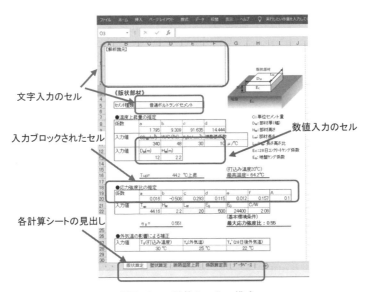

付図 18.1 計算シートの構成

[注]＊使用に際してのパスワードは巻末の奥付に記載．

また，「版状算定」「壁状算定」および「断熱温度上昇」の各計算シートにおいて，黄色に塗られたセルの文字を選択するか数値を入力して，算定するように作られている．それ以外のセルは，計算に必要なデータベースを書き換えたり，計算式を削除したりしないよう，入力がブロックされている．

### 18.2.2 版状部材の応力強度比の算定方法

「版状算定」シート見出しを選択すると，付図18.2の図が掲載された計算シートが表示される．応力強度比を予測したい版状部材の各条件を確認し，対応するセルに入力していくと，算定結果が表示される．

基本チャートによる解析条件は，5.3節aに基づいて定める．打込み温度20℃における最高温度と応力強度比の計算結果が，シートの上段に表示される．

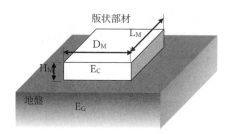

付図18.2 版状部材のモデル（記号）

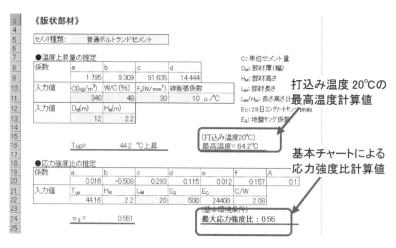

付図18.3 版状部材の基本チャート計算結果

補正チャートによる解析条件は，5.4節に基づいて定める．入力された打込み温度，外気温度および28日後の外気温度における最高温度と応力強度比の計算結果が，シートの下段に表示される．

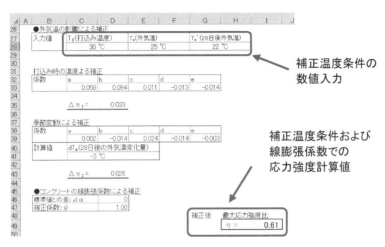

付図 18.4　版状部材の補正チャート計算結果

### 18.2.3　壁状部材の応力強度比の算定方法

「壁状算定」シート見出しを選択すると，付図 18.5 の図が掲載された計算シートが表示される．応力強度比を予測したい壁状部材の各条件を確認し，対応するセルに入力していくと，算定結果が表示される．

基本チャートによる解析条件は，5.3 節 b に基づいて定める．打込み温度 20℃における最高温度と応力強度比の計算結果が，シートの上段に表示される．

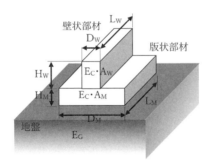

付図 18.5　壁状部材のモデル（記号）

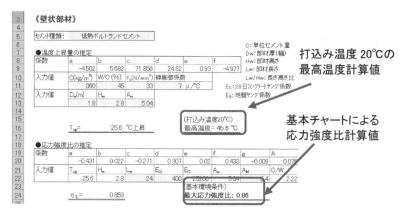

付図 18.6　壁状部材の基本チャート計算結果

補正チャートによる解析条件は，5.4節に基づいて定める．入力された打込み温度，外気温度および28日後の外気温度における最高温度と応力強度比の計算結果が，シートの下段に表示される．

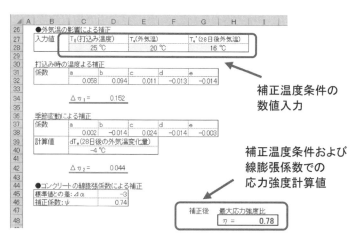

付図 18.7　壁状部材の補正チャート計算結果

### 18.2.4　応力強度比算定シートの出力例

応力強度比算定シートの出力例として，版状部材について付図18.8に，壁状部材について付図18.9に示す．

付18. チャート自動計算プログラムについて —331—

【解析諸元】

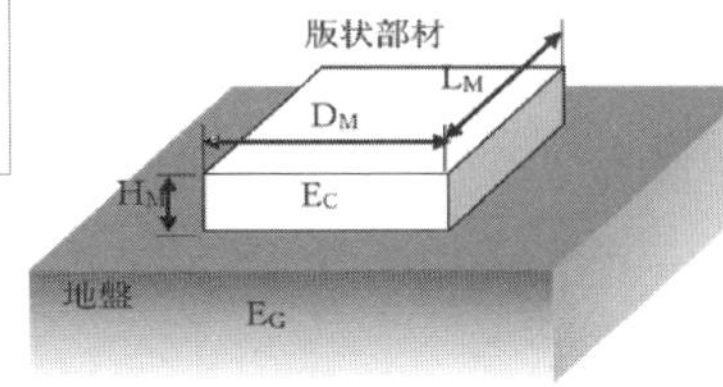

《版状部材》

| セメント種類： | 普通ポルトランドセメント |
| --- | --- |

**●温度上昇量の推定**

| 係数 | a | b | c | d |
| --- | --- | --- | --- | --- |
| | 1.795 | 9.309 | 91.635 | 14.444 |
| 入力値 | C(kg/m³) | W/C (%) | $F_c$(N/mm²) | 線膨張係数 |
| | 340 | 48 | 30 | 10 $\mu$/℃ |
| 入力値 | $D_M$(m) | $H_M$(m) | | |
| | 12 | 2.2 | | |

C：単位セメント量
$D_M$：部材厚（幅）
$H_M$：部材高さ
$L_M$：部材長さ
$L_M/H_M$：長さ高さ比
$E_C$：28日コンクリートヤング係数
$E_G$：地盤ヤング係数

（打込み温度20℃）
$T_{up}$= 44.2 ℃上昇　　　最高温度= 64.2℃

**●応力強度比の推定**

| 係数 | a | b | c | d | e | f | | A |
| --- | --- | --- | --- | --- | --- | --- | --- | --- |
| | 0.016 | −0.508 | 0.293 | 0.115 | 0.012 | 0.157 | | 0.1 |
| 入力値 | $T_{up}$ | $H_M$ | $L_M$ | $E_G$ | $E_C$ | C/W | | |
| | 44.16 | 2.2 | 20 | 500 | 24400 | 2.08 | | |

（基本環境条件）
$\eta_0$ = 0.551　　　最大応力強度比：0.55

**●外気温の影響による補正**

| 入力値 | $T_0$（打込み温度） | $T_e$（外気温） | $T_e'$（28日後外気温） |
| --- | --- | --- | --- |
| | 30 ℃ | 25 ℃ | 22 ℃ |

打込み時の温度よる補正

| 係数 | a | b | c | d | e |
| --- | --- | --- | --- | --- | --- |
| | 0.058 | 0.094 | 0.011 | −0.013 | −0.014 |

$\Delta\eta_1$ = 0.033

季節変動による補正

| 係数 | a | b | c | d | e |
| --- | --- | --- | --- | --- | --- |
| | 0.002 | −0.014 | 0.024 | −0.014 | −0.003 |
| 計算値 | $dT_e$（28日後の外気温変化量） | | | | |
| | −3 ℃ | | | | |

$\Delta\eta_2$ = 0.026

**●コンクリートの線膨張係数による補正**

| 標準値との差：$\Delta\alpha$ | 0 |
| --- | --- |
| 補正係数：$\psi$ | 1.00 |

補正後　最大応力強度比

| $\eta$ = | 0.61 |
| --- | --- |

付図 18.8　版状部材の応力強度比算定シートの出力例

【解析諸元】

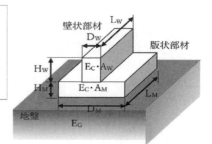

《壁状部材》

| セメント種類： | 低熱ポルトランドセメント |
|---|---|

C：単位セメント量
Dw：部材厚（幅）
Hw：部材高さ
Lw：部材長さ
Lw/Hw：長さ高さ比
Ec：28日コンクリートヤング係数
EG：地盤ヤング係数

●温度上昇量の推定

| 係数 | a | b | c | d | e | f |
|---|---|---|---|---|---|---|
|  | −4.502 | 5.682 | 71.856 | 24.62 | 0.93 | −4.977 |
| 入力値 | C(kg/m³) | W/C (%) | F_c(N/mm²) | 線膨張係数 | | |
|  | 360 | 45 | 33 | 7 μ/℃ | | |
| 入力値 | Dw(m) | Hw | Aw | | | |
|  | 1.8 | 2.8 | 5.04 | | | |

$T_{up}$ = 25.6 ℃上昇

（打込み温度20℃）
最高温度 = 45.6 ℃

●応力強度比の推定

| 係数 | a | b | c | d | e | f | g | A |
|---|---|---|---|---|---|---|---|---|
|  | −0.431 | 0.022 | −0.271 | 0.307 | 0.02 | 0.433 | −0.009 | 0.075 |
| 入力値 | $T_{up}$ | $H_w$ | $L_w$ | $E_G$ | $E_C$ | $A_w$ | $A_M$ | C/W |
|  | 25.6 | 2.8 | 24 | 400 | 25200 | 5.04 | 6.4 | 2.22 |

（基本環境条件）
$\eta_0$ = 0.858　　　最大応力強度比：0.86

●外気温の影響による補正

| 入力値 | $T_0$(打込み温度) | $T_e$(外気温) | $T_e'$(28日後外気温) |
|---|---|---|---|
|  | 25 ℃ | 20 ℃ | 16 ℃ |

打込み時の温度よる補正

| 係数 | a | b | c | d | e |
|---|---|---|---|---|---|
|  | 0.058 | 0.094 | 0.011 | −0.013 | −0.014 |

$\Delta \eta_1$ = 0.152

季節変動による補正

| 係数 | a | b | c | d | e |
|---|---|---|---|---|---|
|  | 0.002 | −0.014 | 0.024 | −0.014 | −0.003 |
| 計算値 | $dT_e$(28日後の外気温変化量) | | | | |
|  | −4 ℃ | | | | |

$\Delta \eta_2$ = 0.044

●コンクリートの線膨張係数による補正

| 標準値との差：$\Delta \alpha$ | −3 |
|---|---|
| 補正係数：$\psi$ | 0.74 |

補正後　最大応力強度比
$\eta$ = 0.78

付図18.9　壁状部材の応力強度比算定シートの出力例

### 18.2.5 断熱温度上昇データ

「断熱温度上昇」シート見出しを選択すると，4.3節に基づくコンクリートの発熱予測データおよびグラフが付図18.10のように表示される．

利用方法としては，市販の解析ソフトが回帰曲線でコンクリートの発熱を設定できる場合に，本計算シートで算定した断熱温度上昇式の各係数を使用するとよい．また，実験で確認された断熱温度上昇試験結果と比較したい場合には，本計算シートで計算された温度履歴データをコピーして利用することができる．なお，一度に表示できるデータは，3種類となっているので，各自新たに作成した計算シートに貼り付けて，適宜利用するとよい．

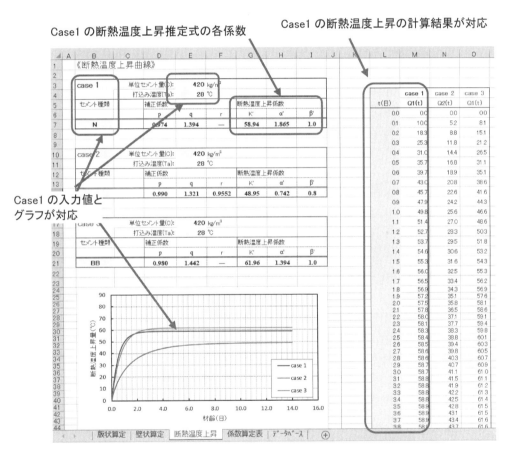

付図18.10　断熱温度上昇計算シートによる計算結果

＊パスワード：MCB2019

マスコンクリートの温度ひび割れ制御設計・施工指針・同解説

| 2008 年 2 月 25 日 | 第 1 版第 1 刷 |
| 2019 年 11 月 25 日 | 第 2 版第 1 刷 |
| 2024 年 10 月 15 日 | 第 2 刷 |

編集著作人 一般社団法人 日本建築学会

印刷所 株式会社 東京印刷

発行所 一般社団法人 日本建築学会

108-8414　東京都港区芝 5-26-20
電話・(03) 3456-2051
FAX・(03) 3456-2058
http://www.aij.or.jp/

発売所 丸善出版株式会社

101-0051　東京都千代田区神田神保町 2-17
神田神保町ビル

ⓒ 日本建築学会 2019　　電話・(03) 3512-3256

ISBN978-4-8189-1086-7　C3052